道心惟微

中国大一统王朝的战略文化与历史启示

朱中博 ◎ 著

图书在版编目（CIP）数据

道心惟微：中国大一统王朝的战略文化与历史启示／朱中博著. -- 北京：当代世界出版社，2025.7. -- ISBN 978-7-5090-1905-4

Ⅰ．K203

中国国家版本馆 CIP 数据核字第 2025RF9269 号

书　　名：	道心惟微：中国大一统王朝的战略文化与历史启示
作　　者：	朱中博 著
出 品 人：	李双伍
策划编辑：	刘娟娟
责任编辑：	刘娟娟　姜松秀　杨啸杰
出版发行：	当代世界出版社
地　　址：	北京市东城区地安门东大街 70-9 号
邮　　编：	100009
邮　　箱：	ddsjchubanshe@163.com
编务电话：	（010）83907528
	（010）83908410 转 804
发行电话：	（010）83908410 转 812
传　　真：	（010）83908410 转 806
经　　销：	新华书店
印　　刷：	北京新华印刷有限公司
开　　本：	710 毫米×1000 毫米　1/16
印　　张：	25.5
字　　数：	355 千字
版　　次：	2025 年 7 月第 1 版
印　　次：	2025 年 7 月第 1 次
书　　号：	ISBN 978-7-5090-1905-4
定　　价：	98.00 元

法律顾问：北京市东卫律师事务所　钱汪龙律师团队　（010）65542827
版权所有，翻印必究；未经许可，不得转载。

序　言

文化的回归是一个全球现象，更是一个中国现象。全球化引发的不同国家、民族在文化上的交融与碰撞并存，使文化成为各类研究的持续热点。

从国内来看，中华优秀传统文化的复兴正迎来新契机。不管是中国政府发表的白皮书，还是近年提出的外交政策主张和国际倡议，都试图从中国文化中寻找思想渊源。从文化角度理解中国行为、预测中国未来，成为中国研究和研究中国的新潮流，产生了诸多新成果。朱中博博士在其博士论文基础上经十余年沉淀而出版的这本著作，是其中优秀成果之一。作为其博士论文及该书深度打磨过程的见证者，我感到由衷高兴，表示热烈祝贺！

一本好的著作不仅需要对选题合理性有所论证，而且要对国内外学术界在相关议题上的研究具有全面把握，从而提出新意，这是一个创新的过程。能够耐得住寂寞，甘愿坐冷板凳，是对知识分子的基本要求，但也是一个很高的要求。中博做到了这一点，而且做得还不错。

为了准备这篇论文，他几乎穷尽了从文化角度解读和分析中国古代对外行为的成果。对一些经典，他咬文嚼字，甚至将西方在这个领域研究的相关著作中对中国古文献引用的错误都查对指出。以这样的学风进行研究所得出的成果，一定是值得认真阅读的。更令我印象深刻的是，中博在工作以后，因对历史的认识有了更多体会，所以十余年来不顾各种善意催促，坚持对原来的博士论文耐心修改完善，直到其最终总体上满意，才决定正式付梓。

本书从王朝的大战略行为、决策者的战略思想取向、文化本源的大战略导向等三大方面入手，依次考察秦、西汉、东汉、隋、唐等五个大一统王朝崛起及强盛时期的大战略史，进而研判中国传统战略文化的优秀特性。选择这些王朝为案例，是因为它们都成功实现大一统，并处在中国引领世界文明进步潮流的历史范畴。总地来说，这些王朝在崛起及强盛时期的大战略行为和决策取向都存在相对一致性。作为中国古代文化本源的儒家、道家、兵家在战略价值观方面也体现出统一性或者说极大精神共通性，推崇和平，反对威势霸道，鄙弃迷信武力及随意使用武力。特别是儒家提供的大战略蓝图，更体现了中国作为古代世界一流大国在价值观或制度体系上的贡献。

中国战略文化爱好和平、反对强权、崇尚王道的基因，使它拥有崇高的战略情怀，不断取法乎上，向着伟大的战略精神境界迈进，促成中华文明乃至人类文明的历史性进步。然而，儒家推崇的王道政治的实行，恰如《尚书》所言"人心惟危，道心惟微，惟精惟一，允执厥中"。从这个意义上说，中国传统战略美学不同于"丛林法则"、强权政治的残酷逻辑，青睐战略自制，具有文化与道德上的高度理性和伦理自觉，从而为人类的大战略实践提供了宝贵的经验启示，也开辟了更高境界。

需要说明的是，中博的历史学背景让他在古文献的掌握和运用上的优势得到明显体现。但是，宏大的历史视角虽易勾勒大历史图像，却也有时难免使历史叙事略显"粗线条"。这是所有大历史叙事的普遍问题。这些特点可能是文化与战略研究的共性。但我们不能因此否认从历史角度研究战略文化的价值和意义，更不应该因噎废食放弃历史文化的研究视角。其含义恰恰在于，我们需要在视角上多元开放，方法上不断创新，内容上进一步挖掘博大精深的中国历史文化传统，更深入地做下去，让这种研究更具科学性和说服力，从思想根源上理解我们从哪里来，以更加明确我们到哪里去。

中博在研究大一统王朝的战略文化过程中，也在努力践行中国文化人的风范。他低调朴实，踏实勤奋，为人谦和。在北大读书期间即在国内重要学术期刊发表了多篇学术性很强的论文，得到学界的关注、老师的鼓励和同学们的称赞。毕业后，他仍然孜孜以求，不断有新的学术成果发表。这是他为学的成果，更是为人的体现，也是在践行"立身以立学为先"的箴言。

我对这本著作出版的期待已经十年了，切身体会了"十年磨一剑"的真谛。在本书付梓之际，写上几句话，既是对读者的推荐，更是对作者的鼓励，也是我的期待。鼓励和期待中博继续努力，出版更多高质量的学术精品。

张清敏
2025 年初春于北京大学

目 录

序 言

引 子   1

第一编   王朝的大战略行为轨迹   13
秦朝的大战略行为：战略惯性的灾难   15
西汉的大战略行为：不争是争，争是不争   28
东汉的大战略行为：审黄石，存包桑   63
隋朝的大战略行为：务广德者昌，务广地者亡   93
唐朝的大战略行为：治安中国，四夷自服   122
本编小结   五个王朝的大战略行为特征总论   180

第二编   王朝决策者的大战略思想取向   189
秦朝决策者：废王道，立私权   191
西汉决策者：逆取顺守，文武并用   205
东汉决策者：道远三代，术长前世   242
隋朝决策者：虽世或污隆，而斯文不坠   265

唐朝决策者：王道为最，而行之为难　　279
本编小结　五个王朝的大战略思想取向总论　　315

第三编　中国文化本源的大战略导向　　321
老子思想的大战略导向：太上，不知有之　　323
儒家思想的大战略导向：尧舜禹汤文武之道　　336
法家思想的大战略导向：霸王者，人主之大利也　　353
《武经七书》的大战略导向：主孰有道　　369
本编小结　各思想流派的大战略导向总论　　385

结语：道心惟微　　390

主要参考古文献　　395

后　记　　398

引　子

　　自冷战结束以来，国际战略学界热议的一大问题是，在全球惟一超级大国美国之外，哪一个国家将最先成为世界性大国。由于作为洲际大国的规模条件以及改革开放所取得的伟大成就，中国被广泛认为最具备成为21世纪新的世界性大国的条件。① 21世纪以来，随着中国全方位崛起，这一历史性问题的答案愈来愈清晰。特别是中共十八大以来，中国特色社会主义进入新时代，中国前所未有地靠近世界舞台中心，前所未有地接近实现中华民族伟大复兴的目标，前所未有地具有实现这个目标的能力和信心。这是中国发展新的历史方位。② 中国成功开辟中国式现代化道路，创造人类文明新形态，③ 成为推动国际格局和秩序演变的关键积极因素。2021年4月，基辛格谈到中国将成为世界最大经济体等议题时表示，中国数千年来无论在哪个时代都是大国

---

　　① 时殷弘：《21世纪前期中国国际态度、外交哲学和根本战略思考》，载时殷弘：《战略问题三十篇——中国对外战略的思考》，北京：中国人民大学出版社，2008年版，第231页。
　　② 参见《中共中央关于党的百年奋斗重大成就和历史经验的决议（全文）》，http://www.gov.cn/zhengce/2021-11/16/content_5651269.htm；《二十大新闻中心第四场记者招待会实录》，https://www.fmprc.gov.cn/wjbxw_new/202210/t20221020_10788846.shtml。
　　③ 《中共中央关于党的百年奋斗重大成就和历史经验的决议（全文）》，http://www.gov.cn/zhengce/2021-11/16/content_5651269.htm。

(Major Country),中国的复兴(Recovery)不应令人惊讶。美国将首次面对一个经济上势均力敌且拥有处理国际事务的伟大"历史技艺"的国家。①

本书拟从历史文化角度,对中国古代数千年间的大战略"历史技艺"进行梳理分析。尤其通过对秦、两汉、隋、唐等五个王朝案例的考察及对中华古代文化典籍的解读,来呈现大一统王朝在大战略上的行动轨迹、决策的思想脉络及文化本源图景,揭示其"曾经面对过的挑战,以及它所失去的机会",② 审视它们遇到的时代机遇、展现的非凡智慧、创造的不朽功绩、留下的宝贵启示,借此深化对中国古代战略文化的思考,并投射当下,加深对当代中国大战略前景及中国与世界关系的理解。

"人文学科没有本土文化资源的支撑是难以为继的。"③ 鉴于中国作为大国已成长到新的历史阶段,国内学界比以往更有责任对当代中国外交的理念、战略、原则等领域进行系统透彻的研究,用自己的思维话语,对当代中国外交作出客观学理解读,对当代世界国际关系理论作出中国贡献。④ 正如西方国际关系理论大多建立在西方历史文化基础上一样,中国学者也要扎根于中国历史文化,去探索建立具有中国特色的国际关系理论,⑤ 或者说,要去了解中国战略与外交实践的精神历史本源。有学者认为,"于那些需要对世界有可能透彻理解的当代中国人,尤其是致力于学习国际关系的青年学子来说,要紧的是了解一些本源的东西,如西方的文明史、扩张史、国际关系史,以及背后的

---

① "Henry Kissinger on the Political Consequences of the Pandemic, China's Rise, and the Future of the European Union", https://www.henryakissinger.com/interviews/henry-kissinger-on-the-political-consequences-of-the-pandemic-chinas-rise-and-the-future-of-the-european-union/.
② 引号中的话是经济合作与发展组织秘书长安赫尔·古里亚(Angel Gurria)为《中国经济的长期表现:公元 960—2030 年》一书所作序言,参见麦迪森著,伍晓鹰、马德斌译:《中国经济的长期表现:公元 960—2030 年》,上海:上海人民出版社,2008 年版,序言部分。
③ 参见肖佳灵:《当代中国外交研究"中国化":问题与思考》,载《国际观察》,2008 年第 2 期,第 2 页。
④ 郭树勇:《中国国际关系理论建设中的中国意识成长及中国学派前途》,载《国际观察》,2017 年第 1 期,第 21 页;肖佳灵:《当代中国外交研究"中国化":问题与思考》,载《国际观察》,2008 年第 2 期,第 2 页。
⑤ 叶自成:《从华夏体系历史看美国国际关系理论范式的西方特色》,载《世界经济与政治》,2012 年第 2 期,第 19 页。

基本观念和思想,……要注意西方'精神的历史'。这种'精神的历史'当包括西方国际关系学说的本源性思考在内。这一本源性问题,实际上是西方学说的核心价值观。……现在我们看到的国际关系的各种表象,西方大国的外交政策,战略思考,其实都是出于他们的'精神历史'的本源"。①

对中国战略文化研究而言,它最终指向的同样是中国战略实践的"精神历史",涉及当前及未来中国战略实践"本源性"的问题。正如前国务委员戴秉国指出的,要构建中国自身的外交学理论体系,就需要系统整理和研究先秦以来中国历史上涌现出的各种外交思想。他援引毛泽东同志的话说,"从孔夫子到孙中山,我们应当给以总结,承继这一份珍贵的历史遗产",在这一份珍贵遗产中,蕴含着卓越的外交智慧和深邃的外交思想。这些思想和智慧深深影响了他在2003年至2013年间率中方工作队与美国、俄罗斯、日本、印度、法国、英国等国同行的战略对话,而且必将影响中外战略对话的未来。②

那么,在理论层次上,观念、文化在国家大战略制定和实施过程中到底发挥什么样的作用?这种作用是决定性的,还是有限制性的乃至只是象征性的?回答这些问题,有着重要的学理和政策意义。③

这需要我们首先明确大战略概念。大战略概念被公认为是英国学

---

① 参见詹姆斯·多尔蒂、小罗伯特·普法尔茨格拉夫著,阎学通、陈寒溪等译:《争论中的国际关系理论》,北京:世界知识出版社,2003年版,总序第2—3页。
② 参见毛泽东:《中国共产党在民族战争中的地位》,载《毛泽东选集》(第二卷),北京:人民出版社,1991年版,第534页;戴秉国:《战略对话:戴秉国回忆录》,北京:人民出版社、世界知识出版社,2016年版,第367页。
③ 战略研究中存在着两种视角。一种是新现实主义的非文化、非历史视角;一种是文化、历史视角。新现实主义研究者偏爱用着眼未来的方式计算战略选择的预期效用,而往往忽视厚重的历史影响。也就是说,他们认为,战略选择受到预期效用最大化的目标驱动,为地理、资源、军力、技术、威胁等环境物质变量所制约,而不怎么与观念惯性或历史文化的影响有关;决策精英的战略选择范围,大多可以被所谓的"结构变量"如权力分配的本质所解释,任何被置于相同环境下的精英阶层都会作出相同的抉择。文化、历史视角的研究者认为,一国的战略选择受到源自军事经验及精英集团的政治、文化与哲学等认知层面的历史惯性制约,而不特别受技术、实力、威胁程度与组织结构等环境物质变量的影响;作为单元层次的战略文化,因国家而异,因此应该期待相同的战略现实会被不同地阐释,相同的环境下,不同国家会倾向于作出不同选择。参见 Alastair Iain Johnston, *Cultural Realism: Strategic Culture and Grand Strategy in Chinese History*, Princeton: Princeton University Press, 1995, pp.1–3。

者利德尔·哈特（Liddell Hart）在20世纪二三十年代最早系统提出并加以阐释的。① 他认为，大战略是相对于军事战略而言的高级战略，旨在调节和指导一个国家或几个国家的所有资源，以达到战争的政治目的；而这个目的，是由基本政策，即国家政策所决定的。② 这一定义是对卡尔·冯·克劳塞维茨（Karl von Clausewitz）将战略定义为"使用会战作为获致战争目标的工具的艺术"的修正。③ 然而，哈特的大战略概念仍集中于军事领域，聚焦国家在战时调度所有资源以达到战争的政治目标的最一般原则。④ 美国耶鲁大学历史学教授保罗·肯尼迪将大战略概念从战争年代延伸到了和平年代，认为大战略是基于手段与目标之间经过深思熟虑的全面行动计划。⑤ 概言之，大战略是决策者基于本国地缘状况、历史经验等要素的塑造性影响，并依据对复杂的内外部信息的战略性评估，围绕目的与手段、期望与能力、收益与代价之间的基本关系制定关于国家安全与未来的综合规划。⑥ 这一定义意味着，大战略更强调通过军事手段之外的外交、精神文化等多类手段的综合运用来实现国家的根本目标。而国家的根本目标，不仅包括国家安全（应对外部威胁），还包括扩大对外影响或追求权力等方面，"和平环境的大战略要求在发展经济、满足国民的经济和社会需要、维护和增长国家内部稳定与对外尊严、建设和保持足够的武装力量等基本目的要求之间取得大体均衡"。⑦ 21世纪以来，大战略也成为中国学界

---

① 李桐：《现当代西方大战略理论探究》，北京：世界知识出版社，2009年版，第25页。
② A. 约米尼、富勒·哈特著，范林森译编：《西方战略经典》，北京：时事出版社，2002年版，第967—969页。
③ A. 约米尼、富勒·哈特著，范林森译编：《西方战略经典》，北京：时事出版社，2002年版，第964,967页。
④ 时殷弘：《保罗·肯尼迪的战略思想》，载时殷弘：《国际政治：理论探究·历史概论·战略思考》，北京：当代世界出版社，2002年版，第492页。
⑤ 转引自时殷弘：《保罗·肯尼迪的战略思想》，载时殷弘：《国际政治：理论探究·历史概论·战略思考》，北京：当代世界出版社，2002年版，第491页。
⑥ 参见李桐：《现当代西方大战略理论探究》，北京：世界知识出版社，2009年版，第28页。
⑦ 时殷弘：《保罗·肯尼迪的战略思想》，载时殷弘：《国际政治：理论探究·历史概论·战略思考》，北京：当代世界出版社，2002年版，第494页。对国际学界大战略概念内涵演变的梳理，可参见李桐：《现当代西方大战略理论探究》，北京：世界知识出版社，2009年版。

的关注点之一。来自国际关系以及其他学科的多位国内学者,就建构中国大战略的相关问题进行了持续研究。

然而,大战略是个有歧义的概念。国内有学者总结了对大战略概念的三种代表性理解。一是大战略是战争的谋略。这是最传统、最经典的理解。这种理解使大战略聚焦于战争胜利,强调赢得战争需要综合利用各种手段及有效调动国家全部资源。二是大战略是国家安全战略。它强调国家综合运用各种手段,不仅是为了赢得战争胜利,还需要实现国家安全。三是大战略是国家战略或总体战略,包括国家安全战略与发展战略。这是对大战略最宽泛的定义,虽然使其外延过于宽泛,但优点也显而易见,那就是便于从国内国际、军事和非军事等多角度构建国家战略,而不必受更多限定、作更多解释,陷入概念纠缠的陷阱。①

本书认同第三种见解,即大战略是一种国家战略或总体战略,是国家谋求生存、安全和发展的战略,旨在综合运用军事、外交、政治、经济、文化等手段实现包括国家安全与发展在内的根本目标。② 这意味着,大战略的核心或本质是和平、安全与发展,而非战争权谋。它是一个庞大的有关治国理政的战略体系,包括若干相互关联又区别的战略,涉及国家在较长期的宏大目标,包含国家内部发展战略、对外战略及内外战略的结合,③ 而对外战略层面尤具观察意义。这一概念不仅

---

① 蔡拓:《中国大战略刍议》,载《国际观察》,2006年第2期,第2—3页。事实上,赞同第二种看法的中国学者亦不在少数,如王缉思教授就认为,国际战略(美国人所说的大战略概念)的主体应当是国家安全战略、外交战略以及对外经济战略;其主要视角应该转向对国家利益构成威胁的外部因素。这一定义虽然类似于上述第三种理解,但本质上更偏向于第二种战略,因为其强调"外部威胁"和"国际上的",强调对外来威胁的反应。这样的大战略定义方式,将中国与外部世界的互动设定为单向性的了,即中国似乎只能对外部的威胁冲击做出反应,而排除了中国可能对外部实施威胁或不实施威胁的可能。王缉思教授的相关定义,请参见王缉思:《中国国际战略研究的视角转换》,载《中国国际战略评论》,2008年总第1期,第1—10页。

② 这里借鉴了多位学者在"中国大战略:问题与思路"学术研讨会中的观点。他们多认为,思考中国的大战略问题,应包括发展与安全两个基本命题。参见秦亚青、周建明、温铁军等:《中国大战略:问题与思路》,载《学术界》,2006年第2期,第7—25页。

③ 叶自成:《中国大战略》,北京:中国社会科学出版社,2003年版,第1—2页。

涉及一国如何应对威胁，还涉及如何与他国和平友好交往，从而涵盖其战争与和平时期的综合战略行为，由此对判断中国崛起后的战略轨迹更具实质意义。中国的崛起，不会局限于军事或安全领域，而将是"国内与国际、军事与非军事、经济发展与全面发展等多向度、多层次的综合性崛起"。① 这与将军事手段及应对安全威胁视为大战略核心内涵的定义方式相比，其优势是不言而喻的。

明确了大战略的含义，还需对大战略类型加以区分。不过，目前并无普遍接受的大战略分类法。以往的分类法或局限于军事战略，或局限于国家安全战略，并未真正上升到大战略的广义层次。② 按哈佛大学战略文化学者江忆恩（Alastair Iain Johnston）的看法，大战略分类需满足两个条件。首先，各战略类型应区别分明；其次，囊括全部或多数合理的政治和军事行为。③ 这种意见值得肯定。本书基于满足这两个条件并将政治和军事行为之外的大战略行为也囊括进来，同时借鉴已有的大战略分类法，以积累实力的方式及国家目标的差异为基准，将大战略区分为收缩性、进取性和激进性三大类型。

第一种是收缩性大战略（或和解性、忍耐性大战略）。该战略立足于国家的内部稳定与发展，积累及保持经济、军事、政治、文化及对

---

① 蔡拓：《中国大战略刍议》，载《国际观察》，2006 年第 2 期，第 3 页。
② 西方学者兰德尔·施韦勒（Randall Schwelle）、爱德华·勒特韦克（Edward Luttwak）、查尔斯·库普乾（Charles Kupchan）以及江忆恩等人对大战略类型或国家追求的权力制衡方式（如同盟模式）做过划分，与此相关的研究还包括杰克·斯奈德（Jack Snyder）及约翰·米尔斯海默（John Mearsheimer）更早期的著述。西方现实主义国际关系理论的开拓者汉斯·摩根索（Hans Morgenthau）也曾将国家追求权力的斗争区分为现状政策、帝国主义政策以及威望政策。相关介绍及评述可参见 Randall L. Schweller,"Bandwagoning for Profit: Bring the Revisionist State Back in", *International Security*, Vol. 19, No. 1, pp. 85–107; Alastair Iain Johnston, *Cultural Realism: Strategic Culture and Grand Strategy in Chinese History*, Princeton: Princeton University Press, 1995, pp. 110–114; 于铁军：《国际政治中的同盟理论：进展与争论》，载《欧洲》，1999 年第 5 期，第 21 页；韦宗友：《制衡、追随与冷战后国际政治》，载《现代国际关系》，2003 年第 3 期，第 57 页；汉斯·摩根索著，徐昕、郝望、李保平译：《国家间政治：权力斗争与和平》（第七版），北京：北京大学出版社，2006 年版，第 76—136 页。
③ 参见 Alastair Iain Johnston, *Cultural Realism: Strategic Culture and Grand Strategy in Chinese History*, Princeton: Princeton University Press, 1995, p. 112。江忆恩本人也对大战略进行了分类，对本书亦有启发。

外交往或影响的实力,① 确保国家安定安全,实现与外部世界稳定互动。它力求以和平或低暴力的方式面对外部世界,使用武力非常谨慎。即使动武,也是被动、反应式的。它意味着顺应乃至迁就忍耐,在目标上并非要改变外部环境(如战略格局与秩序),即使这种环境并不合理。它是收缩、内向甚至消极示弱的,带有明显的低暴力色彩,仿佛大勇若怯。

第二种是进取性大战略(或积极性、反击性大战略)。该战略一方面立足于内部稳定与发展积累及保持综合实力,另一方面拒绝容忍外部势力对其核心利益与尊严的践踏、伤害,敢于斗争反击,为保障自身合理利益而对外部环境(如战略格局与秩序)进行必要的调整。在此过程中,不排除使用强制性手段。它力争保持内外战略目标的均衡,虽带有外向性色彩,但落脚点是内向的(捍卫自身核心利益),是对不合理外部环境的抗争,是积极进取、主动作为、合理伸张权利(Assertive)的大战略,俨然快意恩仇。

第三种是激进性大战略(或进攻性、拓展性大战略)。该战略基于统治集团的狭隘私利与私欲,依靠对外路径来维持及积蓄、扩展综合实力。其具有好大喜功、重外轻内的突出特征,青睐使用强制手段或激进政策炫耀实力,寻求结构性重塑并全面掌控外部环境(如战略格局与秩序)。它带有极强的外向和暴力色彩,是对外进攻性的、穷兵黩武式的行为取向。在此过程中,受益的是特定的统治者或政治利益集团,受损的是其他各个社会阶层。

明确了大战略含义及大战略类型,我们还需要确定战略文化的概念。关于文化的概念,欧洲的文化学奠基人、英国学者爱德华·泰勒(Edward Tylor)认为,文化或文明是一个复合体,是包括全部的知识、

---

① 这里没有使用"外交"一词而使用"对外交往或影响",主要是希望包含历史上更多政治体间的交往行为,尤其是基于中国历史上特殊的天下秩序及地缘政治。正如高明士所言,今天的国际关系,在传统中国应当称为天下秩序。但国际关系不同于天下秩序,传统中国没有现代意义上的"外交"或"国际关系",但认为内外有别。参见高明士:《天下秩序与文化圈的探索:以东亚古代的政治与教育为中心》,上海:上海古籍出版社,2008年版,第65、19页。

信仰、艺术、道德、法律、习俗以及作为社会成员的人所掌握和接受的一切才能和习惯的复合体。① 战略文化概念则是杰克·斯奈德（Jack Snyder）1977年在对苏联有限核战略研究中首次使用的。此后，战略文化研究事实上可以划分为三代，即机械决定论、工具论与折中主义论。机械决定论认为，战略文化是国家战略行为的决定因素，战略文化的不同决定了国家在战略选择方面的差异。工具论则走到反面，认为战略文化与战略行为往往存在重大脱节，战略文化只是政治精英掩饰战略行动的工具，旨在为其战略行动披上文化或法理的合法外衣。折中主义者试图调和二者，认为战略文化给决策者提供一系列限定性的选择项目，用于改变不同战略选项的吸引力，其对战略行为的影响既非决定性的、也非毫无作用的。不过，这三代研究在定义与方法论方面都存在较多不足。②

那么，什么才是一个有用的战略文化定义？代表性观点是，在定义战略文化时，可把文化的关键要素移植到战略领域。因此，战略文化可以被看作一套完整的符号系统，它通过形成关于军事力量在国家间政治事务中的效用的概念，并将这些概念套以合法性光环，从而建立起普遍和持久的大战略偏好。作为一种"符号体系"，战略文化具体又由关于核心范式和战略偏好排序的两部分假设构成。第一部分是关于战略环境秩序的假设，即战争在人类事务中是否不可避免，敌人及其威胁是零和还是非零和的，武力是有用的还是无用的。这些综合起来构成了一种战略文化的核心范式。第二部分涉及操作层次假设，涉及哪些战略用来对付威胁最有效。这些假设在逻辑上得自于前述核心范式。在该层次，战略文化直接影响战略选择，其实质要素将以一组限定的、有序的大战略行为偏好出现。③

---

① 爱德华·泰勒著,连树声译:《原始文化》,上海:上海文艺出版社,1992年版,第1页。
② 具体可参见 Alastair Iain Johnston, *Cultural Realism: Strategic Culture and Grand Strategy in Chinese History*, Princeton: Princeton University Press, 1995, pp. 4-22。
③ Alastair Iain Johnston, *Cultural Realism: Strategic Culture and Grand Strategy in Chinese History*, Princeton: Princeton University Press, 1995, pp. 36-38.

但这一定义明显体现的是军事战略文化的内涵,且暗含战略文化不过是工具的属性含义,更无法完全契合大战略概念的广义要求。因此,必须对其加以修正完善。本书认为,战略文化应是一个观念性复合体,通过形成关于暴力或和平手段在实现国家安全与发展等根本目标时何者更有效的概念,并使这些概念具备合法性特质,从而建立起一以贯之的大战略偏好。它包括两部分。第一部分是关于战略环境秩序的假设,即治国理政应该推崇道德还是威势,国家追求的终极目标是国内安定繁荣还是要求外部服从,达成上述目标应借助内向和平路径还是外向暴力途径。这些综合起来构成了一种战略文化的核心范式。第二部分涉及操作层次假设,关注哪些战略(如收缩性战略、进取性战略或激进性战略)用来实现国家根本目标最有效。

在已有的实证研究中,为梳理一国特别是中国的主流战略文化,研究者多采用"经典文献的战略导向归纳(由核心范式和战略偏好排序构成)——决策者的战略取向归纳(亦包括核心范式和战略偏好排序)——王朝的战略行为分析"的"三步一体"模式。第一步是考察文明"轴心时代"的经典文献,梳理并考察相关的战略核心范式与战略偏好排序及其一致性。借此,验证是否存在某种主流战略文化。第二步是验证决策者是否具有与上述主流战略文化一致的战略偏好排序,即决策者是否秉承了由主流战略文化派生的战略偏好排序。借此,可以考察战略文化是否实质影响了战略决策。第三步是考察一国在历史上的实际战略行为(而非战略思维与言论),来检验决策者的战略偏好排序是否对国家的战略选择发挥了实质影响。① 但这一模式在应用过程中,大战略概念常常遭遇狭义化使用,对古代中国王朝的战略行为案例选择也仅聚焦于其如何应对威胁而非缔造和平。② 因此,我们只有从

---

① 已有的代表性的实证设计路径,以江忆恩的相关成果为主。参见江忆恩著,朱中博、郭树勇译:《文化现实主义:中国历史上的战略文化与大战略》,北京:人民出版社,2015年版。

② 相关评述,参见朱中博、周云亨:《中国战略文化的和平性——〈文化现实主义〉再反思》,载《当代亚太》,2011年第1期,第36—51页。

完整的大战略概念和包含战争与和平时期的行为案例入手，进行新的研究，才能客观呈现中国战略文化的本来面貌。

本书选取秦、西汉、东汉、隋、唐等五个大一统王朝作为案例，并选取它们在崛起及强盛时期的战略史加以分析。这主要是因为，王朝崛起及强盛时期相较衰落时期，更能凸显其战略理性和战略本性，[①] 并能展现其灵活多变的强大运筹能力与创新创造活力。特别是在其强盛时期，可较少顾虑东亚乃至欧亚地区权力结构分配所施加的限制，相对自由展示战略本质，也易于避免宫廷政变或皇权旁落等因素对王朝战略理性的侵蚀干扰。需说明的是，本书暂未纳入北宋、元、明、清四个统一王朝。北宋虽位列古代中国的黄金时期且基本完成统一，但始终未收复幽云十六州，且长期与辽、西夏等少数民族政权并立。其大一统底色稍欠厚重。元、明、清固然无一例外是中国大一统王朝，在当时的东亚乃至欧亚地区各领风骚，拥有独一无二的影响力，但从世界史和中国史交错发展角度看，它们未能推动古代中国在当时及之后引领世界潮流，其胸襟气度与智慧创造力略逊秦汉隋唐。此外，西晋也曾实现大一统30余年，开创"天人之功与霸王之业"，[②] 在中国古代大战略史上有特殊地位，本书未单独对其大战略系统剖析，但略有着墨。

在具体研究过程中，本书采取与已有代表性研究相逆的实证路径，通过"王朝战略行为归纳——→决策者战略思想取向归纳——→文化本源的大战略导向归纳"三个步骤，来探讨中国战略文化与战略行为间的关系。第一步，考察秦、西汉、东汉、隋、唐五个王朝崛起及强盛时期的大战略行为一致性。如能发现总体的一致性，则可以证明古代中国存在一以贯之的战略行为模式。第二步，依据历史典籍有关各朝文武大臣奏疏等内容，研究王朝决策者的战略取向，推导其战略思想取向方面的一致性，特别是其在文化上是否受特定意识形态影响。如果

---

① 感谢中国社会科学院世界经济与政治研究所徐进研究员的宝贵建议。
② 《晋书》卷三，《武帝纪》制曰。

各王朝的战略思想取向或者说指导性意识形态具有总体的一致性或相通性，则意味着其战略行为是深刻受到文化因素规范的。第三步，检验相关文化本源的大战略导向。如果发现其大战略导向的一致性，则可呈现中国战略文化的本质特性。

与此同时，我们还需就大一统王朝总体活动的地理范围进行必要说明。在历史地理学者看来，中国疆域变迁史是中国史的重要组成部分，任何历史事件的发生都有特定时空范围，而疆域就是中国历史发展的特定空间范围，是区分中国古代对外关系和国内关系的地理依据。① 然而，世界史上，任何一个国家的疆域均非始终稳定，几乎都经历过伸缩之变。② 在中国历史上，由于王朝兴衰更替，疆域范围也时有变化。因此，历史上中国统一王朝对外地缘的含义并非一成不变。③ 在某一阶段属于"外"的地区，另一阶段可能就会融合到中华民族范围之"内"。而一些曾属于中国的地区，在一定历史条件下又以"外"的面目出现。④ 然而，这不代表历史上"中国没有国境"或"中国先有国家而后有国境"。马长寿先生说，中国自商周特别是秦汉一统以后，政权巩固，内部部族部落和外部部族部落的区别就很清楚。疆土在不同朝代间传承，随之形成中国传统疆土。有传统疆土，自然有传统疆界。据此，即可区分相关部族部落是否是"敌国外患"或"叛乱、起义"。⑤

谭其骧先生也曾思考如何划定历史上中国范围的问题。最后，他确定以18世纪50年代至19世纪40年代（清朝统一至鸦片战争前）

---

① 葛剑雄:《中国历代疆域的变迁》,北京:商务印书馆,1997年版,第17页。
② 韩茂莉:《历史时期中国疆域伸缩的地理基础》,载《中国文化研究》,2016年第2期,第71—79页。
③ 关于中国古代疆域范围及先秦至清代前期的历代边疆政策研究,可参见马大正主编:《中国古代边境政策研究》,北京:中国社会科学出版社,1990年版。关于中国疆域的形成与发展概述及有关学术综述,可参见马大正:《中国疆域的形成与发展》,载《中国边疆史地研究》,2004年第3期,第1—17页;韩茂莉:《历史时期中国疆域伸缩的地理基础》,载《中国文化研究》,2016年第2期,第71—79页。
④ 张维华:《中国古代对外关系史》,北京:高等教育出版社,1993年版,前言第2页。
⑤ 马长寿:《乌桓与鲜卑》,桂林:广西师范大学出版社,2006年版,第5页。

的中国版图为准。凡在这个版图范围内活动的民族及其建立的政权，都是中国历史上的民族和政权；超出这个范围的民族和政权，则属于中国之外的范畴。其理由有二：一是"中国"两字的含义在不同时代有不同认知，故而，不能以古人的"中国"定义后来的中国；二是清朝统一后至鸦片战争前的中国，是几千年来历史发展自然形成的中国，不能以今天中国的范围来限定古代中国范围，毕竟，今天中国的范围是近代西方强权宰割中国部分领土的结果。① 具体而言，就是今天的中国加上巴尔喀什湖和帕米尔高原以东，以及蒙古高原和外兴安岭以南地区。该范围内的地区，大多在历代中原王朝直接统治或管辖下，抑或由当地少数民族建立过政权。这种对中国历史地理范围的划定法有重大意义，充分反映各民族为今天中国和中华民族的形成共同作出贡献的事实，② 更能反映经过漫长而曲折的发展而定型的统一多民族的中国和人口众多、多元一体的中华民族的特性。③

---

① 参见谭其骧：《历史上的中国和中国历代疆域》，载谭其骧：《长水粹编》，石家庄：河北教育出版社，2000年版，正文第3—10页。
② 葛剑雄：《中国历代疆域的变迁》，北京：商务印书馆，1997年版，第6页；谭其骧：《长水粹编》，石家庄：河北教育出版社，2000年版，前言第5页葛剑雄评语。
③ 马大正：《中国疆域的形成与发展》，载《中国边疆史地研究》，2004年第3期，第1页。

第一编
王朝的大战略行为轨迹

　　作为拥有悠久历史且惟一未间断的文明，中华文明在5000余年的历史长河中创造了辉煌成就，积累了大量治乱兴替及治国平天下的经验，引领了人类文明进步潮流。在大多数历史时期，中国都是世界一流的强国。秦、两汉、隋、唐等王朝先后与古罗马帝国、安息帝国、拜占庭帝国、波斯萨珊王朝、大食帝国等并存。这些王朝在崛起及强盛时期都曾面临复杂严峻甚至极其险恶的战略环境，也均通过发挥战略想象力和创造力，以非凡的格局与智慧，创造了不朽的战略业绩。它们的实践是人类有关大战略的伟大探索，拓展了人类有关和平与安全及发展的大战略行为模式。其经验启示更是人类的宝贵财富，对认识和把握大战略的运行逻辑具有穿越时空的意义。

秦朝的大战略行为：战略惯性的灾难

自公元前770年周平王东迁，周王室衰微，天下礼崩乐坏，中国历史开启了长达550年的春秋战国时代。这个时代既是空前的政治、军事、经济、社会、科技、文化、制度等全领域创新变革的时期，跨越了中华文明的"轴心时代"，也是史无前例的"大争之世"，① 见证了诸侯国变法图强、兼并纷争、终至四海大一统的历史艰辛。正如史学研究者所论，周朝的衰落为包括嬴秦在内的各诸侯国的崛起提供了历史机遇，特别是西周灭亡拉开了"周秦之变"的大幕，中国历史上一次最为漫长的改朝换代由此起步。②

大战略的先声：海内争于战功

在此动荡纷争与除旧布新交织的年代，各诸侯国面对极端残酷的外部环境，纷纷聚焦富国强兵、兼并敌国，以最大程度扩张实力而寻

---

① 《韩非子·八说》。
② 张分田：《秦始皇传》，北京：人民出版社，2003年版，第18页。

求安全。于是,"海内争于战功",权谋诈术大行其道,纵横游说之士穿梭列国,传统的德义规范与礼法秩序被弃之不顾。① 战争成为这个时代最突出的特征之一。据不完全统计,春秋时期共计爆发 395 场战争,战国时期爆发 230 场战争,两个时期 550 年间共计发生 625 场以上战争,占上古五帝时代至明朝建立前(前 30 世纪至 1368 年)4368 年间中国历代战争总数(2802 场)的 22.3%,战争频繁程度可见一斑。② 尤其是战国中后期,战争的规模越来越大,士兵的伤亡越来越多。一场大战动辄死伤数万至数十万人。如,自周威烈王十九年(前 407 年)至秦完成统一(前 221 年),有记载的战争伤亡人数就达 205.4 万人(含被赵国良将李牧消灭的 10 余万匈奴骑兵),这还不包括大量未记载伤亡人数的战争。③ 根据当代人口学者统计,秦统一时,全国人口总数由战国时期峰值的 4500 万人降至 4000 万人左右,战争之惨烈可以想象。④

秦国最初为西陲偏僻小国,自秦襄公兴兵勤王而位列诸侯,此后驱逐西戎、据宗周西岐故地而崛起。由于所占多西戎之地,秦俗杂有大量戎狄风俗,推崇暴戾,轻视仁义。在司马迁看来,鲁卫两国凶暴乖戾的人都比秦国讲究德义。各诸侯国史书中也有大量讽刺秦国无德少义的文字,因此这些史书全在"焚书坑儒"时遭毁。⑤ 然而,无论如何受讥讽,秦国"被山带河",四面为险固山川环绕,土地肥美富饶,地缘政治环境及自然资源得天独厚,号称"四塞之国""形胜之国"或"天然府库"(天府)。自秦穆公至秦始皇的 20 余代人里,因天然地利和自然资源优势,秦国在战略上进退攻守自如,对诸侯用兵

---

① 《史记》卷十五,《六国年表》。
② 中国军事史编写组:《中国历代战争年表》(上),北京:解放军出版社,2002 年版,第 1 页;中国军事史编写组:《中国历代战争年表》(下),北京:解放军出版社,2002 年版,第 1 页。
③ 笔者根据《中国历代战争年表》所做统计。参见中国军事史编写组:《中国历代战争年表》(上),北京:解放军出版社,2002 年版,第 109—148 页。
④ 葛剑雄:《中国人口史(第一卷):导论、先秦至南北朝时期》,上海:复旦大学出版社,2002 年版,第 300、302、312 页。
⑤ 《史记》卷十五,《六国年表》。

犹如排山倒海，自上而下势不可挡，所以经常为诸侯之雄。① 特别是自秦孝公、秦惠文王、秦悼武王、秦昭襄王（武王异母弟）、秦孝文王、秦庄襄王至秦王嬴政六代七君，先后任用商鞅、司马错、张仪、樗里疾、甘茂、魏冉、范雎、蔡泽、白起、吕不韦、李斯、王翦等能臣名将，变法图强，奖励耕战，远交近攻，连横破纵。140年间，秦国君臣上下同心，以富有创造力的战略战术，攻城略地，先后收复河西之地，占据巴蜀，伐取义渠，兼并汉中，蚕食鲸吞东西二周及东方六国。② 因此，战国七雄中，秦国号为"虎狼之秦"，自周威烈王十九年（前407年）以来，秦军歼灭的诸侯国士兵也最多，高达171.4万人以上，其中仅名将白起就指挥歼敌百万之众。③ 秦国夺取天下由此大量使用暴力。但或是由于受传统礼仪牵绊更少，秦国更能与时俱进，快速且坚定地适应时代的剧变，推行最为彻底和有效的变法革新，经历数代人一百余年的努力而结束大分裂，开创大一统新局，史书也赞叹"盖一统若斯之难也"。④

然而，由于较少顾及德义，且在统一进程中大量使用战争手段，秦得天下也常遭抨击。春秋战国时代也因为礼崩乐坏、谲诈横行而被视作大失序、无道义的时代。孔子称，天下有道，则礼乐征伐自天子出；天下无道，则礼乐征伐自诸侯出。⑤《春秋》记载弑君之事三十六、亡国者五十二、诸侯出逃而丧失社稷者不可胜数。⑥ 孟子称"春秋

---

① 《史记》卷六，《秦始皇本纪》；《史记》卷八，《汉高祖本纪》；《史记》卷九十九，《刘敬叔孙通列传》；《史记》卷十五，《六国年表》。
② 《史记》卷五，《秦本纪》；《史记》卷六，《秦始皇本纪》；《史记》卷七十，《张仪列传》；《史记》卷七十一，《樗里子甘茂列传》；《史记》卷七十二，《穰侯列传》；《史记》卷七十三，《白起王翦列传》；《史记》卷七十九，《范雎蔡泽列传》。
③ 笔者根据《中国历代战争年表》所做统计。参见中国军事史编写组：《中国历代战争年表》（上），北京：解放军出版社，2002年版，第109—148页。林剑鸣先生有关秦军战绩的数据稍低，为130万人以上。参见林剑鸣：《秦史稿》，上海：上海人民出版社，1981年版，第308—309页、第348页。
④ 《史记》卷十五，《六国年表》；《史记》卷十六，《秦楚之际月表》。
⑤ 《论语·季氏》。
⑥ 《史记》卷一百三十，《太史公自序》。

无义战","争地以战,杀人盈野;争城以战,杀人盈城"无异于为争地而吃人肉,故而贤能之士不应帮助"不行仁政"的君主富国强兵。以民本思想而言,那些能征善战者要受重刑,在诸侯间纵横游说者受次一级刑罚,开辟荒地、分土授民者受再次一级刑罚,① 因为他们都服务于无道虐民的君主。以孔孟的标准看,战国七雄之中,韩赵魏三家分晋及田氏代齐,都是典型且恶劣的大夫、陪臣篡国,② 七雄之间的战争更是无道中的无道。如果说"春秋无义战",整个战国更是"无义战"。

激进性战略:秦失之强,不变之患也

秦王政十七年至二十六年(前230—前221年),秦用时十年,先后扫灭韩、赵、魏、楚、燕、齐六国,开创了中国历史上第一个统一的专制主义王朝。嬴政得意于自己兴兵除暴、统一天下,自觉德兼三皇、功盖五帝,遂称始皇帝。③ 从政治、经济、军事、文化等各方面审视,秦朝在当时的东亚乃至世界范围内都的确是首屈一指的强大政权。王朝的威名远播于中华之外,西方学者认为"秦"(Ch'in)很可能是英语"中国"(China)及其他语言中类似同源名称的原型。④ 美国学者斯塔夫里阿诺斯也指出,在中国数千年的历史上,有过三次根本改变中国政治和社会结构的大革命,而第一次大革命的发动者就是秦国君主,在公元前221年,它结束了领土封建制。⑤ 从王朝疆域看,秦朝疆土东至大海暨朝鲜,西至临洮、羌中,南至北向户(阳光自北射入

---

① 《孟子·尽心下》;《孟子·离娄上》。
② 《史记》卷十五,《六国年表》。
③ 《史记》卷六,《秦始皇本纪》;《资治通鉴》卷第七,"秦始皇二十六年"条。
④ 崔瑞德、鲁惟一编,杨品泉、张书生、陈高华等译:《剑桥中国秦汉史:公元前221年至公元220年》,北京:中国社会科学出版社,1992年版,第18页;张分田:《秦始皇传》,北京:人民出版社,2003年版,第648—649页。
⑤ 斯塔夫里阿诺斯著,吴象婴、梁赤民、董书慧等译:《全球通史:从史前史到21世纪》(第七版修订版)(上册),北京:北京大学出版社,2012年版,第160页。

室内,即北回归线以南),北据黄河为关塞并连绵至阴山和辽东一线,可谓"初并天下,罔不宾服"。①

始皇帝嬴政面临的大战略形势空前有利。就内部形势而言,春秋战国五个多世纪的血腥战乱宣告结束,天下趋于和平安定。秦大统一后,整个国家人口规模虽由战国时期4500万的峰值缩减到4000万左右,但战国时期4500万的人口分布于各诸侯国,而大统一后的4000万人口专为秦王朝所有。其人口规模效应相当可观,成为秦朝生产力发展与军力增长的强大源泉。② 与此同时,渴望统一的黎民百姓"得免于战国,逢明天子,人人自以为更生",③ 都以为遇到贤明的君主,渴求战乱结束后能够安居乐业,休养生息,对新的王朝充满了期待。

就外部形势而言,尽管不乏隐忧,但此时并没有能够与秦朝实力比肩的劲敌。北部的匈奴虽然在崛起,却尚处于由部落联盟向奴隶制转化阶段,④ 而且面临东胡、大月氏自东西两面的牵制和胁迫。南方的百越(闽越、东瓯、南越等)以及夜郎、滇国、邛都等西南夷,更是处于原始部落阶段,且互不统属,实力更是无法望秦之项背。⑤ 以匈奴人来说,其逐水草迁徙,不事农业生产,以射猎禽兽为生,男子能弯弓射箭者尽为披甲骑兵。他们平时狩猎畜牧,事急时则练兵习战以便

---

① 《史记》卷六,《秦始皇本纪》。关于"北向户",参见周振鹤:《学腊一十九》,济南:山东教育出版社,1999年版,第47—49页。
② 世界上最早的人口数字是公元2年汉王朝进行统计获得的(5770万)。在此之前的人口数字,历史学家以及人口学家只能根据古文献进行估计。由于依据的标准不同,得出的估值常有较大差别。本研究主要参考葛剑雄研究团队的研究成果,该团队的研究对各个时代人口数目的估值方式,有"集大成"特点。其成果出版后,在国际上受到重视。参见葛剑雄主编:《中国人口史》,上海:复旦大学出版社,2000年版;余传诗:《从西汉人口地理到中国人口史——访〈中国人口史〉主编葛剑雄》,载《光明日报》,2003年10月14日。关于中国古代人口史研究的回顾,可参见袁祖亮、延胜:《中国古代人口史研究回顾与展望》,载《历史研究》,1996年第5期,第144—158页。关于世界上保存的最早人口数字的说法,参见崔瑞德、鲁惟一编,杨品泉、张书生、陈高华等译:《剑桥中国秦汉史:公元前221年至公元220年》,北京:中国社会科学出版社,1992年版,第221页。
③ 《史记》卷一百一十二,《平津侯主父列传》。
④ 霍印章:《中国军事通史(第四卷):秦代军事史》,北京:军事科学出版社,1998年版,第107页。
⑤ 余天炽、覃圣敏、蓝日勇等:《古南越国史》,南宁:广西人民出版社,1988年版,第1—2页;林剑鸣:《秦汉史》,上海:上海人民出版社,2003年版,第59—68页。

对外侵袭抢掠,战斗力天然强悍。其虽无兵法,作战却暗合兵法的"利则进,不利则退"原则,且贵壮贱弱,只知利而不知礼义。① 秦惠文王更元七年(前318年),韩、赵、魏、燕、齐就曾率领匈奴军队联合攻秦,这表明匈奴在战国中期就已卷入中原政治。当然,这五个诸侯国与匈奴联合攻秦以大败告终,遭斩首八万两千。② 至战国晚期,匈奴继续通过对外战争掠取大量人口和财富,加快崛起,特别是趁战国诸雄大战正酣,时常南下骚扰中原。与之交界的秦、赵、燕三个诸侯国不得不修筑长城加以防御。中原边民也因其入寇,常常无法正常耕作和放牧。赵国良将李牧虽然曾大败匈奴,令之数年不敢犯边,但也只能驱逐之而不能长途奔袭作战,更不能扫荡其巢穴。赵国多数时候对匈奴都是以坚壁清野为主,"守有余而攻不足",一旦主动反击,往往损失惨重,"不利,多失亡"。③ 秦朝大一统时,匈奴已雄踞北方,并侵占河南地,逼近秦朝的统治中心关中地区。④ 尽管如此,无论是从人口、经济规模,还是从兵法的运用之妙等方面看,⑤ 匈奴与秦朝相比总体上都处于劣势。东胡虽足以威胁匈奴,但其实力亦不及统一的秦朝。秦灭六国前,燕、赵、秦时时"袭破"或"伐残"匈奴或东胡,就足以证明这一点。如赵孝成王时(秦王政三年,前244年),李牧通过巧妙诱击和运用奇妙阵法,即以1300辆战车、1.3万匹战马、5万锐卒猛士、10万神箭手,"大破杀匈奴十余万骑",进而顺势攻灭襜褴,击破东胡,迫降林胡,迫使单于北逃,此后十余年不敢进犯赵国边境。⑥ 赵、魏、秦、燕更是自战国以来就不断向北、向西等方向拓

---

① 《史记》卷一百一十,《匈奴列传》。
② 《史记》卷五,《秦本纪》。
③ 《资治通鉴》卷第六,"秦始皇三年"条;《史记》卷一百一十,《匈奴列传》。
④ 《史记》卷一百十,《匈奴列传》;林剑鸣:《秦史稿》,上海:上海人民出版社,1981年版,第356页;陈梧桐等著:《中国军事通史(第五卷):西汉军事史》,北京:军事科学出版社,1998年版,第160—162页;张帆:《中国古代简史》,北京:北京大学出版社,2001年版,第66页。
⑤ 葛剑雄教授估计,西汉时期,匈奴人口总数不过五六十万,绝对不会达到100万。参见葛剑雄:《中国人口史(第一卷):导论、先秦至南北朝时期》,上海:复旦大学出版社,2002年版,第398页。
⑥ 《史记》卷八十一,《廉颇蔺相如列传》;《史记》卷一百一十,《匈奴列传》;霍印章:《中国军事通史(第四卷):秦代军事史》,北京:军事科学出版社,1998年版,第107页。

地。如，赵国自赵襄子以来就占据代地及句注山以北，赵武灵王时则击败楼烦、林胡，设云中、雁门和代三郡。秦惠王时则取得魏之西河、上郡（靠近戎人），秦昭王时又攻灭义渠，据有陇西、北地、上郡。燕国贤将秦开亦曾袭破东胡，迫其后退千余里。① 正是在上述开疆拓土过程中，赵、秦、燕三国日益与匈奴在地缘上靠近，双方摩擦冲突也由此日趋激烈。匈奴夺取河南地，就似有先发制人、抢占先机的战略考虑，而其面对中原富庶，也难免不生窥探之心，遂行抢掠之事。于是，三个诸侯国不得不在边地修筑长城，防范其入侵。至秦统一天下后，尽管整体实力占优，但亦不无短板。特别是由于匈奴畜牧业发达，马匹众多，骑兵战力强悍，行动飘忽迅疾，攻守灵活。相较之下，秦军以步兵为主、车骑为辅，加上畜牧业不发达，难以建立强大的骑兵集团与之抗衡。② 张仪在秦时，秦号称有"虎贲之士百余万，车千乘，骑万匹"，骑兵至多在一万左右。③ 秦大一统后，据考证，天下马匹大约在十万以上，④ 盛唐宰相张说亦称当时"六万骑之国马尽归之帝家"，⑤ 但马匹数毕竟不能与骑兵规模画等号。李牧重创匈奴时，作为骑兵力量发展最早、最快的赵国，能出动的精良战马也不过1.3万匹，而彼时匈奴骑兵超10余万，双方骑兵力量之比至多为1∶10。

然而，匈奴毕竟处于相对的弱势。其战略对手还东有强胡、西有大月氏，所谓"东胡强而月氏盛"。⑥ 匈奴头曼单于曾将太子冒顿送到大月氏为人质，以表示友好。冒顿弑父自立后（前209年），东胡也恃强凌弱，向匈奴索要头曼单于的千里马、冒顿宠爱的阏氏乃至土地千余里。恰由于大月氏、东胡强盛，匈奴频频将掠夺对象瞄准富饶而骑

---

① 《史记》卷一百一十，《匈奴列传》。
② 中国军事史编写组：《中国军事史（第四卷）：兵法》，北京：解放军出版社，1988年版，第110页。
③ 《史记》卷七十，《张仪列传》。
④ 周凯军：《秦汉时期的马政》，载《军事经济研究》，1993年第8期，第89页。
⑤ 张说：《大唐开元十三年陇右监牧颂德碑》，载《全唐文》卷二百二十六。
⑥ 《汉书》卷九十四上，《匈奴传上》；《史记》卷一百一十，《匈奴列传》。

兵力量不足的中原农耕地区。而且，自被李牧击败至秦灭六国（前244—前221年），匈奴经20余年休养生息，实力此时应已大为恢复。① 因此，为借大月氏之手杀掉儿子冒顿，头曼单于敢于主动攻击大月氏。② 即使如此，匈奴毕竟要从东、南、西等多个方向面对强大的东胡、秦朝、大月氏，对秦朝不能构成战略压迫，总体实力处于相对劣势的地位。

但面对上述内外形势，始皇帝没有顺应民心思安，及时改弦更张，施行与民休息的仁政惠政，医治长期战争的创伤，安抚新附百姓。相反，他继续以战国群雄争天下的逻辑控制天下，废除分封制，推行郡县制，统一法律、货币与度量衡，实行车同轨、书同文，开创了影响中国历史2000余年的君主专制制度，并在"天下"范围内推行严刑峻法，且频频征发徭役，大攘外夷，造成兵革不休、内外骚动，埋下王朝土崩瓦解的祸根。

具体而言，对内，始皇帝以刑杀为威，用法残忍严酷，而且穷奢极欲，大兴功役劳作，徭役不息、赋税不止，使百姓愁苦不堪。如修建阿房宫、骊山陵，就动用遭受宫刑者及其他囚犯70万人，③ 又"收泰半之赋"，④ 征收赋税超过农民总收入的一半甚至三分之二，对民众可谓极尽压榨。西汉政论家贾山在《至言》中为此称，始皇帝贪婪暴虐，残虐天下，使百姓"劳罢者不得休息，饥寒者不得衣食，亡罪而死刑者无所告诉"，结果是民怨沸腾，家家视皇帝为寇雠，天下事大坏。⑤ 始皇帝三十一年（前216年），米价每石（10斗）已飙升至1600钱，较战国以来米价平均每石43钱的水平涨了约36倍，王朝经

---

① 陈序经：《匈奴史稿》，北京：中国人民大学出版社，2007年版，第177—183页。
② 《史记》卷一百一十，《匈奴列传》。
③ 《资治通鉴》卷第七，"秦始皇三十五年"条。
④ 《汉书》卷二十四上，《食货志上》。
⑤ 《汉书》卷五十一，《贾山传》。

济已走向崩溃边缘。① 当然，始皇帝也完成了一系列具有深远历史影响的基建工程。如修建以驰道、直道、新道、五尺道等为主的庞大陆路交通体系，使秦朝的陆路里程达到约 6800 千米，这比公元 150 年罗马帝国的公路总里程数（5984 千米）还要多。② 然而，王朝修建奢华的阿房宫、骊山陵墓等，只是服务于最高统治者的个人欲望。始皇帝三十五年（前 212 年），关中地区兴建的宫殿已达 300 座，关外宫殿则多达 400 余座，③ 合计有宫殿 700 余座。其中，有始皇帝因不满旧王宫太小，于是修筑新的王宫。而新王宫仅前殿阿房宫就东西 500 步、南北 50 丈，上面可以坐 1 万人，下面可以竖立 5 丈高的旗子，周围则是车马行驶的阁道。其耗费的民力物力与财力是无比巨大的。④

对外，北方，始皇帝采取"积极攻势"。⑤ 扫灭六国后，于始皇帝三十二年（前 215 年），派蒙恬领兵 30 万攻打匈奴，收复河南地，设立 44 县，拓地千里。⑥ 始皇帝这么做的理由，一方面是因为方士卢生上奏"亡秦者胡也"，另一方面是基于匈奴对秦存在的潜在战略威胁。可以说，这场战争的发动，既有长远战略考虑，又掺杂了非理性的决策因素。蒙恬运用高超的军事战术，在不到两年时间里，未经大规模激战就驱走匈奴，令之多年不敢窥探秦朝边境，也表明匈奴的军事实力与秦朝存在较大差距。随后，蒙恬驻扎上郡，威震匈奴。⑦ 但此后始皇帝令蒙恬因地制险，修筑长城，自临洮至辽东，绵延万余里；又开辟直道，自九原至云阳，挖大山，填深谷，长达 1800 里，耗时数年也

---

① 《史记》卷六，《秦始皇本纪》；冷鹏飞：《中国秦汉经济史》，北京：人民出版社，1994 年版，第 41 页。
② 崔瑞德、鲁惟一编，杨品泉、张书生、陈高华等译：《剑桥中国秦汉史：公元前 221 年至公元 220 年》，北京：中国社会科学出版社，1992 年版，第 58 页。
③ 《史记》卷六，《秦始皇本纪》；《资治通鉴》卷第七，"秦始皇三十五年"条。
④ 《资治通鉴》卷第七，"秦始皇三十五年"条。
⑤ 张维华：《中国古代对外关系史》，北京：高等教育出版社，1993 年版，第 10 页。
⑥ 《史记》卷六，《秦始皇本纪》；《资治通鉴》卷第七，"秦始皇三十二年"条；《史记》卷一百一十二，《平津侯主父列传》。
⑦ 霍印章：《中国军事通史（第四卷）：秦代军事史》，北京：军事科学出版社，1998 年版，第 119 页。

没有完成。① 在那个时代，推动如此重大而艰难的工程，民力的牺牲无疑是极为巨大的。为了镇守新获的北河之地，始皇帝还征发大批丁男到前线，并催令内地百姓往前线转输军粮，"率三十钟而致一石"，即发运时每三十钟（六斛四斗为一钟）粮食，② 到前线仅余一石（斛）。兵法所谓"兴师十万，日费千金"，恰好形容了秦朝为驱逐匈奴及镇守前线所付出的成本。③ 这也成为始皇帝暴虐不仁、蒙恬助纣为虐的一大证明。约一个世纪后，司马迁去北部边境实地考察，亲眼所见长城亭障、漫漫直道，感叹秦朝君臣对民力使用之肆无忌惮，批评蒙恬身为名将而不劝谏始皇帝体恤民间疾苦、养老存孤，反而逢君之恶，大兴如此劳民伤财的功作，助长始皇帝的罪过。扬雄、司马光等也认为，蒙恬助秦始皇荼毒天下，其实是不忠不仁的表现。④

在南方，始皇帝借灭楚之威，大规模南下征讨百越，拓展大一统规模。根据古代典籍记载，始皇帝派尉屠睢征发军卒50万，分五路向百越进发。这场战争旷日持久，秦军一度遭遇大败，主帅尉屠睢战死，兵士死者数十万人。⑤ 战役期间，始皇帝又命令监禄开凿灵渠以运输粮草，并增派人员到前线驻守和充实新获土地。仅公元前214年就征发曾逃亡的人员、赘婿、商贩等入伍，攻取南越陆梁之地，设立桂林、南海和象郡。此后，又征调被贬谪的民众50万人戍守五岭，与越人混

---

① 《资治通鉴》卷第七，"秦始皇三十三年"条、"秦始皇三十五年"条；《史记》卷八十八，《蒙恬列传》。

② 一钟等于六斛四斗，参见徐复等编：《古汉语大词典》，上海：上海辞书出版社，1998年版，第2044页。

③ 《史记》卷一百一十二，《平津侯主父列传》；《史记》卷八十八，《蒙恬列传》。但军事历史的研究者认为，秦统一后即在准备反击匈奴，以此计算，公元前221年至前210年可分为秦对匈奴战略防御、战略进攻、积极设防三个阶段，总计11年，足证"暴师于外十余年"，参见霍印章：《中国军事通史（第四卷）：秦代军事史》，北京：军事科学出版社，1998年版，第113—114页。类似观点也可参见，崔瑞德、鲁惟一编，杨品泉、张书生、陈高华等译：《剑桥中国秦汉史：公元前221年至公元220年》，北京：中国社会科学出版社，1992年版，第61页。

④ 《史记》卷八十八，《蒙恬列传》；《资治通鉴》卷第七，"秦始皇三十三年"条。

⑤ 《史记》卷一百一十二，《平津侯主父列传》；《淮南子·人间训》。

居。① 这场战役前后动用人力应已超过 100 万，伤亡数十万，平常兵卒不够用，不得不大量动用社会底层及戴罪之人，由此亦可见秦朝徭役之繁重与刑法之严酷。战争使秦朝疆域大为南移，扩展至今天的越南东北部。②

然而，这造成的战略后果是，秦朝在北方与匈奴结怨，在南方与越人结仇，大量军队驻扎于无用之地。秦统一后的十余年间，天下丁男被迫披甲当兵，丁女不得不转运粮草，人民苦不堪言。③ 据估测，始皇帝频频用兵以及大兴功作，征用劳力可能总计高达 2000 万人，占社会总人口的 50%，对人力的征集已经达到极限。④ 被征发的人，不仅有戍卒，还包括犯罪的官民以及无罪的赘婿、商人，后来连曾经做过生意的人及祖上和父辈经过商的人也不放过，最后那些不应该负担兵役的闾左之人也被征调从军，⑤ 对社会资源的透支范围不断深入和扩大。与此同时，秦朝施加给民众的租税负担亦极其繁重。特别是由于秦代租税徭役制度主要是基于对人身的剥削，口赋重于田租，当时的实物剥削量占农民总收入的三分之二，全部剥削量约占农民劳动总量的五分之四。⑥ 如此残酷的暴政，使得秦王朝在始皇帝离世前就已经处在"海内愁怨"的危机边缘，⑦ 天下土崩的危险已迫在眉睫。始皇帝去世后，右丞相冯去疾、左丞相李斯、将军冯劫也承认，关东地区盗贼众多，是由于戍守、转输、功作等徭役太多太苦以及赋税太重。⑧ 在这个

---

① 参见《史记》卷一百一十二，《平津侯主父列传》；《资治通鉴》卷第七，"秦始皇三十三年"条；霍印章：《中国军事通史(第四卷)：秦代军事史》，北京：军事科学出版社，1998 年版，第 120—127 页。
② 葛剑雄：《中国历代疆域的变迁》，北京：商务印书馆，1997 年版，第 37 页；霍印章：《中国军事通史(第四卷)：秦代军事史》，北京：军事科学出版社，1998 年版，第 122 页；《史记》卷六，《秦始皇本纪》。
③ 《史记》卷一百一十二，《平津侯主父列传》。
④ 葛剑雄：《中国人口史(第一卷)：导论、先秦至南北朝时期》，上海：复旦大学出版社，2002 年版，第 310—311 页。
⑤ 这是晁错的总结，参见《资治通鉴》卷第十五，"汉文帝前十一年"条。
⑥ 冷鹏飞：《中国秦汉经济史》，北京：人民出版社，1994 年版，第 40—41 页。
⑦ 《汉书》卷二十四上，《食货志上》。
⑧ 《资治通鉴》卷第八，"秦二世二年"条。

时候，天下对继承皇位的秦二世胡亥充满期望，"莫不引领而观其政"，① 希望他反始皇帝之道而行。但秦二世"复作阿房，外抚四夷，如始皇计"，非但没有及时调整王朝的大战略方向，反而变本加厉，统治愈加残暴，"法令诛罚日益刻深"，且"赋敛愈重，戍徭无已"，② 导致王朝加快走向崩溃。二世元年（前209年），陈胜、吴广领导的大泽乡起义爆发，天下云集响应，秦王朝两年后（前207年）宣告灭亡。

从以上看，秦朝强盛时期的大战略行为符合激进性大战略的定义，带有很强的外向和强制性色彩。始皇帝自以为威德远超五帝三王，志骄意满。他好大喜功，对内大兴功作，修长城、宫殿、骊山陵及其他大规模工程，加上为保障战争后勤，广征徭役，虐用民力，严重激化社会矛盾。对外则大规模用兵，北击匈奴，南伐百越，战争旷日持久，人力物力耗费巨大。这些行动有的对维护和拓展大一统意义重大，但很多方面对秦王朝的战略安全并非十万火急。内外失策下，王朝终于瞬间土崩。事实上，秦大一统之时，如果能像汉代人严安指出的那样，顺应民心，宽缓刑罚，轻徭薄赋，给予民众喘息机会；并且推重仁义，看轻威权功利，不寻求威加海外，则其国运必是盛大且长久的景象。③ 从更深层次说，始皇帝之所以犯下不可挽回的历史错误，是由于其习惯并受益于旧有的争霸兼并、崇尚诈力的残酷环境下的大战略思维与行为模式，不能根据天下统一后的新形势，与时俱进调整治国理政方略，从而被旧的大战略惯性拖向灾难深渊。这种战略惯性，根本上是战略僵化和惰性的表现。正如贾谊指出的那样，取天下与守天下之术迥异，但秦统一天下后，"其道不易，其政不改，是其所以取之守之者无异也"。④ 始皇帝依旧遵循以往的战略习俗，重用智巧权谋兴利之徒，法令苛刻，为政冷酷，穷兵黩武。其败亡在于强大，不知因时而

---

① 《史记》卷六，《秦始皇本纪》。
② 《史记》卷六，《秦始皇本纪》；《史记》卷一百一十二，《平津侯主父列传》。
③ 《史记》卷一百一十二，《平津侯主父列传》；《汉书》卷六十四下，《严安传》。
④ 《史记》卷六，《秦始皇本纪》。

变,即"秦失之强,不变之患也"。① 始皇帝尚且无法摆脱旧的战略惯性的束缚,昏庸的二世皇帝更没有意愿与能力对秦的大战略进行根本性调整。

---

① 《史记》卷一百一十二,《平津侯主父列传》。

西汉的大战略行为：不争是争，争是不争

公元前202年，历时数年的楚汉之争结束，汉高祖刘邦打败西楚霸王项羽，统一中原。西汉王朝崛起及强盛时期的大战略复杂曲折而又多变，是古代中国大战略历史上非常关键的篇章。汉高祖逆取顺守，统一天下后，深刻汲取秦取天下与守天下之术无异而引发的灾难教训，采取新的大战略，并取得历史性成功。其治国理政规摹长远，对后世多个盛世王朝的战略实践都发挥了示范作用。

收缩性战略：无为而治的力量

西汉王朝建立之初面临严峻复杂形势。内部，自秦末以来，大规模灭秦战争及楚汉相争持续八年，民众大量死亡或流离失所，经济凋敝，财政困难，物资短缺，皇帝出行的车乘都配不齐四匹相同颜色的良马，将相有的只能乘坐牛拉的车乘，百姓更是毫无积蓄。物资短缺加上汉初以新钱替代秦钱，以及商人逐利投机，引发物价飞涨，一石米居然价值高达5000钱，后又飙升至1万钱，是始皇帝三十一年（前216年）米价每石1600钱的6倍多，而一匹马的价格也高达100金，[①] 国

---

① 《汉书》卷二十四上，《食货志上》；《史记》卷三十，《平准书》。

家经济在崩溃之中持续徘徊。尤其是楚汉相争之时,"大战七十,小战四十",① 一场大战常伤亡数十万人,加上农民或被迫从军,或流离失所,数年内无法正常进行农业耕作。天灾人祸交织,中原地区因此暴发大饥荒,出现人吃人现象,高祖被迫令百姓卖儿鬻女,前往蜀汉地区就食。② 天下初定后,原先的"大城名都散亡,户口可得而数者十二三",③ 即使加上流亡在大城名都外的人口,预计秦汉之交的人口损失至少高达50%,王朝人口总数从秦统一时的4000万左右降到1500万至1800万之间,④ 社会元气损耗严重可见一斑。即使到汉文帝前二年(前178年),汉朝立国已近30年,但官民粮食储备与财物积蓄也依然有限,遇到年成不好、粮食歉收,百姓又得卖儿鬻女,因此贾谊称此为"犹可哀痛"者。⑤

外部,如司马迁所言"高祖有天下,三边外畔",⑥ 北、南、东等多个方向都有可嗟叹者。北方,匈奴趁中原混乱之际,实力复盛,东西南北全方位扩张。尤其在冒顿弑父自立为单于(前209年)后,东灭东胡,西驱大月氏,南并楼烦、白羊河南王,北服浑庾、屈射、丁零、鬲昆、薪犁之国,又利用中原楚汉之争,入侵燕、代,重夺河南地及其以南大片土地,逼近朝那、肤施,控弦之士号称30余万,人口规模达100万至150万,势力日强,"威服诸国"。⑦ 因此,史书称,

---

① 这是刘敬在劝说汉高祖定都关中时讲的数据,参见《资治通鉴》卷第十一,"汉高祖五年"条。
② 《汉书》卷二十四上,《食货志上》。
③ 《史记》卷十八,《高祖功臣侯者年表》。
④ 葛剑雄:《中国人口史(第一卷):导论、先秦至南北朝时期》,上海:复旦大学出版社,2002年版,第302—304页。
⑤ 《资治通鉴》卷第一三,"汉文帝前二年"条;《汉书》卷二十四上,《食货志上》。
⑥ 《史记》卷二十五,《律书》。
⑦ 《史记》卷一百一十,《匈奴列传》;《资治通鉴》卷第十一,"汉高祖六年"条。关于匈奴总人口数及骑兵数量,争论很多。中行说认为,匈奴人口不如汉朝一个大郡的人口多,语见《史记》卷一百一十,《匈奴列传》。贾谊也称,匈奴控弦之士约有6万骑,以"五口而出一介卒"推算,匈奴户口不过30万,不及汉朝千石大县。葛剑雄教授根据蒙古高原的自然条件等估算,匈奴兵力大概有十几万人,总人口不过五六十万,绝对不会达到100万。陈序经先生通过比照乌孙、大月氏、康居等当时的总人口数与军力,认为匈奴作为"百蛮之国",在冒顿时期,有三四十万士卒似不成问题,总人口至少在150万人左右。参见《新书·匈奴》;陈序经:《匈奴史稿》,北京:中国人民大学出版社,2007年版,第186—190页;葛剑雄:《中国人口史(第一卷):导论、先秦至南北朝时期》,上海:复旦大学出版社,2002年版,第397—398页。

自匈奴先祖淳维至头曼的千余年间，匈奴"时大时小，别散分离"，但至冒顿时才"最强大"，尽服北夷，而"南与中国为敌国"。① 尤其是控弦之士30余万这样规模的精锐骑兵力量，使匈奴拥有高度的作战机动性与威烈的冲击力，是以步兵为主的西汉军队不可力敌的，骑兵力量也因此成为汉匈及此后中原王朝与游牧民族军事决胜的基本条件甚至是决定性因素。② 匈奴的战法运用这一时期也越发纯熟老到，尤其善于诱敌深入，即"善为诱兵以冒敌"，且进退收放自如，"见敌则逐利，如鸟之集；其困败，则瓦解云散矣"。③ 楚汉战争之后，匈奴依旧频繁侵汉。军事才能出色的韩王信，为有效抵御匈奴，将诸侯国都由晋阳迁至马邑，但依然于事无补。汉高祖六年（前201年）秋，匈奴大军再次南犯，很快包围马邑，迫降韩王信，并南下进攻太原，兵抵晋阳，拉开汉匈白登之战的大幕。次年，汉高祖亲自统率32万大军出征，击败叛敌的韩王信及匈奴左右贤王的骑兵，随后疾进至平城，结果中了匈奴惯用的诱敌深入之计。高祖所率先头部队，被冒顿40万精锐骑兵包围于白登山七日之久，汉军后续部队亦被阻截。"汉兵中外不得相救饷"，高祖本人险遭俘虏，后来采用陈平奇计，贿赂冒顿阏氏，方才得以脱身。④ 由此可见，匈奴在四面开疆拓土后不仅综合实力非常强大，而且对军事战术的运用愈加熟稔，早已非战国时期和秦朝时期的匈奴可比，遭大乱后元气大伤的中原王朝更难以轻松击败之。白登之围后，匈奴骑兵仍时时侵扰汉之代郡、雁门、上郡、云中等地，抢掠人口和牲畜，并威胁汉朝的政治心脏地带。如刘敬所言：匈奴河南白羊、楼烦王，距离长安最近者仅700里，轻骑兵一日一夜即可抵达

---

① 《史记》卷一百一十，《匈奴列传》。
② 中国军事史编写组编：《中国军事史（第四卷）：兵法》，北京：解放军出版社，1988年版，第121、127页。
③ 《史记》卷一百一十，《匈奴列传》。
④ 参见《史记》卷一百一十，《匈奴列传》；《史记》卷八，《高祖本纪》；《汉书》卷一下，《高帝纪下》；《史记》卷九十三，《韩信卢绾列传》。但《汉书》卷九十四上，《匈奴传上》记载的匈奴围城精锐部队的数量是"三十余万骑"。

秦中。① 冒顿还玩弄"以汉制汉"的政治游戏，招降纳叛，收容西汉叛臣降将，并裹挟其南侵或唆使、支持他们叛乱。② 韩王信及其部将王黄、曼丘臣、伪王赵利（赵王室后裔），燕王卢绾（被匈奴封为东胡王）等人均曾投降匈奴。自汉高祖六年至十一年（前200—前196年），韩王信等人更是多次引导匈奴南侵。汉高祖十年至十二年（前197—前195年），代相国陈豨（自封代王）则与匈奴及韩王信勾连，发动大规模反叛，劫掠赵、代之地，高祖不得不亲征平叛。陈豨还一度遣使求救匈奴。③ 汉文帝前六年（前174年），文帝的异母弟淮南厉王刘长意欲谋反，亦派使者与匈奴联络，图谋结为外援。④ 汉朝为应对匈奴入寇，不得不常年在北部边境驻扎大量士兵，以至于边境粮草供应常常严重不足。⑤ 一言以蔽之，当年畏惧秦朝而北徙的匈奴，已成为汉朝最头疼且迫在眉睫的战略威胁。

南方，则有趁秦末中原大乱而自立为南越王的赵佗。他在陈胜、吴广起义后，接替病重的南海尉任嚣掌管南海郡，派兵断绝中原通往南越的主要关口。秦朝灭亡后，他进而吞并桂林、象郡，拥有人口数十万，据险而守，对汉朝表示"不臣"。⑥ 西南方向，则有以夜郎、滇、邛都、嶲和昆明、徙和筰都、冉駹、白马等为代表的西南夷各部势力。战国末期，楚国将军庄蹻在滇称王。秦朝时，常頞初步开通五尺道，并在这些部族势力中设置官吏。但西汉建立后无力顾及，"皆弃此国而开蜀故徼"，对这些势力弃之不顾，而以蜀郡原来边界作为关

---

① 《资治通鉴》卷第十二，"汉高祖九年"条。
② 陈序经：《匈奴史稿》，北京：中国人民大学出版社，2007年版，第201页。
③ 《史记》卷九十三，《韩信卢绾列传》；《史记》卷一百一十，《匈奴列传》；《汉书》卷一下，《高帝纪下》；陈序经：《匈奴史稿》，北京：中国人民大学出版社，2007年版，第201页。
④ 《资治通鉴》卷第十四，"汉文帝前六年"条。
⑤ 《史记》卷三十，《平准书》。
⑥ 《史记》卷一百一十三，《南越列传》；《史记》卷九十七，《郦生陆贾列传》；余天炽、覃圣敏、蓝日勇等：《古南越国史》，南宁：广西人民出版社，1988年版，第209页。

塞。中原王朝对西南夷地区的经营暂时中断。①

东南方向，号称越王勾践后裔的越人首领无诸、摇，均曾率领越人参加反秦起义，并在楚汉相争中助汉攻楚。汉高祖五年及汉惠帝三年，二人分别被封为闽越王、东海王（又称东瓯王），管辖闽中等东越之地。他们在政治上有较大的独立性，虽然受封于汉朝皇帝，但实际上并不完全受约束，汉廷对此也只能加以容忍。② 可以说，匈奴崛起和三个越族政权的分立，使汉王朝的南北方疆域与秦始皇时期相比均大为收缩。③

需要指出的是，东北部形势也在发生变化。西周之初，周武王曾封商纣王的叔父箕子于朝鲜。战国时期，朝鲜与真番曾为燕国攻取并置官吏加以管辖。燕国还在其地筑有障塞。秦灭燕后，朝鲜则成为辽东郡以外的边地，但秦王朝仍在浿水以南建立上下障塞。西汉建立之初，因为朝鲜辽远难守，所以重修辽东故塞，由此直至浿水为界，由新立的燕国管辖。燕王卢绾叛逃至匈奴后，燕人卫满聚集同党，东出关塞，渡过浿水至朝鲜，收拢朝鲜与真番民众以及逃难至此的燕齐流民，赶走箕子朝鲜末代王准，建都王险，自称朝鲜王。④

总之，西汉王朝在战略态势上可谓内外交困。秦朝此前拓展的疆域丧失殆尽，社会经济残破，人口大幅减少，⑤ 外部强敌虎视眈眈，小

---

① 《史记》卷一百一十六，《西南夷列传》；林剑鸣：《秦汉史》，上海：上海人民出版社，2003年版，第414页。
② 《史记》卷一百一十四，《东越列传》；崔瑞德、鲁惟一编，杨品泉、张书生、陈高华等译：《剑桥中国秦汉史：公元前221年至公元220年》，北京：中国社会科学出版社，1992年版，第141、156页；葛剑雄：《中国历代疆域的变迁》，北京：商务印书馆，1997年版，第42页。
③ 陈梧桐等：《中国军事通史（第五卷）：西汉军事史》，北京：军事科学出版社，1998年版，第307页。
④ 《史记》卷三十八，《宋微子世家》；《史记》卷一百一十五，《朝鲜列传》；《后汉书》卷八十五，《东夷列传》。
⑤ 葛剑雄：《中国人口史（第一卷）：导论、先秦至南北朝时期》，上海：复旦大学出版社，2002年版，第198页。

的政治体不受约束甚至"偏霸一方"①。在此情势下,高祖、文帝等几代君臣吸取秦朝暴虐而亡的教训,在大战略方向上进行了历史性调整。对内,顺应天下思安呼声,废除秦朝苛政,推行宽厚之政,简约法律,减省禁令,轻徭薄赋,与民休息,推动经济社会持续恢复发展。高祖灭项羽之后,赦免天下死刑之外的罪犯,复员兵士回乡务农,同时招抚流离失所的百姓返回故土,"复其故爵、田宅",减轻田租,实行十五税一,并根据百姓赋税承受力来安排公共及官吏费用开支;又鼓励民众生育,有新生孩子的家庭,免除两年徭役。② 相国萧何出身刀笔吏,起自民间,深知百姓痛恨秦朝严刑苛法,于是顺应民心废除苛法,改弦更张,放松政府对经济社会运行的控制和干预,令民众自由生产生活,即"因民之疾法,顺流与之更始"。③ 曹参曾担任沛县狱掾,亦汲取秦朝暴虐百姓而亡的教训,继萧何为相国后,萧规曹随,清静无为,继续给予民众休养生息的空间。④ 他们的治国方略得到汉惠帝、吕太后的认同和支持。吕太后秉政时期,黎民百姓得以免受战国以来的苦难,君臣也都希望休养生息、无为而治,朝野上下在国家的治理方式上可谓取得了空前共识。故而,汉惠帝垂拱而治,吕太后秉持朝政,施政不出门户,而天下晏然无事。汉廷还减省那些妨害官民的法令,废除藏书者死的秦朝律法(挟书律)、三族罪和妖言令,⑤ 刑罚极少使用,犯罪之人也很少。农民安心生产,日子一天天好起来,衣食益发丰足。⑥ 汉王朝还让利于民,开放水陆关卡,放松山林水泽开发禁令,鼓励工商业发展,因此"富商大贾周流天下",货物贸易便利畅

---

① "偏霸"一词,参见余天炽、覃圣敏、蓝日勇等:《古南越国史》,南宁:广西人民出版社,1998年版,第218页。
② 《资治通鉴》卷第一一,"汉高祖五年"条;《汉书》卷二十四上,《食货志上》;《汉书》卷一下,《高祖纪下》。
③ 《史记》卷五十三,《萧相国世家》。
④ 《史记》卷五十四,《曹相国世家》。
⑤ 《资治通鉴》卷第一二,"汉惠帝四年"条;《资治通鉴》卷第十三,"高皇后元年"条。
⑥ 《史记》卷九,《吕太后本纪》。

通。① 农工商等各个行业都得以自由宽松地开展。

休养生息的政策也得到了汉文帝及其妻窦氏（窦太后）、汉景帝两代人的贯彻。文帝"躬修玄默"，② 以爱民、宽俭为治国之道，广施恩惠于天下，即位初就平狱缓刑，废除各种株连罪犯家属的法令（除收帑诸相坐律令），下诏救济鳏寡孤独及穷苦之人，后来又下令废除诽谤妖言罪和肉刑，即"除诽谤，去肉刑"。③ 他重质轻文，对改正朔、易服色、定官名、兴礼乐等表面制度性问题无兴趣，而是节用爱民，在位23年间不新增宫室、苑囿、狗马、衣服及车驾，务求减轻徭役赋税，便利百姓，即位第二年、第十二年等年份里把原定征收的田租的一半赐给农民。④ 为彰显以农为本的国策，文帝还恢复天子籍田礼、皇后亲蚕礼，通过亲自耕田及皇后养蚕缫丝，劝课农桑。文帝前十三年（前167年），更下诏免除农田租税，完善劝农之道。在文帝清静无为之治下，官员各尽职守，百姓不受烦扰而安居务农，社会安定，府库充实，天下富足，一石粟才值十余钱，与汉初每石米价值5000钱至1万钱的高价反差巨大，更创下中国古代史上少有的低粮价记录。与此同时，法网宽松，一年断狱才400件，刑罚几乎措置不用，颇有上古圣王治国之风。⑤ 景帝即位后，不改其父之道，继续以宽厚原则治国，施惠天下。他与皇后分别亲耕、亲蚕，鼓励农业生产。景帝元年（前156年），改田租为三十税一，使农民负担愈加减轻。又改定法律，两度减轻笞刑，并下诏要求疑案须复审、治狱者务求从宽判案。⑥ 由于高

---

① 《史记》卷一百二十九，《货殖列传》。
② 《资治通鉴》卷第十五，"汉文帝前十三年"条。
③ 《史记》卷十，《孝文本纪》；《资治通鉴》卷第十三，"汉文帝元年"条；《资治通鉴》卷第十五，"汉文帝前十四年"条。
④ 《资治通鉴》卷第十三，"汉文帝元年"条、"汉文帝前二年"条；《资治通鉴》卷第十五，"汉文帝前十二年"条、"汉文帝后七年"条。
⑤ 《史记》卷二十五，《律书》；《资治通鉴》卷第十三，"汉文帝前二年"条；《资治通鉴》卷第十五，"汉文帝前十三年"条。
⑥ 《资治通鉴》卷第十五，"汉景帝元年"条；《资治通鉴》卷第十六，"汉景帝中六年"条、"汉景帝后元年"条。

祖至景帝以来的统治者都推行宽政,本着敦厚质朴原则,法令宽松,法网疏密到可漏"吞舟之鱼",但吏治反而淳美无奸邪,民众平安无事。① 可以说,在王朝建立之初的 60 余年里,汉朝统治者自然无为,废除苛繁政令,以宽厚敦朴之政,令民众休养生息,安居乐业,终于造就堪与周代"成康之治"比肩的"文景之治",成为史家称道的治世。② 当然,需要指出的是,西汉王朝为防御匈奴侵扰,增强边备,这一时期也推出徙民实边、积粟实边、建立马政等一系列具有战略意义的内政措施,尤其是强化官方军马养殖与鼓励民间养马,为王朝组建大规模骑兵集团,防备和反击匈奴频繁进犯创造了必要条件。③ 文帝时的律法(马复令)即规定,养有一匹战马的家庭,家中三人可免兵役,④ 鼓励民间养马的措施可谓十分有力。

对外,高祖在公元前 200 年白登之围后,对匈奴频繁入寇及"以汉制汉"深感忧虑。尽管他决心捍卫边境安全,亲自率军镇压陈豨叛乱,并派将军柴武在参合城斩杀入寇的韩王信及其率领的匈奴军队,又令樊哙带兵收复代、雁门、云中等郡县,但并不出塞攻击匈奴,而是总体采取守势。⑤ 白登之围的次年(前 199 年),他就听取娄敬的和亲建议,于公元前 198 年以宗室女为公主嫁给冒顿,并每年赠给匈奴大量絮缯等丝织品及酒、米、食物。⑥ 双方约定,长城以北为引弓之国,受命于匈奴单于;长城以内乃冠带之室,听命于汉朝皇帝。双方互不相犯。⑦ 自此,汉匈结为兄弟之好,和亲也成为汉王朝处理对匈关系的重要方针,并且被长期贯彻,充分体现西汉统治者的战略耐心与

---

① 《史记》卷一百二十二,《酷吏列传》。
② 《汉书》卷五,《景帝纪》。
③ 具体可参见陈梧桐等:《中国军事通史(第五卷):西汉军事史》,北京:军事科学出版社,1998年版,第 113—119 页;林剑鸣:《秦汉史》,上海:上海人民出版社,2003 年版,第 288—289 页。
④ 《资治通鉴》卷第十五,"汉文帝前十二年"条。
⑤ 《汉书》卷一下,《高帝纪下》;《史记》卷九十三,《韩信卢绾列传》;《史记》卷一百一十,《匈奴列传》;《汉书》卷九十四上,《匈奴传上》。
⑥ 《汉书》卷九十四上,《匈奴传上》;《史记》卷一百一十,《匈奴列传》;《资治通鉴》卷第十二,"汉高祖八年"条及"汉高祖九年"条。
⑦ 参见汉文帝后二年(前 162 年)给老上单于的书信,《史记》卷一百一十,《匈奴列传》。

定力。即使其间曾面对冒顿的极端挑衅，汉朝也能够包羞忍耻，以退为进。这集中表现在吕太后主政时期对冒顿挑衅性来信的处理上。汉惠帝三年（前192年），冒顿派使者致书于寡居的高后，称："孤偾之君，生于沮泽之中，长于平野牛马之域，数至边境，愿游中国。陛下独立，孤偾独居。两主不乐，无以自虞，愿以所有，易其所无。"① 其大意是，他深感孤独寂寞，厌倦了长期的草原生活，有意越过汉匈边境到中原巡游。现在吕太后孤身寡居，也一定感到孤独寂寞。既然两人都缺乏快乐，不如相互给予温暖，换言之，即要求吕太后服侍他。这封信措辞龌龊，将冒顿的战略傲慢暴露无遗，对汉王朝和吕太后本人都是赤裸裸的侮辱和挑衅。吕太后虽然极为愤怒，但仍力排众议，接受中郎将季布建议，以谦卑口吻回复书信称，自己年老气衰，头发与牙齿掉落，行走失仪，不值得单于挂念垂顾，希望献上御车二乘、马二驷以替代，并请求单于见谅。同时，又以宗室女嫁给冒顿，由此维持与匈奴和亲局面。② 此即所谓"嫚书之辱"，与高祖白登之围，堪称西汉王朝两大国耻，至东汉时的政治精英都对此耿耿于怀，认为此乃"臣子所为捐躯而必死"。③ 吕太后的忍耐虽然换来了冒顿单于的致歉和献马，但挡不住匈奴入寇，高后六年至七年（前182—前181年），匈奴入寇狄道、阿阳等地，抢掠2000余人而走。④

文帝、景帝时，仍然坚持对匈奴和亲，不仅嫁宗室女，开通关市，而且每年奉送丰厚财物给匈奴，希望通过和亲避免匈奴入寇，借助关市贸易争取匈奴各阶层对汉亲近之心，扩大汉匈和好民意基础。这一定程度降低了匈奴的南犯频率，冒顿此时开始向西扩张。文帝即位初期，冒顿派右贤王攻灭大月氏，又征服楼兰、乌孙、呼揭及其旁26

---

① 《汉书》卷九十四上，《匈奴传上》。
② 《汉书》卷九十四上，《匈奴传上》；《资治通鉴》卷第十二，"汉惠帝三年"条。
③ 《后汉书》卷四十三，《何敞传》。
④ 《汉书》卷九十四上，《匈奴传上》；《资治通鉴》卷第十三，"高皇后六年"条，"高皇后七年"条。

国,"诸引弓之民,并为一家",① 实力更盛,并且常常违背与汉的和亲盟约,南下侵汉。文帝前三年(前 177 年),匈奴右贤王侵入河南地,抢掠和屠杀上郡官吏和百姓,成为当时汉匈关系中的一大事件。文帝遣丞相灌婴率领骑兵 8.5 万人反击,将匈奴右贤王驱逐出塞。但随后又与冒顿单于互派使者和书信,将右贤王侵汉事件大事化小,恢复双方和亲。文帝前六年(前 174 年),冒顿单于去世,其子老上单于继立。文帝又嫁宗室女为新单于阏氏,巩固双方和亲。② 但匈奴仍然不时入寇,文帝前十四年(前 166 年),老上单于率领 14 万骑兵大规模入寇,攻入朝那、萧关,杀死汉朝北地郡都尉,大肆抢掠人口和牲畜。其突击骑兵部队还烧毁回中宫,侦察骑兵更深入至甘泉宫,长安为之震动。文帝一方面调动十万骑兵及千辆兵车屯驻长安外围,一方面打算亲自率军反击,但在薄太后劝阻后,改派东阳侯张相如等人率大军反击。老上单于在塞内耀武扬威一个多月,见汉朝大军到来后遂安然撤军。汉军虽将其逐出塞外,却未对其造成什么杀伤,足见匈奴骑兵行动之迅疾。③ 此后,匈奴愈发轻视汉军,每年都南下寇掠,云中、辽东和代郡尤被其害,三郡被杀掠的百姓达万人。文帝患之,但仍然在公元前 162 年(汉文帝后二年)与之恢复和亲,约定"匈奴无入塞,汉无出塞"。④ 文帝后三年(前 161 年),老上单于死,其子军臣单于继立。然而,仅四年后(前 158 年),军臣单于就断绝和亲,以六万骑兵分两路侵入上郡、云中,杀掠大批汉朝军民,烽火再次通甘泉、长安。匈奴骑兵在汉境内侵扰数月,直到汉朝反击大军抵达边塞时才悠然撤走。而汉军亦像此前一样,无所斩获亦不出塞追击,单方面坚守

---

① 《史记》卷一百一十,《匈奴列传》。
② 《史记》卷十,《孝文本纪》;《史记》卷九十五,《樊郦滕灌列传》;《资治通鉴》卷第十四,"汉文帝前六年"条。
③ 《资治通鉴》卷第十五,"汉文帝前十四年"条;《史记》卷一百一十,《匈奴列传》;《汉书》卷九十四上,《匈奴传上》。
④ 《资治通鉴》卷第十五,"汉文帝后六年"条;《史记》卷十,《孝文本纪》;《史记》卷一百一十,《匈奴列传》。

"匈奴无入塞,汉无出塞"的盟约。①

匈奴此次入侵一年多后,文帝去世。景帝即位后(前156年),匈奴又侵入代郡,但汉朝依旧恢复与匈奴和亲。景帝三年(前154年)的吴楚七国之乱中,匈奴与叛乱的赵王刘遂暗中勾连,打算联兵入侵边地。因汉军很快平定赵国叛乱,匈奴才未敢妄动。但汉朝对匈奴依然坚持和亲。平定七国之乱后,景帝即与匈奴再次和亲,开通关市,赠送大量财物及嫁宗室女给单于。② 与此同时,文帝、景帝也养精蓄锐,加强军备尤其是骑兵部队的建设。如鉴于和亲难以阻止匈奴背约入寇,文帝中年乃"赫然发愤……驰射上林,讲习战陈,聚天下精兵……思古名臣。"③ 汉朝的骑兵数量不断增加,如文帝前三年(前177年),匈奴大规模入寇河南地,汉朝就已能够出动8.5万骑兵予以驱逐。文帝前十四年(前166年),匈奴14万骑兵入侵,汉朝已可以征发10万骑兵驻守长安外围。④

对南越,高祖采取怀柔政策,以谦下姿态待之。楚汉之争后,高祖因中原百姓劳苦,不愿再动甲兵。高祖十一年(前196年),派辩士陆贾出使南越,册封赵佗为南越王,赐予印信,令之安抚百越,勿为汉朝南边之患。赵佗经陆贾游说,欣然对汉北面称臣,政治上通使,经济上互市。⑤ 吕太后主政后期,因禁止向南越输出铁器等物,双方交恶。高后五年(前183年),赵佗不仅自称南越武帝,而且纵兵攻打汉朝长沙国。高后七年(前181年),吕太后派兵反击,但因士卒不耐暑热潮湿及出现大疫,军事行动不利。次年,吕太后去世,汉朝罢兵。赵佗愈发得志,趁机在汉越交界地带耀武扬威,又收买闽越、西瓯、

---

① 《资治通鉴》卷第十五,"汉文帝后六年"条;《史记》卷十,《孝文本纪》;《史记》卷一百一十,《匈奴列传》。

② 《史记》卷十一,《孝景本纪》;《史记》卷一百一十,《匈奴列传》;《汉书》卷三十八,《高五王传》;《汉书》卷九十四上,《匈奴传上》。

③ 《汉书》卷九十四下,《匈奴传下》。

④ 《史记》卷九十五,《樊郦滕灌列传》;《史记》卷一百一十,《匈奴列传》。

⑤ 《史记》卷一百一十三,《南越列传》;《史记》卷九十七,《郦生陆贾列传》;余天炽、覃圣敏、蓝日勇等:《古南越国史》,南宁:广西人民出版社,1998年版,第208、212页。

骆越，使之听命南越。南越势力范围由此大为拓展，东西达万余里。赵佗僭用帝王专用的黄屋左纛之车，与汉朝正式分庭抗礼。① 汉文帝即位后，不计前嫌旧恶，以更加谦卑的姿态处理与南越关系。为表示安抚之意，文帝派人修缮赵佗在真定的先人坟墓，又对其堂兄弟加以尊官厚赏，② 并派太中大夫陆贾出使南越，责备赵佗僭用帝号、断绝与汉通使往来。赵佗又羞又惧，见到陆贾后顿首谢罪，表示愿意改邪归正，停止僭用帝号及黄屋左纛之车，复为汉朝藩臣。至景帝时，南越称臣如故，并以诸侯名义派使者朝见汉朝天子。但在其内部，赵佗依然窃用帝号。③

对朝鲜，面对卫满自立为朝鲜王，汉惠帝、吕太后同意辽东太守意见，以卫满为藩臣，令其监护塞外蛮夷，勿使他们侵盗汉边；蛮夷君长如欲朝见汉天子，卫满也不得禁止。这就给了朝鲜很大的发展空间。卫满趁机以军事威胁和财物贿赂两种手段，收降真番、临屯等周边力量，势力范围纵横达数千里。④ 对闽越、东瓯，汉朝的政策也是以安抚为主，维持其藩臣地位，并要他们和睦相处。至汉武帝即位初，百越地区形势出现较大变化。闽越王郢先攻东瓯、后攻南越，大有取代南越赵佗、在东南"偏霸"之意。武帝建元三年（前138年），闽越王郢兴兵攻击东瓯，几乎迫降之。武帝派中大夫庄助持符节调发会稽之兵驰援，闽越才惧而撤兵。东瓯王感念武帝救援之恩，请求举国内徙，迁至江淮一带居住，正式融入中原王朝。⑤ 武帝建元四年（前137年），南越王赵佗去世，其孙赵胡继立，对汉朝谨守藩国之礼，恭

---

① 《史记》卷一百一十三，《南越列传》；《汉书》卷三，《高后纪》；《资治通鉴》卷第十三，"汉文帝元年"条；《汉书》卷九十五，《西南夷两粤朝鲜传》；崔瑞德、鲁惟一编，杨品泉、张书生、陈高华等译：《剑桥中国秦汉史：公元前221年至公元220年》，北京：中国社会科学出版社，1992年版，第128页。

② 《史记》卷一百一十三，《南越列传》。

③ 《史记》卷一百一十三，《南越列传》；《汉书》卷九十五，《西南夷两粤朝鲜传》；余天炽、覃圣敏、蓝日勇等：《古南越国史》，南宁：广西人民出版社，1998年版，第218页。

④ 《史记》卷一百一十五，《朝鲜列传》。

⑤ 《资治通鉴》卷第十七，"汉武帝建元三年"条；《史记》卷一百一十四，《东越列传》。

顺服从。① 建元六年（前135年），闽越王郢兴兵进攻南越。武帝再次派兵救援，闽越在汉军威慑下发生内乱，郢被其弟馀善等人杀死。汉朝遂罢兵，并册封闽越先王无诸的孙子繇君丑为闽越王，后来又册封馀善为东越王。南越文王赵胡亦感念汉朝救援之恩，派太子赵婴齐入汉为质子。② 西南夷方面，汉朝与之基本保持"未通"状态，以至于滇国王、夜郎侯"各自以一州王，不知汉广大"。③

总之，自楚汉之争结束至武帝实施马邑之谋（前133年）以前的近70年里，西汉主要依靠内部的安定发展来积蓄实力，维护和平与安全及发展的权利。对外，几代统治者都没有通过胁迫方式改变现状，而是以政治、经济及对外交往等途径，以谦下和平的方式应对外部挑战。面对严峻复杂的威胁，他们都保持了强大的战略定力，忍受白登之围、"嫚书之辱"和"供奉之耻"（进奉宗室女及大量财物给匈奴单于）。据统计，从公元前198年至前135年的60余年里，汉朝与匈奴和亲不下10次，但几乎都是汉朝受损；和亲不仅是一项无休止的财政负担，事实上也不能阻止匈奴侵扰。④ 自冒顿单于至军臣单于之前，匈奴至少将10余万汉朝边民掠走为奴。⑤ 然而，汉朝依然以德报怨，坚持和亲政策，甚至单方面坚守双方"匈奴无入塞，汉无出塞"的盟约。即使对匈奴入寇进行必要反击并收复部分失地，却也从不出塞远追。至于南越、朝鲜等，对汉朝也只是表面臣服，实则"偏霸"一方，甚至扩张势力范围。⑥ 然而，汉朝总是通过谦下方式，对之加以羁縻，令之谨守藩臣本分。汉对于闽越、东瓯等也是以安抚为主，并使东瓯感恩内迁，南越派太子入质。可以说，尽管汉朝这一时期的大战略是收

---

① 《资治通鉴》卷第十七，"汉武帝建元四年"条、"汉武帝建元五年"条。
② 《资治通鉴》卷第十七，"汉武帝建元六年"条。
③ 《汉书》卷九十五，《西南夷两粤朝鲜传》。高后六年（前182年），汉在僰道和青衣曾一度置关市，管理贸易，参见林剑鸣：《秦汉史》，上海：上海人民出版社，2003年版，第414页。
④ 余英时著，邬文玲等译：《汉代贸易与扩张》，上海：上海古籍出版社，2005年版，第241页。
⑤ 陈梧桐等：《中国军事通史（第五卷）：西汉军事史》，北京：军事科学出版社，1998年版，第232页。
⑥ 《史记》卷十，《孝文本纪》。

缩内向的，但却取得了很大的战略成效。

从进取性战略至激进性战略：雄才大略与好大喜功的分野

从高祖开始，汉朝几代统治者奉行的收缩性战略，日益使王朝面对的战略态势发生重大有利变化。至武帝即位（前141年）数年后，经过60余年休养生息，汉朝政权持续巩固，社会安定，经济繁荣，人口和财富成倍甚至数倍增长，①王朝实力积累越发雄厚。史载，当时太平无事，百姓家给人足，都城和边地的粮仓满满，国库剩余大量财货，以至"京师之钱累巨万，贯朽而不可校。太仓之粟陈陈相因，充溢露积于外，至腐败不可食"，即使百姓家的街巷也养着马，田野间更是马匹成群，骑母马聚会者会遭到鄙视。②立国之初"天子不能具钧驷，将相或乘牛车，齐民无藏盖"的窘迫不复存在，到处是富庶的治世景象。王朝人口也从立国之初的1500万至1800万人增加到了3600万人。③而且，国家法网宽疏，人民自爱爱人，推崇仁义，都不轻易犯法，不做无义之事。④虽然武帝建元三年（前138年）出现大饥荒、人吃人现象，之后几年又有旱灾、水灾乃至严重蝗灾，元鼎三年（前114年）关东因连年水灾而再闹大饥馑、出现大范围人相食，但汉朝多数时候能积极救济，或将灾民迁至关西、江淮等地就食，上下共渡难关。⑤因此，王朝强势崛起的趋势不可阻挡。当然，任何事物都有两面性。伴随公私富庶与法网宽松，天下人奢靡骄纵之风开始滋长，皇

---

① 中国军事史编写组：《中国历代军事战略》（上），北京：解放军出版社，2002年版，第283页。
② 《史记》卷三十，《平准书》。
③ 葛剑雄：《中国人口史（第一卷）：导论、先秦至南北朝时期》，上海：复旦大学出版社，2002年版，第384页。
④ 《史记》卷三十，《平准书》。
⑤ 《资治通鉴》卷第十七，"汉武帝建元三年"条、"汉武帝建元四年"条、"汉武帝建元五年"条、"汉武帝建元六年"条、"汉武帝元鼎三年"条；《史记》卷三十，《平准书》。

室宗亲至公卿士大夫竞相修饰车马、衣裘、屋室，追功逐利成为潮流。①

外部，至景帝时，由于坚持和亲以及边防体系的不断完善，加上汉朝迅速平定七国之乱展示的震慑效应，匈奴对汉不再有此前那样大规模的入寇，但中小规模入寇依然频繁，对汉朝祸患依旧很大。如景帝中二年（前148年），匈奴就侵入燕地，四年后（前144年）又攻入雁门、上郡，抢掠汉朝苑马，杀汉军将士2000多人。前142年，匈奴又侵入雁门，攻杀雁门太守。② 至武帝时，汉匈实力对比的天平已向汉朝倾斜。然而，匈奴的实力仍然非常强大，不仅继续威胁汉朝安全，而且控制着整个西域。匈奴西部日逐王专设僮仆都尉，常驻焉耆等地，向西域三十六国征税，掠夺他们的财富。可以说，"当时，亚洲大陆的帝国是属于匈奴的"。③ 至武帝元朔元年（前128年），匈奴两万骑兵侵汉，杀辽西太守、围韩安国，杀掠辽西、渔阳、雁门等地数千人，寇掠规模依然相当大。④

在此情势下，武帝的政策主要有如下内容。对内，由于文帝、景帝时期大力养马，至武帝时汉王朝已经有苑马（官马）四五十万匹及大量民间马匹。武帝本人更是重视养马，"马之来食长安者以万数"，以至于关中马卒不够用，要从附近郡县征调马卒来牵掌马匹。在此基础上，武帝大规模组建、扩充骑兵，建立起数以十万计的骑兵作战集团，日益改变汉匈骑兵力量对比态势。⑤ 经济上，武帝也改变了以往放

---

① 《史记》卷三十，《平准书》；《资治通鉴》卷第十八，"汉武帝元朔元年"条。
② 《史记》卷十一，《孝景本纪》；《资治通鉴》卷第十六，"汉景帝中二年"条、"汉景帝中六年"条、"汉景帝后二年"条。
③ 《资治通鉴》卷第二十，"汉武帝元鼎二年"条；格鲁塞著，蓝琪译：《草原帝国》，北京：商务印书馆，1998年版，第62页；林剑鸣：《秦汉史》，上海：上海人民出版社，2003年版，第401—402页。
④ 《资治通鉴》卷第十八，"汉武帝元朔元年"条。
⑤ 《史记》卷十，《孝文本纪》；《史记》卷三十，《平准书》；张说：《大唐开元十三年陇右监牧颂德碑》，载《全唐文》卷二百二十六；中国军事史编写组：《中国军事史（第四卷）：兵法》，北京：解放军出版社，1988年版，第120—121页；中国军事史编写组：《中国历代军事战略》（上），北京：解放军出版社，2002年版，第296、317页。

任自流的经济政策，大力加强对经济社会的控制。武帝中期始，重用富商出身的东郭咸阳、孔仅和桑弘羊等人，通过盐铁官营、算缗令、告缗令、平准法、酒类专卖等措施大开财源，增加粮食物资储备，强化各地货物流通，平抑物价，为内外的政治、军事行动及武帝巡游等提供保障。史载，民不增加赋税而"天下用饶"。① 武帝还重视水利工程建设。元封二年（前109年），武帝亲自坐镇，令将军以下群臣、从吏背柴负薪，与数万兵卒共同劳动，堵塞已决口20余年的瓠子口，并开挖河道将黄河北引至大禹导水旧道，使梁楚之地百姓不再受水灾之祸。② 这次规模浩大、政治级别最高的行动是武帝时最著名的水利工程建设，曾负薪参与此次决口封堵行动的司马迁深受感动，为此在《史记》中专门写下河渠书。③ 用法方面，武帝自公元前130年起重用张汤、赵禹等酷吏制定诸多律令，条法愈加繁密，用法更加严苛。但武帝也继续征召明时务、习先圣之术的吏民和贤良到朝廷任职。如公孙弘在策对中对武帝大讲尧舜之道，反对严刑重罚，倡导以礼义为主、赏罚为辅治国。一代直臣汲黯也常痛斥张汤"刀笔吏不可以为公卿"。④ 这在一定程度上对冲了当时法令繁密、用法严苛的趋势，保持了社会的张力。⑤

对外，从元光二年（前133年）至征和三年（前90年），武帝锐意进取，在多个战略方向发力。⑥ 北面，马邑之谋（前133年）前，因为收缩性战略的惯性，武帝继续采取和亲政策，对匈奴保持边境互市贸易，送给其大量财物。这虽然不能阻止匈奴入寇，但以经促政的

---

① 《资治通鉴》卷第十九，"汉武帝元狩四年"条；《资治通鉴》卷第二十，"汉武帝元封元年"条；张帆：《中国古代简史》，北京：北京大学出版社，2001年版，第77—79页。
② 《资治通鉴》卷第二十一，"汉武帝元封二年"条。
③ 《史记》卷二十九，《河渠书》。
④ 《史记》卷一百二十二，《酷吏列传》；《资治通鉴》卷第十八，"汉武帝元朔三年"条。
⑤ 《资治通鉴》卷第十八，"汉武帝元光五年"条。
⑥ 崔瑞德、鲁惟一编，杨品泉、张书生、陈高华等译：《剑桥中国秦汉史：公元前221年至公元220年》，北京：中国社会科学出版社，1992年版，第152—153页。

效果显著，匈奴自单于以下皆亲近汉朝，纷纷往来长城脚下。① 马邑之谋的实行，结束了汉廷内部对匈奴的和与战的争论。此次行动，武帝听取大行令王恢建议，派马邑聂翁壹利诱军臣单于入塞，谋以汉军30多万人，将其一举伏而歼之。虽因实施不密而功亏一篑，但开启了汉朝运用军力积极解决边患的历史大幕。② 汉匈和亲关系自此根本性破裂。军臣单于及此后的伊稚斜单于愈加频繁攻击汉朝边塞，数量多到"不可胜数"，汉之吏民常遭杀戮，上谷、渔阳、辽西、雁门、代郡、定襄、上郡等地常被战祸。匈奴入寇兵力常达数万甚至近十万骑。但双方经济关系并未中断。匈奴人嗜爱汉朝财物，乐与汉保持关市贸易。武帝顺势保持边贸开放，与单于争夺匈奴民心，同时积极整修边防，修治雁门关隘。③

自元光六年（前129年）到元狩四年（前119年）的11年中，武帝更是精心运筹，以名将卫青、霍去病等为主将，数次出动数万、数十万计的大规模骑兵军团（有时配合以数十万计的步兵），通过龙城之战（前129年）、河南战役（前127年）、漠南战役（前123年）、河西战役（前121年）、漠北战役（前119年）等大战，不断取得对匈反击战胜利，先后驱逐匈奴楼烦王和白羊王，大破右贤王主力，斩杀折兰王、卢侯王，招降浑邪王，迫逃单于，重创左贤王部，夺回河南地，修筑朔方城，并取得河西大片土地，设立河西四郡。④ 几次大战，匈奴被斩杀、俘虏以及主动投降的王侯将军和骑兵部众达22万人以上，牛羊牲畜损失数百万头。尤其漠北战役中，武帝动用14万余骑兵和步兵、后勤力量数十万人，与匈奴骑兵大战，堪称当时规模最大的

---

① 《史记》卷一百一十，《匈奴列传》。
② 陈梧桐等：《中国军事通史（第五卷）：西汉军事史》，北京：军事科学出版社，1998年版，第213—215页。
③ 《资治通鉴》卷第十八，"汉武帝元光二年"条、"汉武帝元光五年"条、"汉武帝元光六年"条；《史记》卷一百一十，《匈奴列传》。
④ 中国军事史编写组：《中国军事史（第四卷）：兵法》，北京：解放军出版社，1988年版，第120—121页之间的插表；张帆：《中国古代简史》，北京：北京大学出版社，2001年版，第77—79页。

骑兵对决。此战,霍去病率5万骑兵与匈奴左贤王部激战,"得胡首虏凡7万余级",斩获最为重大。① 考虑到冒顿单于时曾动用40万精骑包围汉高祖于白登山,这几次战役中军力损失22万人以上,对匈奴无疑是沉重打击。自此,汉初以来匈奴与中原王朝的军事实力对比进一步发生重大改变。"匈奴远遁,幕南无王庭",金城河西之南山至盐泽之间的广大地区亦"空无匈奴",匈奴势力范围大幅向西、向北收缩,② 昔日不可一世的"匈奴大帝国"受到重挫,与汉军正面交锋能力削弱,对汉朝都城长安及陇西、北地、上郡等边地的威胁大为减轻,汉朝通往西域的道路也自此畅通。③ 在此期间,元朔三年(前126年),军臣单于死,其弟左谷蠡王伊稚斜自立。匈奴爆发内乱,伊稚斜击败军臣单于的太子於单,后者降汉后受封为涉安侯。匈奴的政治撕裂,进一步削弱了其力量。

由于数次大规模会战,汉匈双方军力都消耗严重。匈奴兵力损失尤多,主力受重创,于是远徙北方,与汉朝地缘距离拉大,直接军事对撞风险降低。汉朝在大战中也损失数万名士卒和大量马匹,其中仅漠北战役就损失战马11万匹以上,一时无力趁势扩大战果。因此,从公元前118年至前103年,汉匈之间未有大规模战事,双方进入战略僵持期,在对峙同时大量开展政治攻防。匈奴多次向汉提议恢复和亲,作为缓兵之计。元鼎三年(前114年),匈奴伊稚斜单于去世,其子乌维单于即位,继续休养士马,加紧骑射训练,同时频繁以甘辞蜜语请求和亲,假意要派太子入汉为质子,单于甚至表示愿赴汉面见武帝,与汉再约为兄弟之国,以此麻痹迷惑汉朝。武帝为迎接单于入朝,甚

---

① 参见《史记》卷一百一十,《匈奴列传》;《史记》卷一百一十一,《卫将军骠骑列传》;陈梧桐等:《中国军事通史(第五卷):西汉军事史》,北京:军事科学出版社,1998年版,第217—231页。另据史书记载,卫青七击匈奴,斩捕首虏5万余级;霍去病六击匈奴,斩捕首虏11万余级,卫、霍合计斩捕首虏16万余级,参见《史记》卷一百一十一,《卫将军骠骑列传》。

② 《资治通鉴》卷第十九,"汉武帝元狩二年"条;《史记》卷一百一十,《匈奴列传》;林剑鸣:《秦汉史》,上海:上海人民出版社,2003年版,第386页。

③ 《资治通鉴》卷第十九,"汉武帝元狩二年"条;《资治通鉴》卷第二十,"汉武帝元鼎二年"条。

至在长安为其修建府邸。但元鼎五年（前112年），汉朝境内西羌部族十万人叛乱，乌维单于借机与羌勾连，侵入五原，杀五原太守。武帝大怒，于元封元年（前110年）亲领十二部将军、十八万骑兵拟与匈奴大决战。乌维单于不敢应战，但频频扣押汉朝使臣，自元封四年（前107年）起更是屡派兵士侵扰汉边，武帝亦不得不加强防范。元封六年（前105年），乌维单于死，其子乌师庐即位，被称为儿单于。儿单于残忍好杀，匈奴国人不安，加上天灾造成大量牲畜死亡，匈奴国内政局出现不稳。其左大都尉试图发动政变，杀儿单于降汉。太初二年（前103年），武帝派浞野侯赵破奴率两万多名骑兵接应匈奴左大都尉。但因事情泄露，匈奴左大都尉被杀，赵破奴全军则被八万匈奴骑兵包围。其本人被俘，两万多名汉军全部覆没。此战之后，匈奴气焰嚣张，接连大规模入寇定襄、云中、酒泉和张掖等地。①

与此同时，武帝也在尝试经略西域，先后以联合大月氏、乌孙为重点，寻找反击匈奴的战略盟友，分化匈奴同盟体系。早在公元前138年，武帝就派张骞西出陇西，联络大月氏。但直至元鼎二年（前115年），伴随着汉朝对匈反击战的几次重大胜利特别是西域道路的打通，武帝才得以正式派出数批使团，携带大量黄金、钱币、丝绸及牛羊万头，分赴乌孙、康居、大宛、大月氏、大夏、安息等国通好，特别是试图让反抗匈奴霸凌的乌孙占据浑邪王故地，促使双方结为兄弟之国，借此在战略上"断匈奴右臂"。但大月氏、乌孙均对汉朝不够了解，不知汉之大小，且或贪恋当下安乐，或依旧畏惧匈奴，均无意返回故地与汉合击匈奴。然而，他们及多数西域地区政权都有意深入了解汉朝实力强弱，于是纷纷派出使团赴汉，开启与汉友好往来关系。乌孙昆莫（国王）猎骄靡更是以马千匹为聘礼，迎娶汉宗室女刘细君为右夫

---

① 参见《资治通鉴》卷第十九，"汉武帝元狩四年"条；《资治通鉴》卷第二十，"汉武帝元鼎三年"条、"汉武帝元鼎五年"条、"汉武帝元封元年"条；《资治通鉴》卷第二十一，"汉武帝元封四年"条、"汉武帝元封六年"条；《史记》卷一百一十一，《卫将军骠骑列传》；陈梧桐等：《中国军事通史（第五卷）：西汉军事史》，北京：军事科学出版社，1998年版，第231、234—237页。

人。其去世后，其孙军须靡继立，又娶刘细君，汉与乌孙关系持续巩固。然而，匈奴与楼兰、车师（姑师）等要冲地带政权经常劫掠汉使，破坏汉与西域其他政权的关系。鉴于此，元鼎六年（前111年），武帝在设置酒泉郡和武威郡（前115年）基础上，分出土地，增设张掖、敦煌两郡，并迁徙内地民众充实之，强化前出西域的战略准备。① 此时，汉军扫荡漠南，进取河西，经略西域，又东拔朝鲜（见下文），从东西南三面对匈奴形成战略包围之势。匈奴气焰大遭打击，对汉在各方面的战略进取不敢有所不满，"终不敢以为言"。② 元封三年（前108年），汉朝将军赵破奴（5年后被匈奴俘虏的浞野侯赵破奴）率700余名骑兵，征伐曾劫掠汉使的楼兰、车师，生擒楼兰王，大破车师国，威震乌孙、大宛等国，进一步畅通与西域各政权联系。但乌孙以西的各政权，特别是大宛至安息广大区域的国家，因为靠近匈奴、远离汉朝，所以对匈奴更为畏惧，对汉朝则傲慢少礼。元封六年（前105年），儿单于即位后，匈奴战略重心进一步向西北转移，以左军威胁云中，右军兵锋则直指酒泉、敦煌，借此强化对西域控制。武帝为获取宝马及争夺西域，不顾赵破奴所部刚被歼灭，不惜动用王朝大量人力物力，于前103年、前102年派其宠姬李夫人的兄长贰师将军李广利两次远征大宛。特别是第二次远征，师行万里，动用兵卒超过24万人、牛10万头、马3万匹、驴和骆驼等牲畜数万，另征发大量粮草、兵弩装备、校尉军官及水工，转运物资和参与后勤支援的其他兵卒更是不计其数，一时天下骚动。其结果是，汉军一路所向披靡，屠轮台，破大宛，杀郁成王，取大宛上等马数十匹、中等马以下3000余匹，并且扶立亲汉的大宛贵族昧蔡为王。匈奴见汉军兵势盛大，竟不敢出兵拦截。大宛之战后，西域震惧，各政权纷纷派子弟入汉为质子，汉在西域对匈奴的战略优势开始确立，政治影响持续向西域纵深拓展。然而，汉军也损耗极多，李广利回师后，士卒仅剩1万多人、战马剩

---

① 《资治通鉴》卷第二十，"汉武帝元鼎二年"条、"汉武帝元鼎六年"条、"汉武帝元封元年"条。
② 《史记》卷一百一十，《匈奴列传》。

1000多匹。① 然而，武帝更看重伐大宛之战打出的军威，并试图借此扩大战果，一劳永逸解决匈奴问题。天汉二年（前99年）、天汉四年（前97年）与征和三年（前90年），武帝自西面、北面等方向数次对匈奴及其仆从车师发起攻势，其中三次以李广利为主将，动用步、骑兵超过数万甚至20余万人，且征发楼兰、尉犁等西域六国助战。然而，这几次进攻或无功而返，或在激战后失败。尤其征和三年（前90年）的进攻中，李广利所领七万兵马全军覆没，成为元光六年（前129年）以来汉对匈奴最大的军事失败，② 武帝的大战略方针面临难以为继的空前挑战。

从元光五年（前130）年起，武帝还向西南方、南方以及东北方向展开强大软实力或硬实力攻势，先后通西南夷，平南越和东越，定朝鲜，大大拓展了政治投射范围。西南方向，元光五年（前130）年起，武帝先后以唐蒙、司马相如为中郎将，以缯帛等财物厚赐夜郎侯多同等南夷之君及邛、筰、冉駹等西夷之君。南夷、西夷君长钟爱汉朝厚赐的财物，仰慕汉廷之德，纷纷请为内臣，归附汉朝。汉以强大的软实力，成功使西南夷初步向化归附，于是设立犍为郡，置一都尉、十余县，③ 又凿山通西南夷道。东南方向，元鼎五年（前112年），武帝派伏波将军路博德、楼船将军杨仆等率江淮以南楼船将士十万人、囚犯军卒、夜郎国军队等，兵分多路，合击南越。其原因是，南越王赵胡去世后，其子赵婴齐及幼孙赵兴先后即位。因赵兴年幼，其母樛

---

① 参见《汉书》卷九十六上，《西域传上》；《资治通鉴》卷第二十一，"汉武帝元封三年"条、"汉武帝元封六年"条、"汉武帝太初三年"条、"汉武帝太初四年"条；《史记》卷一百二十三，《大宛列传》；《史记》卷一百一十，《匈奴列传》；林剑鸣：《秦汉史》，上海：上海人民出版社，2003年版，第406—407页；陈梧桐等：《中国军事通史（第五卷）：西汉军事史》，北京：军事科学出版社，1998年版，265—271页；葛剑雄：《中国历代疆域的变迁》，北京：商务印书馆，1997年版，第46—47页。昩蔡后来得不到大宛贵族的支持，被杀。其后继者毋蝉封对汉恭顺，"遣子入侍，置于汉"。

② 《史记》卷一百一十，《匈奴列传》；《资治通鉴》卷第二十一，"汉武帝天汉二年"条；《资治通鉴》卷第二十二，"汉武帝天汉四年"条、"汉武帝征和三年"条；杨生民：《汉武帝传》，北京：人民出版社，2001年版，第212页。

③ 《资治通鉴》卷第十八，"汉武帝元光五年"条。

太后主政。樛太后希与赵兴入长安朝觐天子,携南越内属汉朝。但南越丞相吕嘉拒绝归汉并发动叛乱,杀死樛太后、赵兴及汉朝使臣,立赵婴齐之孙赵建德为王,公开与汉为敌。元鼎六年(前111年),面对汉朝南征大军,南越军队望风而逃,吕嘉及南越王赵建德被擒,南越正式平定。武帝于其地设南海、苍梧、日南、九真、交趾等七郡及儋耳、珠崖二郡,共计九个郡。① 南越国平定,产生了重大外溢效应。一方面,此前依附于南越的夜郎、冉駹等请求正式归顺,希望汉朝设官吏治理。武帝遂新设牂牁、越嶲等六郡,进一步确立对西南夷地区的管辖。元封二年(前109年),武帝又平定多次袭扰汉使的劳深、靡莫,降滇国王,设益州郡。另一方面,靠近南越的东越王馀善则震惧不安,居然僭称东越武帝,发兵截断汉朝南征部队北返通道,并攻杀汉之白沙、武林、梅岭等三地校尉,其将领则号称"吞汉将军"。汉武帝乃后发制人,以楼船将军杨仆等为将,反击东越。元封元年(前110年),汉军尚未大战,东越军队即发生倒戈,馀善亦被其部下杀死。东越被讨平后,该地民众内迁至江淮之间,闽越之地"遂虚"。至此,西南夷和两越平定。②

东北方向,朝鲜国王此时为卫满之孙卫右渠。卫右渠自恃地形险固,不守藩属国之礼,不仅拒绝赴汉朝拜,而且引诱大量汉人逃亡,阻止辰国等周边小国与汉通使往来。元封二年(前109年),武帝乃派遣使臣涉何赴朝责问和规劝,但卫右渠拒不听劝。涉何为骗取功劳,杀死送其出境的朝鲜裨王,引发朝鲜与汉兵戎相见。朝鲜首先攻打辽东,杀死涉何,为其裨王报仇。如此公然的侵犯行为自然令汉武帝难以容忍。武帝乃招募天下死罪之人为军卒,由楼船将军杨仆、左将军荀彘率领,分水陆两路攻打卫右渠。次年(前108年),在汉军强大攻

---

① 《资治通鉴》卷第二十,"汉武帝元鼎六年"条;余天炽、覃圣敏、蓝日勇等:《古南越国史》,南宁:广西人民出版社,1998年版,第230—233页;《汉书》卷九十五,《西南夷两粤朝鲜传》。

② 《资治通鉴》卷第二十,"汉武帝元封元年"条;《资治通鉴》卷第二十一,"汉武帝元封二年"条;《汉书》卷九十五,《西南夷两粤朝鲜传》;陈梧桐等:《中国军事通史(第五卷):西汉军事史》,北京:军事科学出版社,1998年版,第291—293页。

势下，朝鲜内部生变，卫右渠被大臣所杀，朝鲜军民遂归附汉朝。武帝乃分其地为真番、临屯、乐浪、玄菟四郡，对朝鲜半岛北部的行政管辖此后延续 400 余年。①

综述之，自马邑之谋起，武帝主政时期的大战略行为呈现出两个阶段性特征。第一阶段为马邑之谋至元封二年（前 133 年—前 109 年）的 24 年间，武帝一方面立足于王朝内部的稳定与发展积蓄实力，另一方面大力开拓进取，对匈奴发起艰苦卓绝的军事反击，不再容忍其霸道霸凌。从战略容忍向战略斗争的转变进程，带有很强的军事斗争色彩，但目标是反制匈奴入寇，消除其对汉朝边境的无端侵害，目的是自我防卫，带有明显"正义性"。② 正如谭其骧先生指出的，汉武帝对匈用兵不宜视作穷兵黩武。因为他不对付匈奴，匈奴就要打进来。③ 与此同时，武帝还积极经略西南方、南方和西域，通西南夷、平南越与东越、进取西域，不仅收复秦朝故地，而且大大拓展了影响范围。这一时期，武帝虽在多个战线展开行动，但多未脱离后发制人、积极反击的范畴，且其中政治、经济等非军事力量发挥了重要作用。西南夷和南越等力量主动内附是主流，西域各政权也愿与汉友好往来，这与秦始皇"外事四夷"在性质上不同。

第二阶段为元封二年（前 109 年）至征和三年（前 90 年）的 20 年间，以武帝攻打朝鲜（因涉何杀朝鲜裨王引发）、威服滇国为标志，中间又为取宝马、争夺西域而倾国力远征大宛，以及对匈奴发动几次劳而无功的新攻势，汉朝的大战略开始向激进性战略转变，外向性和强制性色彩日益浓厚，武帝好大喜功的一面日益突出。汉朝疆域日益

---

① 《资治通鉴》卷第二十一，"汉武帝元封二年"条、"汉武帝元封三年"条；《史记》卷一百一十五，《朝鲜列传》；陈梧桐等：《中国军事通史（第五卷）：西汉军事史》，北京：军事科学出版社，1998 年版，第 270、277—282 页。

② 陈梧桐等：《中国军事通史（第五卷）：西汉军事史》，北京：军事科学出版社，1998 年版，第 233 页。

③ 参见谭其骧：《历史上的中国和中国历代疆域》，载谭其骧：《长水粹编》，石家庄：河北教育出版社，2000 年版，正文第 10 页。

拓展，至汉平帝时，东西横跨 9302 里、南北纵贯 13 368 里。① 武帝开拓之功不可灭。但武帝连续大规模对外用兵，动辄耗费巨万甚至亿万计，使得文、景帝以来的王朝积蓄日益消耗，"府库并虚"，② 天下罢弊，农民难以专心务农。元封四年（前 107 年），城郭粮仓空虚，民贫流亡，关东地区流民居然多达 200 万人，几乎占到王朝人口的十八分之一甚或十六分之一。③ 这期间的几次大规模对外用兵，尤其劳而无功、劳民伤财。特别是为支撑李广利远征大宛，武帝除了在全国范围内大量征调将官、军卒、囚徒、恶少和工匠外，还征发有罪官吏、亡命者、赘婿、商人、父母和祖父母为商人者等七类人从军。军马不够用，甚至直接没收吏民马匹。④ 这种征调民力的广度已经比肩秦始皇时期，民力严重透支，一时天下骚动，社会长期稳定的局面受到严重冲击。而且，远征大宛，丧师五万，耗费亿万，实在是得不偿失。⑤ 同样自元封二年（前 109 年）起，武帝用法更加严酷，任用酷吏杜周为廷尉，大兴诏狱，两千石高官被逮捕者维持在百人以上，廷尉一年理案千余件，诏狱逮捕及牵连人数达十万多人，与文、景帝时刑罚几乎措置不用，形成鲜明对比。⑥ 至天汉二年（前 99 年），武帝以严刑峻法治国的倾向愈加明显，地方官吏也多以酷暴为能。在经济压迫和严刑峻法之下，百姓造反者不可胜数，多则数千人成群，少则数百人聚集，或攻掠城池、杀死官吏，或抢掠乡间、遮断道路。武帝派兵镇压，大郡斩杀造反者有时多至万人，⑦ 王朝出现局部土崩之势。征和二年（前

---

① 《汉书》卷二十八下，《地理志下》；葛剑雄：《中国人口史（第一卷）：导论、先秦至南北朝时期》，上海：复旦大学出版社，2002 年版，第 198 页；中国军事史编写组：《中国历代军事制度》，北京：解放军出版社，2005 年版，第 93 页。
② 《汉书》卷二十四下，《食货志下》；《汉书》卷七十，《傅常郑甘陈段传》。
③ 《史记》卷一百三，《万石张叔列传》。据估测，当时的王朝人口数大约在 3600 万至 3200 万之间。参见葛剑雄：《中国人口史（第一卷）：导论、先秦至南北朝时期》，上海：复旦大学出版社，2002 年版，第 389 页。
④ 《资治通鉴》卷第二十一，"汉武帝太初二年"条、"汉武帝太初三年"条。
⑤ 《资治通鉴》卷第二十九，"汉元帝竟宁元年"条。
⑥ 《资治通鉴》卷第二十一，"汉武帝元封二年"条。
⑦ 《资治通鉴》卷第二十一，"汉武帝天汉二年"条。

91年），武帝自己也承认，若后世如其所为，征伐四夷，劳民伤财，是"袭亡秦之迹也"，如太子刘据那样敦重好静，王朝国运才能长久。同年，巫蛊之祸大起，不仅京师、三辅及各郡国因此被杀的百姓达数万人，连公主、后宫嫔妃、皇亲国戚、大臣被杀者也有数百人，甚至太子刘据也被迫在京师起兵而被杀。① 元封二年（前109年）起，武帝骄奢淫佚亦不断登峰造极，先后大兴土木，造蜚廉观、桂观、益寿观、延寿观、通天茎台，扩建各宫室。其中，仅建章宫就有千门万户，东西北南建有凤阙、虎圈、太液池、神明台及其他胜景无数。② 元封五年（前106年），名将卫青去世，更标志着武帝即位以来的文武名臣凋零殆尽。③ 其后续重用的将领李广利、酷吏江充等人，已无法承担起攘夷安民的重任。武帝的激进性大战略走到了尽头，王朝的大战略调整迫在眉睫。

收缩性战略回归与进取性战略再现：单于稽首，自古未有④

自征和四年（前89年，即武帝生命最后两年多）起，西汉的大战略行为出现转变。由于多次对外用兵，民力物力财力耗费巨大，政治、经济和社会秩序深受冲击，汉朝实力开始明显下降，几乎滑向秦始皇末期的危机之中。正如汉宣帝时著名儒臣夏侯胜指出的，武帝虽有攘四夷、广土斥境之功，然多杀士众，竭民财力，奢泰亡度，天下虚耗，百姓流离，物故者半。⑤ 据估测，当时的王朝人口总数已从武帝即位初的3600万降至3200万，40余年来人口未见增长，反而减少约400万人。而如果没有战争等损耗，按正常人口年均增长率推算，汉朝人口

---

① 《资治通鉴》卷第二十二，"汉武帝征和二年"条。
② 《资治通鉴》卷第二十一，"汉武帝元封二年"条、"汉武帝太初元年"条。
③ 《资治通鉴》卷第二十一，"汉武帝元封五年"条。
④ 《汉书》卷八，《宣帝纪》。
⑤ 《汉书》卷七十五，《眭两夏侯京翼李传》。

此时应已增至4758万。从这个意义上说，汉朝实际损失人口应是1558万。① 夏侯胜所谓"物故者半"，即总人口逝去一半，并非完全夸张之辞。此外，如司马光总结指出的，武帝穷奢极欲，繁刑重敛，大修宫室，征讨四夷，迷信神怪，巡游无度，使天下疲敝，与秦始皇所为相差无几。② 其中，武帝数次巡游，所至郡国凡四十九，③ 或登名山大岳封禅礼祭，或至大海访仙求神，或亲自勒兵震慑匈奴，所过郡县又常大加赏赐，地方穷于应付，耗财无算。内忧常引发外患，汉军在匈奴综合实力下降背景下，对其多次新攻势反而全遭败绩。④ 征和四年（前89年），经上一年巫蛊之祸、太子被杀及李广利七万大军覆没，已近古稀之年的武帝深受刺激，心情悲痛之中，反而恢复了战略清醒，开启了自我拨乱反正的进程。

对内，以石闾山与群臣对话、发布轮台罪己诏为标志，武帝几度表露对前事追悔之意。其战略转轨集中体现为"四罢三复"。"四罢"即罢黜求仙方士、禁止官吏苛暴、停止擅自增赋、不再对外兴兵。以武帝的话说，他即位以来做了很多"狂悖"之事，既糜费天下，又令百姓愁苦，故而要全部罢之，而急务就是罢上述四事，及时为王朝秩序失控止损。"三复"即恢复与民休息方针、恢复重农务本国策、恢复文帝时的马复令（养战马一匹，免除一家三口兵役），以宽松方略施政，为王朝恢复元气提供驱动力。⑤ 武帝又以大鸿胪田千秋为丞相、封富民侯，"以明休息，思富养民也。"⑥ 自此，与民休息和防御为主的政策，再次回到了汉朝的大战略轨道。同一时期，武帝亦亲自下地耕田，以示重农务本。杰出的农学家赵过亦受命为搜粟都尉，教百姓以

---

① 葛剑雄：《中国人口史（第一卷）：导论、先秦至南北朝时期》，上海：复旦大学出版社，2002年版，第389页。
② 《资治通鉴》卷第二十二，"汉武帝后元二年"条。
③ 《汉书》卷七十五，《眭两夏侯京翼李传》。
④ 陈梧桐等：《中国军事通史（第五卷）：西汉军事史》，北京：军事科学出版社，1998年版，第238—245页。
⑤ 《资治通鉴》卷第二十二，"汉武帝征和四年"条；《汉书》卷九十六下，《西域传下》。
⑥ 《汉书》卷九十六下，《西域传下》。

代田之法，并大力推广其所创制的耕种技术和便巧农具，大大提高了生产率，增加了粮食产量。丞相田千秋亦联合诸位大臣，劝说武帝广施恩惠，减缓刑罚，安抚朝野。① 后元二年（前87年），武帝去世，其八岁的儿子汉昭帝即位。自此至汉宣帝地节二年（前68年），大司马大将军霍光前后辅政20年，持续贯彻武帝遗志。他深知实务之要，辅政伊始即以昭帝名义派使者查问民间疾苦及冤屈，并向受灾贫民"赈贷"种子、口粮。他还接受谏大夫杜延年的数次建议，恢复文帝治国理政方针，顺应天心民意，推行俭约宽和之政。这包括，数次减免田租、口赋、更赋、漕粮及其他赋税徭役，赐给官吏百姓财物及牛、酒，撤销武帝后元二年（前87年）前的词讼，组织召开历史上著名的盐铁会议，罢免酒类专卖官员。霍光辅政不到七年，百姓财物充实，文景之业逐渐恢复。② 昭帝在位13年（前87—前74年）间，王朝内外少事，社会安定，百姓得以休养生息，流民逐渐返乡，"田野益辟，颇有蓄积"。③

元平元年（前74年），昭帝英年早逝，武帝曾孙、戾太子刘据之孙、18岁的宣帝即位。霍光继续秉政七年，治国理政延续轻徭薄赋、与民休息思路，多次减免赋税徭役。但在辅政的20年间，元凤元年（前80年），霍光诛杀谋反的辅政大臣上官桀等人后，精神一度高度紧张，开始恢复武帝时的法度，以严刑峻法驾驭群下，巩固权势，官场风气随之以用法严酷为能。但好在有杜延年等人辅之以宽，加上宣帝长于民间，深知百姓苦于官吏执法峻急，任用持法宽和的黄霸为廷尉正（廷尉副手），④ 为政以宽的治国理政节奏并未遭受根本性破坏。

对外，西汉的战略收缩也很快展开，对匈政策重点放在恢复和亲

---

① 《资治通鉴》卷第二十二，"汉武帝征和四年"条；《汉书》卷二十四上，《食货志上》；《汉书》卷六十六，《田千秋传》。
② 《资治通鉴》卷第二十三，"汉昭帝始元二年"条、"汉昭帝始元五年"条、"汉昭帝始元六年"条。
③ 《汉书》卷六十六，《田千秋传》；《汉书·食货志第四上》。
④ 《资治通鉴》卷第二十三，"汉昭帝元凤元年"条、"汉宣帝本始元年"条。

与防守反击上。事实上,经汉军此前的数次大规模深入反击,匈奴政治、军事与经济实力及民心士气均受重挫,综合实力已每况愈下。匈奴明显衰落,始于公元前85年(汉昭帝在位第二年)。一是战争环境下,马匹等牲畜长期不能正常繁殖,直接影响匈奴军事和经济力量增长,匈奴民众亦因此疲惫困苦。二是统治阶层的政治分裂加剧。当时的狐鹿姑单于临终前,指定其弟右谷蠡王继任单于。但其死后,其子抢先登位,此即壶衍鞮单于。右谷蠡王愤怒之下一度打算投降汉朝和乌孙,虽未落实,但不再参与龙城祭祀,拒与单于会面。壶衍鞮单于自知匈奴内部分裂严重,因此向汉请求和亲。为表示诚意,匈奴释放了扣留19年的汉使苏武等十人归汉。霍光为服务与民休息的国策,乃恢复与匈奴和亲。① 但匈奴的寇掠本性难变。汉武帝刚去世时,匈奴就入寇朔方,屠杀汉朝官民。昭帝元凤元年(前80年),与汉和亲不到一年,匈奴又以两万骑兵分四路入寇,而此前一年,就曾入寇代郡,攻杀汉朝都尉。元凤三年(前78年),匈奴右贤王、犁污王亦率领4000骑兵,入寇张掖。不久,匈奴3000余名骑兵入寇五原,杀掠数千人。与此同时,数万匈奴骑兵沿汉朝边塞移动,攻击塞外亭障。针对此种局面,汉朝以守为攻、后发制人,及时加强边备并驱逐来犯之敌,而且多能大获全胜。如元凤元年(前80年),汉军驱逐匈奴入寇时生擒瓯脱王、歼敌9000人。元凤三年,汉军又射杀犁污王、歼敌3000余人。同年,霍光的女婿、度辽将军范明友率领两万骑兵自辽东出塞反击匈奴。匈奴不敢正面交锋,汉军乃杀鸡儆猴,攻击叛汉的乌桓,斩杀其三王及6000余人,令匈奴大为震恐。②

与此同时,汉朝的疆域在东北部和西南部也出现收缩。昭帝始元

---

① 《资治通鉴》卷第二十三,"汉昭帝始元二年"条、"汉昭帝始元六年"条。
② 《汉书》卷九十四上,《匈奴传上》;《资治通鉴》卷第二十三,"汉昭帝元凤二年"条。东胡被冒顿单于攻破后,其余众分别占据乌桓山和鲜卑山,形成乌桓、鲜卑两个部族,世代臣服于匈奴。武帝时,汉军大破匈奴左贤王部,将乌桓迁至上谷、渔阳、右北平、辽东塞外,为汉侦察匈奴动静。随着匈奴日益衰落,乌桓趁机崛起。昭帝元凤三年前后,乌桓两面出击,一方面反叛汉朝,另一方面报复匈奴,掘单于祖坟。参见《资治通鉴》卷第二十三,"汉昭帝元凤三年"条。

五年（前 82 年），撤去在海南地区设立的儋耳郡，将其地并入珠崖郡。同时撤销在朝鲜半岛设立的真番郡、临屯郡，将之并入玄菟郡、乐浪郡，自公元前 108 年设郡后不到 30 年，玄菟、乐浪、真番、临屯四郡就缩减为玄菟、乐浪两郡。与此同时，为巩固对单单大岭以东七县的管辖，又设乐浪东部都尉。① 对西域，汉朝也主要采取屯田、通使甚至小规模军事行动等方式进行经略，多年未有大军征讨行动。事实上，武帝虽拒绝桑弘羊等人屯田轮台的建议，但昭帝时，霍光以西域扜弥国太子赖丹为校尉，领兵屯田轮台，部分实施了桑弘羊的奏议。由于赖丹曾在龟兹当质子，其挂汉朝印信、领汉兵屯田，引起龟兹嫉妒和忌惮。龟兹王随后攻杀赖丹。汉朝一度忍而不发，未派兵讨伐。但龟兹又与楼兰、匈奴勾连，多次截杀汉使，背叛汉朝。昭帝元凤四年（前 77 年），平乐监傅介子继此前以汉使身份赴两国责备其王后，与士卒刺杀楼兰王安归，扶立其弟尉屠耆为王，并改其国名为鄯善，以汉朝 40 兵卒屯田镇抚。②

以上所述，是这个时期第一阶段的战略情况，时间范围为武帝征和四年至宣帝本始二年（前 89—前 72 年）的 17 年时间。自宣帝本始二年（前 72 年）至黄龙元年（前 49 年）的 23 年时间，汉朝又恢复了积极进取姿态，迈进新的大战略阶段。其外部诱因是，匈奴利用武帝末年及昭帝时的战略收缩，重新加强对西域渗透控制，③ 重点将矛头指向亲汉的乌孙，多次联合车师大规模侵略乌孙。乌孙自猎骄靡及其孙军须靡为王时，就一直对汉友好。军须靡先后娶汉宗室女刘细君、刘解忧为妻。军须靡去世后，其叔父之子翁归靡即位（号肥王），又娶解忧公主为妻。昭帝在位末期，面对匈奴与车师联合进犯，解忧公主就

---

① 《汉书》卷七，《昭帝纪》；《后汉书》卷八十五，《东夷列传》。
② 《资治通鉴》卷第二十三，"汉昭帝元凤四年"条；《汉书》卷七十，《傅介子传》；《汉书》卷九十六上，《西域传上》；《汉书》卷九十六下，《西域传下》。
③ 正如历史学者指出的，汉朝此时对匈奴以积极防御为主的策略，大大减轻了匈奴的军事压力，使其在西域重新活跃起来，参见陈梧桐等：《中国军事通史（第五卷）：西汉军事史》，北京：军事科学出版社，1998 年版，第 273 页。

数次发书向汉求援。宣帝即位后，解忧公主与乌孙肥王再次遣使求援，指出匈奴侵占土地、抢掠人口并要乌孙交出解忧公主，以此令乌孙断绝与汉关系。本始二年（前72年）、三年（前71年），汉朝为救援乌孙，一举调动大军16万余骑，以御史大夫田广明、度辽将军范明友、前将军韩增、后将军赵充国等为将，分五路发起反击，成为元封元年（前110年，武帝亲率18万骑兵欲与匈奴决战）近40年来，汉朝对外发起的最大规模骑兵行动。与此同时，汉又以著名使臣、校尉常惠赴乌孙，促乌孙肥王发兵五万骑策应汉军。此战，汉朝与乌孙骑兵共计20余万，取得辉煌战绩。乌孙肥王亲自统兵与常惠自西部进攻，扫荡匈奴右谷蠡王王庭，俘获匈奴贵族及部众3.9万余人，另获马、牛、羊、驴、骡、橐驼70余万头。汉军战果反而相形见绌，因匈奴远遁，五路汉军总计才歼敌3000余人。但匈奴经此沉重打击，实力更加衰弱，对西域的控制力也愈加下降。此战之后，常惠征调西域各方联军4.7万人，分三路问罪龟兹，为此前被杀的轮台屯田校尉、扞弥国太子赖丹复仇，使汉朝在西域威望达到新高点。

与此形成对比的是，同年冬，匈奴单于亲率数万骑兵进攻乌孙，但战果寥寥，且退兵时遇上大雨雪，部众、牲畜反而冻死十分之九。北部的丁令、东部的乌桓、西部的乌孙，趁机对匈奴三面夹击，斩杀其部众数万人、马数万匹及牛羊无数。加上饥饿而死者，匈奴这一年人口减少十分之三、牲畜减少50%，由此大为衰落，其西域属国大部分归附汉朝。汉军趁机亦派出3000余骑兵，攻入匈奴，俘虏数千人而还。匈奴在丁令、乌桓、乌孙和汉朝的轮番打击下，无力南侵，汉朝北部边境自此安宁少事。① 三年后，即宣帝地节二年（前68年），壶衍鞮单于去世，其弟虚闾权渠单于继立。这一年，匈奴又发生严重饥荒，民众、牲畜死亡十之六七，原先臣服匈奴的西嗕部族南下降汉。在不断衰落趋势下，匈奴虽然不甘失败，仍不时谋划袭扰汉朝边塞，

---

① 《汉书》卷九十四上，《匈奴传上》；《资治通鉴》卷第二十四，"汉宣帝本始三年"条；《汉书》卷九十六下，《西域传下》。

或与汉境内的西羌勾结作乱,但均未能得逞。如匈奴长期引诱羌人攻击张掖、酒泉,打算事成后让羌人占据这两处战略要地,堵住河西走廊,断绝汉与西域通道。元康四年（前62年）,匈奴又派使者至羌中,为西羌大规模叛汉"下指导棋",并拟与之联兵攻打鄯善、敦煌。不过,因名将赵充国等迅速平定羌乱,匈奴计划破灭。① 神爵二年（前60年）,虚闾权渠单于率十余万骑兵沿汉朝边塞狩猎,准备伺机入寇,但因情报泄露而终止。②

在此背景下,汉朝对西域的经略愈加积极。其行动突出体现为大破车师、莎车,并且接受匈奴日逐王投降。地节三年（前67年）,鉴于身处战略要地的车师与匈奴联姻并妄图截断汉朝与乌孙联系,屯田渠犁的汉朝侍郎郑吉征发西域诸国兵马及汉朝屯田士兵共一万余人,大破车师,迫降车师王,随后以300士卒屯田车师。郑吉因此被提升为卫司马,护卫鄯善以西的南道各国。元康元年（前65年）,莎车王万年的弟弟呼屠征杀死万年,叛汉投匈,继而胁迫南道各国叛汉。危急关头,正在西域的汉使冯奉世征调南北道多国兵马1.5万人,合攻莎车,迫呼屠征自杀。冯奉世另立莎车新王,稳定南北道各国。但匈奴在西域并非无还手之力。自汉军屯田车师后,匈奴人若感芒刺在背,欲拔之而后快,于是屡攻屯田车师的汉兵,使汉朝被迫放弃车师故地。③

不过,总体上说,当时的匈奴遭逢百年之国运变迁,处"坏乱几亡之厄",④ 内部分裂与权力争斗不断加剧,衰落已是大势,阻挡不了汉朝对西域的经略。神爵二年（前60年）,虚闾权渠单于去世,乌维单于的曾孙握衍朐鞮单于抢先登位。本应继位的日逐王先贤掸,怒而率数万骑降汉。郑吉征发渠犁、龟兹诸国五万人迎之。郑吉先破车师、

---

① 《资治通鉴》卷第二十五,"汉宣帝元康四年"条。
② 《资治通鉴》卷第二十六,"汉宣帝神爵二年"条。
③ 《汉书》卷七十,《郑吉传》;《资治通鉴》卷第二十五,"汉宣帝地节三年"条、"汉宣帝元康元年"条、"汉宣帝元康二年"条。
④ 《汉书》卷九十四下,《匈奴传下》。

再降日逐王，威震西域，遂监护车师以西的北道诸国。加上此前护卫鄯善以西的南道各国，故号称南北两道"都护"。汉朝西域都护自此设立，郑吉为首任都护，设都护幕府，督察乌孙、康居等36国动静，行安抚征伐之权，"汉之号令班西域矣"。匈奴则撤去僮仆都尉，不敢再染指西域。自武帝元狩之际打通西域至郑吉建都护之号，汉朝号令颁行西域，总计用时约80年。①

神爵四年（前58年），匈奴内讧愈加激烈，终于爆发内战。东部贵族拥立稽侯狦为呼韩邪单于，发兵攻打握衍朐鞮单于，迫其自杀。次年，匈奴内部更出现呼韩邪单于、屠耆单于、呼揭单于、乌藉单于和车犁单于"五单于并立"及右贤王父子被杀的乱局。五凤二年（前56年），经大混战及力量重组，呼揭单于、乌藉单于和车犁单于的部众皆归于呼韩邪单于，他们联合起来又击败屠耆单于，迫其自杀。屠耆单于的从弟休旬王于是自立为闰振单于，呼韩邪单于的兄长左贤王则自立为郅支单于，"五单于并立"变为"三单于并立"。五凤四年（前54年），郅支单于攻杀闰振单于，"三单于并立"又演变成呼韩邪单于与郅支单于"兄弟争国"态势。在这场令人眼花缭乱的大混战中，屠耆单于的儿子右谷蠡王、呼韩邪单于的左大将等贵族为自保，先后降汉。甘露元年（前53年），呼韩邪单于与郅支单于为争取汉的支持，分别遣子至长安侍奉宣帝。甘露三年（前51年）、黄龙元年（前49年），呼韩邪单于更是两次入朝面见昭帝，向汉正式称藩臣。与此同时，郅支单于也遣使入汉朝奉献，一时出现匈奴两单于争相遣使朝汉的盛况。宣帝对双方使者都给予厚待，但更加青睐两次入朝的呼韩邪单于，不仅对他予以政治礼遇和军事支持，而且支援粮食3.4万斛，

---

① 《汉书》卷七十，《郑吉传》；《资治通鉴》卷第二十六，"汉宣帝神爵二年"条；《汉书》卷九十六上，《西域传上》。

助其安定匈奴。① 汉匈朝贡关系自此建立。② 汉朝对西域的掌控力随之进一步加强，不仅乌孙以东的南北两道城邦诸国，且乌孙以西至安息的广大西域地带，都愈加尊奉汉朝。郅支单于见此形势，不敢留在匈奴本部与汉争锋，转而向西挺进。自此之后，呼韩邪单于及其六个儿子先后在位。他们皆感恩尊汉，至王莽篡汉前，汉朝北方边境60余年里再无烽火，"人民炽盛，牛马布野"。③

内部方面，地节二年（前68年），霍光去世，25岁的宣帝亲政。他长于民间，深知百姓艰难、吏治得失，亲政后励精图治。首先，选贤任能，综核名实，信赏必罚，君臣关系和谐，上下一心求治。史称"汉世良吏，于是为盛"，当时的功臣名将有张安世、魏相、丙吉、赵充国、于定国、杜延年，治民能臣则有黄霸、王成、龚遂、郑弘、召信臣、韩延寿、尹翁归、赵广汉、严延年、张敞等。④ 他们皆为"孝宣中兴"作出了卓越贡献。其次，安抚百姓，鼓励农桑，减免租赋。包括多次向流民、贫民租借公田，贷给种子、口粮，免除贫民租赋，减少天下口钱、算赋（儿童及成人人头税），又开放闲置的皇家池塘禁苑，并将招抚流民作为官员晋升的条件之一。为减少百姓负担，宣帝还削减御膳及乐府人员，罢除塞外诸城戍卒，停建各郡楼台馆舍，屡派使者访问民间疾苦，禁止官吏烦扰百姓。再次，以"政平讼理"为目标，重视司法公正。重点是纠治武帝中后期以来法网繁密、律令烦苛、奸吏弄法的痼疾，以执法宽和谨慎，堪比文、景帝时名臣张释之的于定国为廷尉，使天下无冤民，又设廷尉平一职以强化对郡国司法指导，担任该官职的黄霸等人，明察用法，力求达到宣帝对断狱"务

---

① 《资治通鉴》卷第二十七，"汉宣帝神爵四年"条、"汉宣帝五凤元年"条、"汉宣帝甘露三年"条、"汉宣帝黄龙元年"条；《汉书》卷九十四上，《匈奴传上》；《汉书》卷九十四下，《匈奴传下》；陈梧桐等：《中国军事通史（第五卷）：西汉军事史》，北京：军事科学出版社，1998年版，第252—254页。

② 余英时著，邬文玲等译：《汉代贸易与扩张》，上海：上海古籍出版社，2005年版，第46页。

③ 《资治通鉴》卷第二十七，"汉宣帝甘露三年"条；《汉书》卷九十四下，《匈奴传下》。

④ 《资治通鉴》卷第二十四，"汉宣帝地节元年"条；《汉书》卷八十九，《循吏传》；《汉书》卷五十八，《公孙弘卜式兒宽传》赞曰；《汉书》卷五十四，《苏武传》；《汉书》卷五十九，《张安世传》；《汉书》卷六十，《杜延年传》；《汉书》卷七十四，《魏相丙吉传》；《汉书》卷七十一，《于定国传》。

平之"的要求。宣帝本人更是常在年终斋戒沐浴，亲自裁断重大疑难案件，皆号称公平。① 在宣帝君臣精心治理下，百姓安居乐业，农业连年丰收，元康四年（前62年）每石谷仅值五钱，创下中国古代历史文献记载的最低粮价记录，以至于谷贱伤农。② 这一时期，汉朝人口也持续增长，为汉平帝元始二年（2年）6000万人口巅峰的到来做了良好铺垫。③ "昭宣中兴"可谓实至名归。

综述之，自武帝晚年开始，汉朝的大战略行为在向着收缩性战略回归。自武帝征和四年至宣帝本始二年（前89—前72年）的17年时间，汉朝开始回归文、景帝时的与民休息方针，依靠内部治理来恢复王朝元气，对外患则以恢复和亲与防守反击为主，也因此给了匈奴战略喘息并加强控制西域的机会。自本始二年（前72年）汉朝五将军联合乌孙大举反击匈奴，至黄龙元年（前49年）宣帝去世，总计23年时间，为汉朝恢复进取性战略的时期。这段时期，宣帝继续通过内部治理来壮大国力，但对匈奴入寇不再容忍，而是主动反击。其目的不是基于统治者好大喜功，而是为应对匈奴威胁。汉朝对匈奴在各战略方向的压倒性胜利，也不完全是大规模用兵所致，而更多是源于匈奴自身的全面分裂和政治、军事衰败，当然汉朝的战略运筹也尤为关键。正如班固评说的，宣帝"遭值匈奴乖乱"，因势利导，招降扶弱，不以大战而能"信威北夷"，令"单于慕义，稽首称藩"，中兴功绩堪比商

---

① 《汉书》卷八，《汉宣帝纪》；《资治通鉴》卷第二十四，"汉宣帝地节二年"条；《资治通鉴》卷第二十五，"汉宣帝地节三年"条；《资治通鉴》卷第二十七，"汉宣帝五凤三年"条、"汉宣帝甘露二年"条；《汉书》卷七十一，《于定国传》；《汉书》卷九十四上，《匈奴传上》；《汉书》卷二十三，《刑法志》。

② 《汉书》卷二十四上，《食货志上》；《资治通鉴》卷第二十五，"汉宣帝元康四年"条；《王莽钱币》，https://www.gov.cn/test/2006-05/09/content_276305.htm。

③ 葛剑雄：《中国人口史（第一卷）：导论、先秦至南北朝时期》，上海：复旦大学出版社，2002年版，第198、327—328、396页。按《帝王世纪》所载，汉平帝元始二年（2年），西汉人口有5919.49万人。但《汉书》所载汉平帝时（未注明是元始二年），西汉人口为5959.49万人。《晋书》所记元始二年的西汉人口亦为5959.49万人。参见《后汉书》志第十九，《郡国一》之引注《帝王世纪》；《汉书》卷二十八下，《地理志下》；《晋书》卷十四，《地理志上》。

高宗和周宣王。①

然而，黄龙元年（前49年），宣帝去世，其子元帝即位，自此"孝宣之业衰焉"，②西汉迈入衰退期。元帝不能光大宣帝的功业，不是因为"柔仁好儒"，而是因为昏聩懦弱、优柔寡断，纵容弘恭、石显等"明习文法"的宦官奸佞专权擅政，著名儒臣兼元帝师傅、辅政大臣萧望之和周堪以及其他有名的儒臣刘向、京房等或被逼自杀，或遭弃市，或被排挤禁锢。③有史学家指出，汉朝元、成、哀、平四位皇帝统治时期，政治日益昏暗。元帝亦承认，其统治的时代不仅是乱世，更是"极乱"之世。④英国汉学家鲁惟一也将汉元帝即位视为西汉"改造和衰落"的开始。⑤因此，元帝以后至西汉灭亡，不纳入本书考察范畴。

---

① 《汉书》卷八，《宣帝纪》赞。
② 《汉书》卷九，《元帝纪》。
③ 《汉书》卷九，《元帝纪》；《资治通鉴》卷第二十八，"汉元帝初元二年"条；《汉书》卷九十三，《佞幸传》；《汉书》卷七十八，《萧望之传》；《汉书》卷八十八，《儒林传》。
④ 《资治通鉴》卷第二十九，"汉元帝永光五年"条；林剑鸣：《秦汉史》，上海：上海人民出版社，2003年版，第571页。
⑤ 崔瑞德、鲁惟一编，杨品泉、张书生、陈高华等译：《剑桥中国秦汉史：公元前221年至公元220年》，北京：中国社会科学出版社，1992年版，第180页。

东汉的大战略行为：审黄石，存包桑①

自呼韩邪单于向汉称臣及郅支单于被斩（前36年）后，汉匈之间保持了长期和平友好局面。但王莽篡汉建新（8年）后，妄开边衅，四处树敌，志在吞灭四夷，②无端对西南夷、西域及高句丽（骊）君长贬低侮辱或耀兵示强，再加上其复古改制等急躁无序的政治妄动，最终引发外部怨叛和国内大规模农民起义，新莽政权也在公元23年土崩瓦解。在天下大乱之际，建武元年（25年），汉高祖九世孙刘秀在河北称帝，建立东汉，至建武十三年（37年）扫灭群雄，拨乱反正，开启统一后的新一轮大战略实践。在理性的行为轨道上，光武帝及汉明帝、汉章帝和汉和帝四代君主以较低的资源成本创造了不凡的业绩，为大战略实践留下新的宝贵经验启示。

---

① 《后汉书》卷十八，《吴盖陈臧列传》论曰。"审黄石，存包桑"的意思是，光武帝深刻洞悉《黄石公记》的要义，重内轻外，深根固本，不轻易远事边外。
② 所谓"莽志方盛，以为四夷不足吞灭"，参见《资治通鉴》卷第三十七，"王莽始建国四年"条。

收缩性战略：柔道理天下，柔弱制刚强

光武帝刘秀统一天下前后，面临的战略态势亦是极其复杂严峻的。内部，自王莽改制及对外妄开边衅以来，特别是对匈奴示强备战（虚张声势，终未一战）①、对西南夷用兵以来，动辄征发兵众三四十万，征调军粮、牛马不可胜数，多年备战或用兵消耗，导致内地与边郡骚动不安，米谷价格飙升，吏民愁苦疲惫，边民及士卒因饥饿、疾病或战争而死者数以万计。加上王莽政令反复，赋役沉重，刑罚严酷，以及大范围的蝗灾、旱灾、雨雪水灾与疾疫、饥荒此起彼伏，全国各地频现"人相食"，流民数以十万计，官民皆疲惫窘迫，贫富者均无法自保，王莽政权的统治危机与经济社会危机愈演愈烈。② 新莽天凤四年（17年）起，以绿林、赤眉为代表的农民起义爆发，天下进入新一轮大乱时代，同步陷入人口大规模减少时期。史载，赤眉军数十万攻破更始政权都城长安不久，因城中粮尽，便于建武二年（26年）火烧长安宫室、街巷并大肆杀掠，长安民众因饥饿而人吃人，死者达数十万，昔日辉煌的都城化为废墟。除汉文帝的霸陵、汉宣帝的杜陵外，汉朝宗庙园陵也全遭盗掘，尸体被拖出棺椁甚至遭污辱。同年，三辅地区也发生重大饥荒，人吃人，城郭皆空，白骨遍野，生灵涂炭。③ 建武三年（27年），关中地区一斤黄金一度才能换得五升豆子。④ 北部边境地区，原先人口众多、牛马遍野，但王莽与匈奴关系恶化后，大量边民遭匈奴杀掠，加上王莽征发的十二部大军长期屯驻却不出击，几年间，

---

① 陈梧桐等：《中国军事通史（第五卷）：西汉军事史》，北京：军事科学出版社，1998年版，第387—388页。
② 《汉书》卷二十四上，《食货志上》；《汉书》卷二十四下，《食货志下》；《汉书》卷九十四下，《匈奴传下》；《汉书》卷九十五，《西南夷两粤朝鲜传》；《汉书》卷九十九中，《王莽传中》；《汉书》卷九十九下，《王莽传下》。王莽在新朝地皇元年（20年）也承认，他执政以来，"阴阳未和，风雨不时，数遇枯旱蝗螟为灾，谷稼鲜耗，百姓苦饥，蛮夷猾夏，寇贼奸宄，人民正营，无所错手足"，参见《汉书》卷九十九下，《王莽传下》。
③ 《汉书》卷九十九下，《王莽传下》；《资治通鉴》卷第四十，"光武帝建武二年"条。
④ 《资治通鉴》卷第四十一，"光武帝建武三年"条。

边境地区就残破不堪，人口大减，白骨暴露于野外。①

简而言之，由于王莽政权与农民起义军的战争以及各割据势力之间、光武帝统一天下的战争，加上天灾频发、匈奴入寇杀掠，全国户口持续大减，生产力遭严重破坏，社会元气大伤。据推算，至建武十二年天下大体统一前后，全国人口数量从公元1年的约6000万人降至2700万至3000万人（算入瞒报、漏报的户口），王莽篡汉后的短短20余年，天下"户口减半"，年均递减28‰—30‰，锐减速度之快为中国人口史上罕见。②

外部，在北面，匈奴实力逐渐转盛。特别是呼韩邪单于去世时（汉成帝建始二年，前31年），其颛渠阏氏（姐姐）、大阏氏（妹妹）两位贤惠姊妹阏氏互相推让对方所生儿子即位，为诸子树立了兄终弟及的继位标杆，③加上匈奴以"称臣尊汉"为国策，对汉长期顺服友好，复株累单于（大阏氏的长子）、搜谐单于（大阏氏的次子）、车牙单于（颛渠阏氏的长子）、乌珠留单于（颛渠阏氏的次子）四兄弟在位的40余年间（前31年至公元13年），匈奴迎来内部政局稳定、外部无大战的"复兴时期"。④王莽篡汉后，虽然试图通过册封十五单于（皆以呼韩邪单于之子为对象）等方式对匈奴"分而治之"，后又谋划征调30万大军攻打匈奴，但多是虚张声势、毫无章法，无一顺利实施，因此未能影响匈奴复兴进程。呼韩邪单于的另外两个儿子，即乌

---

① 《汉书》卷九十四下，《匈奴传下》。
② 葛剑雄：《中国人口史（第一卷）：导论、先秦至南北朝时期》，上海：复旦大学出版社，2002年版，第408—411页。史书称，"战斗死亡，缘边四夷所系虏，陷罪，饥疫，人相食，及王莽未诛，而天下户口减半矣"，参见《汉书》卷二十四下，《食货志下》。如葛剑雄先生指出的，东汉的人口统计准确度不如西汉，一大原因是很多人口被漏报、瞒报了。如果不算入被隐匿及漏报的户口，按照应劭《汉官仪》所称的"世祖中兴，海内民人可得而数，裁十二三"推算，则东汉立国初的登记人口仅为1200万至1800万人。至光武帝去世时，虽然经过30余年休养生息，但东汉的人口登记数也仅有2100.78万人。参见《后汉书》志第二十三，《郡国志五》之引注应劭《汉官仪》及引注伏无忌所记光武帝至质帝去世时的户口及垦田大数。
③ 参见《汉书》卷九十四下，《匈奴传下》。呼韩邪单于共有大约20个儿子，其中颛渠阏氏和大阏氏姐妹的5个儿子以及第五阏氏的儿子，均相继成为单于。
④ 陈序经：《匈奴史稿》，北京：中国人民大学出版社，2007年版，第320页。

累单于（大阏氏第三子，13—18 年在位）时期至呼都而尸单于（呼韩邪第五阏氏之子，名舆，18—46 年在位）初期，新莽与匈奴关系进一步恶化，导致后者不断入寇，并放弃对中原王朝称臣的做法。中原地区内乱后，呼都而尸单于不仅趁机扩张，将西域大部重新纳入势力范围，更施展"以汉制汉"伎俩，深度干涉中原内部事务，试图将呼韩邪单于以来的"匈臣汉主"关系改写为"匈尊汉卑"关系。其最初于建武元年派句林王将盘踞安定的伪汉室苗裔卢芳（诈称是汉武帝曾孙刘文伯，称曾祖母乃匈奴谷蠡浑邪王之姊、汉武帝皇后）接到匈奴，扶植其为"汉帝"。建武五年（29 年），匈奴更勾结自立为将军的五原人李兴等人，将卢芳自匈奴迎回九原建都，并助之侵夺五原、朔方、云中、定襄、雁门等五郡之地。此后，匈奴又进一步派兵助卢芳攻略上谷等地，助其拓展地盘，以制造"国中之国"的方式"以卢制汉"，将其扶植为与隗嚣、公孙述等并列的势力。对光武帝讨伐卢芳、推进统一的行动，匈奴更是设法阻挠干预，多次助卢芳挫败汉军。如建武九年（32 年），卢芳部将贾览与汉军在繁峙大战，就有一万多匈奴骑兵作为主力参战，迫使汉军退入楼烦。骠骑大将军杜茂镇守北部边境时，亦与匈奴及其裹挟的乌桓大小交战数百次，足见匈奴入寇之频繁。①

与此同时，匈奴还军事支持东汉渔阳太守彭宠（自称燕王）反叛。匈奴左南将军率七八千骑兵往来游击，以助其声势。匈奴另有至少 2000 人参加彭宠与汉军作战，两名匈奴王被汉军消灭。② 此外，匈奴还在建武十三年（37 年）长驱直入河东，建武十五年（39 年）入居塞内，建武二十年至二十一年袭扰天水、扶风、上党，又入寇上谷、中

---

① 呼都而尸单于立卢芳为"汉帝"前，就称："匈奴本与汉约为兄弟。后匈奴中衰，呼韩邪单于归汉，汉为发兵拥护，世世称臣。今汉亦中绝，刘氏来归我，亦当立之，令尊事我。"参见《后汉书》卷十二，《王刘张李彭卢列传》；《资治通鉴》卷第四十一，"光武帝建武五年"条；《资治通鉴》卷四十三，"光武帝建武十二年"条；《后汉书》卷二十二，《杜茂传》；《后汉书》卷一下，《光武帝纪下》。

② 《后汉书》卷十二，《王刘张李彭卢列传》；《资治通鉴》卷第四十一，"光武帝建武四年"条；《后汉书》卷十九，《耿弇列传》。

山，大肆杀掠，威胁东汉统治中心洛阳周边，① 可谓"缘边被其毒痛，中国忧其抵突"。② 因此，多位史学家称，在一定意义上，东汉开国后20年里，汉匈间的战略态势在很多方面都和西汉初相似，而呼都而尸单于也自比先祖冒顿。③

但此时匈奴的骑兵规模及总人口数到底如何，史书并无明确记载。《后汉书》有《南匈奴列传》，而无《匈奴列传》。根据其中关于和帝永元二年（90年）南匈奴"党众最盛"时有23.7万多人、胜兵5万余的记载，④ 加上此前北匈奴因饥疫而人畜死亡一半以上、东汉前后受降北匈奴50万人以上、北匈奴灭亡后留在故地的10余万户等推算（姑且不算东汉及南匈奴、乌桓、鲜卑等打击北匈奴的战果），⑤ 东汉建立之初，统一时的匈奴总人口应远在100万人以上，骑兵则有20万骑左右。⑥ 东汉部署在北部边疆的骑兵则大概在5万骑以下。⑦ 因此，双方骑兵数量应没有冒顿时期那么悬殊。加上缺乏冒顿那样的严格军

---

① 《后汉书》卷八十九，《南匈奴列传》；《资治通鉴》卷第四十三，"光武帝建武十三年"条、"光武帝建武十五年"条；黄今言等：《中国军事通史（第六卷）：东汉军事史》，北京：军事科学出版社，1998年版，第226—228页；陈序经：《匈奴史稿》，北京：中国人民大学出版社，2007年版，第339—348页。

② 《后汉书》卷十八，《吴盖陈臧列传》。

③ 余英时著，邬文玲等译：《汉代贸易与扩张》，上海：上海古籍出版社，2005年版，第256—257页；陈序经：《匈奴史稿》，北京：中国人民大学出版社，2007年版，第340、346页；《后汉书》卷八十九，《南匈奴列传》。

④ 《后汉书》卷八十九，《南匈奴列传》。

⑤ 汉章帝建初八年（83年）、章和元年（87年）至汉和帝永元元年（91年），北匈奴分别有3万余人、28万人、20余万人因北匈奴大乱而投降东汉。参见《后汉书》卷八十九，《南匈奴列传》；《资治通鉴》卷四十六，"汉章帝建初八年"条；《资治通鉴》卷四十七，"汉章帝章和元年"条、"汉和帝永元元年"条；《资治通鉴》卷第四十八，"汉和帝永元五年"条；中国军事史编写组：《中国历代战争年表》（上），北京：解放军出版社，2002年版，第203—205页。

⑥ 以贾谊所谓匈奴"五口而出一介卒"来算，匈奴100万人则有20万兵卒，参见《新书·匈奴》。再以和帝永元二年，南匈奴当时有3.4万户、人口23.7万、胜兵5万来算，匈奴一户有7口以上人，不到5口人就可出一兵卒，参见《后汉书》卷八十九，《南匈奴列传》。

⑦ 东汉与北匈奴几次决战，出动的骑兵力量最多时才4.4万骑（汉明帝永平十六年，73年），且其中有大量羌、胡及南匈奴、乌桓、鲜卑之兵。和帝永元元年（89年），窦宪率领4.6万多骑兵征北匈奴，其中，南匈奴各部参战骑兵达3万以上，远超汉兵，故而不将此次计入。参见《后汉书》卷二十三，《窦融列传》；《资治通鉴》卷第四十五，"汉明帝永平十六年"条。

事训练以及与类似东胡、大月氏等强敌作战历练，呼都而尸军队的战力应也远不及冒顿时期。因此，匈奴与东汉交战，虽常处于攻势，却多次被汉军"以弱胜强"。如明帝永平十八年（75年），北匈奴两万骑兵围攻东汉西域戊校尉耿恭坚守的疏勒城，却久攻不下，而汉军最多时为数千人、最少时仅数十人。也因此，东汉对战马与骑兵的需求没有西汉那么迫切，该时期并未出现大兴马政的局面。①

在东北方向，作为东胡两大支裔的乌桓、鲜卑，受匈奴政治利诱和军事威压，也构成东汉王朝的边患。乌桓盘踞在汉之上谷、渔阳、右北平、辽西、辽东五大边郡之外，在西汉昭帝时曾攻击衰落的匈奴，并掘开匈奴单于坟墓，以报东胡被冒顿攻灭之恨。西汉宣帝时，乌桓归附，为汉守卫边塞。但新莽时，对乌桓安抚不善，双方结怨。匈奴趁机诱拉乌桓，封其豪帅为官吏，对其各部羁縻统治。其中，盘踞在上谷塞外的白山乌桓最为强悍富庶。由于靠近汉朝边塞，乌桓常与匈奴联合入寇。东汉五大边郡频遭侵扰，吏民被杀掠，郡县破败，百姓流亡。鲜卑则与乌桓地域相接，盘踞于辽东塞外，距中原地区较远，东汉以前与中原王朝缺乏正式的政治联系。东汉建立后，鲜卑与乌桓常被匈奴裹挟，三者常联兵南下寇掠，使汉朝北部连年边患、没有宁日。②

此外，东北部形势也在发生变化，尤其是高句丽崛起。西汉武帝元封三年（前108年），朝鲜军民归附，武帝遂分其地为真番、临屯、乐浪、玄菟四郡。昭帝始元五年（前82年），汉朝将真番、临屯并入玄菟、乐浪二郡，同时，设乐浪东部都尉，以便管辖单单大岭以东七县之东沃沮、濊貊。西汉中后期，曾隶属玄菟郡、南邻朝鲜和濊貊、东连沃沮、北接夫余的高句丽崭露头角。其人相传为夫余别种，强力

---

① 参见《后汉书》卷十九，《耿恭传》；《资治通鉴》卷第十八，"汉明帝永平十八年"条；米寿棋：《先秦至两汉马政述略》，载《社会科学》，1990年第2期，第91页；王裕昌、宋琪：《汉代的马政与养马高峰》，载《西北师大学报(社会科学版)》，2004年第6期，第50—51页。

② 《后汉书》卷九十，《乌桓鲜卑列传》；《后汉书》卷二十，《祭肜传》。

好战，喜欢寇掠，将沃沮、东涉貊纳为附属。① 根据《北史》《隋书》等记载，高句丽先祖朱蒙出自夫余，由夫余王所得河伯女儿产大卵所生，后被追杀逃出夫余，至纥升骨城（《北史》所记）建立高句丽，以高为氏。朝鲜著名古史书《三国史记》更是由此发挥，称汉元帝建昭二年（前37年），夫余王金蛙的非亲生子朱蒙（号称天帝子、河伯外孙）因遭诸兄弟排挤，逃亡至夫余外一个名叫卒本传的地方，遂建国号高句丽，以高为氏。②《汉书》及《后汉书》皆记载，王莽始建国四年（12年），高句丽因拒绝被裹挟去征讨匈奴，其首领驺被王莽诱杀，高句丽被贬称"下句丽"。于是，与新莽政权交恶，"寇边愈甚"。建武八年（32年），高句丽恢复对汉朝贡，但并不谨守本分，如建武二十五年（49年），即入寇右北平、渔阳、上谷乃至于穿插至太原，对东汉的威胁可见一斑。③ 在高句丽以北、鲜卑以西，则有夫余国，地方2000里。夫余国东北则是挹娄，乃古肃慎之国，臣属夫余。建武二十五年（49年），夫余王遣使朝贡。④ 挹娄东南，则有沃沮（分北沃沮、东沃沮）。沃沮以南、汉之乐浪郡以东则为涉貊。乐浪郡以南，即朝鲜半岛南部，则西有马韩、东有辰韩、南有弁辰（弁韩）等三韩。马韩有54国，辰韩、弁辰皆有12国。辰韩亦被称为"秦韩"，讲话与秦人类似。当地老者称其祖先是秦朝时逃苦役的中原百姓，由马韩收留并割东部土地给他们居住，由此成为辰韩。辰韩王世代由马韩人担任，辰韩人因是移民而不能当王。三韩之东，隔海而望则是依山岛而

---

① 《后汉书》卷八十五，《东夷列传》。
② 参见《北史》卷九十四，《高丽传》；《隋书》卷八十一，《东夷列传》；金富轼：《三国史记》卷十三，《高句丽始祖东明圣王本纪》，长春：吉林大学出版社，2015年版，第174—176页。《北史》以及金富轼关于朱蒙的记载，非常类似《后汉书》关于夫余第一位国王东明的记载，参见《后汉书》卷八十五，《东夷列传》。有意思的是，朱蒙被尊为东明圣王，其尊号中又有"东明"二字，但夫余王东明与高句丽王朱蒙显然非同一人。
③ 《汉书》卷九十九中，《王莽传中》；《后汉书》卷八十五，《东夷列传》。《三国史记》称，被王莽诱杀的只是高句丽的将领延丕，参见金富轼：《三国史记》卷十三，《高句丽琉璃明王本纪》，长春：吉林大学出版社，2015年版，第182页。
④ 《后汉书》卷八十五，《东夷列传》。

居的倭国，共有100余国分立。汉武帝征朝鲜后，其中约有30国遣使与汉往来。①

在西北方向，王莽新朝时"贬易侯王"，对西域55个政权缺乏恩信，抚慰失当，引发后者反叛。王莽始建国五年（13年），焉耆首先发难，攻杀新莽朝西域都护但钦，西域与中原关系遂暂时断绝。② 与此同时，匈奴则在西域卷土重来，除坚持亲汉的莎车之外，西域大多数政权被匈奴纳入势力范围。但匈奴"敛税重刻，各国不堪命"，并不能完全掌控西域。相反，莎车王康遵守父亲"世奉汉家，不可负也"的遗志，坚持抗击匈奴，保护原西域都护的部众和家属千余人，被居于河西的窦融立为西域大都尉，成为西域抗匈中坚。③ 建武九年（33年），康死后，其弟贤（33年—61年在位）即位，依旧对汉保持忠诚。但建武十七年（41年），贤与东汉因"追还都护印绶"事件交恶。贤乃诈称西域大都护，假借汉朝名号，号令西域,④ 又东攻西讨，迫使西域诸政权尊其为"单于"。骄横的莎车王贤在西域苛敛重税，任意霸凌，形成"偏霸"局面。整体而言，塔里木盆地的西部和东部分别由莎车、匈奴统治着。⑤

一言以蔽之，光武帝建立东汉后，接手的是新莽之乱以来的烂摊子，在战略态势上处于内外交困时期，与西汉建立之初颇为类似。特别是在东汉前20年里，汉匈关系在很多方面都和汉高祖与冒顿单于时相近,⑥ 只是双方实力（特别是军队战力和指挥艺术方面）对比没那

---

① 《后汉书》卷八十五，《东夷列传》；《北史》卷九十四，《新罗传》；《三国志》卷三十，《魏书》《乌丸鲜卑东夷传》。
② 《后汉书》卷八十八，《西域传》；《资治通鉴》卷第三十七，"王莽始建国五年"条。
③ 《后汉书》卷八十八，《西域传》；《资治通鉴》卷第四十一，"光武帝建武五年"条。
④ 建武十七年，光武帝赐给莎车王贤以都护印绶。但敦煌太守裴遵认为"夷狄不可假以大权"，于是东汉收回都护印绶，改赐大将军印绶，引起贤的怨恨。参见《后汉书》卷八十八，《西域传》；《资治通鉴》卷第四十三，"光武帝建武十七年"条。
⑤ 崔瑞德、鲁惟一编，杨品泉、张书生、陈高华等译：《剑桥中国秦汉史：公元前221年至公元220年》，北京：中国社会科学出版社，1992年版，第247页。
⑥ 余英时著，邬文玲等译：《汉代贸易与扩张》，上海：上海古籍出版社，2005年版，第256—257页；陈序经：《匈奴史稿》，北京：中国人民大学出版社，2007年版，第340、346页。

么悬殊，但东汉处于战略被动和守势是毋庸置疑的。

在此情势下，光武帝深知天下疲困，百姓渴望安定少事、休养生息，自建武十二年（26年）平定隗嚣、公孙述后，非有特别紧急情势，不再谈论军旅之事，而是偃武修文，"退功臣而进文吏，戢弓矢而散牛马"。① 他长于民间，知稼穑艰难、百姓疾苦，故而治国理政"务用安静，解王莽之繁密，还汉世之轻法"，② 采取诸如轻徭薄赋（田租三十税一）、释放奴婢、招抚流民、奖励开垦、鼓励生育（民有产子者，免去三年人头税）等推动经济发展的政策。③ 光武帝还躬行节俭，故而勤约之风，行于上下。他又明慎政体，勤勉于政事，广泛了解民心所向，让百姓在自由宽松的政策环境下从容生产生活。④ 建武十年（34年），西汉平帝时黄河、汴河决口所造成的水患愈发严重，光武帝一度打算征调劳役修理堤坝，但鉴于新经战乱、百姓不堪劳苦，于是打消这一念头。整体上，光武帝以柔道理天下，选贤任能，与民休息，"恰与西汉初年同"。⑤

中元二年（57年）初，光武帝去世，30岁的明帝即位。他戒惧勤勉，继体守文，遵循光武帝制度。他与皇后二人身体力行，倡导节俭。明帝本人衣食俭朴，"身御浣衣，食无兼珍"，还曾为兴建北宫而向百官谢罪，并停止营建一切宫室。明帝马皇后亦谦肃节俭，衣着简单粗疏。⑥ 明帝又选贤任能，法令分明，轻徭薄赋，奖励耕桑。自永平四年（61年）起，他数次亲耕籍田，多次下诏要求各部门劝督农桑，不要烦扰百姓；又应豫州、兖州百姓要求，在永平十二年（69年）投入超百亿之财，任用治水能吏王景等带领数十万劳役修建汴渠堤坝千余里，

---

① 《后汉书》卷一下，《光武帝纪下》。
② 《后汉书》卷七十六，《循吏列传》。
③ 《晋书》卷二十六，《食货志》。
④ 《后汉书》卷一下，《光武帝纪下》；《后汉书》卷七十六，《循吏列传》。
⑤ 《后汉书》卷七十六，《循吏列传》；李剑农：《中国古代经济史稿》，武汉：武汉大学出版社，2006年版，第264页。
⑥ 《后汉书》卷二，《明帝纪》；《后汉书》卷十上，《明德马皇后纪》；《后汉书》卷四十一，《钟离意传》。

成功分流黄河、汴河，完成了光武帝未竟的事业，改变了西汉平帝时黄河、汴河决口后河堤60多年失修的局面，也对黄河下游地区的农业生产和人口增长产生了积极作用。由于黄河下游毗邻东汉政治经济中心，汴渠堤坝完工无疑意义重大。① 用法方面，光武帝和明帝时期，顺应民众渴求安定的呼声，抑强扶弱，刑罚宽平，断狱比西汉成帝、哀帝时减少了十分之八。②

对外，光武帝守文德而抑武事，审黄石而存苞桑，注重深根固本，不轻易远事边外。③ 针对匈奴，他奉行政治忍让与军事防御相结合的策略。政治交往上，对之送予大量金币，卑辞好言以修旧好，即使呼都而尸单于骄倨傲慢，光武帝也不以为意。对匈奴联合乌桓、鲜卑及卢芳频繁入寇，光武帝一方面将雁门、代郡、上谷等地吏民六万余人迁至居庸关、常山关以东，以避寇掠；一方面在缘边诸郡及塞内要地，选派名将朱祐、王常、王霸、杜茂、马武、马成、祭肜等领兵驻守，并筑亭候堡垒及烽火台，厚养军士，兴建屯田，加强守备。然而，对匈奴"以卢制汉"则坚决斗争，坚定推进统一，持续反击卢芳与匈奴、乌桓入寇，经上百次大小战役，十余年间最终挫败匈奴干涉，收复北部边地，于建武十三年（37年）迫使卢芳北逃匈奴。④

对高句丽、夫余等东北部地区势力，光武帝则加以安抚。建武六年（30年），因地远难守，光武帝撤销乐浪东部都尉，放弃对单单大岭以东七县的直接管辖，另封岭东之东沃沮、涉貊部首领为县侯，每年接受其朝贡。汉朝在半岛地区的力量进一步收缩至单单大岭以西。

---

① 《后汉书》卷二，《明帝纪》；《资治通鉴》卷第四十五，"汉明帝永平十二年"条、"汉明帝永平十三年"条；葛剑雄：《中国人口史（第一卷）：导论、先秦至南北朝时期》，上海：复旦大学出版社，2002年版，第413页。
② 《汉书》卷二十三，《刑法志》。
③ 《后汉书》卷十八，《吴盖陈臧列传》。
④ 参见《后汉书》卷八十九，《南匈奴列传》；《后汉书》志第十，《天文志上》；《资治通鉴》卷第四十二，"光武帝建武十年"条；《后汉书》卷二十二，《杜茂传》；《资治通鉴》卷第四十三，"光武帝建武十二年"条、"光武帝建武十三年"条；黄今言等：《中国军事通史（第六卷）：东汉军事史》，北京：军事科学出版社，1998年版，第226—227页。

建武八年（32年），又改变新莽政策，接受高句丽君长朝贡，赐予其王号，同时对其入寇加以防范并以恩信招之。建武二十三年（47年），高句丽蚕支落大加（部族首领）戴升等一万余人南下乐浪郡，请求内属。① 建武二十年（44年），半岛南部的韩人苏马谡等人亦北赴乐浪郡，进献贡物。光武帝遂封苏马谡为汉廉斯邑君，允其四时朝谒。建武二十五年（49年），对夫余王遣使朝贡，光武帝亦厚意答报，双方每年通使往来。中元二年（57年），倭国最南部的倭奴国主遣使朝贡。光武帝赐之以"汉委奴国王"金印，加以抚慰。②

对西域，针对匈奴在此重新扩张及莎车"偏霸"，光武帝采取听之任之的态度。西域多个政权在中原统一后，苦于东面匈奴、西面莎车的压迫，怀念汉朝旧恩，数次遣使请求光武帝恢复西域都护并派质子入朝，但光武帝置之不理，"闭玉门以谢西域之质"。③ 史书记载，建武十四年至二十二年（38—46年）间，西域多个政权几度派使节或质子赴汉，请求帮助他们对抗匈奴或莎车欺侮。尤其是建武二十一年（45年），车师前王、鄯善、焉耆等西域18国遣质子赴汉，"流涕稽首，愿得都护"，④ 思慕汉家恩德可见一斑。但光武帝不为所动，申明不会派出西域都护和大兵救援。于是，这些政权或被迫忍受莎车欺侮，或如鄯善、车师、龟兹那样倒向匈奴。

"弱者，仁之助也。"⑤ 东汉立国后的第22年（46年），迎来堪称"天赐机运"的战略契机。一是匈奴遭遇连年旱蝗大灾，赤地数千里，人畜因饥饿及病疫死亡大半。这是从呼韩邪单于对西汉称臣以来，匈

---

① 《后汉书》卷八十五，《东夷列传》；《三国志》卷三十，《魏书》，《乌丸鲜卑东夷传》；葛剑雄：《中国历代疆域的变迁》，北京：商务印书馆，1997年版，第53页。
② 《后汉书》卷一下，《光武帝纪下》；《后汉书》卷八十五，《东夷列传》；塩屋胜利：《关于"汉委奴国王"金印的二、三个问题》，载《中国历史博物馆馆刊》，1993年第2期，第18、25页。
③ 《后汉书》卷八十八，《西域传》；《后汉书》卷十八，《吴盖陈臧列传》论曰。
④ 《后汉书》卷八十八，《西域传》；《后汉书》卷一下，《光武帝纪下》；《资治通鉴》卷第四十三，"光武帝建武十四年"条。
⑤ 《后汉书》卷十八，《吴盖陈臧列传》。

奴近百年遭遇的最大天灾，其复兴进程遭遇打击。① 二是呼都而尸单于去世，匈奴陷入严重分裂。呼都而尸单于打破其父亲去世以来兄终弟及的单于继位模式，为传位给其子，杀死弟弟右谷蠡王伊屠治牙师（继位顺序第一，王昭君所生）。呼都而尸单于死后，其子乌达鞮侯（即位不久去世）、蒲奴先后即位。这引起乌珠留单于（呼都而尸的前任单于、兄长）之子右薁鞬日逐王比的不满。比对兄终弟及的单于继承顺序被破坏极其不满，与呼都而尸父子的矛盾不断激化。蒲奴单于即位后，双方关系更发展到兵戎相见地步。为自保，比于建武二十三年（47年）率南边八大部落请求降汉。次年，比借用祖父呼韩邪称号，自称呼韩邪单于，匈奴再次分裂为南北两部。② 三是匈奴内讧引发骨牌效应，乌桓、鲜卑萌发叛离之心，三者联合侵汉难以为继。可以说，匈奴内部之变，实为"天赐机运"。③

面对这样重大的战略变局，东汉开国功臣臧宫、马武等要求把握机遇，出动汉军并联合高句丽、乌桓、鲜卑与羌胡兵马，共灭匈奴，但被光武帝拒绝。从此，诸将不敢再言兵事。但光武帝并非真的无所作为，他采取的是扶弱济危和因势利导的策略。一是接受南匈奴单于比称臣，为其建立王庭，允其进入塞内云中郡、西河郡居住，并设立使匈奴中郎将护卫之。另支援粮食2.5万斛、牛羊3.6万头，安顿南匈奴部众，一如西汉宣帝对呼韩邪单于故事。南单于比自立的次年（49年），即发兵北击，俘获北单于弟弟薁鞬左贤王，又大破北单于军队，俘其部众万余人、马7000匹、牛羊万头。北单于大为震恐，后撤千里。不久，北匈奴薁鞬骨都侯与右骨都侯率三万余人投降南匈奴。南北匈奴内讧，也使北单于暂时改变对汉傲慢姿态，几度请求和亲并

---

① 《资治通鉴》卷第四十三，"光武帝建武二十二年"条；陈序经：《匈奴史稿》，北京：中国人民大学出版社，2007年版，第354页。
② 《后汉书》卷八十九，《南匈奴列传》；《资治通鉴》卷第四十四，"光武帝建武二十四年"条；陈序经：《匈奴史稿》，北京：中国人民大学出版社，2007年版，第354—356页。
③ 台湾地区"三军大学"：《中国历代战争史（第三册）：楚汉战争—东汉》，北京：中信出版社，2012年版，第341页。

归还抢掠的部分汉人。① 二是顺势联合乌桓、鲜卑"以夷伐夷"。建武二十二年（46 年），乌桓率先发难，趁匈奴衰弱而大破之，迫使匈奴北迁数千里，漠南随后不再有匈奴人。光武帝见机以财帛招降乌桓。建武二十五年（49 年），辽西乌桓首领郝旦等人内附，入居塞内边郡，其各级首领 81 人分别受封侯、王、君，成为汉朝边防力量，由汉乌桓校尉监领，辅助打击匈奴、鲜卑。此后，至明帝、章帝与和帝时，辽西乌桓一直"保塞无事"。②

辽东太守祭肜亦在建武二十一年（45 年）大破鲜卑万余来犯骑兵，令其不敢再入寇。建武二十五年（49 年），祭肜又对匈奴、鲜卑与乌桓分化瓦解，遣使以恩信财利感化鲜卑，劝其归附东汉。鲜卑大都护偏何受感召，自此年年攻击匈奴，并且向汉进献战利品。明帝永平元年（58 年），偏何还大破赤山乌桓，斩其首领，为汉朝清除又一边患。可以说，光武帝君臣不战而屈人之兵，因势利导，坐收实利。至光武帝末期，南匈奴称臣内附，北匈奴奉使求和，鲜卑、乌桓并入朝贡，边境日趋安宁，原先逃避胡寇入侵的云中、五原等八郡之民得以返回故土。③ 当然，安抚及联合鲜卑、乌桓、南匈奴并非毫无代价，如为赏赐归附的鲜卑部众，青徐二州每年都要负担 2.5 亿钱的支出。④ 但汉的收益显然更多，如匈奴遭乌桓打击而北逃数千里后，光武帝就裁撤了沿边各郡亭侯和官兵，节省了大量人力物力和财力。⑤ 偏何大败赤山乌桓后，塞外震恐，各部族对汉敬畏不已，纷纷请求内附，西自武威、东至玄菟的辽阔北疆真正归于安定，汉朝边防部队随之大批裁撤。⑥

---

① 《后汉书》卷八十九，《南匈奴列传》；《资治通鉴》卷第四十四，"光武帝建武二十五年"条、"光武帝建武二十六年"条。
② 《后汉书》卷一下，《光武帝纪下》；《后汉书》卷九十，《乌桓鲜卑列传》。
③ 《后汉书》卷一下，《光武帝纪下》；《后汉书》卷二十，《铫期王霸祭遵列传》；《后汉书》卷九十，《乌桓鲜卑列传》。
④ 《后汉书》卷九十，《乌桓鲜卑列传》。
⑤ 《资治通鉴》卷第四十三，"光武帝建武二十二年"条。
⑥ 《资治通鉴》卷第四十四，"汉明帝永平元年"条。

明帝在位多数时期，沿用光武帝扶危救困、"以夷伐夷"策略。对南匈奴，继续助其反击北匈奴，同时于永平七年（64年）设立度辽将军及度辽营，屯兵五原郡，强化汉匈君臣关系。对北匈奴，仍试图安抚之，先是同意其合市请求，希望借边贸使之不再入寇。后又数次遣使赴北匈奴，即使汉使（如越骑司马郑众）被北单于以兵胁迫，明帝也继续与之通使。① 与此同时，明帝继续奖励鲜卑、乌桓和南匈奴牵制和打击北匈奴。北匈奴与南匈奴自此再未统一，而南匈奴由单于比开始，世世对汉称臣，为汉防守北部，抵御北匈奴入寇。② 对西域，明帝继续置之不理。

总之，自光武帝在位至明帝永平十五年间（25—72年），面对内忧外患，两代帝王均坚持守文德而抑武事。对内，通过勤政节俭、休养生息，以社会秩序的稳定与经济发展来积蓄国力。对外，奉行羁縻政策，以政治忍让、招抚和军事防御多管齐下应对安全威胁，甚至大幅收缩北部、西部和东部疆域，放弃西域，河套至今山西、河北北部疆域以及乐浪郡在单单大岭以东的七个县，③ 即使在对手遭遇严重危机时，也没有乘人之危而大规模攻击对方，而是不战而屈人之兵，以扶危济困、恩威并用等方式达到"四夷朝贺，络绎而至"的效果。④ 它的内向和低暴力色彩鲜明，符合收缩性战略特征。因此一点，一些西方史学者对光武帝的对外政策缺乏开拓性不以为然，认为这是他治国理政的最大弱点。⑤ 但这些看法没有意识到光武帝的前瞻性和远见性，因为他去世前后，东汉国力已恢复到强汉时的水平，四夷归服，天下

---

① 《资治通鉴》卷第四十五，"汉明帝永平七年"条；《后汉书》卷三十六，《郑众传》；黄今言等：《中国军事通史（第六卷）：东汉军事史》，北京：军事科学出版社，1998年版，第236页。
② 关于匈奴的此次分裂，参见《后汉书》卷八十九，《南匈奴传》；陈序经：《匈奴史稿》，北京：中国人民大学出版社，2007年版，第354—356页。
③ 葛剑雄：《中国历代疆域的变迁》，北京：商务印书馆，1997年版，第53、55页。
④ 《后汉书》卷一下，《光武帝纪下》；《后汉书》卷九十，《乌桓鲜卑列传》。
⑤ 崔瑞德、鲁惟一编，杨品泉、张书生、陈高华等译：《剑桥中国秦汉史：公元前221年至公元220年》，北京：中国社会科学出版社，1992年版，第232页。

安定。①

进取性战略的兴起：汉兴功烈，于斯为盛

明帝在位后期，东汉国力继续上升，面临的内外战略态势更加有利。早在明帝永平五年（62年），王朝就设立了常满仓及粮食市场，每斛（石）粟仅值20钱，"草树殷阜，牛羊弥望"，到处是欣欣向荣的景象。②永平十二年（69年），天下安定，民无徭役，粮食连年大丰收，百姓殷实，牛羊遍野，每斛粟的价格为30钱。③每斛粟20钱至30钱的低价，虽无法与西汉宣帝元康四年（前62年）谷物每石仅五钱相比，但较光武帝建武三年（27年）关中地区一斤黄金换五升豆子的困苦，则显然是大进步。这样的粮价在中国古代史上也同样是少见的低价，可见当时粮食丰裕程度。人口增长方面，据推算，纳入被隐匿及漏报户口，至光武帝末年，东汉社会人口规模已从谷底爬升，由建武十二年（36年）的2700万至3000万人增至3810万人。④如果依据史书记载（不算瞒报、漏报人口），则已从东汉建立初的1200万至1800万人，增至光武帝末的2100.78万人，至明帝永平十八年（75年），达到3412.5万人以上，50年间增加1600万至2200万人，⑤总体看，东汉休养生息四五十年，自身实力已大幅度提升。

外部，北匈奴实力虽大不如前，但获得喘息后，再次侵扰东汉。光武帝后期至明帝在位多数时期，南匈奴称臣内附，北匈奴奉使求和，

---

① 《资治通鉴》卷第四十四，"光武帝中元二年"条。
② 《晋书》卷二十六，《食货志》。
③ 《资治通鉴》卷第四十五，"汉明帝永平十二年"条。
④ 葛剑雄：《中国人口史（第一卷）：导论、先秦至南北朝时期》，上海：复旦大学出版社，2002年版，第408—411页。史书称，"战斗死亡，缘边四夷所系虏，陷罪，饥疫，人相食，及王莽未诛，而天下户口减半矣"，参见《汉书》卷二十四下，《食货志下》。
⑤ 参见《后汉书》志第二十三，《郡国志五》之引注伏无忌所记光武帝至质帝去世时的户口及垦田大数。

鲜卑与乌桓并入朝贡，东汉北部边地遭多方入寇局面已不复存在，但这不意味着永久太平。特别是自蒲奴单于起，北单于在位时间相对较长，自蒲奴单于即位（46年）至章帝章和元年（87年）的41年间，《后汉书》仅留下蒲奴单于和优留单于两位北单于的名字。加上多次请求和亲，缓和与东汉关系，这使北匈奴有足够时间熬过危机，稳定内部，恢复实力。相反，自南单于比自立（48年）至明帝永平六年（63年），南匈奴15年间经历6位单于，其中3位单于在位不到2年，单于的频繁更替不利于南匈奴发展，也削弱了其对北匈奴的牵制。因此，北匈奴入寇重新频繁起来。永平五年（62年），北匈奴六七千骑侵入五原，继而窜至云中。永平八年（65年）以后，北匈奴则单独或胁迫西域诸国入寇河西诸郡，焚烧城邑，杀掠官民，河西边城的城门白天也不敢打开。永平十六年（73年），北匈奴又入寇云中。① 这一时期，北匈奴南下攻势恢复了"咄咄逼人"。② 东汉忧虑之余，还需要保护南匈奴，助其防御北匈奴攻击和渡过饥荒等难关。③

　　西域形势此时也发生重大变化，成为北匈奴"回光返照"以及侵犯东汉西北边陲的工具。这一时期，于阗、鄯善、龟兹等"多强并立"格局替代莎车"偏霸"局面，诸强受制或听命于北匈奴，意味着北匈奴对整个西域的掌控重新加强。由于最初光武帝不派大军及西域都护，莎车一度"偏霸"西域。明帝永平三年（60年）莎车王贤更是派兵强占于阗、大宛、妫塞三国。但于阗人在首领休莫霸、广德叔侄的先后领导下，不仅大破以莎车为首的数万西域联军，而且在永平四年（61年）诱杀莎车王贤并吞并其国。莎车王贤之死诱发西域格局大调整，各政权之间相互攻伐兼并。在西域南道，于阗取代莎车，成为新强权之一，自精绝西北至疏勒13国皆服从之，拥有人口8.3万、胜兵3万

---

　　① 《后汉书》卷八十九，《南匈奴列传》；《资治通鉴》卷第四十五，"汉明帝永平七年"条、"汉明帝永平八年"条。
　　② 《后汉书》卷八十九，《南匈奴列传》；黄今言等：《中国军事通史（第六卷）：东汉军事史》，北京：军事科学出版社，1998年版，第236页。
　　③ 《资治通鉴》卷第四十六，"汉章帝建初元年"条。

有余，掌控南道西部。与此同时，位于西域门户的鄯善趁机西扩，兼并于阗以西的小宛、精绝、戎庐及且末，掌控南道东部。自葱岭以东的西域南道，唯此两国实力最强。①北匈奴也乘机强化对西域南道的渗透扩张，在莎车王贤死后，迅速征调北道盟友焉耆、龟兹等15国3万余兵马逼降于阗王广德，并征其太子入质。于阗虽能继续掌控莎车政权以及吞并渠勒、皮山，称雄南道西部，但受制于北单于。此外，位于莎车东北的疏勒亦有户数2.1万，胜兵3万余人，实力不俗。然而，龟兹凭借匈奴支持，杀死疏勒王，称雄西域北道。龟兹以东的焉耆则有人口5.2万，胜兵2万余人，亦是北道一大势力，听命于北匈奴。②可以说，北匈奴在西域地区已重获霸权。③因此，明帝永平中期，随着北匈奴对西域掌控的加强，其可以裹挟西域诸国联合寇犯河西郡县，严重威胁东汉西北边陲。④

在此情势下，明帝对内仍旧轻徭薄赋，劝勉农桑，坚持立足于内部稳定与发展来积蓄国力。永平十八年（75年），明帝去世，其19岁太子刘炟即位，是为汉章帝。即位初，章帝就面临灾疫不断等问题。先是爆发牛疫，耕牛大量减损，垦田随之减少，谷价昂贵，饥民流亡；继而京师及兖、豫、徐三州大旱。章帝建初元年（76年），山阳、东平又发生地震。章帝担心灾异频发是由于自己德不配位，为此一年内四下诏书，先是免去兖、豫、徐三州百姓田租、刍稿税并开仓赈灾、招抚流民，又令各地方长官劝课农桑，选贤举能。⑤他理政以宽厚为准则，重用安静少事之吏，减少徭役赋税，免去部分地区年贡，力求不扰百姓。又开通零陵、桂阳山道，打通交趾到内地的陆地通道，节省

---

① 《后汉书》卷八十八，《西域传》；《资治通鉴》卷第四十四，"汉明帝永平三年"条；《资治通鉴》卷第四十五，"汉明帝永平四年"条。
② 《后汉书》卷八十八，《西域传》；《资治通鉴》卷第四十五，"汉明帝永平十七年"条。
③ 余英时著，邬文玲等译：《汉代贸易与扩张》，上海：上海古籍出版社，2005年版，第260页。
④ 《后汉书》卷八十八，《西域传》。
⑤ 《后汉书》卷三，《章帝纪》；李剑农：《中国古代经济史稿》，武汉：武汉大学出版社，2006年版，第150页。

当地进贡时的海运经费数以亿万计。他还鼓励人口生育，提高对产子家庭的奖励。元和二年（85年），朝廷颁布胎养令，规定妇女怀胎，不仅按原有政策免除产妇三年人头税，而且自怀孕起就奖励谷物三斛，并免收其丈夫一年人头税。为鼓励农业生产，章帝本人在都城洛阳之外的定陶、怀县等地，多次举行耕籍之礼。① 为弥补朝廷经费不足，章帝虽然恢复盐铁专卖及均输法，并且于建初六年（81年）、元和元年（84年）怒斥反对恢复盐铁专营的大司农郑众、尚书仆射朱晖及其他尚书台官员，但这没有改变自己宽厚施政的风格。②

对外，鉴于北匈奴发动新的入寇攻势，明帝忍无可忍，遂开启积极战略反击。与汉武帝相同的是，他的策略也是先经略西域，"断匈奴右臂"，再与之正面争锋。当然，这种正面交锋，不及武帝时汉匈决战的规模和烈度。永平十五年（72年），明帝起用发迹于河西的开国功臣窦融的侄子、"明习边事"的窦固，拜其为奉车都尉，并采纳开国元勋耿弇的侄子耿秉"断匈奴右臂，折其左角，再攻匈奴本部"的谋划，于次年（73年）征发汉军及南匈奴、羌胡、乌桓、鲜卑之兵共4.4万骑，分四路自西、南等方向对北匈奴及其西域附属发起打击。但四路大军只有窦固负责的白山、伊吾方向取得战果，斩首千余级，夺取伊吾卢地区，并留兵屯田、设宜禾都尉。伊吾卢地区乃西域战略要冲，土地肥美，适合种植五谷、桑麻、葡萄，又是西域门户、天山南北道锁钥。夺取伊吾卢等于切断西域与匈奴联系，意味着汉军实现了预定目标中的关键部分，③ 为战略上斩断匈奴"右臂"打下良好基础。夺取伊吾卢后，窦固派班超率30余人出使西域，降服鄯善，招抚于阗，

---

① 《后汉书》卷三，《章帝纪》；《资治通鉴》卷第四十六，"汉章帝建初元年"条、"汉章帝建初八年"条。

② 《后汉书》卷三十六，《郑众传》；《后汉书》卷四十三，《朱晖传》；《资治通鉴》卷第四十六，"汉章帝元和元年"条；《后汉书》卷四，《和帝纪》。

③ 《后汉书》卷八十八，《西域传》；《后汉书》卷十九，《耿恭传》；《后汉书》卷二十三，《窦固传》；台湾地区"三军大学"：《中国历代战争史（第三册）：楚汉战争—东汉》，北京：中信出版社，2012年版，第347页。

首先在西域南道站稳脚跟。受到震动的西域各政权，皆遣王子入汉作质子。这标志着自王莽始建国五年（公元 13 年）对西域管理中断 60 年后，中原王朝开始恢复对西域的经营。①

永平十七年（74 年），明帝经略西域的重点转向北道，将矛头对准龟兹及北匈奴进入西域的门户车师。这一年，班超驱逐龟兹王在疏勒所立傀儡，帮助疏勒人重获政权。同年冬，明帝又令窦固、耿秉等率 1.4 万名骑兵，进击车师前后王。汉军打败北匈奴部队，斩首数千级，俘获牛马十余万头，逼降车师前后王。明帝乃下令恢复西域都护，又以戊、己两校尉各率数百汉军屯驻车师后王和前王地区。戊校尉耿恭（耿弇的另一侄子）又发书给乌孙，宣示汉朝威德。乌孙大昆弥（大国王）以下都很高兴，遣使进献名马及西汉宣帝时所赐和亲公主的博戏用具，表示愿意遣子入侍。②

但永平十八年（75 年），窦固罢兵回京师，北匈奴及其西域属国趁机反扑。先是北匈奴左鹿蠡王率两万骑兵攻杀车师后王，随后包围戊校尉耿恭屯驻的金蒲城。同年八月，明帝去世，焉耆、龟兹乃趁汉朝大丧，联兵攻杀西域都护陈睦。北匈奴亦包围己校尉关宠屯驻的柳中城，并联合叛降的车师，再攻耿恭于疏勒城（与疏勒国不同）。两校尉各以残兵抵抗匈奴大军，苦战待援。刚在疏勒国站住脚的班超，亦遭龟兹及其附属国姑墨围攻，兵单吏少，独撑危局。③

此时，章帝刚刚即位，不欲疲敝中国以事夷狄，④对西域、北匈奴采取先退后进战略。在即位第二年（76 年），征调张掖、酒泉、敦煌三郡汉军及鄯善兵 7000 余人攻击车师，威慑北匈奴，迎回耿恭等 13

---

① 《后汉书》卷四十七，《班超传》；《资治通鉴》卷第四十五，"汉明帝永平十六年"条。《资治通鉴》称，班超招抚于阗后，汉与西域关系中断 65 年后宣告恢复。这个数据是从王莽篡汉后开始计算而得出的。

② 《资治通鉴》卷第四十五，"汉明帝永平十七年"条；《后汉书》卷十九，《耿恭传》。

③ 《资治通鉴》卷第四十五，"汉明帝永平十八年"条；《后汉书》卷十九，《耿恭传》；《后汉书》卷四十七，《班梁列传》。

④ 《后汉书》卷八十八，《西域传》。

将士（关宠及数百屯田汉兵已战死），解了边事燃眉之急。此战，东汉与鄯善联军斩首3800级，俘虏3000余人，获得骆驼、驴、马、牛、羊等牲畜3.7万头，迫使车师投降、北匈奴撤军。此战之后，章帝下诏撤销戊、己校尉及西域都护，召班超回汉。建初二年（78年）3月，章帝又罢撤伊吾卢屯兵，北匈奴随后派军入据。至此，汉在西域北道所得战果几乎丧失殆尽。①

但章帝不久就恢复积极进取态势。对北匈奴"以夷伐夷"，通过招降纳叛及重赏南匈奴、鲜卑和乌桓等方式加以牵制，欲再获不战而屈人之兵效果。建初八年（83年），北匈奴三木楼訾大人率三万多人到五原塞投降。元和二年（85年），北匈奴大人车利、涿兵等73批人士入塞投降。南匈奴、丁零、鲜卑、西域势力也分别从南、北、东、西四面夹击北匈奴。同年，南匈奴斩杀北匈奴温禺犊王。章和元年（87年），鲜卑大破北匈奴，斩杀优留单于。北匈奴由此大乱，其58个部落、20余万人南下云中、五原、朔方、北地四郡投降。② 此时，北匈奴又发生饥荒和蝗灾。天灾之后，北匈奴又陷内讧。优留单于被斩后，新立的北单于为避南匈奴、丁零、鲜卑兵锋，离开漠北。北匈奴骨都侯等人遂拥立新单于的异母兄右贤王为单于，使北匈奴陷入兄弟单于并立局面。北匈奴残部愈加人心惶惶，纷纷离散。③ 总之，自光武帝建武二十四年（48年）接受南单于称臣，40年来东汉以"夷虏相攻"之法，借助南单于、鲜卑、乌桓等力量牵制北匈奴，至章和二年（88年）鲜卑斩杀优留单于，汉军在死伤较少、百姓不知其劳的情况下坐享其成，以极低的战略成本取得"汉兴功烈，于斯为盛"的非凡胜利

---

① 《后汉书》卷八十八，《西域传》；《后汉书》卷十九，《耿恭传》；台湾地区"三军大学"：《中国历代战争史（第三册）：楚汉战争—东汉》，北京：中信出版社，2012年版，第348页。

② 《后汉书》卷八十九，《南匈奴列传》；《资治通鉴》卷第四十七，"汉章帝章和元年"条。这两部史书有关北匈奴投降的人数记载差别较大。前者记载投降人数为20万人、胜兵8000人，后者记载投降人数是28万人。另，南单于屯屠何称，章帝圣思远虑，故而令乌桓、鲜卑讨伐北虏，斩单于首级。

③ 《后汉书》卷八十九，《南匈奴列传》；黄今言等：《中国军事通史（第六卷）：东汉军事史》，北京：军事科学出版社，1998年版，第244页。

局面。①

对西域，章帝支持班超开拓进取，通过联合西域南道诸政权及西域强国乌孙，恢复对整个西域的经略。具体而言，班超以疏勒为基点，以南道各政权为支撑，利用西域多数政权怀念汉朝威德、希望归附的心愿，集中打击北匈奴仆从莎车、龟兹和焉耆。建初三年（78年），他率领疏勒、康居、于阗、拘弥等联军1万人攻破龟兹属国姑墨国石城，斩首700级。建初五年（80年），章帝派徐干率1000义勇军支援班超。建初八年（83年），任命班超为将兵长史、徐干为军司马，又采纳班超建议，赐给乌孙大小昆弥以下锦帛等财物，加以招慰。建初九年（84年），章帝续派800汉军支援班超。建初十年（85年），得到支援的班超率于阗等国2.5万兵马围攻莎车，迎战龟兹、姑墨、温宿等国5万部众，取得以少胜多战绩，迫降莎车、击退龟兹等国联军，威震西域。②

总之，从明帝永平十六年（73年）四路大军反攻北匈奴、进取西域开始，东汉的大战略呈现出积极性色彩。自明帝在位的最后两年至章帝去世（73—88年）的15年里，东汉王朝一方面继续休养生息，平徭简赋，劝勉农桑，鼓励生育，立足内部稳定发展来积蓄实力，另一方面开启反击模式并取得重大进展。这种反击有较强外向性，但北匈奴频繁的袭扰给东汉造成日益严重的边患，"使得东汉别无选择"，③其落脚点又带有很强的内向性，而非源自统治者好大喜功。章帝虽然秉持不以夷狄疲敝中国的原则，即位后一度实施战略收缩、以退为进，但很快就恢复积极进取态势，并以"夷虏相攻"之法，达到重创北匈奴、威震西域的奇效。当然，运筹"夷虏相攻"并非没有代价，如每年供给南匈奴的花费为1.01亿，每年供给西域的开支为7480万。④

---

① 《后汉书》卷四十一，《宋意传》；《后汉书》卷八十九，《南匈奴列传》。
② 《后汉书》卷四十七，《班超传》。
③ 余英时著，邬文玲等译：《汉代贸易与扩张》，上海：上海古籍出版社，2005年版，第260页。
④ 《后汉书》卷四十五，《袁安传》；《后汉书》卷八十九，《南匈奴列传》；《资治通鉴》卷第四十七，"汉和帝永元三年"条。

激进性战略乍现及进取性战略回归：偏师出塞，漠北地空

章和二年（88年），33岁的章帝英年早逝，年仅十岁的太子刘肇即位，是为汉和帝。和帝年幼，养母窦太后临朝听政，这给了外戚专权擅政、扰乱王朝大战略节奏的机会。当时的战略形势堪称是东汉建立以来的最佳时期。内部，由于章帝遵奉"祖宗至德要道"，他去世后留下的是"天下清静，庶事咸宁"的太平局面。① 王朝实力蒸蒸日上，百姓富庶安定，永平、建初之际，天下无事，务在养民，至章帝去世时，王朝的人口规模已升至4335.64万人（不算瞒报、漏报人口）。相比于光武帝末的2100.78万人、明帝末的3412.5万人口，分别增加2000多万人和近1000万人。② 章帝去世后，宗室亲王都拥护新君，公卿大臣亦忠心辅佐，皇位传承顺畅，诸事平和。因此，窦太后说，这样的内政形势，"夫何忧哉？"③

外部亦多是好消息，但也面临重大战略形势变化带来的诱惑。此时，北匈奴内忧外患，天灾人祸，优留单于被斩杀，新单于兄弟内讧，又遭受饥荒和蝗灾打击，以及南匈奴、鲜卑、乌桓、丁零等势力夹击，早已是自顾不暇，遑论南下进犯。称臣归附40余年、深受汉朝之恩的南匈奴，这时也发生王位变动，单于宣去世，新单于屯屠何即位。屯屠何希望抓住机遇对北匈奴予以最后一击，以恢复匈奴统一，"破北成南，并为一家"。④ 但北匈奴并未到一触即溃地步，南匈奴要独立完成统一力有不逮。南单于屯屠何就对东汉朝廷直言，其兵力薄弱，靠一己之力无法内外兼顾，在进攻北匈奴同时确保自身内部安全。两年后，即永元二年末（90年），在东汉打击北匈奴后，南匈奴接受大量北匈奴投降的部众，势力大增，在最初南单于比南下时的8部众4万人基

---

① 《后汉书》卷四，《和帝纪》。
② 《后汉书》志第十九，《郡国志一》之引注《帝王世纪》；《后汉书》志第二十三，《郡国志五》之引注伏无忌所记光武帝至质帝去世时的户口及垦田大数。
③ 《后汉书》卷四，《和帝纪》。
④ 《后汉书》卷八十九，《南匈奴列传》。

础上人口和兵马大幅增加，但也只有23.73万人、军队5万人。因此，南单于想完成统一，必须获得汉朝的强大支持。① 于是，东汉又处于战略上的十字路口，对北匈奴是否进行毁灭性打击，成为亟需处理的议题。

　　面对此形势，窦太后为巩固权力，让兄弟窦宪、窦笃、窦景等占据宫廷要职。其中，窦太后的兄长窦宪，以侍中身份参掌机密、宣布诰命，在内宫权势显要。但窦宪骄纵凶暴，因担心窦太后宠爱都乡侯刘畅而分去自己的权势，竟然派刺客在皇宫禁卫中杀死刘畅，一时震惊朝野。窦太后虽对此异常恼怒，但并未将窦宪绳之以法，只是将其软禁内宫。恰逢南单于请求汉军北伐，软禁中的窦宪听此消息，于是请缨出战，以赎死罪。窦太后不顾三公九卿及其他朝臣激烈反对，决意以窦宪为车骑将军，领军北征。为准备此次战争，窦太后在次年盛春农耕时节征发兵役、物资，造成天下骚动。侍御史鲁恭上疏抨击窦太后决策北伐是为窦宪一人前途，而不理朝野反对，罔顾万民生死。② 窦太后还下令征发民夫，为弟弟窦笃、窦景大建宅邸，在北伐大军出征之际给百姓增加新负担。永元二年（90年），光武帝前太子、东海恭王刘强的弟弟中山简王刘焉去世，窦太后因外祖父刘强之故，加赐丧葬钱1亿。为给刘焉大修陵墓，又征发役夫1万多人，铲平数千座官民坟墓，搅得6州18郡不得安宁。需指出的是，窦太后临朝后，罢除了自汉武帝以来实施的郡国盐铁专卖制度，允许百姓煮盐铸铁，让利于民，但这只是遵从章帝遗诏，而非自发爱民之举。③

　　以上主要是窦太后的对内政策。对外方面，窦太后征调北军五校、黎阳、雍营及沿边12郡骑兵和羌胡之兵出塞听命。永元元年（89年）6月，在完成战争准备后，窦宪及征西将军耿秉率领由汉、羌胡及南

---

① 《后汉书》卷八十九，《南匈奴列传》；《资治通鉴》卷第四十七，"汉章帝章和二年"条。
② 《后汉书》卷二十五，《鲁恭传》；《资治通鉴》卷第四十七，"汉章帝章和二年"条、"汉和帝永元元年"条。
③ 《资治通鉴》卷第四十七，"汉章帝章和二年"条、"汉和帝永元二年"条。

匈奴组成的骑兵 4.6 万余骑，分三路出塞，拉开北伐大幕。三路大军之中，南匈奴骑兵均有 1 万骑左右，总计 3 万多名骑兵参战，堪称北伐主力，但其背后是东汉北军五校、黎阳、雍营及沿边 12 郡骑兵的庇护以及汉朝强大政治与后勤力量的支撑。其中，南单于亲率一路大军，另两路大军中的南匈奴骑兵也分别由左贤王、左谷蠡王率领，南匈奴部队几乎全数出动。联军会师涿邪山之后，窦宪派本部 1 万多名精骑，在稽落山之战中大破北单于，斩杀名王以下 1.3 万人，俘获马、牛、羊、骆驼等牲口 100 余万头，收降匈奴 81 部 20 余万人。① 窦宪、耿秉出塞 3000 余里，登上燕然山，刻石勒功而还。永元二年（90 年），北伐匈奴进入新阶段。东汉由中郎将从事监护南匈奴 8000 骑兵出鸡鹿塞，于夜间包围并击溃北单于，缴获单于玉玺，俘获阏氏及其子女等数千人，斩首 8000 级。受伤的北单于只身逃跑。此战之后，南匈奴势力日益强盛。永元三年（91 年），对北匈奴战争进入第三个年头。大将军左校尉耿夔率 800 精骑出居延塞，直取北单于王庭，在金微山大破之。北单于仅携少数骑兵逃走，不知所踪。此战，汉军出塞 5000 余里，创下西汉以来对匈奔袭作战最远纪录，在匈奴腹心对其致命一击。至此，自汉武帝元光六年（前 129 年）以来延续 220 年的汉匈战争基本结束。② 不久，北单于弟弟右谷蠡王于除鞬自立为单于，并遣使款塞，请求归附汉朝。永元四年（92 年），东汉赐给于除鞬单于印绶，封其为北单于，并派中郎将屯驻伊吾监护，一如呼韩邪单于故事，再度形成南北单于臣服于汉的局面。③

西域方向，战略态势亦更加有利于东汉。永元二年（90 年），窦宪派 2000 余骑兵驱逐北匈奴伊吾守军，收复伊吾，震慑车师。车师前

---

① 《后汉书》卷二十三，《窦宪传》；《后汉书》卷八十九，《南匈奴列传》。
② 《后汉书》卷二十三，《窦宪传》；《后汉书》卷八十九，《南匈奴列传》；《后汉书》卷十九，《耿夔传》；黄今言等：《中国军事通史（第六卷）：东汉军事史》，北京：军事科学出版社，1998 年版，第 248 页。
③ 《后汉书》卷二十三，《窦宪传》；《后汉书》卷八十九，《南匈奴列传》；《资治通鉴》卷第四十八，"汉和帝永元五年"条。

后王随后派质子入汉。① 同年，月氏（崛起的贵霜帝国）国王因求娶汉朝公主被拒，恼羞成怒，派副王谢率7万大军，行军数千里，翻越葱岭进攻班超。班超巧妙用兵，以少胜多，击退月氏大军，截杀欲趁火打劫的龟兹兵马。此战极大震慑月氏及西域各政权。月氏自此每年向汉进贡，与东汉为敌的龟兹、姑墨、温宿等政权也在次年（91年）全部投降。东汉于是恢复西域都护，戊、己校尉等官职，以班超为都护，驻守龟兹、疏勒及车师前后部。至此，除此前攻杀西域都护的焉耆、危须、尉犁之外，西域全部平定。②

但不久，东汉内部发生政治风暴。北伐匈奴后，窦宪因功被封为大将军，位居三公之上。各州刺史、郡太守及地方县令，也多为其党羽。窦宪的三个弟弟窦笃、窦景、窦瑰则分别在不同时期任卫尉、执金吾、光禄勋等要职，负责宫廷禁卫及京师卫戍。窦笃、窦景后来又进位特进，位同三公。在窦太后放纵下，窦氏兄弟广树党羽，大肆贪污，擅调边兵，专横异常。朝廷新任命的州刺史、郡太守等地方长官，都要先到窦宪家拜谒，而后才去赴任。窦宪的几位叔父窦霸、窦褒、窦嘉及其他亲族成员也担任侍中、将军、大夫等要职，可谓父子兄弟充满朝廷。永元四年（92年），窦宪党羽密谋杀害和帝。年仅14岁的和帝先发制人，收捕窦宪党羽并迫令窦宪兄弟自杀。数日间风云突变，窦氏集团被铲除，窦太后随之退出政治舞台，和帝开始亲政。③

综上，和帝亲政前的四年（88—92年）里，东汉大战略行为带有较强的外向色彩。这一时期，北匈奴实力以前所未有速度衰微，对东汉已无力攻扰。但窦太后为让兄长立功赎罪，不顾朝臣反对，于农忙时北伐。其结果是，大破北匈奴，形成南北单于同时臣服东汉局面，

---

① 《资治通鉴》卷第四十七，"汉和帝永元二年"条。
② 《后汉书》卷八十八，《西域传》；《后汉书》卷四十七，《班超传》；《资治通鉴》卷第四十七，"汉和帝永元三年"条。
③ 《后汉书》卷四，《和帝纪》；《后汉书》卷二十三，《窦宪传》；《资治通鉴》卷第四十七，"汉和帝永元元年"条、"汉和帝永元三年"条、"汉和帝永元四年"条；《后汉书》卷四十五，《韩棱传》；《后汉书》卷三十七，《丁鸿传》。

并大大拓展对西域的影响力。由匈奴盘踞数百年的大漠南北广阔地区，自此也改换成鲜卑等游牧民族主导，亚洲内陆的地缘格局发生颠覆性变动。但北伐对东汉并无特别紧迫性，故而朝臣反对。对内，北伐及其所需后勤保障，需征发大量兵役及物资，令天下扰动，加上窦太后为窦氏兄弟及其他亲族之故，频兴劳役，使社会付出不菲代价，而窦氏兄弟因北伐军功而愈发骄横，终于招致灭顶之灾。需指出的是，东汉"以夷伐夷"的策略自光武帝至此时始终在有力实施。此次北伐动用的王朝军事资源与社会动员规模有限。东汉与西汉在对付匈奴、经略西域方面最大的不同是，东汉以来的匈奴无论如何复兴及骄横，都无法再与西汉时期相比。也因此，西汉对匈反击战异常艰苦，常需动用数以十万计的骑兵力量，但东汉打击北匈奴则轻松得多，动用汉军最多在一万骑左右，大多时候征调南匈奴及羌胡之兵，并利用乌桓、鲜卑和丁零攻扰匈奴。因此，史书称东汉"偏师出塞，则漠北地空"。①

永元四年（92年），和帝亲政后，由激进性转回进取性战略轨道。对内，和帝延续前三位先帝遗风，推行诸多德政。如和帝在位的17年里，王朝旱灾、水灾、蝗灾频发，有灾害的年份竟达14年之多，② 和帝对此颇为忧心，每有灾异发生，便询问公卿大臣，检讨施政得失。他多次下诏减免租税，开仓赈灾，安抚贫民和流民。根据《后汉书》记载，和帝亲政后的13年里，至少13次下令开仓赈济或贷给贫民、流民钱粮，6次下令开放官方果园、山林或池塘供贫苦百姓取食，6次下令免除多地甚至天下田租、更赋或刍稿等税。又几度给天下因犯减刑，停止交趾州7郡进贡荔枝、龙眼。③ 窦太后临朝时频繁大兴劳役的情形也不再出现。

对外，和帝不再大规模兴兵，没有趁北匈奴衰亡而占领其故地，只是积极应对南北匈奴融合所引发的政治震荡，并保持对西域的战略

---

① 《后汉书》卷四，《和帝纪》。
② 李剑农：《中国古代经济史稿》，武汉：武汉大学出版社，2006年版，第150页。
③ 《后汉书》卷四，《和帝纪》。

进取姿态。北匈奴方面，窦宪死后，新立的北单于于除鞬感到自身难保，遂于永元五年（93年）在未经汉廷同意下，自行北返匈奴故地。面对这一叛逃行为，和帝派千余骑兵追斩之。与此同时，自永元三年（91年）北单于被耿夔大败而不知所踪后，鲜卑人趁机进占北匈奴故地，填补北匈奴崩溃后留下的权力真空。① 北匈奴在故地的10多万户残余部众随之尽归鲜卑所有，鲜卑由此强盛。但鲜卑与乌桓依然归附汉朝，听从调度。如永元六年（94年），此前降汉的15部、20余万北匈奴人反叛，鲜卑大都护苏拔廆、乌桓大人勿何的8000骑兵即由汉乌桓校尉指挥，参与平叛。苏拔廆还因此被和帝封为率众王、受赐金帛。②

南匈奴方面，永元五年（93年），屯屠何单于去世，其消灭北匈奴的梦想虽然基本实现，南匈奴也成为亚洲内陆有重要影响的力量，但其"破北成南，并为一家"的愿望却随着他的去世而落空。③ 23.73万人口、胜兵5万人的实力，也不足以支撑其后继者与崛起的鲜卑抗衡，更经不住自己内部的倾轧。如表1.3.1所示，继屯屠何任单于的是前单于宣的弟弟安国。他与侄子、左贤王师子关系紧张，随后发生内讧，使南匈奴实力上升趋势中断。面对南匈奴内讧，和帝派兵调停，而南匈奴上下误以为汉朝在支持师子。南匈奴贵族为此杀死安国，拥立师子为新单于。但支持安国的北匈奴部众与师子发生冲突，受惊的原北匈奴20余万降众全部反叛，胁迫屯屠何之子逢侯为单于，出塞返回匈奴故地，屯于涿邪山。两年后，永元八年（96年），南匈奴右温禺犊王亦率众叛逃塞外。这两次事件严重打击了南匈奴，使其愈发削弱。特别是原北匈奴20余万降众中的大多数人长期滞留塞外。直至汉安帝元初五年（118年），逢侯才率数百骑兵降汉，而其10余万部众此时已离散殆尽。在上述过程中，汉廷始终设法协调南匈奴各方关系，

---

① 陈序经：《匈奴史稿》，北京：中国人民大学出版社，2007年版，第384页；《后汉书》卷九十，《鲜卑乌桓列传》。
② 《后汉书》卷九十，《鲜卑乌桓列传》；《资治通鉴》卷第四十八，"汉和帝永元五年"条。
③ 陈序经：《匈奴史稿》，北京：中国人民大学出版社，2007年版，第384页。

助其维护稳定。①

表 1.3.1 南匈奴前十任单于亲缘关系表 [至汉和帝永元十年（98 年）前]

单于及继位顺序	代次及继位方式
比（呼韩邪单于孙子）——→莫（比的弟弟）——→汗（比和莫的弟弟）	第一代兄弟相继
——→适（比之子）——→苏（莫之子）——→长（比之子、适的弟弟）——→宣（汗之子）——→屯屠何（比之子、适和长的弟弟）——→安国（汗之子、宣的弟弟）	第二代堂兄弟相继
——→师子（适之子、安国的侄子、比的孙子）	第三代人

资料来源：作者根据《后汉书》卷八十九，《南匈奴列传》整理。

此外，面对其他边寇小规模进犯，和帝也只是防范打击。永元九年（97 年）至元兴元年（105 年），辽东鲜卑、高句丽不时入寇，但皆被打败。如元兴元年，高句丽窜入辽东，侵略六县。和帝令辽东太守耿夔反击，大破之，斩杀其渠帅。除此外，并未发动大军进攻高句丽。②

东汉对西域方面的经营仍在推进，并取得决定性胜利。永元六年（94 年），班超征发龟兹、鄯善等 8 国军队 7 万余人与汉军讨伐焉耆，诱杀焉耆王、尉犁王，斩首 5000 余级，收降 1.5 万人，缴获牲口 30 余万头，不仅为前西域都护陈睦报仇，而且消除了西域北道最后的威胁。自此，西域 50 余国全部送质子入朝，归附东汉，砍断了北匈奴残余借西域卷土重来的抓手。自明帝永平十六年至和帝永元六年（73—94 年），东汉历时 22 年终于平定西域，而班超厥功至伟。此后，班超派甘英出使大秦（罗马帝国）。永元九年（97 年），甘英经安息、抵条

---

① 《后汉书》卷八十九，《南匈奴列传》；《资治通鉴》卷第四十八，"汉和帝永元六年"条、"汉和帝永元八年"条。《后汉书》记载，元初四年(117 年)，逢侯为鲜卑所破，部众离散，皆归北虏。

② 《后汉书》卷八十五，《东夷列传》；《后汉书》卷九十，《乌桓鲜卑列传》。

支最后在西海（地中海或波斯湾）之滨眺望大秦后，结束西行。① 甘英此行虽未完成出使目标，但所出之地最远距离玉门、阳关四万里之遥，创下汉使西行最远纪录。自此，四万里外的国家皆往汉朝进贡，所谓"都护西指，则通译四方"。② 总之，东汉对西域的经营有历史特殊性，即在没有汉军远征或大规模军事资源支撑条件下，依靠班超非凡的战略智慧、勇力与耐心，以百千计的塞外汉兵，运筹西域诸国联兵而平定西域，所谓"不动中国，不烦戎士，得远夷之和，同异俗之心"，③ 并且斩断了北匈奴"右臂"。就其性质而言，如毛泽东同志指出的，班超"为抵抗而进攻"，属于"积极抵抗政策"，不应与"兼弱攻昧""好大喜功"的政策混同。④ 但班超经略西域显然也离不开明帝、章帝直至和帝三代帝王的有力支持，这从班超被任命为西域都护及受封定远侯均可看出。东汉对北匈奴的反击，更有效震慑西域诸国，为班超经略西域提供了有利大环境。

总之，和帝亲政后，在大战略上拨乱反正，由激进转回进取性战略。对内，忧民保民，不扰动百姓。对外，尽管对北匈奴、西域都拥有压倒性优势，但和帝并无劳军远征的兴趣，没有趁乱占领北匈奴故地，而只是应对南北匈奴融合及南匈奴内讧带来的重大震荡，同时顺势加强经略西域。对辽东鲜卑、高句丽的入寇，也只是进行积极而有效的回击，而未大举征讨。因此，史书称，"逮于永元，虽颇有弛张，而俱存不扰，是以齐民岁增，辟土世广"。⑤ 至元兴元年（105年）和帝去世，东汉立国80年，四代帝王励精图治，使得王朝人口攀升至

---

① 关于西海的位置及甘英的姓名、西行路线等问题，学界争论很多，参见颜世明、刘兰芳：《甘英出使大秦：研究述评与再审视》，载《西北民族大学学报（哲学社会科学版）》，2015年第6期，第57—64页。
② 《后汉书》卷四，《和帝纪》；《资治通鉴》卷第四十八，"汉和帝永元六年"条；《后汉书》卷四十七，《班超传》；《后汉书》卷八十八，《西域传》。
③ 《后汉书》卷四十七，《班超传》。
④ 毛泽东：《致何干之》，载中共中央文献研究室：《毛泽东书信选集》，北京：人民出版社，1983年版，第136—137页。
⑤ 《后汉书》卷四，《和帝纪》。

5325.62万（不算瞒报、漏报人口），接近西汉时最高人口规模，垦田数超过782万公顷，① 王朝的政治、经济实力和对外影响力达到巅峰。恰如当代史家指出的，和帝时，帝国的光辉，如同丽日中天，照耀瀛寰，② 终于成就"永元之隆"。范晔亦感叹，至和帝时，"偏师出塞，则漠北地空；都护西指，则通译四万"，这样的丰功伟绩难道是因为东汉帝王的治国之道超过夏商周三代圣王，或者只是恰好赶上外族叛服的天数轮转而已？③

和帝亲政13年即去世（105年），年仅27岁，与其父章帝一样英年早逝。和帝之后，出生仅100多天的汉殇帝继位，和帝皇后邓太后临朝。但殇帝在位八个月即夭折。汉安帝随后登基，邓太后继续秉政。她虽然多行德政，使东汉王朝总体保持安定，但秉政以来"水旱十载，四夷外侵，盗贼内起"，京师一度"大饥，人相食"，④ 内忧外患加剧，无法遏住王朝衰落的脚步。特别是和帝去世后，西域即反叛，邓太后乃撤销西域都护，"西域无汉吏"长达十余年。北匈奴残余力量遂再入西域，其兵马超3万之众，不仅霸凌西域诸国，并且与车师等频繁入寇河西。⑤ 此外，长达11年之久（107—118年）的第一次羌族大起义爆发，东汉虽然成功镇压，但也为此元气大伤，即羌乱虽平，"汉祚亦衰焉"，东汉王朝像"早衰的病人"那样日益滑向腐朽灭亡之路。⑥

---

① 《后汉书》郡国志五之引注伏无忌所记光武帝至质帝去世时的户口及垦田大数。
② 林剑鸣：《秦汉史》，上海：上海人民出版社，2003年版，第777页。
③ 《后汉书》卷四，《和帝纪》。
④ 参见《后汉书》卷十上，《和熹邓皇后纪》；《资治通鉴》卷第四十九，"汉安帝永初三年"条。
⑤ 《后汉书》卷八十八，《西域传》；《后汉书》卷四十七，《班勇传》。
⑥ 《后汉书》卷八十七，《西羌传》；吕思勉：《秦汉史》，北京：商务印书馆，2010年版，第328页；黄今言等：《中国军事通史（第六卷）：东汉军事史》，北京：军事科学出版社，1998年版，第264页；林剑鸣：《秦汉史》，上海：上海人民出版社，2003年版，第883—886页。

隋朝的大战略行为：务广德者昌，务广地者亡①

汉献帝建安二十五年（220年），曹魏代汉，中国进入魏蜀吴三国时代。曹魏元帝景元四年（263年），魏灭蜀汉。两年后，司马炎称帝，西晋代魏。西晋武帝咸宁六年（280年），司马炎灭东吴，三国鼎立局面结束，天下归于西晋。西晋被视作古代中国盛衰强弱一大分水岭，②其盛衰令人欷歔感叹。晋武帝登基之初，励精图治，能容纳谏言，俭约寡欲，赋税平均，百姓安业乐事，牛马被野，号称"天下无穷人"。③这一时期虽不能算太平盛世，但政通人和，可称"百代之一时也"。④故而，唐太宗对晋朝的治乱兴亡颇感兴趣，亲自撰写晋武帝纪的史论部分，赞扬其一度"天下之功成矣，霸王之业大矣"。⑤可惜的是，武帝缺乏远虑雄图，不能居安思危，灭吴后就怠于政事、纵情声色并重用后党和亲贵之臣，导致纲纪废乱大坏、卖官鬻爵横行。故

---

① 《隋书》卷八十一，《东夷列传》史臣曰。
② 吕思勉：《两晋南北朝史》（上），上海：上海古籍出版社，2005年版，第1页。
③ 参见《晋书》卷二十六，《食货志》；《群书治要》学习小组编：《群书治要译注》（第七册），北京：中国书店，2012年版，第2466页。
④ 《群书治要》学习小组编：《群书治要译注》（第七册），北京：中国书店，2012年版，第2466页。
⑤ 参见《晋书》卷三，《武帝纪》史论部分。

而著名直臣刘毅当面将他比作东汉桓灵二帝,甚至认为他不如这两个昏君。武帝虽然气量宽大,不杀直臣,但治国不能立教定制、矫正时弊,把握不了"创业之勋"本质,反而多"苟且之政",如不能下决心废除九品中正制。① 大臣何曾为此感叹,武帝每次宴见,不谈经国远图,惟说平生常事,他因此担心日后天下必乱。② 唐太宗亦感慨称,晋武帝"善始于初,而乖令终于末"。③ 一言以蔽之,晋武帝的战略自满和懒惰懈怠,使得西晋在天下统一后不能与时俱进、开拓创新,反而陷入战略停滞以至倒退。武帝去世后,"何不食肉糜"的晋惠帝继位,朝纲大坏,尤其是经杨骏、贾皇后及八王之乱,天下溃烂,内附中原王朝的匈奴、鲜卑、羯、羌、氐等少数民族乘机崛起,即所谓"五胡乱华"。20余年间,河洛化为废墟,西晋基业倾覆。④ 此后,至南北朝对峙,战争连绵近300年,生灵涂炭,社会秩序遭受新一轮大破坏。这是一个极端残酷的时代,但也是一个开拓创新、自历史泥沼中突围的时代,这个时代的各朝领袖与精英集团(如北魏孝文帝、宇文泰、高欢、苏绰、北周武帝)力挽狂澜,寻求各自富国强兵之道,为结束天下大乱局、推动历史进步而努力求索。⑤ 特别是"取塞外野蛮精悍之血,注入中原文化颓废之躯"的关陇集团(不仅包括李唐氏族),大刀阔斧地革故鼎新,"遂能别创空前之世局。"⑥

北周静帝大定元年(581年),隋代北周。隋文帝杨坚8年后统一南北,终结了数百年的大分裂、大动荡局面,拉开了秦汉以后中国古代第二个长时段大一统王朝的大幕。尽管隋朝存续不足40年,但它扫

---

① 《晋书》卷三,《武帝纪》;《资治通鉴》卷第八十二,"晋武帝太康十年"条;《晋》卷四十六,《刘颂传》;《晋书》卷四十五,《刘毅传》。
② 《晋书》卷三十三,《何曾传》。
③ 《晋书》卷三,《武帝纪》。
④ 《群书治要》学习小组编:《群书治要译注》(第七册),北京:中国书店,2012年版,第2466页。
⑤ 刘静夫:《中国魏晋南北朝经济史》,北京:人民出版社,1994年版,第4、57页。
⑥ 陈寅恪:《〈李唐氏族之推测〉后记》,载陈寅恪:《陈寅恪合集·史集,金明馆丛稿二编》,南京:译林出版社,2023年版,第373页。清代史学家赵翼亦称,周隋唐皆出自武川,参见赵翼著,王树民校证:《廿二史劄记校证》,北京:中华书局,2013年版,第340—341页。

清了分裂时期"大部分制度上的瓦砾",留下伟大的政治遗产,使得后世朝代乃至世界都从其成就中获益。① 从这个意义上说,隋代北周,绝非简单的改朝换代、历史的循环重复,而是一次具有深远意义的时代剧变的开始。②

进取性战略:战略想象和创造力的胜利

清朝史学家赵翼称,古来得天下之易,未有如隋文帝者。③ 西方汉学家在论述隋朝的对外成就时,亦有"命运之神偏袒隋朝"的言论,④ 好像隋朝的成功全靠运气得来。其实不然,隋能开创盛世气象,绝非仅靠"天之所赞",⑤ 实亦有隋文帝杨坚的励精图治之功。

隋初的战略形势是,内部,从经济领域看,长期战乱对北方地区的社会元气虽然消耗很大,但此时已处在恢复期。东汉末至三国时期,由于战火连绵,全国人口总数曾降至2224万至2361万人之间,与东汉人口总数最高峰(6000万左右)时相比减少六成多。西晋统一不久又陷入天下大乱。至"五胡十六国"存续的100多年间,黄河流域迭遭兵燹,生产力遭极严重破坏,北方人口数最低时或仅剩五六百万人。北魏统一北方后,政治日趋稳定,社会经济领域的改革有序推行,至北魏孝明帝正光(520—524年)以前,北方户口达到全盛,户数升至500多万、人口数恢复至3150万至3500万,逼近西晋惠帝永康元年(300年,即八王之乱以前)的全国最高人口总数(3500万人)。加上

---

① 崔瑞德编,中国社会科学院历史研究所、西方汉学研究课题组译:《剑桥中国隋唐史:589—906年》,北京:中国社会科学出版社,1990年版,第44页;韩昇:《隋文帝传》,北京:人民出版社,2015年版,第493—494页。
② 袁刚:《隋炀帝传》,北京:人民出版社2016年版,第53页。
③ 赵翼著,王树民校证:《廿二史劄记校证》,北京:中华书局,2013年版,第353页。
④ 崔瑞德编,中国社会科学院历史研究所、西方汉学研究课题组译:《剑桥中国隋唐史:589—906年》,北京:中国社会科学出版社,1990年版,第97页。
⑤ 《隋书》卷二,《高祖纪下》。

同时期南朝梁的 2000 万人口，南北方人口总和保守估计已超过 5000 万人。① 然而，好景不长，六镇之乱（524 年）以及河北、山东、关陇等地的大规模起义，导致北方战乱复起，恒代以北、崤潼以西的大片区域，或尽为丘墟，或烟火断绝，"生民耗减，且将大半"，北魏户籍登记人口一度又跌至 200 余万户，减少一大半。② 至东魏、西魏及之后的北齐、北周，北方人口（就北魏旧疆域而言）并未恢复到北魏孝明帝正光前（520 年前）的规模。③ 不过，在分裂动乱、经济残破的大环境下，南北朝都试图休养生息。④ 北朝为富民强兵，更是展现出一定的制度革新精神，实施均田制、府兵制等各领域制度性改革，"训兵教战，务谷清农"，⑤ 使北方生产力稳步恢复，军队战斗力日益提升，进而蚕食南朝疆域，加上北周灭北齐及隋文帝平定尉迟迥、司马消难和王谦之乱并未造成大范围战祸，⑥ 北方人口持续增加，综合实力不断增强。隋朝建立时，疆域内户数约为 559 万、人口数约 3000 万。开皇八年（588 年）灭陈后，隋朝户数则增至 750 万至 760 万，⑦ 以每户 5 口人来算，则此时的人口数大概在 3750 万人左右。总体看，王朝实力虽然在不断上升，但底子仍然较薄弱。开皇三年（583 年），京师仓廪空虚，尚需从京外转运大量米粟。⑧

---

① 葛剑雄：《中国人口史（第一卷）：导论、先秦至南北朝时期》，上海：复旦大学出版社，2002 年版，第 447—448、458、473、475 页；冻国栋：《中国人口史（第二卷）：隋唐五代时期》，上海：复旦大学出版社，2002 年版，第 122—123 页。

② 《魏书》卷一百六上，《地形志二上》；冻国栋：《中国人口史（第二卷）：隋唐五代时期》，上海：复旦大学出版社，2002 年版，第 122 页。

③ 葛剑雄：《中国人口史（第一卷）：导论、先秦至南北朝时期》，上海：复旦大学出版社，2002 年版，第 475 页。

④ 梁方仲：《论隋代经济高涨的原因》，载《历史教学》，1956 年 12 月号，第 13 页。

⑤ 《隋书》卷二十九，《地理志上》。

⑥ 刘静夫：《中国魏晋南北朝经济史》，北京：人民出版社，1994 年版，第 3、122—130 页；钱穆：《国史大纲》（上），北京：商务印书馆，1996 年版，第 377—379 页。

⑦ 冻国栋：《中国人口史（第二卷）：隋唐五代时期》，上海：复旦大学出版社，2002 年版，第 130 页；葛剑雄：《中国人口史（第一卷）：导论、先秦至南北朝时期》，上海：复旦大学出版社，2002 年版，第 475 页。

⑧ 韩昇：《隋文帝传》，北京：人民出版社，2015 年版，第 246 页；《隋书》卷二十四，《食货志》。

外部，文帝即位之初，就面临来自北方和西北的突厥、吐谷浑等侵扰，特别是面对突厥的强大军事压迫。东北方向，则面对高丽以及受高丽或突厥驱使的奚、契丹、靺鞨等部族。广义上的西域，此时除吐谷浑之外，还有高昌、女国、波斯等40多个"有君长之国"，但这些政权由于受制或受阻于突厥、吐谷浑，加上此前长期的中原分裂与大乱影响，大多与隋朝没有确立朝贡关系，相互交往亦少。① 北魏分裂为东魏、西魏直至北齐、北周，中原纷扰，"不闻有事于西域"。② 相反，突厥对西域的掌控是很强的。如自北魏文成帝和平元年（460年）以来，高昌阚氏、张氏、马氏、麹氏等汉人政权占据汉时车师前王故地，先后在柔然、高车等扶植下称高昌王，特别是麹氏政权第一位国主麹嘉在位时又派一子领焉耆王，成为西域门户及北道地区的重要势力。隋朝建立时，麹嘉的五世孙、高昌文靖王麹乾固在位。其父曾娶突厥可汗女儿为妻，麹乾固在位时亦按突厥风俗续娶之，至其子麹伯雅时再度在突厥逼迫下以其突厥族祖母（大母）为妻。这足以显示突厥对高昌等西域政权的控制。③

北面的突厥是隋朝最大外患。自西魏文帝大统十二年（546年）起，突厥在伊利可汗（土门）及其子逸可汗（科罗或乙息记可汗）、木杆可汗（俟斤，或俟斗）相继领导下崛起，不到十年间先后征服铁勒，扫灭茹茹（柔然）和挹怛（嚈达），驱逐契丹，制伏契骨，大破吐谷浑，横扫塞外及西域，疆域东起辽海以西至西海万里，南自漠北

---

① 《隋书》卷八十三，《西域传》；《隋书》卷六十七，《裴矩传》。
② 《北史》卷九十七，《西域列传》。
③ 《北史》卷九十七，《西域列传》；《隋书》卷八十三，《西域列传》；《旧唐书》卷一百九十八，《西戎列传》；黄文弼：《高昌麹氏纪年》，载黄文弼：《高昌砖集》，北京：线装书局，2009年版，第7—27页。高昌麹氏传九世十王：昭武王麹嘉（497—525年或501—525年），道昭王麹光（525—531年），永昭王麹坚（531—549年），惠安王麹玄喜（549—551年），文成王麹某（551—555年），文兴王麹宝茂（田地公）（555—560年），文靖王麹乾固（560—602年），献文王麹伯雅（602—613年），献武王麹文泰（623—640年），惠德王麹智盛（640—640年）。参见何威：《在西域建国的兰州麹氏家族》，https://m.thepaper.cn/newsDetail_forward_14792913；黄文弼：《高昌麹氏纪年》，载黄文弼：《高昌砖集》，北京：线装书局，2009年版，第7—27页。

至北海五六千里。① 其不仅在当时的波斯萨珊王朝与东罗马拜占庭帝国之间纵横捭阖，更对中原王朝肆意霸凌和侵犯，曾与西魏、北周联姻并一同攻打东魏、北齐，后又与北齐勾连。② 因此，北周、北齐争相与之通好。北周每年给其缯絮锦彩数十万段，北齐也"倾府藏以事之"。南朝陈宣帝太建四年（572年），木杆可汗死，其弟佗钵可汗即位，有控弦之士数十万。此时的突厥愈发骄横，常常在与北周、北齐的三角关系中玩弄两头渔利与合纵连横游戏。佗钵可汗更是对臣下说，"我在南两儿常孝顺，何患贫也"。北齐灭亡后，突厥为牵制日益强大的北周，遂扶植北齐范阳王高绍义为帝，并大举入寇幽州，杀北周柱国刘雄。"雄图武略"的北周武帝宇文邕为此大怒，并决意御驾亲征。③ 但讨伐大军刚动，宇文邕就突然去世，北周与突厥遂又恢复和亲，北周宣帝时将赵王宇文招之女千金公主嫁给突厥可汗。④ 隋朝开国时，佗钵可汗去世，其子庵逻（又作"庵罗"）取代本该继位的大逻便（木杆可汗之子）成为大可汗。不久，庵逻因无法承受大逻便压力，让位给与自己友善的堂兄摄图（乙息记可汗之子），此即沙钵略可汗。为安抚庵逻、大逻便以及居于突厥西部故地的从父玷厥（伊利可汗的弟弟、西部可汗室点密之子），沙钵略可汗分别册封或承认他们为第二可汗、阿波可汗和达头可汗（西面可汗）。此外，沙钵略可汗的弟弟突利设处

---

① 《周书》卷五十，《突厥传》；《隋书》卷八十四，《突厥传》；《北史》卷九十九，《突厥传》；《新唐书》卷二百一十五下，《突厥列传下》。《隋书》记载，伊利可汗、逸可汗、木杆可汗及佗钵可汗为兄弟关系。但《周书》和《北史》认为，他们是父子关系。《隋书》也承认，玷厥（达头可汗）是摄图的从父。而玷厥是伊利可汗的弟弟室点密（留守故地的西部可汗）的儿子，按照辈分推算，只有伊利可汗与逸可汗（乙息记可汗）、木杆可汗、佗钵可汗是父子关系，玷厥才能是摄图的从父。故而，本书采用《周书》和《北史》的说法。

② 马长寿：《突厥人和突厥汗国》，桂林：广西师范大学出版社，2006年版，第17—19页；吴玉贵：《突厥汗国与隋唐关系史研究》，北京：商务印书馆，2017年版，第18—21页；《周书》卷五十，《突厥传》；《隋书》卷八十四，《突厥传》。

③ 《隋书》卷八十四，《突厥传》；《周书》卷五十，《突厥传》；《周书》卷六，《武帝纪下》。

④ 千金公主出嫁时，正是佗钵可汗在位，因此研究者多认为她嫁给了佗钵，继而为沙钵略可汗（摄图）妻。但《隋书》有"突厥摄图请婚于周，以赵王招女妻之"的文字，参见《隋书》卷五十一，《长孙晟传》；《隋书》卷八十四，《突厥传》。

罗侯，亦深得民心。沙钵略可汗亦对他加以防范。此时，突厥"保有沙漠，地过万里，士马亿数"已近40年。① 尽管摄图、庵逻、大逻便、玷厥等四可汗并立（加上处罗侯，则为五渠帅相争）局面开始出现，突厥与中原王朝力量此消彼长的势头强化，但突厥上层矛盾并未激化，摄图作为大可汗仍有号令其他可汗或部落的权威，北方各部族也因畏惧其势力而表示臣服。② 面对隋代北周，摄图为安慰可贺敦千金公主，打出为北周复仇旗号，先是与北齐残余高宝宁（亦作"高保宁"，高绍义称帝后所封丞相）在开皇元年（581年）合兵攻陷临渝镇，后在开皇二年（582年）与高宝宁入寇平州，并出动各可汗之兵40万自隋之东北、正北、西北三面进犯，击败隋朝多地守军，侵入武威、天水、金城、上郡、弘化、延安等地，兵临隋朝统治中心地带，使新生的隋朝政权面临空前严峻的生存威胁。太子杨勇被迫屯兵咸阳，贵臣虞庆则屯兵弘化，紧急加以防范。摄图可谓给了文帝一个极大的军事下马威，③ 使文帝不得不面临"天子守国门"的窘迫局面。

西北方向，最大的威胁来自吐谷浑。"五胡十六国"时期，源自辽西鲜卑的吐谷浑在青海、甘南一带崛起，此后不断向周边扩展，不仅兼并西域鄯善、且末，而且与中原地区政权发生冲突。至西魏北周之际，吐谷浑愈加兴盛，建可汗之号，有土地数千里。其主吕夸（又称"夸吕"）采取"远交近攻"策略，与东魏、北齐通好，对西魏、北周则频繁交战，数次寇扰。④ 隋朝建立后，吕夸又连年派兵入寇凉州、弘州、临洮、廓州等地，耀武扬威，杀掠官民。⑤

---

① 《隋书》卷八十四，《突厥传》；《北史》卷九十九，《突厥传》。
② 《资治通鉴》卷第一百七十五，"陈宣帝太建十三年"条；吴玉贵：《突厥汗国与隋唐关系史研究》，北京：商务印书馆，2017年版，第87页；《隋书》卷八十四，《突厥传》。
③ 《北齐书》卷四十一，《高保宁传》；《隋书》卷五十一，《长孙晟传》；《隋书》卷八十四，《突厥传》；《资治通鉴》卷第一百七十五，"陈宣帝太建十四年"条；马长寿：《突厥人和突厥汗国》，桂林：广西师范大学出版社，2006年版，第28页。
④ 《隋书》卷八十三，《吐谷浑传》；周伟洲：《吐谷浑史》，桂林：广西师范大学出版社，2006年版，第26、48、53页。
⑤ 《隋书》卷一，《高祖纪上》；《隋书》卷八十三，《吐谷浑传》；周伟洲：《吐谷浑史》，桂林：广西师范大学出版社，2006年版，第64—66页。

东北方向，有奚、契丹、靺鞨以及高（句）丽、百济和新罗。奚、契丹、靺鞨部众分散，或受突厥控制，或与高丽关系密切，或彼此攻击，又时而受突厥或高丽裹挟侵扰塞内，但本身缺乏强大战斗力，对隋的威胁有限。高丽虽未脱离中国朝贡体系，但此时已形成与隋颉颃、称霸一隅的态势，与吐谷浑一样，频繁参与东北亚权力体系塑造。① 后世学者因此多认为，突厥之外，为患隋者，莫若高丽。② 事实上，自汉武帝元封三年（前108年）将朝鲜半岛北部列入郡县，中原王朝在该地的行政管理经400余年，中间虽有收缩，但亦有为反击高句丽等势力蚕食而进行的恢复性拓展。特别是东汉末割据辽东的公孙度"雄张海东，威服外夷"，东伐高句丽，北抚夫余。至其子公孙康，又大破高句丽，并在乐浪郡南部分设带方郡。公孙氏之后，曹魏大将毌丘俭再破高句丽及其仆从沃沮。曹魏正始六年（245年），乐浪太守刘茂、带方太守弓遵则迫降高句丽另一仆从、单单大岭以东的涉貊，将其首领由侯升至王，令其四时诣郡朝谒并供奉乐浪、带方二郡军征赋调及供给役使，由此恢复并强化了对汉时乐浪以东地区的管辖。弓遵、刘茂并一度乘胜南灭辰韩。③ 但至西晋末中原大乱，高句丽趁机南下攻占乐浪郡（313年），马韩则北进占据带方郡，逐步侵蚀中原王朝在半岛北部的郡县统治。但东晋咸康七年（341年），前燕开国君主慕容皝仍能几乎破灭高句丽，焚烧其丸都城，迫逃其王。然而，高句丽在"五胡十六国"时利用中原大乱，保持西扩趋势，至5世纪初进入辽河流域，并与突厥争夺契丹等东北诸胡。④ 427年，高句丽定都平壤，与中原王

---

① 《隋书》卷八十一，《东夷列传》；《隋书》卷八十四，《北狄列传》；万晓：《权力转移下崛起国对小国政策探因》，载《当代亚太》，2020年第3期，第48页。

② 吕思勉：《隋唐五代史》，北京：民主与建设出版社，2018年版，第14页；韩昇：《隋朝与高丽关系的演变》，载《海交史》，1998年第2期，第8—20页。

③ 《三国志》卷八，《魏书》，《二公孙陶四张传》；《三国志》卷三十，《魏书》，《乌丸鲜卑东夷传》；《三国志》卷二十八，《魏书》，《毌丘俭传》；《北史》卷九十四，《高丽传》。

④ 《三国志》卷三十，《魏书》，《乌丸鲜卑东夷传》；葛剑雄：《中国历代疆域的变迁》，北京：商务印书馆，1997年版，第76页；吕思勉：《隋唐五代史》，北京：民主与建设出版社，2018年版，第14页；韩昇：《隋朝与高丽关系的演变》，载《海交史》，1998年第2期，第12—15页；韩昇：《"魏伐百济"与南北朝时期东亚国际关系》，载《历史研究》，1995年第3期，第38页。

朝的关系从此被视作内外关系。① 北魏太武帝以来,高句丽奉表进贡并请国讳,以示对中原王朝称臣之意。太武帝遂册封其为辽东郡公、高句丽王,与之确立封贡关系。其后西魏、北齐亦延续此政策,至北周武帝时则改封其主为辽东王。② 高句丽在朝鲜半岛北部扩张的同时,夫余王仇台亦于东汉末南下至马韩与带方故地,建国号百济,在辽东太守公孙度扶助下成为东夷强国。新罗则在汉时乐浪及辰韩故地崛起,乃辰韩人后裔(华夏族)并杂有高句丽、百济人,曾一度受百济人役使,被裹挟攻打高句丽。新罗曾称"斯罗""斯卢",至第22代首领智证麻立干在位第四年(503年),确立国号为"新罗"并以汉语"国王"取代新罗名号"居西干""次次雄""尼师今""麻立干"(新罗方言中均表示"王")。高句丽、百济和新罗的纷纷崛起,开启了自公元4世纪到7世纪长达约300年的半岛三国时代,三国常常相互征战。③ 隋朝建立时,高丽"不列郡县久矣",虽频繁遣使朝贡,实则不甘称臣,反而常常窥探中原虚实,并且"驱逼靺鞨,固禁契丹",攻打百济和新罗。隋朝统一南北后,高丽国主高汤大惧,担心"偏霸"地位不保,于是"治兵积谷,为守拒之策"。④ 开皇十八年(598年),高丽新主高元变本加厉,居然先发制人,率靺鞨之众一万余骑侵入辽西,践踏隋朝边地。位于半岛南部的百济与新罗则对隋奉行友好政策。

---

① 葛剑雄:《中国历代疆域的变迁》,北京:商务印书馆,1997年版,第76页;杨昭全:《中国朝鲜古代史研究概述》,载《韩国研究论丛》(第四辑),1998年,第381页。
② 《北史》卷九十四,《高丽传》;韩昇:《隋朝与高丽关系的演变》,载《海交史》,1998年第2期,第9页;韩昇:《隋文帝传》,北京:人民出版社,2015年版,第192—193页。
③ 《三国志》卷三十,《魏书》,《乌丸鲜卑东夷传》;《北史》卷九十四,《高丽传》《百济传》《新罗传》;《隋书》卷八十一,《东夷传》;《旧唐书》卷一百九十九上,《东夷列传》;《新唐书》卷二百二十,《东夷列传》;金富轼:《三国史记》卷一,《新罗始祖赫居世居西干本纪》,长春:吉林大学出版社,2015年版,第1、44—46页。但《旧唐书》《新唐书》皆称新罗为弁韩之苗裔,参见《旧唐书》卷一百九十九上,《东夷列传》;《新唐书》卷二百二十,《东夷列传》。《三国史记》则记载,新罗始祖来自朝鲜遗民组成的辰韩六部。《后汉书》《三国志》又记载,箕子朝鲜末代王箕准被卫满打败后,自海上攻打马韩,自立为韩王。箕准之后,马韩人又自立为辰王。以此推断,新罗与箕子朝鲜、辰韩(秦韩)关系是极为密切的。参见《后汉书》卷八十五,《东夷列传》;《三国志》卷三十,《魏书》,《乌丸鲜卑东夷传》。
④ 《隋书》卷八十一,《东夷传》;《北史》卷九十四,《高丽传》。

百济自立国以来，数代人臣服于中原王朝。特别是北魏延兴二年（472）年，百济王余庆因受高丽侵逼30余年，遣使求救，希望北魏太上皇献文帝"速遣一将，来救臣国"，后亦向南方的东晋、宋、齐、梁及北方的北齐、北周称藩朝贡。隋朝建立后，百济王余昌继续遣使朝贡，被文帝册封为带方郡公、百济王。隋灭陈后，百济协助送返漂流至海东的隋朝战船，并奉表恭贺文帝平陈，与高丽对中原王朝统一的反应形成鲜明对比。新罗于开皇十四年（594年），亦遣使朝贡，被文帝封为乐浪郡公、新罗王。①

在此情势下，文帝对内采取一系列稳定社会、发展生产和增加财政收入的措施，迅速把控大局。稳定社会的举措主要体现为，革除前朝苛政，为政宽大，法令清简，崇本务农，厉行节俭，以德政惠政行天下。早在北周天元皇帝刚去世、杨坚任左大丞相时（580年），就废除天元皇帝的暴政，删改苛酷旧律，制定《刑书要制》，以清简法令执政。称帝后，文帝又在名臣高颎及苏威、李德林、裴政、牛弘等人辅佐下，偃武修文，创立各项重大制度，如制定开皇律、确立三省六部制，后又废除九品中正制，创立科举制并改革府兵制，呈现一派开创伟业的新气象，其诸多法令制度皆为后世长期沿用。② 经济方面，则像两汉初立时那样轻徭薄赋、爱民养民。如《隋书》食货志所言，不夺民食，不穷民力，轻徭薄赋，乃是"五帝三皇不易之教"。具体包括撤销入市之税，废除北周末年盐、酒官方专卖制，让利于民；又采纳大臣苏威奏议，改前代重税之法，减省赋税徭役，与民休息，如开皇三年（583年）规定21岁成丁，百姓替官府服役天数由每年30日减为20日，向官府缴纳的绢数（调）由一匹（四丈）减为二丈。与此同时，文帝废止北周、北齐钱币及民间私钱，重铸五铢钱，统一流通货

---

① 《隋书》卷八十一，《东夷传》；《北史》卷九十四，《高丽传》《百济传》《新罗传》；杨昭全、韩俊光：《中朝关系简史》，沈阳：辽宁民族出版社，1992年版，第62—64页。
② 《资治通鉴》卷第一百七十四，"陈宣帝太建十二年"条；《隋书》卷一，《高祖纪上》；《资治通鉴》卷第一百七十五，"陈宣帝太建十三年"条、"长城公至德元年"条。

币。同年,针对当时"民少官多,十羊九牧"现象,裁汰冗官,废郡为州,减轻民众负担。文帝与独孤皇后更是力行俭约,厌恶铺张奢靡。灭陈之后,文帝多次在江南、河北、河东等地大规模减免租役,力求藏富于民。他还下令在各地设立官仓、义仓,储备金帛粮食,备荒防饥。关中、山东等地遭水旱大灾时,文帝下令开仓赈灾,所用粮食就超过 800 万石。① 文帝又续推均田制,兴修水利和漕运,大规模检括隐匿及漏报人口达 164 万,又以输籍法为征收赋税依据。这些措施不仅促进了农业和商品经济发展,而且打击了地方豪强和逃避赋税者,增加了王朝财政收入,使魏晋以来的经济社会面貌大变,王朝迈入快速发展的轨道。②

由于治国理政措施得当,王朝国泰民安,经济腾飞。开皇十七年(597 年),"户口滋盛,中外府库,无不盈积",社会人口与府库储积都有明显增长,"议者以比汉代文、景,有粟陈贯朽之积"。③ 文帝仅用不到 20 年时间就使得王朝达到富足局面,与西汉需要三世四帝 60 余年休养生息达到同等局面形成对比。④ 在文帝多次大规模减免租税徭役、开仓赈灾情况下,朝廷的财政不仅没有入不敷出,反而空前富足,这令唐宋迄今的史学家颇感惊奇,探究文帝富国之术也成为史学界长期研究的课题之一。⑤

对外方面,首要议题自然是应对突厥之患。早在将千金公主远嫁突厥时,当时任北周丞相的杨坚就派人贿赂佗钵可汗,要其将高绍义交还中原,趁机解决高绍义问题,时为北周大象二年(580 年)。⑥ 开

---

① 《隋书》卷二十四,《食货志》;《资治通鉴》卷第一百七十五,"陈宣帝太建十三年"条、"长城公至德元年"条;《隋书》卷四十六,《杨尚希传》。
② 《隋书》卷二十四,《食货志》;《资治通鉴》卷第一百七十五,"陈宣帝太建十三年"条;《隋书》卷三十六,《独孤皇后传》;武金铭、颜吾芟、杨西岩:《中国隋唐五代经济史》,北京:人民出版社,1994 年版,第 6—12 页;《资治通鉴》卷第一百七十六,"长城公至德三年"条。
③ 《隋书》卷二十四,《食货志》;《旧唐书》卷四十八,《食货志上》。
④ 钱穆讲述,叶龙整理记录:《中国经济史》,北京:北京联合出版公司,2013 年版,第 180 页。
⑤ 梁方仲:《论隋代经济高涨的原因》,载《历史教学》,1956 年 12 月号,第 12 页。
⑥ 《资治通鉴》卷第一百七十四,"陈宣帝太建十二年"条。

皇元年（581年），面对沙钵略可汗举全突厥40万大军入侵，文帝大为震怒，但由于尚需巩固内政，不能像北周武帝那样大举北伐，于是采取防御反击与政治分化并用策略。防御反击首先立足于增修边塞堡障，加固沿边长城，增强边防军力。开皇元年和次年（581、582年），文帝共征发包括稽胡人在内的18万人修筑长城。开皇五年、六年和七年（585、586、587年），又分别征发3万、15万（又作11万）、10万余人续修长城或沿边城堡。几次大规模修筑工程，用时都在20天左右，耗时虽不长，却使原北周、北齐长城防线连成一体。同时，文帝命上柱国阴寿、京兆尹虞庆则等显贵重臣分别领兵出镇幽州、并州，又于长城以北及河西大兴屯田，储积粮谷。据统计，即使到文帝仁寿（601—604年）末，隋朝36个总管府中间接和直接与防备突厥相关的总管府达一半左右。① 其次，对突厥发起军事反击。开皇三年（583年），文帝以异母弟卫王杨爽为行军元帅，领步骑兵数十万，分多路北伐，对突厥及其勾结的高宝宁发起正面反击。摄图及大逻便（阿波可汗）、贪汗可汗（与阿波可汗友善）等分别在突厥本部、西部拒战，皆为隋军击败。其中，摄图本部在白道被杨爽部5000精骑掩袭，损失惨重。摄图本人丢弃金甲，在草中潜行逃遁。大逻便则被隋秦州总管、文帝的姐夫窦荣定部3万大军在凉州方向屡次打败，遂背弃摄图，与隋朝结成联盟，归附文帝。高宝宁部亦被隋幽州总管阴寿十万大军所败，不久被麾下杀死。恰在此时，突厥遭遇重大饥荒和灾疫，摄图部众严重缺粮，甚至以粉碎的尸骨为食，死亡极多，实力大为削弱。②

政治上的行动，主要体现为"远交近攻，离强合弱"。这是开皇元年（581年）文帝与奉车都尉长孙晟深谋远虑后制定的一项着眼十余

---

① 参见《资治通鉴》卷第一百七十五，"陈宣帝太建十三年"条；《隋书》卷五十一，《长孙晟传》；《隋书》卷八十四，《突厥传》；《隋书》卷二十四，《食货志》；《隋书》卷一，《高祖纪上》；马长寿：《突厥人和突厥汗国》，桂林：广西师范大学出版社，2006年版，第28页；吴玉贵：《突厥汗国与隋唐关系史研究》，北京：商务印书馆，2017年版，第88页。

② 《隋书》卷八十四，《突厥传》；《资治通鉴》卷第一百七十五，"长城公至德元年"条；《隋书》卷四十四，《卫昭王杨爽传》；《隋书》卷五十四，《李彻传》。

年的战略规划，体现了隋朝君臣极强的战略想象力与创造力。他们立足于对突厥高层政治形势的精准把握，敏锐洞察摄图与达头（玷厥）、阿波（大逻便）、处罗侯等人"各统强兵，分居四面"却貌合神离的暗流，决定"密运筹策，渐以攘之"，通过"远交而近攻，离强而合弱"，从而一方面牵制摄图南侵，另一方面在条件成熟时"一举而空其国"。① 其具体思路是，遣使交好居于西部的玷厥、大逻便，争取居于东部的处罗侯及奚、霫等少数民族，以形成东西两面孤立和牵制摄图的态势。② 为此，文帝先后派太仆元晖和长孙晟出使西部的玷厥、大逻便以及东部的处罗侯和奚、霫、契丹，赐给他们狼头纛或财币。这很快产生了效果。开皇二年（582年），摄图对隋的入侵即因玷厥撤军、处罗侯之子染干谎报铁勒等部反叛，而功亏一篑。开皇三年（583年），摄图对与隋朝结盟的玷厥、大逻便等人猜忌加重，与他们爆发军事大战。亲大逻便的贪汗可汗、地勤察（摄图从弟）亦叛离摄图，与玷厥、大逻便在西域地区结盟并与摄图分庭抗礼。突厥自此分裂为东、西突厥，滑向长达20年的撕裂纷争期。

开皇四年（584年），玷厥（达头可汗）正式向隋请降。摄图也因数败于大逻便，加上饥荒和灾疫，请求与隋和亲，千金公主亦请改姓杨氏、作隋文帝之女。文帝于是因势利导，应允摄图和亲，改封千金公主为大义公主，摄图由此成为隋朝驸马。不久，文帝派遣尚书右仆射虞庆则、车骑将军长孙晟出使突厥，顺利说服摄图向隋称臣、"为大隋天子奴"。与此同时，文帝继续遣使与日益强大的大逻便结好，在隋与摄图、大逻便、玷厥的"大四角"关系中占据有利地位。开皇五年（585年），被玷厥、契丹东西夹击的摄图，向文帝求援，请求进入漠南避难。文帝乃允许其居于白道川，并赐给衣服食物、车驾服饰和鼓吹。摄图部众士气大振，遂击败大逻便，并在隋军帮助下从阿拔国手中救回被掳掠的妻儿。感念文帝厚恩的摄图，遂效法匈奴呼韩邪故事，

---

① 《隋书》卷五十一，《长孙晟传》；《资治通鉴》卷第一百七十五，"陈宣帝太建十三年"条。
② 吴玉贵：《突厥汗国与隋唐关系史研究》，北京：商务印书馆，2017年版，第91页。

对隋诚心归附称臣,派质子朝贡,不敢再用天子名号。至此,隋与东突厥由并立敌对的两个政权,合为君臣一国。① 短短五年间,双方关系大开大合,由敌对、战争关系而变为君臣父子相依关系,强弱态势亦发生历史性翻转。

开皇七年(587 年),摄图去世,其弟处罗侯继位,是为莫何可汗。文帝派遣与处罗侯关系密切的长孙晟赴突厥,对之册封并赐予鼓吹、幡旗。处罗侯乃打着文帝所赐的鼓吹和幡旗领军西征,凭借隋朝政治支持,生擒大逻便并将之献给文帝(后被文帝赦免),东突厥实力复盛。但次年,处罗侯西征邻国战死。摄图之子雍虞闾继承汗位,是为都蓝可汗。雍虞闾与西突厥达头可汗交恶,但也与隋朝不和。他受大义公主等人蛊惑,对隋不仅不守藩臣之职,反而侵犯隋境。文帝及长孙晟认为雍虞闾反复无常,后患无穷,于是再次采取"离强合弱"策略,一方面稳住雍虞闾,劝其杀大义公主,另一方面拒其重新求娶隋朝公主要求,转而支持忠于隋朝、但"兵少力弱"而居住于突厥北部的突利可汗染干(一贯忠于隋朝的处罗侯莫何可汗的儿子),允其请婚要求,劝其南迁牵制雍虞闾。开皇十七年(597 年),文帝嫁宗室女安义公主予染干。染干随后南迁至都斤山旧镇,监视突厥牙账。雍虞闾为此大惧,乃于开皇十九年(599 年)与西突厥达头可汗(玷厥)化敌为友,联手击败染干,杀其兄弟子侄并攻入隋朝蔚州等地。文帝针锋相对,令尚书左仆射高颎、尚书右仆射杨素等领军反击,大败东西突厥十余万骑兵,玷厥重伤而逃。同年冬,文帝封染干为启民可汗,嫁宗室女义成公主(安义公主已去世)予之,将其部众安置于五原,由隋军两万加以保护。在隋军的反击和震慑下,东突厥内部大乱,雍虞闾不久被部下所杀。玷厥遂自立为步迦大可汗(599 年年底),试图

---

① 《隋书》卷五十一,《长孙晟传》;《隋书》卷八十四,《突厥传》;《资治通鉴》卷第一百七十五,"陈宣帝太建十四年"条;《资治通鉴》卷第一百七十六,"长城公至德三年"条。开皇五年(585 年),摄图与大逻便交战时,其后方遭阿拔国偷袭,摄图的妻儿被掳走。隋朝派兵打败阿拔国,救回了摄图妻儿。

成为东西突厥大可汗。但面对隋朝与启民可汗反击，加上铁勒和仆骨等十余部族反叛、大量突厥民众降隋，玷厥始终无法稳住阵脚。其入寇隋境、攻击启民可汗的行动更是连遭挫败。仁寿三年（603年），玷厥在内外交困下西逃吐谷浑，其部众也归由启民可汗统辖。① 至此，隋朝北部大患消解，突厥亦进入启民可汗时代。启民可汗受文帝救扶恩德，始终诚心归附。自开皇元年（581年）以来20余年，文帝君臣的谋划终于取得成功。

对吐谷浑、高丽等，文帝亦采取防御反击策略。面对吐谷浑入寇，文帝最初以弘州"地旷人梗"，不便守卫，于是废弃之。② 但这种退让姿态不能阻止吐谷浑入寇。文帝乃于开皇元年（581年）实施反击，一举歼灭吐谷浑万余人、招降其王侯30人，迫使吕夸远遁。但次年，吐谷浑再次入寇，攻杀隋朝旭州刺史。开皇四年（584年），文帝又令上大将军贺娄子干发兵反击，攻入吐谷浑境内，斩杀甚众。但隋军反击仅此而已，不能荡平吕夸之患。开皇六年（586年），吐谷浑前后两任太子都因无法忍受年老残暴的吕夸而请求降隋，但皆被文帝拒绝。隋朝边将建议趁吐谷浑父子相残而讨伐之，亦遭文帝拒绝。隋灭陈后，吐谷浑大惧，吕夸远遁，不敢再寇隋朝。③ 开皇十一年（591年），吕夸去世，其子世伏即位，对隋奉表称臣。文帝乃对之厚加抚慰，开皇十六年（596年）嫁宗室女光华公主予之。开皇十七年（597年），吐谷浑大乱，世伏被杀，其弟伏允即位并向隋谢罪。文帝赦免其罪，承认伏允可汗地位。吐谷浑自此年年朝贡，虽然常窥探隋朝战略动向，乃至仁寿三年（603年）接纳突厥玷厥，但不再入寇隋朝，与隋的朝

---

① 《隋书》卷五十一，《长孙晟传》；《隋书》卷八十四，《突厥传》；《资治通鉴》卷第一百七十六，"长城公至德三年"条；《资治通鉴》卷第一百七十八，"隋文帝开皇十三年"条、"隋文帝开皇十九年"条。
② 《隋书》卷一，《高祖纪上》；《隋书》卷八十三，《吐谷浑传》。
③ 《隋书》卷八十三，《吐谷浑传》；《隋书》卷五十三，《贺娄子干传》；《资治通鉴》卷第一百七十五，"陈宣帝太建十三年"条；《资治通鉴》卷第一百七十六，"长城公至德四年"条。亦可参见周伟洲编著：《吐谷浑资料辑录》（增订本），北京：商务印书馆，2017年版，第8—40页。吕夸晚年常因喜怒而屡次杀死多位太子，故而被立为太子者多不心安，常希望投降隋朝。

贡关系稳定下来。①

对高丽，文帝最初取羁縻之策，先是授其主高汤为大将军，由辽东王改封高丽王，加以笼络。同时，对其欺压靺鞨、契丹及对隋表现出的"不臣"行为，遣使及赐书晓示，令及时改过自新。开皇十八年（598年），即位不久的高丽婴阳王高元率靺鞨部众一万余人居然大举入寇辽西。文帝大怒，征发水陆大军30万反击。但大雨导致隋朝陆军粮草供应不足、疾疫横行，水军战船亦遇大风而多飘散、沉没，30万大军未战而死者十之八九。尽管如此，隋朝大军出动，对高丽仍产生强大的震慑作用。高元上表谢罪，自称"粪土臣元"，文帝于是下令罢兵，赦免其罪，待之如初。② 对奚、契丹、靺鞨以及朝鲜半岛南部的百济、新罗，文帝则用招抚之策，使他们不与隋为敌，甚至站到隋的一边，策应牵制突厥或高丽。③ 文帝的和平意志是明确的，对武力的使用非常节制。开皇十八年（598年）隋朝反击高丽之战前后，百济王余昌曾遣使入隋，表示愿为隋军向导，攻击高丽。文帝因高元已经服罪，告谕余昌不必再有兴兵之念，同时厚待并遣返百济来使。④

西域方面，文帝的主要关切是与西突厥的博弈，并对吐谷浑入寇采取防御反击（如前文所述）。这也是当时西北方面的主要战略问题，因为突厥与吐谷浑二者的势力范围横跨西域大部，特别是突厥（包括西突厥）掌控着西域大部。因此，文帝并没有像汉武帝那样直接打通西域、开疆拓土，而是仿效汉光武帝的政策，对西域当地政权置之不

---

① 《隋书》卷八十三，《吐谷浑传》；《资治通鉴》卷第一百七十七，"隋文帝开皇十一年"条；王力平：《隋朝的边疆经略》，载《中国边疆史地研究》，1999年第1期，第5页；周伟洲：《吐谷浑史》，桂林：广西师范大学出版社，2006年版，第67—68页。

② 《隋书》卷二，《高祖纪下》；《资治通鉴》卷第一百七十八，"隋文帝开皇十八年"条；《隋书》卷六十五，《周罗睺传》；《隋书》卷八十一，《东夷列传》；金富轼：《三国史记》卷二十，《高句丽婴阳王本纪》，长春：吉林大学出版社，2015年版，第243页。

③ 参见马长寿：《突厥人和突厥汗国》，桂林：广西师范大学出版社，2006年版，第25—28页；王力平：《隋朝的边疆经略》，载《中国边疆史地研究》，1999年第1期，第7—8页；韩昇：《隋朝与高丽关系的演变》，载《海交史》，1998年第2期，第12—15页。

④ 《资治通鉴》卷第一百七十八，"隋文帝开皇十八年"条；金富轼：《三国史记》卷二十，《高句丽婴阳王本纪》，长春：吉林大学出版社，2015年版，第243页。

理，所谓"开皇、仁寿之间，尚未云经略"。① 这在一定程度上是因为文帝君臣在战略运筹上极富创造力，不必像汉武帝那样去西域寻找盟友，而可以凭借自身战略智慧和能力平定突厥。当然，文帝并非完全与西域地区中断联系。如，他曾接受女国等西域政权的不定期或偶发性朝贡。开皇十年（590年），突厥攻破高昌4城，有2000高昌人来归中原。隋朝应当积极接受了他们东归。②

总之，隋初，面对"蛮夷猾夏"特别是突厥大军压境的严峻局面，③ 文帝一方面宽大为政，立足于王朝内部的稳定与发展，通过轻徭薄赋、崇本务农及一系列重大的制度性变革来提升综合实力，另一方面拒绝对外妥协退让，以斗争精神，采取防御反击和政治分化并用的手段，"密运筹策，渐以攘之"，数年间就改变了"整个东亚世界势力消长"，④ 以极低的成本取得汉武帝对强敌用兵数十年才初步实现的目标，凸显了隋文帝君臣强大的战略想象力与创造力。正如法国学者格鲁塞所言，隋朝并未通过大战，而只是采取计谋，就分裂了突厥，消灭了不顺从的可汗，使权力掌握在承认中国宗主权的可汗手中。⑤ 隋的大战略目标，如吕思勉先生所言，高祖"不勤远略"。⑥ 它带有较大的外向性，没有排除反击性地使用武力，但更多凭借的是战略想象和创造力，且目标在于消除边患，安抚百姓，而不是兼并土地，"非欲夸诞取威天下"。⑦ 事实上，文帝还打破了突厥等势力对铁勒等部族的压迫，促进了其解放。可以说，文帝以进取性战略，文武并用，安内抚外，绘就了"开皇之治"的治世图景。

---

① 《北史》卷九十七，《西域列传》。
② 《隋书》卷八十三，《西域传》。
③ 《隋书》卷二，《高祖纪下》。
④ 韩昇：《隋文帝传》，北京：人民出版社，2015年版，第169页。
⑤ 格鲁塞著，蓝琪译：《草原帝国》，北京：商务印书馆，1998年版，第87页。
⑥ 吕思勉：《隋唐五代史》，北京：民主与建设出版社，2018年，第16页。
⑦ 《隋书》卷四十，《元谐传》。

激进性战略：骄怒之兵屡动，土木之功不息①

　　仁寿四年（604年）文帝去世，太子杨广即位，此即隋炀帝。此时，新皇帝面临的战略态势非常有利。王朝实现了大一统，且对外声誉和威望远播，国家府库充裕、财政富足，硬实力和软实力接近巅峰状态。②内部，经文帝励精图治，社会经济实现大发展大繁荣，户口持续增加。文帝仁寿四年（604年），人口规模已比开皇元年（581年）的不足400万户翻了一番还多，增加至890余万户，其中仅冀州人口就有100万户。③王朝的粮食布帛储备也空前充足。开皇十二年（592年），国家府库充盈，新收的财物多至无地存放，只好堆积在府库外的廊庑里。因此，贞观二年（627年），唐太宗对黄门侍郎王珪说，至隋朝末年，天下仓库储备的粮食仍可供五六十年之用。贞观十一年（627年），时任侍御史的马周也称，李密和王世充分别利用洛口粮仓、东都布帛而聚众称雄，唐朝则当时还在利用西京府库储积。换言之，隋亡近20年后，西京府库储物都还未消耗完。④故而钱穆先生说，隋朝国计富足，为治史者所艳称。⑤当然，需要承认的是，遇到关中大旱大饥之年，隋朝也常常疲于应付，如文帝曾在开皇四年、十四年（584、594年）等年份率关中饥民赴洛阳就食避荒。⑥不过，总体而言，隋朝保持了相当富足的态势。

---

① 《隋书》卷四，《炀帝纪下》史臣曰。
② 台湾地区"三军大学"：《中国历代战争史（第七册）：隋》，北京：中信出版社，2013年版，第3页。
③ 《资治通鉴》卷第一百八十，"隋文帝仁寿四年"条；梁方仲：《论隋代经济高涨的原因》，载《历史教学》，1956年12月号，第10页；李剑农：《中国古代经济史稿》，武汉：武汉大学出版社，2006年版，第444页；武金铭、颜吾芟、杨西岩：《中国隋唐五代经济史》，北京：人民出版社，1994年版，第17页。
④ 《隋书》卷二十四，《食货志》；《资治通鉴》卷第一百七十八，"隋文帝开皇十二年"条；《隋书》卷二十四，《食货志》；《贞观政要·辩兴亡》；《旧唐书》卷七十四，《马周传》；《资治通鉴》卷第一百九十二，"唐太宗贞观二年"条。
⑤ 钱穆：《国史大纲》（上），北京：商务印书馆，1996年版，第376—380页。
⑥ 《隋书》卷一，《高祖纪上》；《资治通鉴》卷第一百七十八，"隋文帝开皇十四年"条。

对外的方面，文帝也给炀帝留下丰厚的战略遗产。北面，突厥大患已基本平息。一是西突厥实力大大削弱，内外交困。大逻便被俘、玷厥逃到吐谷浑后，西突厥人拥立鞅素特勤之子为泥利可汗。泥利可汗死后，其子处罗可汗（其母亲为汉人向夫人，因朝贡留于隋）即位，占据乌孙故地。但处罗可汗对内驭民无方而导致部众叛离，又侵逼和压榨仆骨、同罗、契苾、薛延陀等铁勒各部甚至屠杀其首领，引发后者大规模反叛，西突厥于是持续陷入大乱。纵使如此，其实力仍然不可小觑，足与东突厥并驾齐驱。大业四年（608年），隋朝司朝谒者崔君肃就承认，东西突厥之间交战数十年却不能相互消灭，原因是二者势均力敌，"其势敌耳"。因此，崔君肃携带隋炀帝诏书招抚出使西突厥时，处罗可汗一度拒绝起身跪受诏书。① 二是东突厥启民可汗对文帝救扶感恩戴德，诚心归服。文帝在世时，启民可汗就尊奉大隋皇帝为"自天以下，地以上，日月所照"的"圣人莫缘可汗"或"圣人可汗"，表示愿意"万世长与大隋典羊马"。炀帝即位后的前五年，启民可汗与其可贺敦义成公主及子侄亦多次朝见新皇帝，以"至尊"（皇帝）称呼炀帝。其中，启民可汗本人两次入中原朝见，一次在塞外朝见，他自称已非昔日蛮荒边地的突厥可汗，而是大隋至尊的臣民。他仰慕中原政教风俗，数次请求"用夏变夷"，效法隋朝"服饰法用"，彻底移风易俗，让突厥中原化。② 启民可汗的忠心还表现在，大业元年（605年），东突厥两万骑兵参与隋朝反击契丹入寇之战，并发挥主力作用（详见后文），此即炀帝所谓"用突厥平契丹"。③ 大业三年（607年），炀帝北巡时，启民可汗更是亲自拔刀割除牙帐内杂草，并动员全突厥上下，为炀帝开辟一条长3000里、宽100步的御道。大业四年

---

① 《隋书》卷八十四，《北狄列传》；《资治通鉴》卷第一百八十，"隋炀帝大业元年"条、"隋炀帝大业三年"条；《资治通鉴》卷第一百八十一，"隋炀帝大业四年"条。

② 《隋书》卷八十四，《北狄列传》；《资治通鉴》卷第一百八十，"隋炀帝大业三年"条；《资治通鉴》卷第一百八十一，"隋炀帝大业五年"条；《隋书》卷三，《炀帝纪上》。

③ 事见《资治通鉴》卷第一百八十，"隋炀帝大业元年"条；《旧唐书》卷七十五，《韦云起传》。

(608年),东突厥还跟从隋朝军队西出玉门,进攻伊吾。①

西域和西北方向,西突厥和吐谷浑依旧是重要势力,最主要变化是铁勒的崛起。吐谷浑虽然不时窥探隋的战略动向,但与隋朝已经确定朝贡关系,保持了长期和平互动。炀帝即位后,吐谷浑主伏允遣子入朝。大业三年(607年),炀帝北巡时,吐谷浑亦遣使朝贡,履行政治臣属义务。至于西域的多数政治力量,虽然由于西突厥与吐谷浑阻隔,而同隋朝缺乏政治互动,但西域胡商乐于同隋朝通商贸易,至河西张掖做买卖者众多。这便利了中原王朝对西域的重新了解。吏部侍郎裴矩正是在张掖掌管边贸时,从胡商那里广泛调研西域44国的山川风俗,了解其国王与民众的形体和服饰特征,进而撰写《西域图记》三卷及绘制西域地图,为炀帝经略西域做了前期准备。② 与此同时,西域地缘政治格局也在发生新变化。由于西突厥实力持续下降,加上无法忍受处罗可汗压迫与屠戮,大业元年(605年),铁勒各部在首领莫何可汗契苾歌楞领导下,奋起反抗,屡次打败处罗可汗并由此崛起,史称"处罗可汗既败,莫何可汗始大",此后铁勒又攻击吐谷浑,并且侵夺西突厥在西域的势力范围,将伊吾、高昌、焉耆纳为附属。尽管大业三年(607年),铁勒持续东侵,与隋朝发生军事摩擦,但很快就谢罪请降,与隋朝确立友好关系,此后还与隋联合攻打吐谷浑。③

东北方面,高丽虽然对中原王朝称臣朝贡,但也秘密通使突厥启民可汗,想要离间二者关系,并且窥探和制衡隋朝,维持其"偏霸一隅"局面。大业三年(607年),炀帝北巡至启民可汗营帐时,高丽暗自派出的使者就在东突厥。启民可汗诚心奉隋,不敢隐瞒这一"境外

---

① 《资治通鉴》卷第一百八十,"隋炀帝大业三年"条;《资治通鉴》卷第一百八十一,"隋炀帝大业四年"条。
② 《资治通鉴》卷第一百八十,"隋炀帝大业元年"条、"隋炀帝大业三年"条;《隋书》卷六十七,《裴矩传》。
③ 《隋书》卷八十四,《铁勒传》;《北史》卷九十九,《铁勒传》;《资治通鉴》卷第一百八十,"隋炀帝大业元年"条、"隋炀帝大业三年"条;吴玉贵:《突厥汗国与隋唐关系史研究》,北京:商务印书馆,2017年版,第119页;《资治通鉴》卷第一百八十一,"隋炀帝大业四年"条。

之交",将此事及时禀告大隋至尊并引见其使者。这一事件证明,高丽在随时窥探炀帝北巡及其他行动的战略意图。① 在朝鲜半岛,高丽则持续扩张,南下进攻百济和新罗。百济一方面连年入隋朝贡,请求隋朝出兵讨伐高丽,另一方面也与高丽暗通款曲,"挟诈以窥中国"。大业八年(612年)隋朝东征高丽的大军出动后,百济也陈兵高丽南部边境,声称为隋军助阵,实则保持观望、首鼠两端。新罗亦多次遣使入隋朝贡,并且与百济不和,但其山多地险,百济终究不能奈其何。而面对高丽入侵,新罗则需要隋朝救援。② 至于契丹、靺鞨等东北诸胡,文帝时虽已在战略上为隋朝所用,甚或请求内附,协助隋朝在东北方向恢复和拓展力量,但也仍然处在东突厥等力量的深度影响之下,且部众分散、难以统驭,因此偶有对隋的边境骚扰。如大业元年(605年),契丹就寇掠营州。③

在此情势下,炀帝遂大展鸿猷,有意创造超越其父亲及其他先代圣王的宏图伟业。为此,对内,炀帝凭借王朝之富强,自仁寿四年(604年)年底至大业七年(611年)的短短七年多时间里,先后下令挖掘长堑、营建东京、开凿大运河、建造各类游船(数万艘)、大修仪仗、挖凿(太行山)驰道以及两次大修长城。这些工程莫不规模宏大,征用民力少则数十万,多则数百万,创下中国历代王朝征用民力之最,连秦始皇也只能瞠乎其后。④ 据当代史学家胡如雷先生等人统计,炀帝即位至大业八年(612年)第一次征辽东前,隋王朝征发的大规模徭

---

① 《隋书》卷八十四,《突厥传》;《隋书》卷六十七,《裴矩传》;韩昇:《隋朝与高丽关系的演变》,载《海交史》,1998年第2期,第15页。
② 《隋书》卷八十一,《东夷传》;《北史》卷九十四,《新罗传》;韩昇:《隋朝与高丽关系的演变》,载《海交史》,1998年第2期,第17页;《资治通鉴》卷第一百八十一,"隋炀帝大业八年"条;杨昭全、韩俊光:《中朝关系简史》,沈阳:辽宁民族出版社,1992年版,第64页。
③ 《隋书》卷八十一,《东夷列传》;《隋书》卷八十四,《北狄列传》;韩昇:《隋朝与高丽关系的演变》,载《海交史》,1998年第2期,第14页;《资治通鉴》卷第一百八十,"隋炀帝大业元年"条。
④ 《隋书》卷三,《炀帝纪上》;诸祖煜:《隋炀帝时期民役的特点及其形成原因》,载《历史教学研究》,1987年第6期,第18页。

役、兵役至少有 22 项，使用民力总计高达 3012 万多人次，① 这还未包括炀帝为在大都名胜之地营造宫室殿宇所征徭役，真可谓"百役繁兴"，② 让百姓疲于奔命，难有喘息机会。其中，仅营建东京就每月动用丁夫 200 万；开凿通济渠、第一次大修长城和挖掘永济渠等工程也均动用百余万人，加上官府催逼急迫，民夫大量死亡，载尸之车常常相望于道。③ 这些工程中，虽不乏大运河这样具有重大历史意义的工程，但其余多非要务、急务，甚至是害民、害禽兽之务，而且奢侈铺张令人触目惊心。如大业二年（606 年），炀帝大修仪仗，动用工匠居然超过十万人，耗费金银财帛数以亿计；又向各州县征收羽毛，以至于羽毛美丽的鸟禽几乎遭扑杀殆尽。此项事务完成后，炀帝的羽仪队伍终于呈现非凡气派，出行时往往连绵 20 多里，黄麾仪仗队更是多达 3.6 万人。④ 大业三年（607 年），炀帝不顾尚书左仆射苏威劝阻，下令修筑榆林至紫河段长城，征用丁夫 100 多万，而当时正值启民可汗在边塞朝见炀帝之前，吐谷浑与高昌亦遣使朝贡，边境并无入寇。炀帝此时修长城且要一旬完工，将不急之务搞成急役，严酷催逼下造成民夫死亡十之五六，⑤ 而这仅是为了接见启民可汗及外邦使节时耀武扬威、满足其虚荣心而已。炀帝巡游次数亦创下历史纪录，自大业元年至十二年（605—616 年），炀帝三次南巡、四次北狩、一次西行、三次东征，几乎无年不出巡。⑥ 每次出巡又声势浩大、铺张浪费，劳民伤财程度惊人。如大业元年（605 年）由水路至江都游玩，炀帝及其随行人员乘坐的各类舟船达数千艘，动用挽船民夫 8 万人，另有数千艘

---

① 胡如雷：《关于隋末农民起义的若干问题》，载胡如雷：《隋唐五代社会经济史论稿》，北京：中国社会科学出版社，1996 年版，第 192—195 页；袁刚：《隋炀帝传》，北京：人民出版社，2016 年版，第 271—362 页；吕思勉：《隋唐五代史》，北京：民主与建设出版社，2018 年版，第 24—25 页。
② 《隋书》卷四，《炀帝纪下》；《隋书》卷一百八十一，"隋炀帝大业四年"条。
③ 《隋书》卷三，《炀帝纪上》；《资治通鉴》卷第一百八十，"隋炀帝大业元年"条。
④ 《隋书》卷三，《炀帝纪上》；《资治通鉴》卷第一百八十，"隋炀帝大业二年"条。
⑤ 《隋书》卷三，《炀帝纪上》；《资治通鉴》卷第一百八十，"隋炀帝大业三年"条。
⑥ 《隋书》卷三，《炀帝纪上》；《隋书》卷四，《炀帝纪下》；袁刚：《隋炀帝传》，北京：人民出版社，2016 年版，第 456—457 页。

船承载随行的十二卫士兵,整个舟船队伍首尾相连 200 余里。此外,水路两岸还有大量骑兵扈从,前后相随,旌旗蔽野。巡游队伍所经州县,500 里内都得进献珍馐美馔,有的州府所献美味多达 100 车。后宫根本吃不完,就在船队再次出发前直接将剩余美食埋掉,丝毫不以为浪费。① 时任礼部尚书宇文弢私下批评说,相较于以奢侈著称的北周天元皇帝,炀帝的奢侈有过之而无不及。一代名相、时任太常卿的老臣高颎也觉得,炀帝所作所为太无纲纪。这些话传到炀帝耳朵里,很快引来杀身之祸,几位大臣均被处死。② 简言之,炀帝丝毫不以民众生死及福祉为意,而是一切以自己为中心,真可谓"以天下奉一人"。

对外,炀帝"规摹弘侈",羡慕秦皇、汉武开疆拓土之事,希望建立超越秦汉两代的历史业绩。③ 一是军事上,屡次对外用兵,其中部分军事行动属于积极反击的性质。东南方向,大业元年(605 年),炀帝征发文帝末期拟经略林邑(今越南南部)的步骑、水军数万人,大破林邑国象军,俘获及斩杀敌军万余人,赶走其王梵志,兵锋直抵林邑出海口。但隋军士卒因得肿足病,死亡十之四五,主帅刘方也病死于凯旋途中,可谓得不偿失。大业六年(610 年),炀帝又派遣军队一万余人自海上进兵流求。④ 东北方向,大业元年,因契丹入寇营州,炀帝令著名诤臣、时任通事谒者的韦云起监领东突厥骑兵两万人讨伐契丹,大获全胜,俘虏契丹男女四万口。这次军事行动尤具反击性质。西北方向,炀帝为扫清通往西域的道路,将目标转向吐谷浑。大业四年至五年(608—609 年),隋朝在铁勒策应下,攻灭吐谷浑,俘获人口 10 余万、牲畜 30 多万头,收取土地东西 4000 里、南北 2000 里,并派戍

---

① 《资治通鉴》卷第一百八十,"隋炀帝大业元年"条。
② 《资治通鉴》卷第一百八十,"隋炀帝大业三年"条。
③ 《隋书》卷八十三,《西域传》史臣曰;《隋书》卷四,《炀帝纪下》。
④ 《隋书》卷八十二,《林邑传》;《隋书》卷五十三,《刘方传》;《资治通鉴》卷第一百八十,"隋炀帝大业元年"条;《隋书》卷八十一,《流求国传》;《隋书》卷六十四,《陈棱传》。

卒驻守。吐谷浑主伏允率数千骑逃至党项,伺机东山再起。①

二是政治上,贪求来远之名,不仅遣人通使绝远之域,而且北狩西巡。在南面,炀帝遣人招来"南荒朝贡者十余国",其中,常骏等人在大业四年(608年)出使南洋,远至马来半岛之赤土国,携其使者来朝。在东面,大业三年(607年),倭王多利思比孤就前来通使并请求学习佛法,炀帝虽然厌恶倭王自称"日出处天子",但仍然派出文林郎裴清经百济等多国出使至倭,受到倭王隆重接待。《隋书》记载,多利思比孤对裴清称,听闻大隋为礼义之国,故而清道饰馆以待大使,"冀闻大国惟新之化。"② 最大的突破是在西面。早在炀帝即位初年,侍御史韦节、司隶从事杜行满就受命出使西蕃诸国,到达罽宾、王舍城、史国等地。此后,裴矩又迎合炀帝开通西域的需要,招引西域胡商,利诱他们入朝进贡。③ 大业五年(609年),炀帝亲自指挥平定吐谷浑后,打通了通往西域之路。炀帝遂乘胜继续大举巡游河西,动用兵力及各类人员超50万人,④ 并派裴矩招诱西域各政权来朝。同年六月,高昌王麹伯雅、突厥所置的伊吾吐屯设及西域27个政权的代表在河西走廊的燕支山朝拜炀帝,伊吾吐屯设更是折服于炀帝之威,将数千里之地献给隋朝。炀帝遂设置西海、河源、鄯善、且末等郡,在西域的行政管辖区超过西汉规模。⑤ 此后,又有昭武诸国、波斯等西域政权慕名来朝,总计来朝政权超过30个,《隋书》一律用"大业中,遣使贡方物"来概括。炀帝为处置相关事务,专门设置西域校尉一职。⑥ 北

---

① 《资治通鉴》卷第一百八十,"隋炀帝大业元年"条;《旧唐书》卷七十五,《韦云起传》;《资治通鉴》卷第一百八十一,"隋炀帝大业四年"条、"隋炀帝大业五年"条;《隋书》卷八十三,《吐谷浑传》。

② 《隋书》卷八十二,《南蛮传》;《隋书》卷八十,《倭国传》;张维华:《中国古代对外关系史》,北京:高等教育出版社,1993年版,第117页;《资治通鉴》卷第一百八十一,"隋炀帝大业四年"条。

③ 《北史》卷九十七,《西域列传》;《隋书》卷六十七,《裴矩传》。

④ 胡如雷:《关于隋末农民起义的若干问题》,载胡如雷:《隋唐五代社会经济史论稿》,北京:中国社会科学出版社,1996年版,第194页;《资治通鉴》卷第一百八十一,"隋炀帝大业五年"条。

⑤ 葛剑雄:《中国历代疆域的变迁》,北京:商务印书馆,1997年版,第81页;《资治通鉴》卷第一百八十一,"隋炀帝大业五年"条。

⑥ 《隋书》卷八十三,《西域传》。

面亦是炀帝巡游的重点。炀帝于大业三年（607年）北巡，动用甲士50余万人、马10余万匹，旌旗辎重绵延千里不绝，又大讲排场，造千人大帐、观风行殿等奇物，借此夸示富强，震慑启民可汗及诸胡贵族。此外，隋朝缘边及内地各郡县为招待源源不断前来的西域诸胡，疲于迎来送往"糜费以万万计，卒令中国疲弊以至于亡"。① 西京各县及西北诸郡调往塞外的物资更是每年以亿万计，当地百姓因此大量破产，西部一带率先陷入困穷的境地。②

炀帝还采用裴矩的建议，以政治手段降服西突厥。大业四年和五年（608年和609年），炀帝两度遣使敦促处罗可汗本人朝见，并要其配合隋朝对吐谷浑的军事打击行动。但处罗可汗除遣使朝贡、进献汗血宝马外，对炀帝的政治招抚与出兵要求并不买账。炀帝于是采纳裴矩建议，联合依附于处罗可汗的射匮可汗（达头可汗的孙子，希望借隋之力夺回可汗之位），以允诺封其为突厥大可汗和和亲为条件，令其进攻处罗可汗。射匮可汗大喜，于大业七年（611年）发兵大败处罗可汗。处罗可汗走投无路之下降隋，并入朝谢罪，尊称炀帝为圣人可汗。炀帝既往不咎，将信义公主嫁给他，并封他为曷萨那可汗，征讨高丽及四处巡幸时常令其陪同左右。③

至此，大业五年至大业七年（609—611年），炀帝迎来了他治国理政的巅峰期，隋朝也进入最为强盛时代。除高丽外，隋之周边政权的首领均已按炀帝设想，或被打败、或亲自来朝，王朝声威广被，达到极盛。大业五年，疆域东西绵延9300里，南北纵贯14 815里，东南两面皆至于大海，西至且末，北到五原，"威加殊俗，过于秦、汉远矣"。④ 这一年，王朝共有190个郡、1255个县，人口规模达890.75

---

① 《资治通鉴》卷第一百八十，"隋炀帝大业三年"条。
② 《资治通鉴》卷第一百八十一，"隋炀帝大业五年"条。
③ 《资治通鉴》卷第一百八十一，"隋炀帝大业四年"条、"隋炀帝大业七年"条、"隋炀帝大业八年"条；《隋书》卷八十四，《西突厥传》。
④ 《资治通鉴》卷第一百八十一，"隋炀帝大业五年"条；《隋书》卷二十九，《地理志上》；《隋书》卷八十二，《南夷传》史臣曰。

万户、4602万人，比开皇初期（不足560万户）增加330多万户，较西晋武帝太康时天下统一后的著籍户数（260余万）增加近630余万户，成为魏晋南北朝以来户口数的一大高峰期。① 垦田数则远超汉代，开皇九年（589年）垦田数约1940.42万顷，至大业五年（609年）大增至5585.4万顷，这一数字虽有夸大之嫌，但仍足以说明隋朝的垦田数为秦汉以来各朝之冠。②

由于各个方向都取得了貌似不俗的功绩，而惟有东北方向缺乏突破，炀帝遂将战略重心东移，欲收复西晋末以来丧失的辽东之地并恢复对半岛北部的郡县统治，旋即生出高丽问题，即裴矩所谓："高丽之地，本孤竹国也。周代以之封于箕子，汉世分为三郡，晋氏亦统辽东。今乃不臣，别为外域。"③ 大业七年（611年），炀帝以高丽王高元拒不亲自朝见为由，下诏加以讨伐。大业八年至十年（612—614年），炀帝不顾朝臣进谏，三次御驾亲征，动用兵力约340万、民工680万人，共约1020万人次，史书称"近古出师之盛，未之有也"。其中第一次出征，共分左右两面24路大军，征发兵卒超过113万、号称200万，运送粮草辎重者又是这一人数的两倍，旌旗队伍绵亘千里。战争准备期间，自山东、河南、河北及江淮以南至岭南等各地赶往前线的兵卒源源不断，运送黎阳及洛口等粮仓仓米至涿郡的舟船绵延千余里。运输兵器盔甲及攻城器具的民夫不计其数，推鹿车（小车）运粮的车夫则超过60万，因道路险远及昼夜赶路，大量人员病累而死，多至无人掩埋，路上到处是腐烂遗体的味道。因准备水战而在东莱海口造船300

---

① 《资治通鉴》卷第一百八十一，"隋炀帝大业五年"条；冻国栋：《中国人口史（第二卷）：隋唐五代时期》，上海：复旦大学出版社，2002年版，第130—131页；《隋书》卷二十九，《地理志上》。

② 《资治通鉴》卷第一百八十，"隋文帝仁寿四年"条；《隋书》卷二十九，《地理志上》；《通典》卷二，《食货二》；梁方仲：《论隋代经济高涨的原因》，载《历史教学》，1956年12月号，第10页；李剑农：《中国古代经济史稿》，武汉：武汉大学出版社，2006年版，第444页；武金铭、颜吾芟、杨西岩：《中国隋唐五代经济史》，北京：人民出版社，1994年版，第17页。

③ 《隋书》卷六十七，《裴矩传》。关于隋伐高丽与辽东领土问题的关系，参见韩昇：《隋朝与高丽关系的演变》，载《海交史》，1998年第2期，第17页；杨昭全、韩俊光：《中朝关系简史》，沈阳：辽宁民族出版社，1992年版，第56页。

艘，丁夫日夜赶工病累而死者达十分之三四。炀帝还令富人购军马以供军用，一匹马价格飙涨至10万钱。如此大规模的出征，所消耗的人力物力财力之多可见一斑，天下为此骚动不安。① 但由于炀帝重复宋襄公式的迂腐用兵原则及指挥无方，隋朝如此大动干戈，还是不能使高丽王来朝。相反，连年动用百万大军，征用数百万劳力，且对富人和平民随意征税，甚至预收数年赋税。尤其是大量青壮年劳力及马匹、耕牛被征发至前线作战或运输粮草辎重，导致耕种失时、田地荒芜，加上贪官污吏趁机鱼肉百姓以及饥馑、水涝、大旱、疫病等灾害频发，谷价飞涨，东北地区一斗米甚至高达数百钱。大量精锐军士亦战死前线，如第一次出征时，右翊卫大将军来护儿率领的4万江淮水军精锐、左翊卫大将军宇文述及右翊卫大将军于仲文等率领的九路步军30.5万人及不计其数的军事物资器械，分别在平壤之战、萨水之战等战役中丧失殆尽，仅余数千残军败将。②

　　东征高丽的后果是，天下各阶层均对炀帝极度愤怒和不满，呈土崩瓦解之势。隋朝对高丽作战尚未开始，内部起义其实就已蜂拥而起。大业七年（611年），山东邹平人王薄占据长白山，庇护逃避征役者；平原郡以东豪强刘霸道则依托豆子䴚（盐泽）抗拒官府，聚众达十余万。同时期，孙安祖、高士达、窦建德等人在河北起义。大业九年（613年），已逝重臣杨素之子、楚国公杨玄感与西魏八柱国之一李弼的曾孙、蒲山公李密等贵族趁炀帝二征高丽，亦打着"为天下解倒悬之急"的旗号在河南反叛。直至隋朝灭亡，天下农民起义共计126起，

---

① 《隋书》卷四，《炀帝纪下》；张文才：《中国军事通史（第九卷）：隋代军事史》，北京：军事科学出版社，1998年版，第138页；《资治通鉴》卷第一百八十一，"隋炀帝大业六年"条、"隋炀帝大业七年"条。

② 《隋书》卷三，《炀帝纪上》；《隋书》卷四，《炀帝纪下》；《资治通鉴》卷第一百八十一，"隋炀帝大业七年"条、"隋炀帝大业八年"条；《隋书》卷六十，《于仲文传》；《隋书》卷六十四，《来护儿传》；《隋书》卷二十四，《食货志》。

贵族起兵约 60 起。① 然而，纵使天下鼎沸如此，炀帝依旧执迷不悟，反而变本加厉倒行逆施。如杨玄感造反后，炀帝的所有龙舟水殿都遭焚毁。炀帝却在大业十一年（615 年）下令再造数千艘新的龙舟水殿，且规制比原来的更大。大业十二年（616 年），他又征发十郡兵士数万，模仿东都西苑，在毗陵郡东南大造新宫苑。后来还打算在会稽建造宫苑，因各地叛乱而未能建成。同年，他不顾百官苦谏，又自东都巡游江都。② 执迷不悟的后果是，隋朝在两年后彻底土崩瓦解，炀帝身死国灭。

需要指出的是，从炀帝的战略实践悲剧看，其对外战略的致命弱点，乃是屡犯重大方向性错误。其战略头绪繁多，抓不住重点和要害，而是四处虚张声势。首先，他未掌握文帝对突厥的谋略要领，弄巧成拙，分化东突厥失败。大业五年（609 年），启民可汗去世，炀帝立其子咄吉世为始毕可汗，并允许义成公主按突厥风俗成为新可汗的可贺敦。启民可汗的去世对隋与东突厥关系是重大损失。始毕可汗未经历其父的困难，对隋朝的恩德感念故而不及其父。于是，为了制衡始毕可汗，炀帝采纳裴矩之谋，打算封新可汗的弟弟叱吉设为南面可汗。但这一冒失提议遭到叱吉设拒绝。而始毕可汗得知此事后，自然对隋朝产生怨恨。此后，裴矩还诱杀始毕可汗的近臣史蜀胡悉，更加激化双方矛盾。始毕可汗不仅拒绝对隋朝贡，而且于大业十一年（615 年）以数十万骑兵将炀帝包围于雁门一个多月，重演了 800 多年前冒顿单于对汉高祖刘邦的白登之围。若非义成公主策应、各地勤王之兵赶来以及炀帝承诺重赏兵士、停止征讨高丽，则后果不堪设想。③

其次，对高丽执念过重，坚持要其国主朝觐，否则即是大罪，必

---

① 《资治通鉴》卷第一百八十一，"隋炀帝大业七年"条；《资治通鉴》卷第一百八十二，"隋炀帝大业九年"条；《隋书》卷七十，《杨玄感传》；《旧唐书》卷五十三，《李密传》；胡如雷：《关于隋末农民起义的若干问题》，载胡如雷：《隋唐五代社会经济史论稿》，北京：中国社会科学出版社，1996 年版，第 232 页。
② 《资治通鉴》卷第一百八十二，"隋炀帝大业十一年"条。
③ 《隋书》卷八十四，《突厥传》；《资治通鉴》卷第一百八十二，"隋炀帝大业十一年"条。

须不计代价征讨。为此，甚至可以无视王朝面临的更严重的内外安全威胁。如雁门之围后，炀帝本应听从民部尚书樊子盖、内史侍郎萧瑀等人建议，及时转移战略重点，"赦高丽而专攻突厥"，但他食言而肥，拒绝履行雁门之围时对随行将士及天下百姓的承诺，不仅未将战略重点转向东突厥，反而还要准备第四次东征高丽，下令征发百姓从军。朝野于是大失所望，越来越多的人被迫或主动选择加入起义队伍。①

总之，炀帝在王朝强大时期，治国理政不以百姓为中心，不思推行德政，而是不加节制、不择重点地内外妄动，以满足其穷奢极欲、好大喜功的私欲，结果导致民不聊生、哀鸿遍野，一个强大王朝十余年间即在内外失措消耗下由极盛转向土崩瓦解。如岑仲勉先生所言，好大喜功常与穷奢极欲互为表里，② 二者又必然导致不恤民力、横征暴敛，于是六军不息、百役繁兴，天下疲敝。③ 特别是在对外层面，炀帝"内恃富强，外思广地"。一不能对周边政治体"怀以文德"，反而必欲高丽等政权首领亲自入朝，不从者即加以讨伐；二又仰慕秦皇、汉武之事，④ 热衷开拓疆域，夸耀富强，为此在南方、西北和东北方向用兵，且一度势如破竹、无往不胜，将王朝推至极盛时期。因此，炀帝时期的大战略行为是"务广地"，⑤ 带有明显的激进性色彩。不过，隋末天下大乱后，炀帝拓展的疆域几乎"全部丧失"。⑥

---

① 《旧唐书》卷六十三，《萧瑀传》；《资治通鉴》卷第一百八十二，"隋炀帝大业十一年"条、"隋炀帝大业十二年"条。
② 岑仲勉：《隋唐史》，北京：商务印书馆，2015年版，第39页。
③ 《隋书》卷四，《炀帝纪下》。
④ 《隋书》卷八十一，《东夷传》史臣曰；《隋书》卷八十三，《西域传》史臣曰；《隋书》卷四，《炀帝纪下》；《隋书》卷六十七，《裴矩传》。
⑤ 《隋书》卷八十一，《东夷传》史臣曰。
⑥ 葛剑雄：《中国历代疆域的变迁》，北京：商务印书馆，1997年版，第82页。

唐朝的大战略行为：治安中国，四夷自服[①]

在天下纷乱之际，隋炀帝的表兄、太原留守李渊趁机崛起，自大业十三年（617年）晋阳起兵后，迅速入主关中，于618年建唐代隋。之后，唐朝西讨东征，北进南下，十年间削平群雄，统一天下。唐继承隋，延续并推升了中国古代第二个盛世周期的发展势头，在200多年间"左右了整个东亚的文化与政治"。[②]

收缩性战略：战略屈伸的辩证法

唐朝建立之初，战略上内外交困的局面与两汉（尤其是西汉）非常相似，甚至有过之而无不及。内部，经隋炀帝残虐暴政及隋末大规模战乱、天灾和饥疫，人口锐减，生产力遭到严重破坏。如前文所述，炀帝即位以来残暴不仁，不以民为本，不恤军力民力，"六军不息，百役繁兴"，动辄征丁100万至200万，民夫、兵卒死者常达十之五六。

---

① 《资治通鉴》卷第一百九十三，"唐太宗贞观三年"条。
② 崔瑞德编，中国社会科学院历史研究所、西方汉学研究课题组译：《剑桥中国隋唐史：589—906》，北京：中国社会科学出版社，1990年版，第44页；《旧唐书》卷一，《高祖本纪》。

大业七年（611年）王薄起义以来至唐朝贞观二年（628年）太宗灭梁师都、完成统一，前后18年间，群雄纷起，拥兵15万以上者多至50余人，彼此征战不息，民间愈发残破至极。其间，地震、旱灾、霜灾、蝗灾、水灾、雹灾等多发，并夹杂疫病，关东、京畿等地受害尤为严重，粮食匮乏，民众饥馑。饥民或吃树皮树叶、草秆碎末，或煮土而食，甚至"人吃人"。而隋朝官仓中的粮食物资堆积如山、存至腐烂，却不肯用来赈济灾民。隋恭帝义宁元年（617年），河南、山东发大水，因官吏未按时赈济，每天死亡灾民就达数万人。① 一些造反的势力更是残暴至极，攻城后常屠杀百姓甚至大吃人肉，犹如妖魔横行人间。如大业十二年（616年），张金称攻陷平恩，一早上就屠杀男女万余口，所过之处"民无孑遗"，残暴血腥首屈一指。朱粲（僭号楚帝）则以爱吃人肉著称，曾带领20万之众剽掠江淮，军中缺粮就让士兵烹煮妇女、婴儿而食。② 唐太宗时期，更是隋唐五代灾害五大群发期之第一时期，各类灾害频发高发。③ 因此，直到贞观初年，遇到天灾，许多饥民还要被迫卖儿鬻女。④ 在此背景下，高祖武德年间，王朝著籍人口从大业五年（609年）的907万户、4600多万人，急剧下降到200余万户，⑤ 远不及隋朝鼎盛时期户口的三分之一。自陇右关中、黄河以北、关东之境至江淮之间的广大地区，常常千里无人烟、宫观为茂草，所多者惟盗贼，常见者是道路萧条，死人如积，活人相食，⑥ 真可谓人间地狱，满目疮痍。

---

① 钱穆：《国史大纲》（上），北京：商务印书馆，1996年版，第390页；《隋书》卷四，《炀帝纪下》；《资治通鉴》卷第一百八十三，"隋炀帝大业十三年"条、"隋恭帝义宁元年"条；《资治通鉴》卷第一百八十四，"隋恭帝义宁元年"条。

② 《资治通鉴》卷第一百八十三，"隋炀帝大业十二年"条；《资治通鉴》卷第一百八十七，"唐高祖武德二年"条；《新唐书》卷八十七，《朱粲传》。

③ 据统计，隋唐五代灾害群发期主要出现在唐太宗、玄宗、德宗、文宗四朝及后汉隐帝乾祐年间。参见闵祥鹏：《中国灾害通史·隋唐五代卷》，郑州：郑州大学出版社，2008年版，第23、26页。

④ 《新唐书》卷二，《太宗本纪》；《旧唐书》卷二，《太宗本纪上》；《资治通鉴》卷第一百九十二，"唐太宗贞观二年"条；《贞观政要·刑法》。

⑤ 冻国栋：《中国人口史（第二卷）：隋唐时期》，上海：复旦大学出版社，2002年版，第135页。

⑥ 参见《隋书》卷二十四，《食货志》；《隋书》卷七十，《杨玄感传》；《贞观政要·直谏》。

外部,由于隋末天下大乱,东突厥、吐谷浑等势力重新崛起,成为中原王朝的重大安全威胁。北面,东突厥重新强大起来,迅速成为"东亚之霸主",自大业十一年(615年)于雁门包围隋炀帝一个多月后,又频繁入寇隋朝北部。如隋恭帝义宁元年(617年),东突厥数万兵马入寇晋阳,轻骑穿晋阳外城而过,并在城外大肆抢掠。① 此后,东突厥又加紧扩张,将东部的契丹、室韦及西部的吐谷浑、高昌诸政权纳入势力范围,控弦之士号称百余万,史书称"北狄之盛,未之有也"。② 依恃兵马强盛,东突厥成为中原各割据势力的拉拢甚至投靠对象,中原地区大量人口也前往其地避难。如,炀帝大业十一年(615年),上谷地区的造反头目王须拔(自称"漫天王",国号燕)、魏刀儿(自号"历山飞")分别拥兵十余万,就勾结突厥,南下入寇燕赵地区。此外,刘武周、梁师都、郭子和、张长逊、薛举、窦建德、王世充、高开道、苑君璋(刘武周妹婿)等北方和西北群雄豪杰,也向突厥称臣或与之勾连,得其所赐狼头纛或兵马相助,进而称王称帝或干脆以突厥封号示人。如刘武周被封为定杨可汗(或定杨天子),梁师都被封为大度毗伽可汗(或解事天子),郭子和被封为屋利设(不敢接受平杨天子称号),张长逊被封为割利特勤,苑君璋被封为大行台,薛举先后自称西秦霸王、秦帝,窦建德自称夏王,王世充僭称郑帝。③ 突厥于是"分置官司,总统中国,子女玉帛,相继于道,使者之

---

① 陈寅恪:《寒柳堂集》,南京:江苏人民出版社,2020年版,第102页;《资治通鉴》卷第一百八十三,"隋炀帝大业十二年"条、"隋恭帝义宁元年"条。
② 《旧唐书》卷一百九十四上,《突厥列传上》;《资治通鉴》卷第一百八十五,"唐高祖武德元年"条。
③ 参见《通典》卷一百九十七,《边防十三》;《旧唐书》卷一,《高祖本纪》;《旧唐书》卷一百九十四上,《突厥列传上》;《新唐书》卷八十五,《王世充传》《窦建德传》;《新唐书》卷八十六,《薛举传》《刘武周传》《高开道传》《刘黑闼传》;《新唐书》卷八十七,《梁师都传》;《旧唐书》卷五十六,《李子和传》;《资治通鉴》卷第一百八十二,"隋炀帝大业十一年"条;《资治通鉴》卷第一百八十三,"隋恭帝义宁元年"条;《资治通鉴》卷第一百八十四,"隋恭帝义宁元年"条;《资治通鉴》卷第一百八十五,"唐高祖武德元年"条;《资治通鉴》卷第一百八十八,"唐高祖武德三年"条;陈寅恪:《寒柳堂集》,南京:江苏人民出版社,2020年版,第101—102页。

车，往来结辙。自古蕃夷骄僭，未有若斯之甚也。"① 其后，东突厥又施展"分而治之"故伎，深度介入中原内部纷争。诚如有学者总结的，唐朝立国以前，突厥煽动支持反隋，并挑拨各派反隋力量厮杀，从中原之乱中渔利。李渊晋阳起兵时，也与突厥结好，始毕可汗表态愿从政治和军事上支持"唐公自为天子"，脱离隋炀帝自立。唐朝建立后，突厥虽然也派骨咄禄特勤赴唐祝贺，但为遏制唐崛起，开始操纵其他势力与唐对抗。武德三年（620年），突厥更是干脆打出复隋旗号，扶植隋炀帝之孙杨政道为隋王。②

自武德二年（619年）起，始毕可汗（609—619年）的两位弟弟处罗可汗（619—620年）、颉利可汗（620—630年）在位，东突厥又多次支持刘武周、梁师都、苑君璋、刘黑闼、高开道等势力反唐或在后者引导下自唐朝北方与西北入寇，侵入幽州、河东、河北乃至山东、关中等地，对唐朝形成不间断的军事威压。据统计，自武德二年至九年（619—626年），东突厥大规模入侵就至少有八次之多，几乎一年一大寇，这还不算入小规模的袭扰。③ 唐王朝的发祥地太原及河东大片地区一度陷于刘武周之手，长安为此戒严。东突厥还与王世充等勾连，在武德三年（620年）唐郑大战前与王世充和亲、互市，并派使者赠给王世充马千匹、牛羊数万头。但处罗可汗在位时，唐朝与东突厥尚未彻底撕破脸，武德二年至三年（619—620年），李世民讨伐刘武周时，甚至得到2000东突厥骑兵相助。刘武周兵败后，处罗可汗还到访晋阳三日，显示与唐朝关系的特殊性，表明其设法在中原各力量间"多面下注"。但随着刘武周的失败，唐朝与东突厥的军事缓冲地带消

---

① 《北史》卷九十九，《突厥铁勒列传》论曰；《隋书》卷八十四，《北狄列传》史臣曰。
② 王贞平著，贾永会译：《多极亚洲中的唐朝》，上海：上海文化出版社，2020年版，第27—30页。另参见《资治通鉴》卷第一百八十三，"隋恭帝义宁元年"条；《旧唐书》卷一百九十四上，《突厥列传上》；《资治通鉴》卷第一百八十八，"唐高祖武德三年"条；《资治通鉴》卷第一百八十九，"唐高祖武德四年"条。
③ 台湾地区"三军大学"：《中国历代战争史（第八册）：唐》（上），北京：中信出版社，2013年版，第206页；《旧唐书》卷一，《高祖本纪》；《旧唐书》卷一百九十四上，《突厥列传上》；《资治通鉴》卷第一百八十九，"唐高祖武德四年"条。

失。因此，处罗可汗离开晋阳后，为了保持对唐战略压迫之势，留派数百东突厥兵在晋阳，太原以北的石岭等军事要地也同样留下突厥兵驻守。此后，为了阻遏唐朝推进统一，处罗可汗又打算趁唐郑夏三方大战时，出动突厥及梁师都、奚、霫、契丹、靺鞨诸部等三路大军，会和窦建德，策应王世充，进而夺取中原。只是因处罗可汗在武德三年（620年）突然病亡，该计划才半途而废。①

颉利可汗即位后，则干脆打出向隋文帝报恩的旗号，奉杨政道以攻唐，②对唐朝的战略压迫一年胜过一年。特别是随着窦建德、王世充势力被消灭，东突厥与唐王朝直接接触的区域越来越大。颉利可汗为压制唐朝崛起，往往以五万至十余万规模的骑兵部队南侵，彻底与唐朝撕破脸皮，兵戎相见，其间又多次与唐朝相互扣留使节。尽管如此，高祖仍设法维持与颉利可汗的关系。武德五年（622年），高祖遣使贿赂颉利可汗，允诺缔结婚姻之好，双方关系一度有所缓和，彼此释放所扣使节。但东突厥很快又与高开道、苑君璋联合围攻雁门达一个多月，与刘黑闼联合攻杀唐朝代州总管、定襄王李大恩并侵犯河北。同年八月，东突厥15万骑兵攻入雁门，进犯并州等地，介休至晋州数百里的山谷中尽是突厥精骑。在梁师都策应下，东突厥郁射设（处罗可汗之子）还占据五原大片土地，进一步强化对唐压迫。武德六年（623年），在苑君璋带领下，颉利可汗亲率大军攻破马邑，唐朝朔州总管高满政死难。武德七年（624年），东突厥更是加紧侵犯关中。同年，颉利可汗裹挟突利可汗（始毕可汗之子什钵苾），举东突厥全国之兵大举进犯，迫使长安戒严。东突厥万余骑兵进逼至距长安不远的豳州。武德九年（626年），玄武门之变前，颉利可汗又入寇原州、灵州、凉州、朔州、泾州、会州、秦州、兰州等北部和西北边地，东突厥郁射设则率领数万骑兵自河南地南犯。玄武门之变不久，颉利可汗更是在

---

① 《旧唐书》卷一百九十四上，《突厥列传上》；《资治通鉴》卷第一百八十七，"唐高祖武德二年"条；《资治通鉴》卷第一百八十八，"唐高祖武德三年"条；《新唐书》卷八十七，《梁师都传》。

② 《资治通鉴》卷第一百八十九，"唐高祖武德四年"条。

梁师都怂恿下,与突利可汗率领十余万骑兵(号称百万)大举进犯,突进到武功、高陵,很快又兵临长安渭水便桥,试图趁唐太宗立足未稳,趁火打劫。唐朝迟至贞观二年(628年)才消灭梁师都、完成统一,也是因为后者长期挟东突厥自重,与之勾连,抗拒统一。更荒唐的是,颉利可汗贪得无厌,常常直接下敕书给唐朝边地州官,令其贡献,俨然唐朝之宗主国。① 可以说,如何与东突厥打交道,特别是反制其愈演愈烈的霸道霸凌,成为新王朝面临的最棘手而紧迫的问题。尤其是东突厥大军兵临长安城下,已是千余年来外敌首次突进至中原王朝政治心脏的最前沿,堪称新王朝的奇耻大辱。

西北方面,吐谷浑主伏允在隋末中原大乱之时,亦趁机恢复故地,重新崛起。其虽然在武德六年(623年)表面内附唐朝,但实则不断寇掠河西,再次成为中原王朝边患。据统计,从武德三年到九年(620—626年),吐谷浑对唐朝西北边地的入寇至少达19次,尤其自武德五年(622年)起入寇加剧,唐朝的岷州、鄯州、叠州、旭州、洮州、兰州、凉州、河州、扶州、松州等地均受其害。吐谷浑一度攻陷合川等地,甚至包围唐朝驸马、右骁卫大将军柴绍,使唐朝在应对东突厥威胁时被迫在西北方面不断消耗战略资源。② 这种两面受敌的态势,令唐朝的安全形势雪上加霜。

西突厥也重新兴盛,对东亚大陆地区的地缘政治格局发挥着重要影响。处罗可汗(曷萨那可汗,与东突厥处罗可汗不同)在大业七年(611年)降隋后,西突厥余部在处罗可汗的两位叔父射匮可汗(达头

---

① 《旧唐书》卷一百九十四上,《突厥列传上》;《旧唐书》卷一,《高祖本纪》;《新唐书》卷一,《高祖本纪》;《旧唐书》卷二,《太宗本纪上》;《资治通鉴》卷第一百九十,"唐高祖武德五年"条、"唐高祖武德六年"条;《资治通鉴》卷第一百九十一,"唐高祖武德七年"条、"唐高祖武德九年"条;《旧唐书》卷八十三,《张俭列传》。

② 周伟洲:《吐谷浑史》,桂林:广西师范大学出版社,2006年版,第80—81页;《旧唐书》卷一,《高祖本纪》;《北史》卷九十六,《吐谷浑传》;《新唐书》卷二百二十一上,《吐谷浑传》;《新唐书》卷一,《高祖本纪》;《资治通鉴》卷第一百九十,"唐高祖武德五年"条、"唐高祖武德六年"条;《资治通鉴》卷第一百九十一,"唐高祖武德七年"条、"唐高祖武德八年"条、"唐高祖武德九年"条;杨希义、于汝波:《中国军事通史(第十卷):唐代军事史》(上),北京:军事科学出版社,1998年版,第195—196页。

可汗之孙)、统叶护可汗先后领导下,开疆拓土,"北并铁勒,西拒波斯,南接罽宾",控弦之士数十万,称霸西域,占据乌孙故地,统制玉门以西地区的诸政权,与东突厥形成抗衡之势,史称"西戎之盛,未之有也"。西突厥对唐王朝持友好姿态,武德二年(619年)统叶护可汗遣使入唐纳贡,武德八年(625年)又遣使请婚。① 但由于在地缘上与中原相隔甚远,且实力与东突厥差距较大,并不能成为唐朝的直接强援。

东北方向,朝鲜半岛继续处于高丽、百济和新罗三国鼎立的时期。三国均欲统一半岛,彼此严重对立,② 相互攻伐不断,新仇旧怨累积。但三者都希望与中原王朝交好。唐朝建立后,三国多次遣使朝贡,对唐执藩臣之礼。百济和新罗因受高丽侵逼严重,且朝贡之路常被高丽阻断,因此均遣使向唐朝诉苦告状。需要指出的是,在高丽境内,当时居住着大量中原之民。他们大多是隋炀帝东征高丽时滞留当地的军士,很多人与无家可归的高丽女子结婚。在有些城镇,这些人几乎占当地人口的一半。③

在此情势下,对内,自高祖武德至太宗贞观初年,唐朝重拾汉初治国之道,推行宽简安静之政,轻徭薄赋,与民休息。早在隋恭帝义宁元年(617年),李渊领兵攻入长安后,就废除隋朝苛法禁令,与百姓约法十二条。④ 即皇帝位后,高祖更是反隋炀帝之道而行,废除《大业律令》,罢去隋朝在各地兴建的皇帝离宫及游幸馆所,同时"征敛赋役,务在宽简",⑤ 颁布租庸调法,续推北魏以来的均田制,规定成年男子每年交租两石、绢两匹、棉三两及服役20天,不服役者则以佣替

---

① 《旧唐书》卷一百九十四下,《突厥列传下》;《旧唐书》卷一,《高祖本纪》;《新唐书》卷二百一十五下,《突厥列传下》;《资治通鉴》卷第一百八十七,"唐高祖武德二年"条;《资治通鉴》卷第一百九十一,"唐高祖武德八年"条。
② 杨昭全、韩俊光:《中朝关系简史》,沈阳:辽宁民族出版社,1992年版,第66—67页。
③ 《旧唐书》卷一百九十九上,《高丽传》;《资治通鉴》卷第一百九十六,"唐太宗贞观十五年"条。
④ 《资治通鉴》卷第一百八十四,"隋恭帝义宁元年"条。
⑤ 《旧唐书》卷一,《高祖本纪》;《资治通鉴》卷第一百八十五,"唐高祖武德元年"条;《旧唐书》卷四十八,《食货志上》。

代，除此不得乱加租调。高祖还给复（免除赋税徭役）天下各地三年至一年不等，设法减轻民众负担。① 对僧人、道士逃避赋税徭役，高祖则比较反感，武德九年（626年）下诏淘汰僧尼、道士，规定除京城保留三所寺院和两所道观、各州保留寺院和道观各一所外，其余寺庙道观全部关停。② 太宗对寺庙和道观的态度也类似。武德四年（621年），秦王李世民打败王世充、进入洛阳后，就下令废除城中诸佛寺，除保留有名望德行的和尚、尼姑各30人外，其余僧尼全部勒令还俗。③

太宗即位后，治国理政亦以简静为本，崇俭爱民，虚心纳谏，免除各地进献贡物负担，避免大兴土木、大动兵戈及征发百姓大修长城，以防耽误农时。他常常告诫王公贵族戒奢节欲，史称"二十年间，风俗素朴，衣无锦绣"。④ 为减轻百姓负担、改变当时"吏多民少"局面，贞观元年（627年），太宗下令大规模合并州县，分天下为十道。同时，令房玄龄裁减官员，朝廷文武官员才留600多名。面对灾情频发，太宗免去关内及蒲州、芮州等六地及山东等地租税二年至一年不等，给复天下一年。太宗甚至吞食蝗虫，以此显示消除蝗灾的决心。⑤ 为鼓励天下农桑，长孙皇后于贞观元年率命妇亲蚕。贞观三年（629年），太宗则亲耕籍田，史书赞其恢复晋室南迁后中断数百年的天子籍田礼。⑥ 太宗用刑法也务在宽简，以公直良善、断狱公允为标准择吏，严格死刑断决，并且数度亲录囚徒（亦称虑囚，即复审囚徒、

---

① 给复，自秦汉至魏晋主要指免除徭役，唐代则指免除徭役与赋税。参见杜文玉：《唐朝给复之制的历史镜鉴》，载《人民论坛》，2019年第16期，第142—144页。
② 《旧唐书》卷一，《高祖本纪》；《新唐书》卷一，《高祖本纪》；《资治通鉴》卷第一百八十七，"唐高祖武德二年"条；《资治通鉴》卷第一百九十，"唐高祖武德七年"条；《资治通鉴》卷第一百九十一，"唐高祖武德九年"条；《旧唐书》卷七十九，《傅奕传》。
③ 《资治通鉴》卷第一百八十九，"唐高祖武德四年"条。
④ 《资治通鉴》卷第一百九十一，"唐高祖武德九年"条；《资治通鉴》卷第一百九十二，"唐太宗贞观元年"条；《资治通鉴》卷第一百九十三，"唐太宗贞观二年"条。
⑤ 《资治通鉴》卷第一百九十二，"唐太宗贞观元年"条；《贞观政要·务农》。
⑥ 参见《旧唐书》卷二，《太宗本纪上》；《旧唐书》卷二十四，《礼仪志四》。但实际上，北魏孝文帝在延兴二年（472年）和太和十七年（493年）就曾行籍田礼，参见《北史》卷三，《魏高祖孝文帝本纪》。

甄纠错案），平反冤狱。① 有学者依据新旧《唐书》统计，高祖亲虑囚徒 7 次、太宗亲虑 14 次、高宗亲虑 12 次、武则天亲虑 6 次、中宗亲虑 4 次、玄宗亲虑 6 次，太宗亲虑囚徒次数为第一。② 值得一提的是，唐朝建立后的 100 年左右时间里，都不收盐税、茶税等商业赋税，对工商业者非常友善，任由商人在内的人民发财致富，允许社会出现大富现象。③ 同时，太宗高度重视马政，推行监牧之制，特别是以太仆少卿张万岁监领群牧，以得自东突厥的 2000 马匹及 3000 隋马为基础，在陇右地区大力养马，④ 为建立强大的王朝骑兵力量奠定坚实基础。太宗还不顾群臣劝阻，自即位后就在显德殿庭院向各卫将卒亲授箭术，数年间训练锐卒数百名，以作防御外患之用。⑤

对外，高祖和太宗总体上保持战略忍耐，以退为进、以屈为伸。虽然随着时间推移，面对愈发严峻的东突厥霸凌，他们展现出更强的斗争精神，但并未改变防御为主的方针。高祖时，对东突厥一方面争取结好，对之迁就退让、馈赠拉拢，另一方面坚持战略自主，积极防范、善加周旋，武德四年（621 年）后，面对东突厥频繁大规模入寇，则展现必要的斗争姿态。史称高祖最初对东突厥"诡臣之，赠予不可计"。⑥ 晋阳起兵时，李渊给始毕可汗的书信，封题署"某启"，以示卑下恭敬，又赠以厚礼，求购优良战马，请派骑兵五百、战马两千助威，答应攻下长安后"金玉缯帛归突厥"。⑦ 与其他北方群雄一样，高

---

① 参见《旧唐书》卷二，《太宗本纪上》；《新唐书》卷二，《太宗本纪》。
② 张维：《唐代虑囚制度刍论》（下），载《人民法治》，2021 年第 10 期，第 66—71 页。
③ 这是钱穆先生的观点，参见钱穆讲述，叶龙整理记录：《中国经济史》北京：北京联合出版公司，2013 版，第 191—192 页。关于唐初是否征收商税，一直是学界的一个争论点。
④ 《新唐书》卷五十，《兵志》。
⑤ 《资治通鉴》卷第一百九十二，"唐高祖武德九年"条。
⑥ 参见《新唐书》卷二百一十五，《突厥列传下》赞曰。
⑦ 《资治通鉴》卷第一百八十四，"隋恭帝义宁元年"条；温大雅：《大唐创业起居注》卷一，起义旗至发引凡四十八日。但唐高祖并未对东突厥实质称臣。他给始毕可汗的书信里强调起兵是为迎回隋炀帝，进而恢复开皇时期隋与东突厥和亲局面。可见，在李渊眼里，隋炀帝依旧是自己的皇帝。起兵后，李渊也未像始毕可汗希望的那样马上称帝，而是拥立代王杨侑为帝、遥尊隋炀帝为太上皇，彰显在战略上的自主性以及尊隋态度。

祖也多次获东突厥兵马援助，史书谓"高祖借其力而入平京师"，足见东突厥支持之重要。① 李渊称帝后，对东突厥赠予金帛不计其数，又送女妓给始毕可汗，接受其书信时也表现得极为恭敬。相比西汉与匈奴和亲、北周北齐对突厥"倾府库以事之"，高祖对东突厥的姿态放得更低。② 东突厥因此对唐朝言辞傲慢，欲求越来越多，而高祖依旧"优容之"，甚至邀请东突厥使者骨咄禄特勤同坐皇帝宝座。③ 武德二年（619年）始毕可汗去世后，唐与东突厥关系朝着对立方向演变，但高祖仍设法维系双方关系。同年，高祖在处罗可汗压力下，在唐朝中书省听任东突厥使者杀害前一年降唐的归义王、前西突厥曷萨那可汗。高祖为避开东突厥支持的刘武周、宋金刚兵锋，一度打算放弃河东，谨守关西，可谓一忍再忍。④ 颉利可汗即位后，高祖依旧厚礼相待，避免与之大规模冲突。但随着东突厥入寇越来越频繁，双方军事摩擦日趋激烈，高祖不得不加强军事防御。唐朝宗室略阳公、灵州总管李道宗一度击溃东突厥与梁师都联兵的包围，并驱逐占据五原地区的郁射设，收复土地千余里。不过，唐朝总体上还是处于防守态势，太子李建成、秦王李世民不得不时常领兵驻扎于北部边境或并州等地，进行前沿防御。唐军还在太原等地屯田，进行长期的军事防御准备。⑤ 武德七年（624年），面对东突厥屡次侵犯关中、窥伺长安，高祖一度打算迁都至樊州、邓州一带。同年，颉利可汗裹挟突利可汗，举东突厥全境之兵进犯，迫使长安戒严。突厥万余骑兵进逼至距长安不远的豳州。秦王李世民与齐王李元吉领兵抵御。李世民采取离间计，与突利可汗

---

① 《旧唐书》卷一百九十四下，《突厥列传下》史臣曰。
② 温大雅：《大唐创业起居注》卷一，起义旗至发引凡四十八日；《资治通鉴》卷第一百八十四，"隋恭帝义宁元年"条；《资治通鉴》卷第一百八十六，"唐高祖武德元年"条。
③ 《旧唐书》卷一百九十四上，《突厥列传上》；《旧唐书》卷一百九十四下，《突厥列传下》史臣曰；《资治通鉴》卷第一百八十六，"唐高祖武德元年"条。
④ 《旧唐书》卷一百九十四下，《突厥列传下》；《资治通鉴》卷第一百八十六，"唐高祖武德元年"条；《资治通鉴》卷第一百八十七，"唐高祖武德二年"条。
⑤ 《资治通鉴》卷第一百八十九，"唐高祖武德四年"条；《资治通鉴》卷第一百九十，"唐高祖武德五年"条、"唐高祖武德六年"条。

重申盟约并结为兄弟，牵制颉利可汗。高祖亦再次答应与东突厥通好。加上关中久雨、东突厥弓矢受潮及唐军以逸制劳，颉利可汗才决定撤兵。双方随后互派贵臣通使，开展边界贸易（互市），短暂恢复缓和局面。唐朝借此从突厥购入耕牛等牲畜，用于农业生产。但突厥入寇并未停息。武德八年（625年），高祖恢复天下十二军建制（此前因中原战事结束而罢除），简练兵马，强化军事斗争准备。同年秋，高祖一改此前忍耐态度，对东突厥不再用国书，而改用诏敕，显示以上待下之义。同年，颉利可汗又领十余万大军南侵，掳掠朔州，兵进太谷。唐朝并州道行军总管张瑾在太谷与之交战，全军覆没，行军长史温彦博被俘，张瑾仅以身免。这一时期，唐与东突厥在幽州、雁门、新城、灵州、鄯州等多地亦有大规模战事。① 但唐朝的反击总体是被动和防御性的，而且多有败绩，无法制止颉利可汗入寇。

太宗即位后，则对东突厥则采取三管齐下策略。一是敢于斗争，善于斗争。面对东突厥兵临长安的严峻局势，即位才20天的太宗从容应对，扣押颉利使臣，显示唐军敢于一战的决心，又亲自带领高士廉、长孙无忌等大臣与颉利可汗隔渭水对话，谴责后者背盟侵犯，令其自感道义有亏，突厥大臣亦对太宗畏服。二是包羞忍耻，保持定力。为避免与东突厥大战结怨，太宗与颉利可汗宰马歃血，结成渭水之盟，为唐朝休养生息争取时间。按照事后太宗对大臣萧瑀所说"啖以金帛，彼既得所欲，理当自退"的话推断，太宗此次盟约必然答应给予东突厥大量金银布帛，这样对方才能心满意足撤兵。② 又据陈寅恪先生考证，高祖称臣于突厥，谋主即是太宗。太宗与东突厥统治阶层关系密切，如他与突利可汗早期就有私人关系极特殊的"香火之情"。③ 太宗在武德七年（624年）前后多次领兵防御东突厥，武德七年更是代表

---

① 《资治通鉴》卷第一百九十一，"唐高祖武德七年"条、"唐高祖武德八年"条；《旧唐书》卷二，《太宗本纪上》；《新唐书》卷二百一十五上，《突厥列传上》。
② 《资治通鉴》卷第一百九十一，"唐高祖武德九年"条。
③ 陈寅恪：《寒柳堂集》，南京：江苏人民出版社，2020年版，第101—112页；《资治通鉴》卷第一百九十一，"唐高祖武德七年"条；《旧唐书》卷一百九十四，《突厥列传上》。

唐王朝与颉利可汗在豳州城外"面结和亲",而且"赠遗金帛,前后无算",① 足见太宗即位前多次与东突厥最高层打交道,亲自处理双方战与和问题,对突厥情况了如指掌。这正是太宗运筹谋划对东突厥关系的关键。三是把握和利用颉利可汗与突利可汗叔侄矛盾。武德七年前,秦王李世民就与突利可汗有"急难相救"的盟约。武德七年,在豳州城外与颉利可汗、突利可汗对峙后,李世民进一步对突利可汗深加结纳,应其所请结为兄弟,强化了有难彼此相救的盟约,加深了颉利可汗对突利可汗的猜疑。②

对西突厥,高祖和太宗本着远交近攻原则,与之设法交好。武德五年(622年),西突厥统叶护可汗一度答应高祖之请,出兵讨伐东突厥,令颉利可汗大为震骇,急与统叶护通好。武德八年(625年),高祖又答应统叶护可汗请婚,并派高平王李道立出使,讨论强化双方关系特别是通婚具体事宜。秦王李世民与西突厥莫贺设(其子泥孰,即此后的西突厥咄陆可汗)也结为兄弟。贞观元年(627年),统叶护可汗派真珠统俟斤跟随李道立返唐,进献万钉宝钿金带和马匹五千,作为迎娶唐朝公主聘礼。但由于颉利可汗激烈反对二者和亲,并攻击西突厥,统叶护可汗开始畏惧和动摇,导致此次通婚无果。③ 由此也可以看出,西突厥相比东突厥而言处于弱势。尽管如此,唐朝的这些做法对东突厥形成了有力牵制,也为唐与西突厥未来关系发展埋下了伏笔。

对吐谷浑,唐朝以安抚和防御为主。一方面,多次与伏允互派使节通好,接受其朝贡及内附,并令之进攻河西割据势力李轨,借其力推进统一。为显示友好,高祖还将隋炀帝以来在长安为质的慕容顺(伏允长子)送还。另一方面,对其入寇则采取防御态势,较少主动反击,避免大规模军事冲突。武德八年(625年),唐朝与突厥开展边界

---

① 《资治通鉴》卷第一百九十一,"唐高祖武德九年"条。
② 《资治通鉴》卷第一百九十一,"唐高祖武德七年"条;《旧唐书》卷一百九十四上,《突厥列传上》;《新唐书》卷二百一十五上,《突厥列传上》。
③ 《旧唐书》卷一百九十四上,《突厥列传上》;《新唐书》卷二百一十五下,《突厥列传下》;《资治通鉴》卷第一百九十,"唐高祖武德八年"条;《资治通鉴》卷第一百九十二,"唐太宗贞观元年"条。

贸易的同时，亦与吐谷浑互市，买入中原农业发展所需的牲畜。①

对海东三国（朝鲜半岛三国），高祖、太宗重点修复隋炀帝东征以来恶化的中原王朝与高丽关系，并敦促三国化干戈为玉帛。高祖武德二年（619年）起，即接受高丽朝贡。此后，双方交换彼此流亡人口。于是，高祖将在散落中原的高丽人遣返。武德五年（622年）起，高丽王高建武（前王高元的异母弟）亦礼尚往来，将流落高丽的中土百姓近万人礼送回境。武德七年（624年）唐朝还重新册封高丽国主为上柱国、辽东郡王、高丽王，封百济国主为带方郡王、百济王，封新罗国主为柱国、乐浪郡王、新罗王，进一步确立宗藩关系，并多次遣使调停冲突，劝三方和解休战。三国也都上表谢罪。②

高祖、太宗的努力收获了积极的效果。渭水便桥之盟后，东突厥对唐朝的大规模进犯有所减少，大军直逼长安的现象再也没有发生。颉利可汗欲望满足后，还回赠唐朝3000匹马、1万头羊。③ 至贞观三年（629年）末，契丹渠帅来朝，薛延陀真珠毗伽可汗夷男派其弟统特勤入贡，西突厥、高昌遣使朝贡，东突厥9位俟斤率3000骑兵来降，拔野古、仆骨、同罗、奚等部族首领亦率部降唐，靺鞨远来朝贡，甚至东突厥前可汗（处罗可汗）之子郁射设也率部来降。归附唐朝的四夷和自塞外回归的汉人加起来达120多万人，可谓"远方诸国来朝贡者甚众"。因此，太宗欣慰地说，"朕今治安中国，而四夷自服，岂非上策乎！"④

总之，这一时期，唐朝在战略上以安静为务，对内聚焦治理，顺

---

① 《旧唐书》卷一百九十八，《吐谷浑传》；《新唐书》卷二百二十一上，《吐谷浑传》；《资治通鉴》卷第一百八十七，"唐高祖武德二年"条；《资治通鉴》卷第一百九十，"唐高祖武德八年"条。
② 《旧唐书》卷一百九十九上，《东夷列传》；《新唐书》卷二百二十，《东夷列传》；《资治通鉴》卷第一百九十，"唐高祖武德五年"条、"唐高祖武德七年"条；《资治通鉴》卷第一百九十二，"唐高祖武德九年"条。
③ 《资治通鉴》卷第一百九十二，"唐高祖武德九年"条。但太宗对东突厥所赠马羊推辞不受，而是希望其归还掳掠的中原百姓。
④ 《资治通鉴》卷第一百九十三，"唐太宗贞观三年"条；《旧唐书》卷二，《太宗本纪上》；《新唐书》卷二，《太宗本纪》。

应生产力发展的自然规律,休养生息,轻徭薄赋,稳步积蓄国力。对外,避免大动干戈,以忍辱和解或妥协方式应对外来威胁,推进对外友好交往。其间也对东突厥等进行斗争,但这是对外敌入侵进行正当的军事防御,被迫反击霸道霸凌,维护攸关生存的王朝安全利益,保护中原百姓免遭涂炭。显然,唐朝不是地区秩序的受益者,而是巨大受害者。然而,与西汉初期一样,唐朝奉行的是收缩性大战略,其政策带有明显的和平、低暴力色彩。这种以屈为伸的战略,为自己创造了一个生存和发展壮大的外部环境。① 如高祖所言"屈于一人之下,伸于万人之上"。② 这种战略屈伸的辩证法效果明显。高祖、太宗通过偃武修文,而非耀武扬威,迎来了"中国既安,四夷自服"的良好结果,③ 展示了收缩性大战略的张力。

进取性战略:突厥破灭,海内康宁④

如果参照西汉王朝的大战略轨迹,唐朝需要经过长期的休养生息,才可以迎来真正崛起的时代,特别是对外战略反击的历史拐点。但唐朝未等待太久,因为东突厥与在隋朝的命运一样,再次遇到政治裂变与严重天灾,客观上给予了唐朝重大的战略机遇。加上唐与东突厥内部治理效能悬殊和应对天灾人变的结果不同,双方实力此消彼长,力量格局的天平翻转,唐朝战略形势很快出现有利变化,且这种态势保持了相当长的历史时期。

从内部看,尽管太宗上台是唐朝统治集团重大撕裂和血腥斗争的结果,但这场政治裂变未对唐朝造成重大内伤,东突厥也没能利用玄

---

① 王贞平著,贾永会译:《多极亚洲中的唐朝》,上海:上海文化出版社,2020年版,第4页。
② 温大雅:《大唐创业起居注》卷一,起义旗至发引凡四十八日。
③ 《资治通鉴》卷第一百九十三,"唐太宗贞观四年"条。这是唐太宗对贞观四年来治国理政经验的总结,并认为是魏征的建议发挥了重大作用。
④ 《资治通鉴》卷第一百九十三,"唐太宗贞观四年"条。这是魏征对唐太宗说的话。

武门之变取得实质的战略性收益。相反,太宗把前太子李建成和齐王李元吉的原有人才汇聚到自己旗下,使统治集团的撕裂很快得到弥合,唐朝政治秩序与生产力发展继续沿着健康轨道行进。史载,贞观元年(627年),关中饥荒,一斗米价值等同一匹绢。贞观元年至三年(627—629年),关内等地又先后遭遇旱灾、蝗灾和水灾,百姓四处乞讨甚至卖儿鬻女,但由于太宗关心民间疾苦,上下共渡难关,民间并无怨言。至贞观四年(630年),终于迎来大丰收,一斗米仅价值三、四钱,流亡在外的百姓纷纷返乡;社会安定,东至大海、南及五岭均夜不闭户,旅行者行数千里也不必带粮而可以取食于途,马牛遍野,人民和万物自由繁衍生息。① 同年,天下死刑犯才29人,"几至刑措",即犯法之人极少,刑法几乎搁置不用,臻于古代推崇的"成康之治"的理想境界。史载西周成康之际,"天下安宁,刑错四十余年不用"。② 按房玄龄乐观估计,当时唐朝的府库甲兵已远超隋朝。③ 至贞观十一年(637年),10余斛粟(10余石,合100余斗)折合1匹绢,仅是贞观初年粟价的百余分之一。至贞观十五年、十六年(641、642年),天下米价每斗平均五钱,有的地方更是便宜至两至三钱。即使生活成本高昂的首都长安,一斗粟的价格在贞观十五年也仅为三四钱。④ 人口也在恢复性增长。据当代学者考证,到贞观十三年(639年),唐朝全境著籍户口已恢复至304.2万户、1235.2万人。⑤ 可以说,此时唐朝社会稳定,经济复苏,一片欣欣向荣的景象。当然,这时尚难与鼎盛时的隋朝全方位比肩。高昌王麴文泰就曾说,其在贞观四年、五年(630、631年)入朝时,发现唐之秦、陇以北城邑萧条,

---

① 《资治通鉴》卷第一百九十二,"唐太宗贞观二年"条;《资治通鉴》卷第一百九十三,"唐太宗贞观四年"条;《新唐书》卷五十一,《食货志一》。
② 《贞观政要·刑法》;《史记》卷四,《周本纪》;《史记》卷一百一十二,《平津侯主父列传》。
③ 《资治通鉴》卷第一百九十三,"唐太宗贞观四年"条。
④ 《资治通鉴》卷第一百九十五,"唐太宗贞观十一年"条;《贞观政要·奢纵》;《贞观政要·务农》;《通典》卷七,《食货七》;《资治通鉴》卷第一百九十六,"唐太宗贞观十五年"条。
⑤ 冻国栋:《中国人口史(第二卷):隋唐五代时期》,上海:复旦大学出版社,2002年版,第96、132、135页。

远不及隋时,因此内心对唐不无轻视。贞观五年,民部尚书戴胄谏阻太宗修建洛阳宫时也说,"百姓凋弊,帑藏空虚"。① 即使到贞观六年(632年),天下安定,粮食连年丰收、四夷归附,但关东仍有大片区域"茫茫千里,人烟断绝,鸡犬不闻,道路萧条",如魏征所言,贞观以来,天下局面颇有气象,犹如人之重病初愈,虽可站立行走,但瘦骨嶙峋,不堪重负。② 到贞观十一年(637年),魏征比较隋唐国势时,仍称隋富唐贫、隋强唐弱,唐朝在府库、仓廪、户口、甲兵方面都无法与隋朝全盛时同日而语。同一年,侍御史马周也指出,唐朝人口数量不及隋时十分之一。虽有自贬唐朝之嫌,仍足以佐证魏征观点。贞观十五年(641年),太宗也承认,山东州县依旧萧条,元气未复。③ 尽管如此,在太宗君臣励精图治下,此时号称天下太平并不为过。

最大的战略形势变化来自外部。由于天灾人祸、政乱德乖,东突厥内忧外患频仍,颉利可汗众叛亲离,在东北亚地区的霸权呈现急剧衰落之势。一是在唐朝推行与民休息政策同时,颉利可汗反其道而行,对内横征暴敛,法令滋彰,对外穷兵黩武,四处结怨,导致东突厥政治败坏,其本族和外族民怨沸腾。太宗早在贞观元年(627年)就预言,颉利君臣昏暗残虐,必然灭亡。④ 二是东西两大方向的各部族纷纷脱离东突厥。先是位于东面的奚、霫等十个部族大多反叛突厥,投降唐朝。位于西面的薛延陀、回纥、拔也古等铁勒诸部也发动大起义,沉重打击东突厥。贞观元年(627年),在薛延陀首领夷男、回纥酋长菩萨领导下,铁勒诸部先后大破欲谷设、突利可汗等率领的镇压大军

---

① 《资治通鉴》卷第一百九十五,"唐太宗贞观十三年"条;《资治通鉴》卷第一百九十三,"唐太宗贞观五年"条。
② 参见《贞观政要·直谏》。另可参见《资治通鉴》卷第一百九十四,"唐太宗贞观六年"条。
③ 《资治通鉴》卷第一百九十五,"唐太宗贞观十一年"条;《资治通鉴》卷第一百九十六,"唐太宗贞观十五年"条;《旧唐书》卷七十四,《马周传》。
④ 《旧唐书》卷一百九十四上,《突厥列传上》;《资治通鉴》卷第一百九十二,"唐太宗贞观元年"条。

及拓设（此后成为唐朝名将的阿史那社尔）等其他四个设的军队。贞观二年（628年），夷男接受太宗所赐真珠毗伽可汗封号及鼓纛，声势更加壮大，"东至靺鞨，西至叶护，南接沙碛，北至俱轮水"皆在其控制范围内，漠北和西域以东不复为东突厥所有。回纥等势力大振，也日渐成为北狄强者，但归附于更强大的薛延陀。① 东突厥镇压铁勒诸部起义失败，不仅丧师失地（仅欲谷设就丧失十万骑兵），威望大损，而且军民士气俱挫。三是以颉利可汗与突利可汗叔侄失和为标志，东突厥统治阶层内部矛盾激化。早自渭水便桥之盟前，东突厥上层就有离心离德迹象，如当时颉利可汗在渭水以西，突厥达官们却私谒唐太宗。此后，突利可汗与唐朝关系暧昧以及镇压铁勒诸部起义失败，更是引发颉利可汗猜忌和恼怒，以至于贞观二年（628年）居然囚禁突利可汗十余日，并且鞭笞羞辱他。双方遂反目成仇，兵戎相见。突利可汗兵败后走投无路，于贞观三年（629年）率众奔走入唐。同时，颉利可汗重用胡人，疏远族人，且挥霍无度、横征暴敛，也导致东突厥各部不堪其扰，心生怨叛。② 四是东突厥畜牧业经济受沉重打击，民不聊生。自贞观元年（627年）起，东突厥就连年遭遇大雪风灾，羊马多被冻死，而"突厥兴亡，唯以羊马为准"。③ 羊马大量冻死的后果是，连年饥馑，突厥民众饥寒交迫。唐朝鸿胪卿郑元璹在贞观三年（629年）出使东突厥后，也预测其不出三年，必然覆灭。感知到东突厥政治混乱、将要衰亡信号的，还有依附于东突厥的汉族势力（如苑君璋）及其他少数部族。他们纷纷叛离，归附唐朝。此前逃亡在突厥的中原

---

① 《旧唐书》卷一百九十四上，《突厥列传上》；《旧唐书》卷一百九十五，《回纥列传》；《旧唐书》卷一百九十九下，《铁勒传》；《旧唐书》卷一百九，《阿史那社尔传》；《资治通鉴》卷第一百九十二，"唐太宗贞观二年"条；吴玉贵：《突厥汗国与隋唐关系史研究》，北京：商务印书馆，2017年版，第189页。

② 《旧唐书》卷一百九十四上，《突厥列传上》；《旧唐书》卷一百九十五，《回纥列传》；《资治通鉴》卷第一百九十二，"唐太宗贞观元年"条、"唐太宗贞观二年"条。

③ 武德九年(626年)九月，东突厥拟向唐献马3000匹、羊万口。由此可知，此时大雪灾尚未爆发，见《旧唐书》卷一百九十四上，《突厥列传上》；《资治通鉴》卷第一百九十二，"唐太宗贞观元年"条；《旧唐书》卷六十二，《郑元璹传》；唐代州都督张公谨也曾指出，东突厥衰亡，有"六可取之状"，参见《旧唐书》卷六十八，《张公谨传》。

民众也纷纷"入山作贼",占据山中险要之地。然而,这一时期,东突厥仍然数次违背与唐盟约,进犯朔州、河西等地,掠夺人口、毁坏庄稼,并且派出大批军队干涉和阻挠唐灭梁师都、推进统一的行动,同唐军在朔方、河西等地发生激战。①

与此同时,西突厥也爆发严重分裂与内乱,走上衰落之路。贞观二年(628年),统叶护可汗被伯父莫贺咄所杀。后者自立为屈利俟毗可汗,而统叶护之子亦被大臣泥孰莫贺设(太宗盟兄弟莫贺设之子泥孰)等拥立为肆叶护可汗。两派彼此连年相攻。原先臣服的西域诸政权、铁勒诸部纷纷叛离。为争取唐朝支持,西突厥两派力量均向唐遣使求婚。贞观四年(630年)末,屈利俟毗可汗兵败被杀,肆叶护可汗重新统一西突厥。但肆叶护猜忌狠毒,内部治理无方,贞观六年(632年)征讨薛延陀失败,又诛杀功臣乙利可汗及图谋杀死泥孰,由此激发内部政变,自己被赶往康居。泥孰因为深得民心,被拥立为咄陆可汗(又称大渡可汗)。贞观八年(634年),泥孰死后,其弟同娥设继任为沙钵罗咥利失可汗。咥利失将部众分为左右两大部,即五咄陆部(居碎叶东部)和五弩失毕部(居碎叶西部),埋下再度分裂种子。贞观十一年(637年),西突厥再次发生政变,咥利失一度被赶往焉耆,次年复位后,与政变后新立的乙毗咄陆可汗陷入混战,这标志着西突厥又一次分裂。咥利失死后,其子乙屈利失乙毗可汗即位,但一年后去世。咥利失的侄子即位,是为乙毗沙钵罗叶护可汗。贞观十五年(641年),乙毗咄陆可汗在内战中胜出,乙毗沙钵罗叶护可汗兵败被杀,西突厥短暂复归统一。② 最初,西突厥两派都对唐朝保持友好,屡次遣使朝贡,特别是泥孰兄弟及其继任者均与唐朝保持了特殊

---

① 《资治通鉴》卷第一百九十二,"唐太宗贞观元年"条、"唐太宗贞观二年"条;《魏郑公谏录》卷三,《对周孔儒教商韩刑法》;《资治通鉴》卷第一百九十三,"唐太宗贞观三年"条;《旧唐书》卷五十五,《刘武周传》;《新唐书》卷八十七,《梁师都传》。

② 《资治通鉴》卷第一百九十三,"唐太宗贞观二年"条;《资治通鉴》卷第一百九十五,"唐太宗贞观十二年"条、"唐太宗贞观十三年"条;《资治通鉴》卷第一百九十六,"唐太宗贞观十五年"条;《旧唐书》卷一百九十四下,《突厥列传下》;《新唐书》卷二百一十五下,《突厥列传下》。

密切关系。但乙毗咄陆可汗统一西突厥后，内部治理无方，引起乙毗沙钵罗叶护可汗旧部弩失毕各部及本部屋利啜等不满；对外自恃兵强，侵暴吐火罗、米国、康居等西域各国，对唐朝亦态度傲慢，不仅扣留唐朝使臣，而且入寇唐之伊州并围困天山县。于是，弩失毕各部及本部屋利啜等密谋废黜乙毗咄陆，并请求太宗新立可汗。①

西北方面，吐谷浑主伏允年老昏聩，虽然一方面继续对唐保持朝贡关系，连年派名王等贵臣入朝，甚至为其子尊王向唐请婚，但另一方面受臣下天柱王蛊惑，不自量力，持续骚扰唐朝河西地区并大肆抢掠。自贞观元年至八年（627—634年），吐谷浑至少五次入寇，侵扰鄯州、兰州、廓州、凉州等地，威胁河西走廊安全，并且扣押唐使鸿胪丞赵德楷。需要指出的是，吐谷浑战力在当时不容小觑。时任兵部尚书侯君集曾指出，左骁卫大将军、名将段志玄反击伏允的军队刚从前线返回鄯州［时为贞观八年（634年）］，吐谷浑士兵就已尾随至城下，② 其行军速度之快与隐蔽性之高可见一斑。

东北方向，高丽、百济、新罗依然纷争不已，三国合纵连横，相互攻伐。③ 不过，三国对唐依旧执藩臣之礼，屡屡遣使朝贡，百济太子扶余隆［贞观十一年（637年）］、高丽太子桓权［贞观十四年（640年）］先后来朝。④ 但不可忽视的是，三国与唐的关系也在复杂化。如，东突厥灭亡后，高丽对唐朝的态度发生微妙变化，自贞观五年

---

① 《旧唐书》卷一九十四下，《突厥列传下》；《资治通鉴》卷第一百九十六，"唐太宗贞观十六年"条；吴玉贵：《突厥汗国与隋唐关系史研究》，北京：商务印书馆，2017年版，第290页。

② 参见周伟洲：《吐谷浑史》，桂林：广西师范大学出版社，2006年版，第81—82页；《资治通鉴》卷第一百九十四，"唐太宗贞观六年"条、"唐太宗贞观八年"条、"唐太宗贞观九年"条；《新唐书》卷二百二十一上，《吐谷浑传》；《旧唐书》卷一百九十八，《吐谷浑传》；赵克尧、许道勋：《唐太宗传》，北京：人民出版社，1984年版，第241页。

③ 贞观中后期，三国间合纵连横，可参见金富轼：《三国史记》卷二十，《高句丽荣留王本纪》，及《三国史记》卷二十一，《高句丽宝藏王本纪上》，2015年版，第251—254页，长春：吉林大学出版社。

④ 《旧唐书》卷三，《太宗本纪下》；《旧唐书》卷一百九十九上，《东夷列传》；《新唐书》卷二百二十，《东夷列传》。

（631 年）起，在与唐交界地带修筑长城千余里，前后耗时 16 年。① 贞观十六年（642 年），高丽发生政变，其权臣泉盖苏文屠杀大臣百余人，又攻入王宫弑杀国王高建武，将之肢解后投入河沟，而后立高建武之弟高藏为新主，专擅国政。三国争斗也更加恶化，特别是百济与高丽在贞观十七年（643 年）结盟，屡屡联合对新罗用兵。且仅贞观十六年（642 年），百济就侵占新罗 40 余城，大有灭新罗之势。高丽亦趁机夺取新罗两城。危难中的新罗紧急向唐求援，但百济、高丽并不听从唐朝劝阻而罢兵休战。②

此外，在东、西突厥骤然衰落背景下，原先受其控制的伊吾、高昌、焉耆等西域力量转而向唐朝贡，请求内属。贞观四年（630 年），高昌王麹文泰、伊吾城主入朝，其他西域十国亦希望派使臣随高昌王入贡。其中，伊吾城主以其所辖七城内附。贞观五年（631 年），康居请求内附。高昌以西的焉耆国主龙突骑支亦遣使贡方物，并鉴于西域朝贡者皆须经高昌入唐、殊为不便，请求与唐复开大碛路，增加西域与唐交通新路。这打破了高昌垄断与唐交通的局面，触犯了其利益。高昌遂与西突厥乙毗设联兵攻打焉耆，阻挡唐与西域各方往来，并与西突厥欲谷设等通和结盟，相约有急事时彼此救援。西突厥另派叶护屯兵可汗浮图城，与南面的高昌相策应。贞观十三年（639 年），高昌还谋划联兵西突厥攻击已经属唐的伊吾之地（即伊州），并挑拨薛延陀与唐关系，怂恿真珠毗伽可汗与唐朝分庭抗礼。由此，高昌不仅站到唐的对立面，更成为唐的安全威胁。焉耆也因高昌攻破其国、抢掠人口而向太宗求援。③

---

① 金富轼：《三国史记》卷二十，《高句丽荣留王本纪》，长春：吉林大学出版社，2015 年版，第 251 页。

② 《旧唐书》卷一百九十九上，《东夷列传》；金富轼：《三国史记》卷四十九，《盖苏文列传》，长春：吉林大学出版社，2015 年版，第 683—685 页；《新唐书》卷二百二十，《东夷列传》。

③ 《旧唐书》卷三，《太宗本纪下》；《旧唐书》卷一百九十八，《高昌传》《焉耆国传》；《新唐书》卷二百二十一上，《高昌传》；《资治通鉴》卷第一百九十三，"唐太宗贞观四年"条；《资治通鉴》卷第一百九十四，"唐太宗贞观六年"条；《资治通鉴》卷第一百九十五，"唐太宗贞观十二年"条、"唐太宗贞观十三年"条。

在此情势下，唐朝对内总体上继续与民休息，轻徭薄赋，明德慎刑，特别是太宗君臣相互激励，在较长时期内保持了谦虚戒惧、慎终如始的精神。贞观四年（630年）是太宗治国理政的第一个巅峰期，其时突厥破灭、海内康宁，可谓内外政绩斐然，但太宗君臣仍然保持战略清醒。贞观四年，太宗打算修筑洛阳宫，因给事中张玄素进谏，遂停止此项工程。太宗阅览《明堂针灸书》，得知人的五脏经络皆在后背，于是下诏以后不得鞭打囚犯后背。贞观五年（631年），太宗为不耽误农时，将皇太子的冠礼由农忙时的二月推迟到十月。他认为治国如治病，虽然"今中国幸安，四夷俱服"，不过如人之大病初愈，仍需养护，他自己更要慎之又慎，"勿矜强盛以自满也"。同年，他赎回隋末被突厥掠去的中原百姓八万人。又坚持慎用刑罚，规定处决死刑犯须三次复议才可行刑。后来又规定判死罪者，朝廷相关部门要五次复议。此即所谓"每决死罪，必三覆五奏"。贞观十一年（637年），《贞观律》颁布实施，其中有关死刑较古代减少一大半，较隋律减少92条。① 贞观六年（632年），太宗接受魏征劝谏，拒绝群臣以他功高德厚、天下安定、四夷咸服为由封禅泰山的奏议。他对群臣强调，要警惕重蹈隋炀帝、西突厥统叶护可汗等人恃强而亡教训，避免因一时强盛而自满。② 太宗在马周、魏征等名臣提醒下，及时反省自己征用民力次数增多、俭约之风不如前的情况，积极改正。③ 至贞观晚期，太宗奢侈之风有所冒头，开始营造翠微宫、玉华宫，④ 并对周边实施战略

---

① 《资治通鉴》卷第一百九十三，"唐太宗贞观四年"条、"唐太宗贞观五年"条；《资治通鉴》卷第一百九十四，"唐太宗贞观六年"条、"唐太宗贞观十一年"条；《新唐书》卷九十六，《房玄龄传》；《旧唐书》卷五十，《刑法志》。

② 《资治通鉴》卷第一百九十四，"唐太宗贞观六年"条。

③ 贞观十一年(637年)，马周就指出，太宗不像贞观初年那样体念百姓疾苦，常急不急之务。贞观十三年(639年)，魏征也指出太宗治国理政不及贞观初年，喜好奇珍异宝，轻用民力。参见《资治通鉴》卷第一百九十五，"唐太宗贞观十一年"条、"唐太宗贞观十三年"条；《贞观政要·慎终》。

④ 其中，玉华宫附属的太子宫、百司衙门漫山遍野，耗费亿计。又如，贞观后期，太宗令蜀中造舟舰，搅得富庶安定的剑南一片骚然。参见《贞观政要·征伐》；《资治通鉴》卷第一百九十八，"唐太宗贞观二十二年"条。

反击，① 但受大臣劝止提醒后，未改变励精图治的总趋势。

贞观二十三年（649年）五月，太宗去世，高宗李治即位，长孙无忌、褚遂良等人辅政。高宗继承太宗方略，敬重辅政元老，孜孜求治，亲耕籍田［永徽三年（652年）］、重视农桑之事，关心民间疾苦，治国理政颇有贞观遗风。他尤其崇尚宽政，施政以仁，力求刑法宽平。贞观二十三年（649年）年末，大理卿报告给高宗的在监囚犯数仅为50多人，其中死刑犯仅两名。永徽二年（651年），在局部删定《贞观律》基础上，高宗颁布《永徽律》。两年后，又颁行《永徽律疏》（《唐律疏议》），注解和阐释王朝律文，作为司法审判的关键引据，也成为中华法系集大成之作，深刻影响了后世王朝及日本等诸东亚邻国的法律制定和司法活动，堪称"在中国乃至世界历史上都有着重要影响的法典"。② 简言之，高宗即位后，虽然地震和水灾、旱灾与蝗灾频发，但社会富足安定，经济发展，粮食丰收，人口增长，号称"永徽之治"。③ 高宗永徽三年（652年），天下户数已增至380万，虽不及隋文帝开皇年间的人口数（870万户）的一半，但较太宗贞观十三年（639年）的人口数（304.2万户、1235.2万人）已增加约80万户，其中仅永徽二年（651年）就增加15万户。④ 太宗贞观三年至高宗乾封元年（629—666年），由于农业常年丰收，米价也持续下降，最低时为贞观十五年（641年）的每斗两钱，最高时为麟德年间（664—665年）的每斗五钱，一般年份则维持在每斗三四钱左右。其

---

① 《新唐书》《旧唐书》由此认为，太宗虽然属于"不世出的至治之君"，但治国理政也有瑕疵，即"求虚名，以劳有用"，犯了中材庸主的常见错误。参见《新唐书》卷二，《太宗本纪》赞曰；《旧唐书》卷一百九十九下，《北狄列传》。

② 《旧唐书》卷五十，《刑法志》；《资治通鉴》卷第一百九十九，"唐太宗贞观二十三年"条；《资治通鉴》卷第二百一，"唐高宗乾封元年"条；殷啸虎：《春秋决狱的法文化意义》，载《法治日报》，2023年2月15日，第10版；岳纯之点校：《唐律疏议》，上海：上海古籍出版社，2013年版，前言第14—19页。

③ 《旧唐书》卷四，《高宗本纪》；《资治通鉴》卷第一百九十九，"唐高宗永徽元年"条；《旧唐书》卷五十一，《食货志》。

④ 《通典》卷七，《食货七》；《资治通鉴》卷第一百九十三，"唐高宗永徽三年"条；冻国栋：《中国人口史（第二卷）：隋唐五代时期》，上海：复旦大学出版社，2002年版，第96、132、135页。

中，永徽五年（654年），洛州粟米一斗仅值两钱半，粳米一斗值十一钱。① 在太仆张万岁主持下，唐朝马政更是成绩斐然，至高宗麟德年间，官养牧马增至70.6万匹，一匹马仅值一匹缣，所谓"秦汉之盛，未始闻也"。这为唐朝对外实施大规模战略反击准备了有利条件。《新唐书·兵志》也称，"秦、汉以来，唐马最盛"，而麟德年间更是唐马数量的巅峰时代。②

对外，唐朝则敏锐捕捉机遇，重点对东突厥实施战略反击。太宗尤其恼怒于东突厥与唐和亲后继续入寇朔州、河西等地并干预唐灭梁师都、推进统一的进程。于是，自贞观三年（629年）十一月底至贞观四年（630年）三月中旬，太宗派遣名将李靖、李勣、柴绍、薛万彻等领兵10余万，分多路出击，经定襄之战、白道之战、阴山之战等战役，奇迹般完成对颉利可汗长途奇袭，消灭东突厥军队万余人，生擒颉利可汗，俘虏和受降康苏密、思结俟斤、苏尼失（沙钵罗设）等部众及杨政道等24万人以上，俘获牲畜数10万头。东突厥由此灭亡，其另外10万部众南下降唐，其他部众则北附薛延陀或西奔西域。③ 总之，太宗"暂动偏师"，仅3个多月就平定强横一时的东突厥，不仅清除北部大患，洗刷高祖昔日"称臣求和"以及太宗渭水便桥之盟的耻辱，而且威震遐迩，改变了东亚地区的地缘政治格局。其直接影响是，西北诸蕃迅即尊奉太宗为"天可汗"。④ 长远影响是，自630年至683年骨咄禄复国前的50余年间，如突厥文《阙特勤碑》所记，东突厥

---

① 参见陈磊：《隋唐时期的物价研究：以江淮地区为中心》，载《史林》，2012年第4期，第52—53页；《资治通鉴》卷第一百九十九，"唐高宗永徽五年"条。
② 张说：《大唐开元十三年陇右监牧颂德碑》，载《全唐文》卷二百二十六；《新唐书》卷五十，《兵志》。
③ 《资治通鉴》卷第一百九十三，"唐太宗贞观三年"条、"唐太宗贞观四年"条；《旧唐书》卷三，《太宗本纪下》；《旧唐书》卷六十七，《李靖传》；《新唐书》卷九十三，《李靖传》；《旧唐书》卷一百九十四上，《突厥列传上》。
④ 《旧唐书》卷三，《太宗本纪下》；《新唐书》卷二，《太宗本纪》；《旧唐书》卷六十七，《李靖传》；《新唐书》卷九十三，《李靖传》。

"屈服臣事于大唐天子之下者凡五十年",① 唐朝北部和西北地区的民众也由此在半个多世纪里安居乐业。

对西突厥内部两派持续十余年的争斗，唐朝最初保持中立超脱，拒绝支持任何一方，不允其通婚请求，只是劝他们罢兵修好。贞观六年（632年），泥孰被拥立为可汗后，因其父莫贺设武德年间（618—626年）来长安时与李世民结盟为兄弟，乃遣使向唐请求内附。太宗积极回应，首次赐西突厥首领以可汗名号及鼓纛，封其为吞阿娄拔奚利邲咄陆可汗。② 泥孰死后，太宗对其继任者沙钵罗咥利失可汗、乙毗沙钵罗叶护可汗等均遣使册封并赐鼓纛，西突厥主动在象征意义上持续臣服于唐。贞观十六年（642年），面对乙毗咄陆可汗改变对唐友好态度，扣留唐朝使臣、侵暴西域及入寇唐朝伊州等地，太宗一方面答应西突厥各派希望另立新可汗的请求，册封咥利失之孙、乙屈利失乙毗可汗之子为乙毗射匮可汗，另一方面派行安西都护、西州刺史郭孝恪积极防御反击，挫败乙毗咄陆入寇。③ 在唐朝的支持下，乙毗射匮可汗不久打败乙毗咄陆可汗，将其赶往吐火罗。乙毗咄陆可汗的叶护阿史那贺鲁，走投无路，乃于贞观二十二年（648年）率部降唐，被太宗封为瑶池都督。太宗去世后，阿史那贺鲁率众反叛，西攻乙毗射匮可汗并吞灭其地，拥兵数十万，自号沙钵罗可汗，并于永徽二年（651年）入寇庭州，攻陷金岭城和蒲类县，杀掠数千人，成为比乙毗咄陆可汗更严重的唐朝西部大患。④ 为此，自永徽二年至显庆二年（651—

---

① 转引自马长寿：《突厥人和突厥汗国》，桂林：广西师范大学出版社，2006年版，第42页。上引阙特勤碑的这段文字，有的翻译成"听命于汉人可汗，并为他服务五十年之久"，参见芮传明：《古突厥碑铭研究》（增订本），附录一之《阙特勤碑》，北京：商务印书馆，2017年版，第180页。

② 参见《旧唐书》卷一百九十四下，《突厥列传下》；《新唐书》卷二百一十五下，《突厥列传下》；《资治通鉴》卷第一百九十三，"唐太宗贞观四年"条；《资治通鉴》卷第一百九十四，"唐太宗贞观六年"条。

③ 参见《新唐书》卷二百一十五下，《突厥列传下》；《旧唐书》卷一百九十四下，《突厥列传下》；《资治通鉴》卷第一百九十六，"唐太宗贞观十五年"条、"唐太宗贞观十六年"条。

④ 参见《资治通鉴》卷第一百九十九，"唐高宗永徽二年"条；《新唐书》卷二百一十五下，《西突厥传》；《旧唐书》卷一百九十四下，《突厥列传下》。

657年）的七年间，高宗先后派遣蕃汉名将契苾何力、程知节、苏定方等统率唐朝和回纥联兵对阿史那贺鲁发起三次大规模反击战（其中第一次反击战出动回纥骑兵五万、唐朝府兵三万），加上此前在唐朝为将的西突厥贵族阿史那步真、阿史那弥射族兄弟及泥孰部参战，唐军很快生擒阿史那贺鲁，西突厥宣告灭亡。之后，高宗在其地设置濛池、昆陵二都护府，分统匐延等六大都督府，以阿史那弥射为兴昔亡可汗，兼领濛池都护，管理五咄陆部；以阿史那步真为继往绝可汗，兼领濛池都护，管理五弩失毕部。西突厥属国亦设州立府，由安西都护府羁縻统治，唐之力量由此西拓至波斯附近。①

对吐谷浑，太宗多次劝谕其停止入寇，遣使十余次要求释放被扣唐使，也曾准伏允为子请婚，并征召其父子入朝。但吐谷浑怙恶不悛，无悔改迹象，其可汗父子亦拒绝入朝。太宗于是忍无可忍，撤回允婚承诺，派兵防御反击。贞观八年（634年）十二月，李靖、侯君集、李道宗、李大亮等率领蕃汉联军进击，经曼头山、牛心堆、赤水源、乌海、赤海等数次大规模追击战，杀伤吐谷浑大军，俘获牲畜超25万头，至贞观九年（635年）六月终于讨平强悍一时的吐谷浑。伏允在逃跑中绝望自缢。伏允之子、对唐友善的慕容顺杀死天柱王，应吐谷浑百姓之意举国请降。太宗允许保留吐谷浑国，册封慕容顺为西平郡王、趉胡吕乌甘豆可汗。但同年底，慕容顺遭臣下弑杀，其子诺曷钵即位，被太宗册封为河源郡王、乌地也拔勒豆可汗，在唐朝支持下平复内乱，并请求唐朝颁行历法和年号，迎娶唐宗室女弘化公主，进一步内属唐朝。②自此，河西之地的安全威胁解除，吐谷浑对唐臣属关系得到强化。

---

① 《旧唐书》卷一百九十四下，《突厥列传下》；《新唐书》卷二百一十五下，《突厥列传下》；《资治通鉴》卷第一百九十九，"唐高宗永徽二年"条；《资治通鉴》卷第二百，"唐高宗显庆元年"条、"唐高宗显庆二年"条和"唐高宗显庆三年"条。

② 《旧唐书》卷一百九十八，《吐谷浑传》；《新唐书》卷二百二十一上，《吐谷浑传》；《资治通鉴》卷第一百九十四，"唐太宗贞观八年"条、"唐太宗贞观九年"条、"唐太宗贞观十年"条；《资治通鉴》卷第一百九十五，"唐太宗贞观十三年"条；《旧唐书》卷三，《太宗本纪下》。

对西域，太宗接受伊吾城主归附并变之为唐伊州，但顾及可能增加百姓及兵士负担，遂效法东汉光武帝做法，拒绝西域诸国随高昌王麴文泰入贡，也婉拒康居内附，认为这是"劳百姓以取虚名"。① 此后，面对高昌联合西突厥势力攻打焉耆和伊州等地，太宗多次劝谕麴文泰，冀其改过自新，同时征之入朝，但遭拒绝。贞观十三年（639年）十二月，太宗于是派吏部尚书侯君集、左屯卫大将军薛万彻等统领突厥、契苾骑兵数万，远程行军讨伐高昌，并借重薛延陀、焉耆等配合，于次年八月平定自立134年的高昌政权，俘虏其王麴智盛（前王麴文泰已病死）。西突厥欲谷设面对唐军攻高昌，惧而西避。屯兵可汗浮图城的西突厥叶护则献地降唐。于是，太宗趁势在高昌故地设立西州，改可汗浮图城为庭州，另在交河城设安西都护府［高宗显庆三年（658年）迁至龟兹］，留兵千余镇守。借此强化经略西域东部，确保唐与西域交往通道和西部边陲安全。另将高昌掠夺的城池、人口归还给焉耆王。② 贞观十八年（644年），太宗又遣安西都护郭孝恪讨伐叛降西突厥屈利啜的焉耆，在焉耆王弟弟颉鼻、栗婆准等人引导下，抓获其王龙突骑支，栗婆准随后被立为王。贞观二十二年（648年），太宗派名将阿史那社尔及郭孝恪等人率突厥、铁勒十三部骑兵等共计十余万，先后攻破西突厥处月和处密部，生擒杀死栗婆准并叛唐的焉耆伪王薛婆阿那支，击败助焉耆反叛的龟兹，破其五大城、谕降小城七百余，威震西域，随后设立焉耆、龟兹、疏勒、于阗等安西四镇，将唐朝的影响力拓展至葱岭。③ 高宗显庆四年（659年），随着西突厥

---

① 《资治通鉴》卷第一百九十三，"唐太宗贞观四年"条，"唐太宗贞观五年"条。
② 《旧唐书》卷一百九十八，《西戎列传》；《新唐书》卷二百二十一上，《西域列传上》；《资治通鉴》卷第一百九十五，"唐太宗贞观十三年"条、"唐太宗贞观十四年"条；《资治通鉴》卷第二百，"唐高宗显庆三年"条。
③ 钱穆：《国史大纲》（上），北京：商务印书馆，1996年版，第442—443页；《旧唐书》卷一百九十八，《西戎列传》；《新唐书》卷二百二十一上，《西域列传上》；《资治通鉴》卷第一百九十七，"唐太宗贞观十八年"条；《资治通鉴》卷第一百九十八，"唐太宗贞观二十一年"条；《资治通鉴》卷第一百九十九，"唐太宗贞观二十二年"条；台湾地区"三军大学"：《中国历代战争史（第八册）：唐》（上），北京：中信出版社，2013年版，第263页。

灭亡，唐朝在石国、米国、史国、大安国、小安国、曹国、疏勒等西域各国设置州县府127处。高宗龙朔元年（661年），又在吐火罗、嚈哒、罽宾、波斯等16国设立8都督府、76州、110县、126军府，影响力愈发西拓。龙朔二年（662年）至仪凤三年（678年），高宗本着兴灭继绝精神，先后册封被大食攻击而流亡的波斯萨珊王朝末代王子卑路斯为波斯都督府都督、波斯王，为其复国设法提供支持，甚至一度派名将裴行俭护送其返国。①

东北方向，贞观四年（630年），唐朝营州都督薛万淑派遣契丹酋长招抚东北诸胡。奚、霫、室韦等十余部族遂全部归顺唐朝。对高丽、百济、新罗三国，唐朝继续劝和解纷，分派使节至百济、高丽，令两国与新罗化解恩怨，息兵和解。三国国王有去世者，太宗亦表示哭悼及派遣使吊祭，并册封其继任者。② 贞观十六年（642年），高丽权臣泉盖苏文残忍弑君后，横行国内、欺压官民，"国人甚苦之"。太宗对其大逆不道的行为非常愤怒，但因为不愿乘乱取之，也不愿增加中原百姓劳役，故而采取隐忍怀柔方针，遣使册封高丽新王，寄望高丽君臣悔过自新。然而，泉盖苏文变本加厉，继续与百济侵犯新罗，夺其城池40余座，并阻挡新罗与唐朝通好。新罗善德女王金德曼紧急向太宗求援。贞观十九年（645年）初，鉴于泉盖苏文弑君虐民以及违背太宗诏命、侵暴新罗，忍无可忍的太宗决意亲征，以刑部尚书张亮、李世勣等分统水陆大军共计十余万、战舰500艘自海陆进击高丽。新罗、百济、奚、契丹等则分别自南面和北面出兵策应，西北降胡及突厥新首领李思摩等亦率部参战。至当年九月，经新城、建安、驻跸山等大捷，唐朝大军攻克玄菟、横山、盖牟、磨米、辽东、白岩、卑沙等十座城池，歼灭及俘虏高丽部队超过十万人、牛马十余万头（匹），

---

① 《资治通鉴》卷第一百九十九，"唐高宗永徽五年"条；《资治通鉴》卷第二百，"唐高宗显庆四年"条、"唐高宗龙朔元年"条、"唐高宗龙朔二年"条；《旧唐书》卷一百九十八，《波斯传》。

② 《资治通鉴》卷第一百九十三，"唐太宗贞观四年"条；《旧唐书》卷一百九十九上，《东夷列传》；《资治通鉴》卷第一百九十六，"唐太宗贞观十五年"条；《资治通鉴》卷第一百九十八，"唐太宗贞观二十二年"条。

但由于攻坚安市城之战不利,加上辽东九月"草枯水冻",唐军粮草难以为继,士卒马匹难忍寒冻,太宗被迫班师。此后,面对泉盖苏文继续侵略新罗,太宗一方面敕令其改邪归正,一方面在战略战术上改弦更张,不再如隋炀帝那样亲征高丽,而是自贞观二十一年(647年)起分派水陆之师对高丽实施持续的骚扰战、消耗战,并牵绊其进攻新罗的步伐。①

贞观二十二年(648年),太宗接见新罗真德女王金胜曼的伊湌(位比国相)金春秋(太宗武烈王)父子,接受其依唐朝样式改革新罗官服的请求,对之加以抚慰。高宗永徽元年(650年),新罗停用自法兴王以来近百年自建年号的做法,改用永徽年号,以显示尊奉"大一统"、忠心事唐态度,借此求唐庇护,免受高丽、百济兼并。高宗对此深为赞许,愈发亲近新罗,在继续接受海东三国入贡同时,劝谕三国停止相互攻伐。②但三国战事依旧,泉盖苏文的"侵略野心"反而加强了。③永徽五年(654年),高丽裹挟靺鞨攻打内属唐朝的契丹,唐松漠都督、契丹酋帅李窟哥大败之。④永徽六年(655年),高丽、百济与靺鞨又联合侵犯新罗,占其33城。新罗太宗王金春秋面临国家被吞灭危险,急派使者赴唐求援,"惟天子哀救"。永徽六年(655年)、显庆三年和四年(658、659年),高宗派名将程名振、苏定方、

---

① 《旧唐书》卷一百九十九上,《高丽传》;《资治通鉴》卷第一百九十六,"唐太宗贞观十六年"条;金富轼《三国史记》卷四十九,《盖苏文列传》,第682—683页,及《三国史记》卷五,《新罗善德王本纪》,第61—63页,长春:吉林大学出版社,2015年版;《资治通鉴》卷第一百九十七,"唐太宗贞观十七年"条、"唐太宗贞观十八年"条;《资治通鉴》卷第一百九十八,"唐太宗贞观十九年"条、"唐太宗贞观二十一年"条、"唐太宗贞观二十二年"条;《唐大诏令集》卷一百三十,《高丽班师诏》。

② 《资治通鉴》卷第一百九十九,"唐太宗贞观二十三年"条;金富轼:《三国史记》卷五,《新罗真德王本纪》《新罗太宗王本纪》,第65—69页,及《三国史记》卷四,《新罗法兴王本纪》,第48页,长春:吉林大学出版社,2015年版;《资治通鉴》卷第一百九十九,"唐高宗永徽二年"条和"唐高宗永徽三年"条。

③ 崔瑞德编,中国社会科学院历史研究所、西方汉字研究课题组译:《剑桥中国隋唐史:589—906年》,北京:中国社会科学出版社,1990年版,第253页。

④ 《资治通鉴》卷第一百九十九,"唐高宗永徽五年"条。

薛仁贵等率少数唐军和契丹部队攻高丽、救新罗。① 但这样的小规模救援无济于事，高丽和百济依旧频犯新罗，金春秋忧心不已，再次请求唐朝救援。显庆五年（660年），高宗终于派遣名将苏定方率领十万水陆大军，与新罗五万部队策应，自东西两面夹击百济，仅五个月即俘虏百济王扶余义慈、太子扶余隆，得城池200座、人口76万户，在其地设立熊津等五都督府，以百济原来的五部酋长为都督、刺史。至高宗龙朔三年（663年），唐军又在名将刘仁轨等运筹下在白江口等战役中大败百济残余与倭国联军，彻底平定百济。② 需要指出的是，日本在当时百济侵伐新罗的行动中也扮演了一些角色，故而麟德二年（665年）百济与新罗盟文中有（百济）"结托高丽，交通倭国，共为残暴，侵削新罗，破邑屠城，略无宁岁"的文字。③ 因此，唐朝出兵百济前，限制日本使者在唐活动，以防情报泄露。④ 平定百济同时，高宗自显庆五年末至龙朔二年（660—662年）也派遣契苾何力、苏定方、萧嗣业等人率领唐军及回纥等部兵马攻讨高丽，但未能实现降服高丽的目标。如龙朔元年（661年）唐军虽然连战连捷，但到十月天寒地冻时不得不班师。龙朔二年（662年）二月，又因大雪被迫撤军。乾封元年（666年），泉盖苏文死去，其三个儿子泉男生与泉男建、泉男产兄弟内讧，失势的泉男生向唐求援。高宗遂再次出兵高丽，至总章元年（668年），唐军在李世勣统率下，与新罗文武王金法敏［其父金春秋在龙朔元年（661年）去世］的军队联合，终于取得对高丽用兵的胜利。唐军俘获泉男建、泉男产及高丽王高藏，降其城176座、人口

---

① 《新唐书》卷二百二十，《高丽传》;《资治通鉴》卷第一百九十九，"唐高宗永徽六年"条;《资治通鉴》卷第二百，"唐高宗显庆三年"条;金富轼:《三国史记》卷五，《新罗太宗王本纪》,长春:吉林大学出版社,2015年版,第68页。

② 《旧唐书》卷一百九十九上，《东夷列传》;《新唐书》卷二百二十，《东夷列传》;《资治通鉴》卷第二百，"唐高宗显庆五年"条;《资治通鉴》卷第二百一，"唐高宗龙朔三年"条。

③ 《旧唐书》卷一百九十九上，《东夷列传》。

④ 拜根兴:《七世纪中叶唐与新罗关系研究》,北京:社会科学文献出版社,2020年版,第10页。

69.7万户,设9都督府、42州、100县,隶属安东都护府管辖。①

此外,唐与薛延陀的关系也经历了一个变动过程。东突厥灭亡后,薛延陀占据其故地,拥有兵马20万,实力越发强盛。贞观十三年(639年),太宗以大漠为界,令薛延陀和东突厥各居漠南漠北,互不侵犯。贞观十五年(641年),东突厥部众遂依照太宗指令,在李思摩带领下渡过黄河,于定襄故城建立牙帐。不过,薛延陀内心拒绝宿敌回迁漠南。同年底,薛延陀真珠毗伽可汗夷男令其子大度设率领本部及同罗、仆固、回纥等兵马20万侵入漠南,进攻李思摩。李思摩被迫率众退入长城,并向朝廷求援。太宗于是派李世勣、薛万彻等率领唐及奚、契丹等蕃汉联军保护李思摩部众,与薛延陀大军交战并大破之。大度设部众被俘5万,其人马牲畜因大雪冻死者十之八九。贞观十六年(642年),夷男遣使赴唐谢罪并请婚。太宗和房玄龄等人认为和亲是上策,于是答应将亲生女儿新兴公主许配之,推动双方重修旧好,并要求夷男本人到灵州迎亲。但后者错过迎亲日期,太宗于是断绝婚约。贞观十九年(645年),太宗东征高丽期间,夷男去世,其子拔灼杀死兄长曳莽,自立为颉利俱利薛沙多弥可汗。拔灼见太宗东征,自觉有机可乘,遂发兵侵略唐之河南地,挠唐之后背。面对此局面,太宗派执失思力等人积极防御。贞观二十年(646年),回纥、仆骨、同罗等铁勒部族不堪忍受拔灼暴政,起兵反抗。太宗亦趁势征调蕃汉之兵出击,与回纥、仆骨、同罗等攻灭薛延陀汗国,拔灼则被回纥所杀,其部众与土地亦被回纥兼并。回纥、拔野古、同罗、仆骨、思结等铁勒11姓部落共100余万户随后遣使入贡,请求归顺唐朝,列入州郡编户齐民,并再次尊奉太宗为"天可汗""天至尊"。各部首领亦亲自到长安朝见太宗,唐与铁勒各部关系达到新顶点。太宗乃在其地设瀚海

---

① 《旧唐书》卷一百九十九上,《高丽传》;《资治通鉴》卷第二百,"唐高宗显庆五年"条、"唐高宗龙朔元年"条、"唐高宗龙朔二年"条;《资治通鉴》卷第二百一,"唐高宗乾封元年"条、"唐高宗总章元年"条;金富轼:《三国史记》卷六,《新罗文武王本纪上》,长春:吉林大学出版社,2015年版,第83—85页。

府、金微府、燕然府、龟林府、皋兰州等七府六州，以各部酋长为都督、刺史，并置燕然都护府统之。铁勒各部还请求在回纥以南、突厥以北设参天可汗道，以便随时朝见太宗。①

概述之，自太宗贞观三年末至高宗总章元年（629—668 年），约 40 年间，太宗、高宗父子一方面继续坚持休养生息的方针，立足内部稳定与发展，着力提升治国理政水平，积蓄王朝实力，巩固并扩大战略优势；另一方面则在出现重大战略机遇时，积极对东突厥实施反击，此后又对西突厥、吐谷浑、高昌、薛延陀的侵扰予以强力回击，甚至不惜"犁其庭而后已"。② 这些行为虽然带有外向性和强力色彩，造成周边地缘格局与秩序变化，但目标是消除外部侵扰，且大量掺用劝和促谈、抚以恩义等和平方式，在性质上属于积极防御，对唐朝社会经济秩序也没有造成大破坏。至于征讨高丽，这也是由于唐朝作为宗主国，对藩属国礼崩乐坏及其霸凌邻国、扰乱地区秩序的行为难以置之不理，必须兴师问罪，在当时条件下有其合理性和正义性，不可与隋炀帝用兵辽东并论。③ 唐朝黄门侍郎褚遂良认为，泉盖苏文虐弑其主乃"九夷所不容"，太宗讨伐之，是为高丽民众报"主辱之耻"。④ 朝鲜古代著名政治家、史学家金富轼在其所撰《三国史记》中亦称，泉盖苏

---

① 参见《旧唐书》卷一百九十九下，《薛延陀传》；《旧唐书》卷一百九十四上，《突厥列传上》；《资治通鉴》卷第一百九十五，"唐太宗贞观十三年"条；《资治通鉴》卷第一百九十六，"唐太宗贞观十五年"条、"唐太宗贞观十六年"条；《新唐书》卷八十三，《诸帝公主列传》；《资治通鉴》卷第一百九十七，"唐太宗贞观十七年"条；《资治通鉴》卷第一百九十八，"唐太宗贞观十九年"条、"唐太宗贞观二十年"条、"唐太宗贞观二十一年"条。

② 《新唐书》卷二百一十六下，《吐蕃列传下》。

③ 如何界定太宗、高宗对朝鲜半岛三国用兵的性质，历史学界莫衷一是。大陆从事唐代军事史研究的不少学者认为，唐对朝鲜半岛三国的战争在性质上是错综复杂的。这场战争的初期，是唐为收复辽东和巩固东北边防，是正义的。相关论述，参见杨希义、于汝波：《中国军事通史（第十卷）：唐代军事史》（上），北京：军事科学出版社，1998 年版，第 273—274 页。中国台湾地区编写的《中国历代战争史》唐代卷更指出，太宗东征高丽是为永久国防和维护"天可汗"威望计，是为防止高丽泉盖苏文在东亚边缘形成"小霸"局面，是谋国之远虑、全亚霸主之远策，绝非某些史家或旧腐儒认为的"出师无名""穷兵黩武"，参见台湾地区"三军大学"：《中国历代战争史（第八册）：唐》（上），北京：中信出版社，2013 年版，第 310—312 页。

④ 《旧唐书》卷八十，《褚遂良传》。

文本性凶残,"不能以直道奉国,残暴自肆,以至大逆",并引用《春秋》"君弑贼不讨,谓之国无人"的话表示,泉盖苏文理应被讨伐。① 可以说,如晚年的房玄龄所言,太宗坐运神策,不下殿堂,就消除突厥之患,平定凶暴的薛延陀,促使铁勒各部慕义归附,平荡首鼠两端的高昌、吐谷浑,最后又对为逆作乱、弑主虐人的高丽(泉盖苏文)兴师问罪,可谓"比功较德,万倍前王"。② 高宗即位后,亦继承太宗事业,特别是回应新罗数次哀号求援,助其紧急应对百济、高丽入侵,亦具有正义性质。③ 因此,唐朝这一时期的大战略行为应归类为进取性战略。

短暂激进性战略及进取性战略回归:战略失焦之弊

唐朝讨平高丽后,大战略行为轨迹出现新变化。这一时期,东亚地区的地缘政治格局与贞观初年相比几乎发生全方位变化。唐朝面临的战略形势恰如法国学者格鲁塞所概括的:一个受到震惊的亚洲看到了一个陌生的、史诗般的中国。她决不向蛮族求和,也不以重金收买他们撤兵,而是要战胜他们,使他们害怕中国。④ 在太宗经略下,唐朝疆域东极大海,西至焉耆,南尽林州南境,北接薛延陀界,东西9511里,南北16 918里。至高宗平定百济、高丽,辽海以东皆为州县,可

---

① 金富轼:《三国史记》卷四十九,《盖苏文列传》,长春:吉林大学出版社,2015年版,第682—685页。
② 《旧唐书》卷六十六,《房玄龄传》。
③ 20世纪以来朝鲜半岛的民族主义史学家、民族独立运动人士申采浩认为,新罗联合唐灭百济、高丽,是招徕异族灭亡同族,与引寇贼残杀兄弟无异。有关新罗统一朝鲜半岛大部,朝韩学界基于民族史和其他错综复杂的角度,都曾对之否定和批判。但不少韩国学者以及中国唐史学者拜根兴教授认为,评价上述问题时,如果不顾当时历史环境,而用1000多年后现代人的(民族主义史观)好恶评判古人,是不公平的。半岛三国都想要消灭对方,他们之间基于土地、百姓的争夺而导致的冤冤相报,绝非后代学者界定的"同族意识"范畴。相关问题,参见拜根兴:《七世纪中叶唐与新罗关系研究》,北京:社会科学文献出版社,2020年版,第7页正文及脚注、第14—15页。
④ 格鲁塞著,蓝琪译:《草原帝国》,北京:商务印书馆,1998年版,第130页。

谓达到最盛。① 相比于全盛时的西汉，其南北疆域相当，东面虽不及，西部却是大大拓展了。②

物极则反。此前，唐朝的战略行动多是为反击外部霸凌或军事入寇，或是为维持地区秩序、讨伐大逆不道的藩属国，因此常获各方拥护。然而，如某些史学家指出的，唐军击败百济和灭亡高丽后，统治者推行高压政策，遂使战争性质发生变化。③ 范文澜先生也指出，类似这种对外战争，于民众没有丝毫益处。④ 上述观点固然有可商榷处，但高宗平定百济、高丽后，未处理好善后问题，导致此后的军事行动脱离预定轨道，则是显然的。换言之，百济、高丽灭亡后，唐与新罗关系本应有进一步的提升，但双方未能妥善处理新形势下的磨合问题。唐朝为救援新罗，付出不菲代价，战后试图以设置安东都护府及扶植百济、高丽王室的方式，对两国故地羁縻统治，维持作为宗主国对地区秩序的安排权利，且并无乘胜吞灭新罗的意图。受唐救亡之恩的新罗，则在此前策应唐军东征过程中战力大增，兼并两大邻国故地、统一朝鲜半岛的意图则强烈起来。唐与新罗的战略目标存在矛盾，却并非不可调和。但双方没有及时处理好磨合问题，遂自高宗总章二年至仪凤元年（669—676 年）陷入长达七年的唐罗战争。⑤ 这段时期，唐朝大将薛仁贵、高侃、李谨行（靺鞨人）等人一方面轮番弹压高丽叛乱，另一方面被迫与蚕食百济故地、收纳高丽余众的新罗发生较大规模的军事摩擦。至咸亨五年及上元元年（674 年），高宗对忘恩负义的

---

① 《旧唐书》卷三十八，《地理志一》；《新唐书》卷三十七，《地理志一》；钱穆：《国史大纲》（上），北京：商务印书馆，1996 年版，第 444 页。当然，由于高丽、百济此后复叛并被新罗兼并，其地"不入提封"，参见《旧唐书》卷三十八，《地理志一》。

② 钱穆：《国史大纲》（上），北京：商务印书馆，1996 年版，第 444 页。亦可参见谭其骧主编：《简明中国历史地图集》，北京：中国地图出版社，1991 年版，第 17—18、39—40 页。

③ 杨希义、于汝波：《中国军事通史（第十卷）：唐代军事史》（上），北京：军事科学出版社，1998 年版，第 273—274 页。

④ 范文澜：《中国通史简编》（上），石家庄：河北教育出版社，2000 年版，第 300—301 页。

⑤ 《旧唐书》卷一百九十九上，《高丽传》；拜根兴：《七世纪中叶唐与新罗关系研究》，北京：社会科学文献出版社，2020 年版，第 93—116 页。

新罗大为恼怒,削除其王金法敏官爵,并先后派名将刘仁轨、李谨行等与靺鞨联兵自水陆讨伐新罗,屡战屡胜,斩获甚众。上元二年(675年),金法敏"畏罪知错",遣使朝贡谢罪。高宗既往不咎,遂恢复其官爵,并于仪凤元年(676年)将安东都护府由平壤迁至辽东故城,次年再北迁新城,唐军亦随之回撤。新罗此后凭借地缘优势,持续夺取百济故地和高丽在半岛的大部分城池,疆域日益扩大,"西至于海",大致统一朝鲜半岛。① 简言之,自669年至676年的七年间,可以算作唐朝的激进性战略时期。

就在唐朝用兵东线的时候,唐朝西线的安全问题暴露出来。吐蕃在唐朝西南崛起,四处拓展势力,至此时已呈咄咄逼人之势。早在松赞干布(弃宗弄赞)任赞普时期(629—650年),就与其国相禄东赞等整军经武,兼并诸羌,"雄霸本土",攻击吐谷浑,开始与唐交通。②《通典》称,唐初,吐蕃"已有胜兵数十万,号为强国",吐谷浑、西域诸政权对其颇为畏惧。但松赞干布对唐朝总体上持仰慕态度(尽管不无入寇),贞观八年(634年)遣使入贡,请求结成婚姻之好。太宗对此殊为重视,派使者回访抚慰。贞观十二年(638年),因与唐结成婚姻不成,吐蕃侵犯弘州、松州,被唐军反击后,派使者入长安谢罪并再次请婚。③ 贞观十四年(640年),吐蕃再次以重礼请婚。太宗遂于次年将宗室女文成公主嫁予松赞干布,唐与吐蕃成为一家。贞

---

① 《旧唐书》卷八十三,《薛仁贵传》;《资治通鉴》卷第二百一,"唐高宗咸亨元年"条;《资治通鉴》卷第二百二,"唐高宗咸亨二年"条、"唐高宗咸亨三年"条、"唐高宗咸亨四年"条、"唐高宗上元元年"条、"唐高宗上元二年"条、"唐高宗仪凤元年"条、"唐高宗仪凤二年"条;《新唐书》卷二百二十,《新罗传》;《旧唐书》卷一百九十九上,《新罗传》;金富轼:《三国史记》卷六,《新罗文武王本纪上》,第87—90页,及《三国史记》卷七,《新罗文武王本纪下》,第93—103页,长春:吉林大学出版社,2015年版。

② 《旧唐书》卷一百九十六上,《吐蕃列传上》;《资治通鉴》卷第一百九十四,"唐太宗贞观八年"条。

③ 《通典》卷一百九十,《边防六》;《旧唐书》卷一百九十六上,《吐蕃列传上》;《资治通鉴》卷第一百九十四,"唐太宗贞观八年"条;《资治通鉴》卷第一百九十五,"唐太宗贞观十二年"条。

观末年，吐蕃还曾派兵参加唐朝讨伐龟兹、中天竺等军事行动。① 高宗永徽元年（650年），松赞干布去世，其年幼的孙子继位，国相禄东赞摄政。禄东赞继续拓展势力，使吐蕃"开始以强悍的姿态出现在亚洲政治舞台上"。② 龙朔三年（663年），禄东赞发兵攻击吐谷浑，侵占其地，吐谷浑可汗及其妻弘化公主被迫奔投凉州，遣使向唐告急。麟德二年（665年），吐蕃又侵犯于阗，染指西域。乾封二年（667年），禄东赞死，其子钦陵、赞婆等四兄弟秉权当国，且皆有智谋才略，不久攻破生羌12州，迫使唐朝撤去在此地的建置。③ 咸亨元年（670年），吐蕃又攻陷唐朝西域18羁縻州及龟兹拨换城，迫使唐朝罢撤龟兹、于阗、焉耆、疏勒安西4镇，失去对天山以南掌控。同年，高宗自东线调回大将薛仁贵，反击吐蕃进犯，并助吐谷浑恢复故地。然而，大非川之战，唐朝10余万大军几乎全军覆没，经历王朝建立以来空前惨败，吐谷浑之地遂彻底为吐蕃所有。自后，吐蕃持续对唐朝凉州、鄯州、廓州、河州、芳州、叠州、抚州等地进行寇扰。④ 仪凤三年（678年），唐朝18万大军与吐蕃军在青海大战，再次大败，工部尚书、右卫大将军刘审礼被俘。至永隆元年（680年），吐蕃虽然赞普更立，但秉政大臣团结和睦，实力因此不断上升，东接唐之凉、松等州，南邻天竺，西陷安西四镇，北抵突厥，地方万余里，"自汉魏以来，西

---

① 《资治通鉴》卷第一百九十五，"唐太宗贞观十四年"条；《资治通鉴》卷第一百九十六，"唐太宗贞观十五年"条；《资治通鉴》卷第一百九十八，"唐太宗贞观二十一年"条、"唐太宗贞观二十二年"条。关于吐蕃应唐朝征召派兵讨伐龟兹事，当代学者王小甫对此亦有所考证。参见王小甫：《唐、吐蕃、大食政治关系史》，北京：生活·读书·新知三联书店，2021年版，第54页。

② 王小甫：《唐、吐蕃、大食政治关系史》，北京：生活·读书·新知三联书店，2021年版，第55页。

③ 《旧唐书》卷一百九十六上，《吐蕃列传上》；《旧唐书》卷一百九十八，《吐谷浑传》；《新唐书》卷二百一十六上，《吐蕃列传上》；《资治通鉴》卷第二百一，"唐高宗龙朔三年"条、"唐高宗麟德二年"条、"唐高宗乾封二年"条。

④ 《旧唐书》卷一百九十六上，《吐蕃列传上》；《资治通鉴》卷第二百一，"唐高宗咸亨元年"条；《资治通鉴》卷第二百二，"唐高宗咸亨三年"条、"唐高宗仪凤元年"条、"唐高宗仪凤二年"条；《旧唐书》卷五，《高宗本纪下》；《新唐书》卷三，《高宗本纪》。

戎之盛，未之有也"。吐蕃连年内侵，令晚年的高宗深以为忧。①

以上情况表明，高宗在达到救援新罗、惩戒百济和高丽的目的后，未能及时抽身，回身应对心腹地带侧近的威胁，反而恼怒于新罗忘恩负义，并继续深度纠缠于半岛事务之中，将大量战略资源消耗于东线。最终，唐朝顾此失彼，不仅大量丧失在半岛取得的战果，而且西部的吐蕃趁机坐大，成为唐朝长期的心腹大患。雪上加霜的是，东西突厥的旧势力也窥伺时机，自高宗调露元年（679年）前后大规模反叛。先是西突厥十姓可汗阿史那都支（兴昔亡可汗阿史那弥射旧部）及其别帅李遮匐与吐蕃勾连，进逼安西，侵蚀唐在西域的影响力。而后，东突厥旧部数十万人反叛，并且裹挟奚、契丹等部族侵犯唐朝北境。至永淳元年（682年），经阿史那泥熟匐、阿史那伏念至阿史那骨咄禄三位首领经营，东突厥旧势力终于在唐朝顾此失彼的战略窘境中复国，建立所谓后突厥汗国。之后，又历经骨咄禄之弟默啜、骨咄禄之子默棘连等可汗经营，后突厥势力愈发复兴。② 由此至唐玄宗天宝四载（745年）的60余年里，后突厥一直构成唐朝北线的重大威胁。后突厥与吐蕃还常常彼此策应，不仅抢夺唐朝西域土地，侵掠西突厥故地及其余众，而且侵入唐朝西南、西北和北部各州，屠城掠民，将战火直接烧到中原王朝境内，极大挫伤唐朝的外部威望，扰乱内地民众正常的经济社会秩序。自太宗平定东突厥后的半个世纪里，这种状况堪称是未有之战略灾难。《旧唐书》对此战略失误曾有专论曰，北狄密迩中华，侵边盖有之矣；东夷隔碍瀛海，作梗罕常闻之。③ 换言之，从当时地缘政治和唐朝以前的王朝战略经验看，由于朝鲜半岛距中原王朝的政治中心遥远，其构成的军事威胁非常有限，唐朝不应因怒而将大

---

① 《资治通鉴》卷第二百二，"唐高宗仪凤三年"条、"唐高宗调露元年"条；《资治通鉴》卷第二百三，"唐高宗永隆元年"条；《旧唐书》卷一百九十六上，《吐蕃列传上》。
② 《旧唐书》卷一百九十四上，《突厥列传上》；《新唐书》卷二百一十五上，《突厥列传上》；《新唐书》卷二百一十五下，《突厥列传下》；《资治通鉴》卷第二百二，"唐高宗调露元年"条；《旧唐书》卷八十四，《裴行俭传》。
③ 《旧唐书》卷一百九十九上，《东夷列传》史臣曰。

量资源和精力消耗于此，而应警惕来自统治中心侧近（突厥及吐蕃）的动向。《新唐书》为此感叹称，高宗"儒仁无远略"。①

外部的形势如此，内部的情形亦有诸多令人唏嘘处，可谓每况愈下。一是多年用兵对内部生产力造成了破坏，民众承受很大的社会代价。特别是大兵过后，常逢凶年。高宗总章元年（668年），京师及山东、江淮地区发生旱灾和饥荒，陇右地区亦经济凋敝、户口减少。咸亨元年（670年），天下久旱，关中地区再次发生饥馑。② 调露二年至永淳元年（680—682年），洛州、雍州、河南、河北及关内、山东地区饥馑，米价高涨，天灾不断，民众苦不堪言。其中，永淳元年（682年），关中地区水、旱、蝗灾和瘟疫频仍，米价飙升至一斗300钱，后又蹿升到400钱，关内府兵不得不外出就食，长安城内则"人相食，寇盗纵横"。高宗也被迫数次避灾洛阳。即使如此，扈从高宗赴洛阳的队伍里，也常有很多人饿死。长安至洛阳的道路上更是死者遍野。③

二是自显庆年间（656—661年）顾命大臣长孙无忌、褚遂良和良臣韩瑗（曾任侍中）等先后遭贬黜而亡后，高宗真正掌握国政，但治国理政水平持续下降，特别是自此后的20余年，朝臣无人再敢"逆意直谏"。④ 在此期间，高宗造蓬莱宫（含元宫）、上阳宫、合璧宫、宿羽宫、高山宫、镜殿等宫殿，厩中又养马万匹，令国库日益空虚。其中，仅宫苑马粪一年竟然能卖钱20万缗，反推之，养马费用之巨不难想象。⑤ 而这些马匹并非作为战马之用。永淳元年（682年），监察御史李善感谏阻高宗封禅五岳时就痛心指出，"数年以来，菽粟不稔，饿殍相望，四夷交侵，兵车岁驾"，内外皆有令人忧心者，而高宗不仅不

---

① 《新唐书》卷二百一十六上，《吐蕃列传上》。
② 《资治通鉴》卷第二百一，"唐高宗总章元年"条、"唐高宗总章二年"条、"唐高宗咸亨元年"条。
③ 《资治通鉴》卷第二百一，"唐高宗咸亨元年"条；《资治通鉴》卷第二百三，"唐高宗永淳元年"条；《旧唐书》卷五，《高宗本纪下》。
④ 《资治通鉴》卷第二百三，"唐高宗永淳元年"条。
⑤ 《资治通鉴》卷第二百，"唐高宗龙朔二年"条；《资治通鉴》卷第二百一，"唐高宗乾封二年"条；《资治通鉴》卷第二百二，"唐高宗调露元年"条、"唐高宗开耀元年"条。

反躬自省，改弦更张，反而"广营宫室，劳役不休"，令天下莫不失望。他的进谏引起朝野共振，被当时舆论称作"凤鸣朝阳"。①

三是唐朝军马储备大为下降，骑兵战力削弱。这一时期，马政遭严重破坏，特别是自高宗调露元年至开耀元年（679—681年），由于东突厥旧部反叛及侵扰，唐朝仅夏州牧马就损失18万多匹，监牧的吏卒被杀被俘者达800余人。至武则天垂拱时期（685—688年），唐朝马匹已损失大半。武则天久视元年（700年），默啜又抢掠陇右监马1万余匹。次年，默啜入寇盐州、夏州，大掠羊马10万头。中宗神龙二年（706年），突厥再次抢掠陇右牧马万余匹。② 牧马的大量非直接战斗损失，导致唐朝骑兵战力严重削弱。

面对内外不利的态势，唐朝开始实施战略调整，聚焦维护自身安全，应对吐蕃、后突厥等威胁，大战略轨迹向积极一面回归。对内，早在上元元年（674年），已成为皇后近20年、参与治国理政近15年的武则天就向高宗上疏建言十二事。其中，以前五事尤其重要，即劝农桑，薄赋徭；给复三辅地区；息兵，以道德化天下；南北中尚禁浮巧；省功费力役。这些带有休养生息色彩的建议获得高宗嘉许，并不同程度得到推行，推动着唐朝提前开启战略转轨。③ 至高宗去世（683年）前，高宗数次亲耕籍田，武则天亦多次祭祀先蚕。高宗还免除雍州、同州、华州、岐州等三辅或关中要地租税徭役及河南、河北户调一至两年不等，停罢南北中尚、梨园、作坊，减少厩马数千匹，赈济洛州、河南、河北等地遭水灾百姓。④ 武则天临朝称制及革命建周后（684—705年），明察善断，任用英贤，延续此类政策，包括派狄仁杰

---

① 《资治通鉴》卷第二百三，"唐高宗永淳元年"条。
② 《通典》卷二十五，《职官七》；《新唐书》卷二百一十五上，《突厥列传上》；《新唐书》卷五十，《兵志》；《资治通鉴》卷第二百二，"唐高宗开耀元年"条；《旧唐书》卷一百九十四上，《突厥列传上》；《资治通鉴》卷第二百八，"唐中宗神龙二年"条。
③ 《新唐书》卷七十六，《则天武皇后传》；《资治通鉴》卷第二百，"唐高宗永徽六年"条、"唐高宗显庆五年"条；《资治通鉴》卷第二百二，"唐高宗上元元年"条。
④ 参见《新唐书》卷三，《高宗本纪》；《旧唐书》卷五，《高宗本纪下》；《资治通鉴》卷第二百一，"唐高宗乾封二年"条；《资治通鉴》卷第二百二，"唐高宗仪凤二年"条、"唐高宗调露元年"条。

等人巡抚及赈济山东、河南或洛州等地遭受饥荒、雨灾、雪灾的百姓。① 武则天还重视水利工程建设,在关内、河东、河北、河南、江南等各道兴修渠、陂、塘、堰、池、河等设施,便利农田灌溉和物资运输。她亦重视屯田,认为"王师外镇,必藉边境营田"。② 因此,高宗仪凤二年(677年)之后及武周时期,屯田迈入大增长阶段,自河西陇右、朔方至河北等地皆有大量屯田,支撑对吐蕃、后突厥等作战军粮所需。③ 其中,黑齿常之、娄师德、郭元振等名将屯田成绩尤为出众。④ 他们前赴后继在河西陇右屯田,每年收粟积谷超百余万石,是贞观初年张俭在朔州等地屯田营收的十余倍。这些粮食足够边军数年之用,不仅免去内地军粮转运之苦,而且降低了边地粮价,使内地和边地百姓都大为受益。⑤ 在上述一系列政策推动下,至武则天去世当年(705年),王朝人口增至615万多户、3714万余人,⑥ 比高宗永徽三年(652年)增加230万余户。不过,需指出的是,武则天临朝称制至中宗复辟,统治者纵情奢靡,大造福先寺、三阳宫、兴泰宫、罔极寺、太平观、香山寺等佛寺道观,搞出新旧明堂(万象神宫、通天宫)、新旧天堂、天枢、大佛像等奢侈工程。这些功作动辄耗费钱财万亿计,造成农事虚费、府库空虚,连诸胡都要出钱百万亿,僧人、尼姑也得捐钱交税,妇女常常被征调服役修路。⑦

---

① 《旧唐书》卷六,《则天皇后本纪》;《资治通鉴》卷第二百五,"则天皇后长寿元年"条。
② 相关水利工程及设施统计,参见杨向春:《武则天与唐代农业》,载《乾陵文化研究》(四),第454页;《资治通鉴》卷第二百五,"则天皇后万岁通天元年"条;《旧唐书》卷九十三,《娄师德传》。
③ 参见黄正建:《唐代前期的屯田》,载《人文杂志》,1985年第3期,第79—80页。有关国内学界对唐代屯田研究情况,可参见李文益、李少林:《唐代屯田研究综述》,载《中国史研究动态》,2011年第4期,第36—44页。
④ 杨向春:《武则天与唐代农业》,载《乾陵文化研究》(四),第453页。
⑤ 参见《旧唐书》卷一百九,《黑齿常之传》;《新唐书》卷一百八,《娄师德传》;《旧唐书》卷九十七,《郭元振传》;《旧唐书》卷八十三,《张俭传》。
⑥ 《资治通鉴》卷第二百八,"唐中宗神龙元年"条;《旧唐书》卷八十八,《苏瑰传》。
⑦ 《通典》卷七,《食货七》;《资治通鉴》卷第二百七,"则天皇后长安四年"条;《资治通鉴》卷第二百五,"则天皇后延载元年"条、"则天皇后天册万岁元年"条、"则天皇后万岁通天元年"条;《新唐书》卷一百二十四,《姚崇传》。

对外，唐朝将战略资源重新配置，集中投入到北线和西南线。东面，主要实施战略收缩。如前文所述，仪凤元年（676年），唐朝将安东都护府由平壤北迁至辽东故城，次年再迁新城，又将熊津都督府迁至建安故城。新罗随后推进三韩统一。仪凤三年（678年），高宗称，此前东灭高丽、百济，连年用师，而吐蕃趁机侵犯唐朝西部，"中国骚然，朕至今悔之"。① 因此，在新罗在半岛拓展势力时，高宗接受朝中重臣、侍中张文瓘的临终建议，两害相权，放弃对新罗用兵，专心应对吐蕃内侵，唐罗逐步恢复和平友好关系。② 武则天临朝称制后，唐罗关系进一步转圜。新罗数次遣使来朝，金法敏去世后，其继任者神文王金政明、孝昭王金理洪、圣德王金兴光（原名金隆基）亦先后被高宗、武则天册封为新罗王。新罗神文王、孝昭王去世后，武则天也按惯例为他们举哀。③

西面，对吐蕃的斗争主要集中在反击其侵扰边地、进逼西域两个方面。针对吐蕃寇扰边地，高宗和武则天时期，河源军经略大使黑齿常之、娄师德等镇守河陇，有效遏制其寇扰，并大兴屯田，进行持久较量准备。其中，黑齿常之在河源屯田5000多顷，每年收获粮食500多万石。开耀元年（681年），又在良非川击败吐蕃论（宰相）赞婆。④ 针对吐蕃进逼西域，唐朝一方面打破西突厥旧部联合吐蕃"侵逼安西"的图谋，加强对天山以北掌控，一方面积极谋求收复安西四镇，重获对天山以南的控制。高宗调露元年（679年），名将裴行俭用计擒获西突厥反唐首领阿史那都支，夺取并修筑碎叶城。武则天临朝称制后，又数次派大军征讨吐蕃，经屡败屡战，终于在长寿元年（692年）

---

① 《新唐书》卷二百一十六上，《吐蕃列传上》。
② 《资治通鉴》卷第二百二，"唐高宗仪凤三年"条；《旧唐书》卷八十五，《张文瓘传》。
③ 《旧唐书》卷一百九十九上，《新罗传》；《资治通鉴》卷第二百二，"唐高宗开耀元年"条；金富轼：《三国史记》卷八，《新罗神武王本纪》《新罗孝昭王本纪》《新罗圣德王本纪》，长春：吉林大学出版社，2015年版，第107、111、113页。
④ 《旧唐书》卷一百九，《黑齿常之列传》；《资治通鉴》卷第二百二，"唐高宗永隆元年"条；《新唐书》卷一百八，《娄师德列传》；《新唐书》卷二百一十六上，《吐蕃列传上》；《旧唐书》卷一百九十六上，《吐蕃列传上》。

由武威军总管王孝杰一举收复安西四镇，重设安西都护府于龟兹。① 安西四镇的收复，具有深远的战略意义。它结束了吐蕃自高宗咸亨元年（670年）以来对天山以南长达22年的控制，确立了此后60余年唐朝在西域与吐蕃等势力斗争的主导权和主动权。直至安史之乱前，吐蕃都无力再控制天山以南。②

长期的消耗战也使吐蕃不堪重负，特别是百姓苦于劳役兵役，也希望与唐和好为一家。长寿元年（692年），吐蕃党项部万余人及吐蕃酋长曷苏、别部酋长昝捶等先后谋划归唐。万岁登封元年、万岁通天元年（均在696年），吐蕃尽管仍可以两度打败唐军，但对唐朝西北边地的寇扰势头已经在减弱。③ 武则天圣历二年（699年），吐蕃终于发生内讧，长大成人的赞普器弩悉赞不满论钦陵专权，领兵攻之，钦陵兵败自杀。钦陵的弟弟赞婆、儿子弓仁等先后率部降唐，吐谷浑部落1000余帐亦内附。④ 至此，论钦陵兄弟秉权30余年来，吐蕃对唐朝西部边地的侵扰态势大减，其实力亦因内讧而大挫，虽于久视元年（700年）、长安二年（702年）继续侵犯河陇、蜀地，但已难以取胜。长安元年（701），凉州都督、陇右诸军大使郭元振在凉州开拓州境1500里，并广开屯田，有效阻遏吐蕃与突厥等势力对河西的侵扰。⑤ 武则天对吐蕃的积极反击，至此终于取得重大成功。长安二年、三年（702、703年），吐蕃派大臣论弥萨赴唐求和，并贡献马1000匹、黄金2000两请婚。武则天随即在庭州设北庭都护府，强化对西域管辖。长安三

---

① 《资治通鉴》卷第二百二，"唐高宗调露元年"条；《资治通鉴》卷第二百五，"则天皇后长寿元年"条。
② 关于收复安西四镇的意义，参见郭锋：《唐代前期唐、蕃在西域的争夺与唐安西四镇的弃置》，载《敦煌学辑刊》，1985年第1期，第140—141页。
③ 《新唐书》卷二百一十六上，《吐蕃列传上》；《旧唐书》卷一百九十六上，《吐蕃列传上》；《资治通鉴》卷第二百五，"则天皇后长寿元年"条。
④ 《资治通鉴》卷第二百六，"则天皇后圣历二年"条；《旧唐书》卷一百九十六上，《吐蕃列传上》；《资治通鉴》卷第二百五，"则天皇后万岁通天元年"条。
⑤ 《资治通鉴》卷第二百七，"则天皇后长安元年"条；《新唐书》卷一百二十二，《郭元振传》；《旧唐书》卷一百九十六上，《吐蕃列传上》。

年（703年），吐蕃再生内乱。先是南境各部叛乱，器弩悉赞平叛时死于军中。其诸子随即争夺赞普之位，最后由七岁的弃隶蹜赞即位，新赞普祖母秉政。内忧外患的吐蕃无力对武周寇扰，转取和亲政策，向唐请婚。中宗景龙四年（710年），唐朝将宗室女金城公主嫁给弃隶蹜赞。至睿宗以前，唐蕃关系总体保持了稳定。①

北面，针对后突厥，则采取攻讨与安抚两手并用方略。调露元年（679年）冬至永隆元年（680年）年初，高宗以裴行俭为定襄道大总管，统率大军近50万，一举大败后突厥，其伪可汗阿史那泥熟匐被部众杀死。这次出师也是唐朝建立以来最大规模的军事行动，史书称"唐世出师之盛，未之有也"。②开耀元年（681年），裴行俭又迫降新立的伪可汗阿史那伏念。高宗去世前后，唐朝以薛仁贵、程务挺、黑齿常之等名将反击骨咄禄入寇，屡有胜绩。③自永昌元年（689年）至延载元年（694年），武则天数次让男宠薛怀义（冯小宝）担任行军大总管，节制诸将，先后征讨骨咄禄（694年死）和默啜，但均未与敌遭遇，形同儿戏。④万岁通天元年（696年），契丹李尽忠、孙万荣反叛，攻陷营州、冀州、幽州等地城池，数次大败武周平叛大军，杀死名将王孝杰等人，屠杀赵州等城官民，一时河北震恐。⑤默啜抓住机遇，对武周玩弄两手策略，一方面不时寇扰凉州、灵州、胜州等地，一方面则请求作武则天儿子，并为女儿请婚，同时表示愿出兵助讨契丹，但条件是获得丰州、胜州、灵州、夏州、朔州、代州等六地突厥

---

① 《旧唐书》卷一百九十六上，《吐蕃列传上》；《资治通鉴》卷第二百七，"则天皇后长安二年"条、"则天皇后长安三年"条；《资治通鉴》卷第二百九，"唐睿宗景云元年"条。
② 《旧唐书》卷八十四，《裴行俭传》。
③ 《资治通鉴》卷第二百二，"唐高宗永隆元年"条；《旧唐书》卷八十四，《裴行俭传》；《资治通鉴》卷第二百二，"唐高宗开耀元年"条；《旧唐书》卷一百九十四上，《突厥列传上》；《旧唐书》卷八十三，《薛仁贵传》《程务挺传》；《旧唐书》卷一百九，《黑齿常之传》；《通典》卷一百九十八，《边防十四》。
④ 《资治通鉴》卷第二百四，"则天皇后永昌元年"条；《旧唐书》卷一百八十三，《薛怀义传》；《旧唐书》卷一百九十四上，《突厥列传上》。
⑤ 《资治通鉴》卷第二百五，"则天皇后万岁通天元年"条；《资治通鉴》卷第二百六，"则天皇后神功元年"条。

降户和单于都护府之地及谷种、缯帛、农器和铁等物资。武则天无奈之下，封其为迁善可汗、立功报国可汗，并答应其出兵条件。神功元年（697年），契丹之乱平定，默啜不仅尽得契丹余众及依附契丹的奚、霫等部族，而且从武周取得六州数千帐突厥降户、四万斛谷种、五万段丝织品、三千件农器、四万斤铁等人口物资。兵员粮草愈加充足的后突厥，对武周随即发起大规模入寇。① 尤其是圣历元年（698年），默啜以报答李唐恩德、辅助李显及李旦恢复帝位为名，讨伐武周。其间，扶植武周右豹韬卫将军阎知微为伪可汗，领兵十余万寇掠静难、平狄、清夷等军及河北等地，大肆夺地屠城，掳掠百姓八九万人。武则天派出的45万大军畏战怯战，对此无可奈何。默啜率大军顺利返回漠北，所过之处又大肆屠杀抢掠。契丹之乱及此战之后，武周声望大挫，默啜则拥兵40万、土地万余里，进一步攻掠西突厥十姓部落并将西北诸夷纳入势力范围，开创了颉利可汗以来东突厥的新强盛期。② 默啜顾盼自雄，对武周王朝颇为轻视。③ 可以说，由于一系列的战略运筹失误，武则天事实上促成了后突厥在默啜时期的快速崛起。因此，有当代史家激烈批评武则天，称其在高宗去世后20余年"无丝毫政绩可纪"，一大论据就是"突厥横行于北地，吐蕃跳梁于西陲……全乏对策"。④ 还有史家认为武则天不知兵事，因此对外战略"措置乖方"。⑤ 这些批评难免以偏概全，存在偏激之处，但用在武则天对后突厥政策上却不无道理。中宗李显复辟后，对后突厥积极实施反击，反而取得了不俗战果，大显唐军之威。景龙二年（708年），名将张仁愿乘默啜西征突骑施（西突厥别部），在黄河以北抢修三座受降城，拓地

---

① 《旧唐书》卷一百九十四上，《突厥列传上》；《资治通鉴》卷第二百五，"则天皇后万岁通天元年"条；《资治通鉴》卷第二百六，"则天皇后神功元年"条。

② 《旧唐书》卷一百九十四上，《突厥列传上》；《资治通鉴》卷第二百六，"则天皇后圣历元年"条；《旧唐书》卷一百九十四下，《突厥列传下》。

③ 《资治通鉴》卷第二百六，"则天皇后圣历元年"条；《旧唐书》卷一百九十四上，《突厥列传上》。

④ 岑仲勉：《隋唐史》，北京：商务印书馆，2015年版，第141页。

⑤ 吕思勉：《隋唐五代史》，北京：民主与建设出版社，2018年版，第120页。

300余里,又在牛头朝那山修建烽候1800所,阻绝后突厥南侵之路。自此,突厥无法越过牛头朝那山放牧和寇掠朔方。唐朝由此减省镇边士卒数万,节约军费数以亿计。① 景龙四年(710年),中宗又令吕休璟、张仁愿等将军率领蕃汉之兵60万北伐默啜。②

综述之,自669年至676年的唐罗之战,可以算作唐朝大战略激进时期,是其战略严重失焦阶段。但以仪凤元年(676年)唐朝将安东都护府自平壤北撤为标志,高宗及武则天开始实施战略转轨,重新调配王朝资源,设置新的战略焦点。他们一方面立足于恢复王朝内部的社会稳定与经济发展,养精蓄锐,增持实力,一方面出兵反击吐蕃与后突厥,力图将吐蕃势力逐出西域并阻止其侵扰河陇边地,同时对后突厥试图因势利导加以羁縻。虽然,经过数次与吐蕃的激烈争夺才收复安西四镇,对后突厥策略亦适得其反,但其积极作为,力求保持唐朝疆域安全与对外威望的特征是明显的。而且,经过持续努力,终于使地区秩序在西线和北线都向着有利于中原王朝的方向变化。这些行为虽然带有一定的外向性和暴力色彩,但主要目标是消除外部侵扰,且掺用了和亲等和平方式,在性质上属于积极反击,对促进唐朝内部社会经济秩序稳定、改变唐朝实力虚耗的趋势是颇有裨益的。因此,自高宗仪凤元年至中宗去世(676—710年)的30余年,是唐朝复归进取性战略的时期。

---

① 《新唐书》卷一百一十一,《张仁愿传》《唐休璟传》;《旧唐书》卷九十三,《张仁愿传》;《资治通鉴》卷第二百九,"唐中宗景龙二年"条。武周以来,西突厥十姓部落在后突厥默啜攻掠下,或死散殆尽,或内迁唐朝内地。作为西突厥别部的突骑施在首领乌质勒领导下崛起,以碎叶为中心建立自己的势力范围。其地东北接后突厥、东南至西州、庭州,拥兵14万。武则天对其厚加抚慰,神龙年间封乌质勒为怀德郡王。中宗景龙二年,乌质勒死后,其子娑葛即位,被唐封为西河郡王,拥有强兵30万。参见《新唐书》卷二百一十五下,《突厥列传下》;《旧唐书》卷一百九十四下,《突厥列传下》。

② 《唐大诏令集》卷一百三十,《命吕休璟等北伐制》。该制书发布于当年的5月15日,但不到10余日,中宗即中毒身亡。因此新旧唐书、《资治通鉴》等均未记载此次行动。这次大规模的讨伐行动大概率是由于中宗之死才戛然而止。

收缩性战略的回归：但患己之不德，不患人之不来①

景龙四年（710年），中宗被韦皇后和女儿安乐公主毒死，其弟相王李旦在唐隆政变后再次上台，是为睿宗。两年后，即先天元年（712年），睿宗又让位给太子李隆基，是为玄宗。先天二年（713年），玄宗杀干政的太平公主，真正全面掌握"军国政刑"之权。②

这一时期，唐朝面临的内部形势是，政局多年动荡后渐趋稳定，社会经济持续发展，王朝在螺旋式上升行进。神龙元年（705年），唐朝人口已超过615万户、3714万余人，比太宗末年几乎翻一番，较王朝建立时翻两番。③然而，旱灾、蝗灾、水灾等灾害及区域性饥荒依旧常常发生。中宗景龙三年（709年），关中地区再次发生饥荒，米价每斗高达100钱，群臣纷纷劝中宗避灾洛阳。睿宗时，水、旱、霜、蝗灾接踵而至。玄宗开元元年至四年（713—716年），关中又发生旱灾，山东、河南、河北蝗灾，河南、河北涝灾，部分地区山水泛滥，大量民居被毁。④玄宗常因关中粮食歉收，也被迫去洛阳避灾。与此同时，中宗复辟以来，上层社会奢靡之风盛行，天下寺僧泛滥，建造寺庙耗费钱财数百亿、借剃度为僧尼而逃避租庸者数十万，⑤于国计民生非常不利。同时，户口逃亡严重，"免役多伪滥"，亦成为王朝深为忧虑的问题。⑥各类问题叠加，造成王朝府库空虚、用度不足。军事上，愈加呈现虚弱之态，不能有效抵御外部威胁。最突出的问题是战马不足。

---

① 《旧唐书》卷一百九十七，《南蛮西南蛮列传》史臣曰。
② 《资治通鉴》卷第二百九，"唐睿宗景云元年"条；《资治通鉴》卷第二百一十，"唐玄宗开元元年"条；《新唐书》卷五，《玄宗本纪》；《新唐书》卷八十三，《太平公主传》。
③ 参见《资治通鉴》卷第二百八，"唐中宗神龙元年"条；雷家骥：《武则天传》，北京：人民出版社，2008年版，第380—381页；冻国栋：《中国人口史（第二卷）：隋唐五代时期》，上海：复旦大学出版社，2002年版，第97、132页。
④ 《资治通鉴》卷第二百九，"唐中宗景龙三年"条；《资治通鉴》卷第二百一十，"唐睿宗景云二年"条；《旧唐书》卷八，《唐玄宗本纪上》。
⑤ 《资治通鉴》卷第二百一十，"唐睿宗景云二年"条。
⑥ 《旧唐书》卷一百五，《宇文融列传》。

马匹对王朝边防安全至关重要，数以十万计的战马是反击外敌入寇的必要条件，如名臣魏元忠所言"师行必籍马力，不数十万，不足与虏争"。① 然而，这一时期，马匹损耗仍然严重。早在武则天垂拱时期（685—688年），王朝马匹就已经"潜耗太半"。② 武周久视元年（700年）及中宗神龙二年（706年），后突厥默啜又两次抢掠陇右牧马，每次抢掠数量都在一万匹以上。至玄宗即位，王朝牧马剩余24万匹，仅及昔日三分之一。即便如此，牧马遭抢掠的状况仍在持续。开元二年（714年），吐蕃10万之众入寇临洮，抢掠陇右监牧马而去。③ 还需指出的是，唐朝府兵制也已经难以为继，基层战斗力量缺乏保障。原因是各卫府兵自20岁成丁至60岁的40年里，不仅本人要服兵役，家中还要负担各种徭役。层层重压之下，府兵家庭贫弱，深以从军为苦，被迫大量逃亡。④

外部的战略形势亦不容乐观，充满严峻复杂挑战。吐蕃、后突厥及其裹挟奚、契丹等力量依然在寇扰唐朝，大食的力量也扩展至中亚地区。首先是唐与吐蕃关系发生新转折，吐蕃再次成为大边患。自迎娶金城公主后，吐蕃与唐短暂维持了和好局面。但吐蕃并未放弃对唐入寇打算。景云元年（710年），吐蕃打着为金城公主作汤沐邑旗号，向唐朝索要河西九曲之地。⑤ 这一地区土地肥饶，战略地位重要。但睿宗为维持和亲，依然决定将之赐给吐蕃。随后，吐蕃在该地驻兵放牧，大力拓展军力。开元二年（714年）起，吐蕃更以该地为跳板，连年大举犯唐，致使十余年间甘、凉、河、鄯诸地"征发不息"，边民惨遭

---

① 《新唐书》卷一百二十二，《魏元忠传》；《新唐书》卷五十，《兵志》。
② 《通典》卷二十五，《职官七》。
③ 《旧唐书》卷一百九十四上，《突厥列传上》；《旧唐书》卷一百三，《郭知运传》；《资治通鉴》卷第二百一十一，"唐玄宗开元二年"条。
④ 《资治通鉴》卷第二百一十二，"唐玄宗开元十年"条；《新唐书》卷五十，《兵志》。
⑤ 《资治通鉴》卷第二百一十，"唐睿宗景云元年"条；《资治通鉴》卷第二百一十一，"唐玄宗开元二年"条。

荼毒。①

其次,后突厥依然是头号劲敌,所谓"四夷之中,突厥为大"。②尽管此时默啜年老昏聩,对内暴虐不仁,对外穷兵黩武,导致部众日益离散,但自武周以来,唐朝"倾天下之力不能克"。③默啜继续对唐玩弄两手策略。一方面,频频派遣使者请求和亲,表现出恭顺姿态,在政治上迷惑唐朝。睿宗景元二年(711年),默啜甚至身着唐朝冠带,面向中原跪拜称臣,并遣子及国相入中原朝贡。另一方面,依旧对唐不时入寇。开元二年(714年),默啜即派其子同俄特勤、妹夫火拔颉利发、将军石阿失毕等人率精骑围攻北庭都护府。④此外,契丹、奚、霫依附突厥,亦常犯边。特别是营州自武周时因契丹、奚叛乱沦陷而久难收复,始终是唐朝的一大耻辱。唐朝边将与契丹、奚交战,也是败多胜少。睿宗延和元年(712年),唐朝幽州大都督孙佺与之作战,即全军覆没。同年,契丹、奚两万骑兵寇犯渔阳,大掠而去。开元二年(714年),并州长史兼和戎、大武等诸军州节度大使薛讷(薛仁贵之子)领兵六万反击契丹,亦惨败而归,唐军阵亡者十之八九。⑤好在崛起于东北地区的渤海国对唐朝表示臣服。渤海国南接新罗,由粟末靺鞨首领大祚荣所建,在武周后期就已经地方两千里、编户十余万、胜兵数万人。大祚荣骁勇善战,最初自称振国王,依附突厥,后在唐中宗时接受招抚。⑥

还需指出的是,这一时期白衣大食(阿拉伯倭马亚王朝)开始扩

---

① 《新唐书》卷二百一十六上,《吐蕃列传上》;《资治通鉴》卷第二百一十一,"唐玄宗开元二年"条;《旧唐书》卷一百九十六上,《吐蕃列传上》。
② 《资治通鉴》卷第二百一十二,"唐玄宗开元十三年"条;《旧唐书》卷八十四,《裴光庭传》。
③ 《资治通鉴》卷第二百一十一,"唐玄宗开元四年"条。
④ 《旧唐书》卷一百九十四上,《突厥列传上》;《资治通鉴》卷第二百一十,"唐睿宗景云二年"条。
⑤ 《资治通鉴》卷第二百一十一,"唐玄宗开元二年"条;《旧唐书》卷九十三,《薛讷传》;《新唐书》卷一百一十一,《薛讷传》。
⑥ 《资治通鉴》卷第二百一十,"唐玄宗开元元年"条;《旧唐书》卷一百九十九下,《渤海靺鞨传》。

展至中亚，使当地很多政权臣服。开元三年（715年），大食还与吐蕃联兵击败内附于唐朝已久的拔汗那（古乌孙国后裔）王，扶植阿了达为其新国王，侵蚀唐在西域地区的影响力，威胁其西北边陲安全。原拔汗那王紧急向安西都护府求救。① 这一时期，与唐朝关系亲近的突骑施也发生重大变化。中宗景龙三年（709年），其首领娑葛与其弟遮弩内讧，遮弩叛逃后突厥。默啜渔翁得利，派兵攻杀娑葛，之后又杀遮弩。默啜退兵后，娑葛部将苏禄招抚余众，自立为可汗，拥众20万，虽不能与娑葛时的强盛媲美，但足以使突骑施成为西域不可忽视的力量。苏禄诡诈狡猾，南与吐蕃勾连，东与后突厥交通，不再真心归附唐朝。②

在上述战略情势下，睿宗、玄宗父子着力经营运筹，扭转局面。对内，睿宗登基后，重用姚崇、宋璟等人，革除中宗弊政，整肃纲纪法度，铲除武氏、韦氏余党，选拔能吏，裁汰冗官，使贞观、永徽之风一时重现。③ 先天政变之后，玄宗亲政，"志在升平"，先后任用姚崇、宋璟、张嘉贞、张说、张九龄等贤臣为相，治国理政气象非凡，贞观之风真正"一朝复振"。④ 他由厉行节俭入手，大刀阔斧除旧布新，着力扭转统治阶级奢靡腐化之风。开元二年（714年），玄宗下令捣毁武则天时修建的天枢，将其熔化铸钱，又销毁乘舆服御、金银器玩，转供军国大事所需财政用度。他还严格限制后妃及百官、百姓佩用珠玉锦绣，禁天下采珠玉、织锦绣，并裁撤东西两京织锦坊。玄宗还淘汰伪滥僧尼1.2万余人，禁止各地随意新建佛寺，严禁百官及家属与僧、尼、道士往来，禁止民间铸佛、写经，严格约束厚葬、提倡薄葬。⑤ 开元九年（721年），又检括天下逃户及免役伪滥者，查出逃户80余万及与此相当的大量隐瞒田地，从而大幅增加了王朝控制的人

---

① 《资治通鉴》卷第二百一十一，"唐玄宗开元三年"条。
② 《新唐书》卷二百一十五下，《突厥列传下》；《旧唐书》卷一百九十四下，《突厥列传下》。
③ 《资治通鉴》卷第二百九，"唐睿宗景云元年"条。
④ 《旧唐书》卷九，《玄宗本纪下》史臣曰。
⑤ 《新唐书》卷一百二十四，《姚崇传》；《资治通鉴》卷第二百一十一，"唐玄宗开元二年"条。

口、耕地及财政收入,当年年底朝廷即增收数百万缗。① 玄宗亦支持姚崇组织各州大规模捕蝗,并派捕蝗使赴各地督察灭蝗,因此当时虽然连年蝗灾,但不至于发生严重饥荒。对遭受旱灾、洪灾、涝灾民众则积极加以赈济,或给复一年,或免除当年地租。为表示重农劝桑,玄宗多次亲耕籍田,并在宫苑种植小麦,带领太子及诸皇子收割,让他们体会稼穑艰难,了解农业收成对治国理政的重要性。玄宗王皇后亦主持亲蚕礼,妃嫔以下宫女则在宫中养蚕。② 玄宗还一改武则天垂拱以来的严刑峻法,以仁恕行政;刑罚宽大公正。③ 因此,至开元四年(716年),天下赋役宽平,刑罚清省,百姓富庶,④ 四夷归附。玄宗仅用四年就迎来治国理政的首个黄金期,一如曾祖父唐太宗那样。

玄宗还着力复兴马政,以佐命元勋、宠臣王毛仲为太仆卿,主持马政等朝廷畜牧事业。王毛仲强悍严察,掌管畜牧成绩显著,推动唐朝马政进入新的繁荣期。开元元年(713年),唐朝牧马仅有24万匹,至开元十三年(725年)已大增至43万匹,几乎翻一番。同期,牛、羊数亦分别从3.5万头、11.2万头增至5万头、28.6万头。43万匹的牧马数目,虽不及高宗时70余万匹的巅峰纪录,但已足以使边防军队获得大批精壮良马。玄宗同年封禅泰山时,王毛仲就将数万各色牧马编成壮美马队,万马涌动,望之如云锦。两年后,唐朝又在西受降城与后突厥互市,购其战马为种马,唐马由此更加雄强。⑤ 军制方面,开元十年(722年),玄宗采纳兵部尚书、同中书门下三品张说建议,改府兵制为募兵制,兵农分离自此开始。其结果是,一方面,兵农分

---

① 《旧唐书》卷一百五,《宇文融传》;《新唐书》卷一百三十四,《宇文融传》;《新唐书》卷五十一,《食货志一》。
② 《资治通鉴》卷第二百一十一,"唐玄宗开元四年"条;《资治通鉴》卷第二百一十三,"唐玄宗开元十五年"条;《资治通鉴》卷第二百一十四,"唐玄宗开元二十二年"条;《新唐书》卷五,《玄宗本纪》;《旧唐书》卷八,《玄宗本纪上》;《新唐书》卷八十二,《太子李瑛传》。
③ 《新唐书》卷一百二十四,《姚崇列传》;《旧唐书》卷五十,《刑法志》。
④ 《资治通鉴》卷第二百一十一,"唐玄宗开元四年"条。
⑤ 张说:《大唐开元十三年陇右监牧颂德碑》,载《全唐文》卷二百二十六;《旧唐书》卷一百六,《王毛仲传》;《新唐书》卷五十,《兵志》;《资治通鉴》卷第二百一十三,"唐玄宗开元十五年"条。

离后，应募者不用负担各类杂役，家庭负担大为减轻，另一方面军队待遇大幅提高，从军吸引力增加，此前府兵大量逃亡的问题随之化解。这一减一增，使唐军战力大增。募兵制一出，十日内即募得精兵13万。① 与此同时，睿宗、玄宗又大规模裁军。景云二年（711年），睿宗采纳朔方大总管解琬建议，裁减三受降城军卒10万。开元十年（622年），玄宗又采纳张说建议，裁减边镇戍兵20余万。十一年间，唐朝裁军数量多达30余万，而当时王朝著籍人口约4142万人。② 天宝元年（742年），王朝所有边镇士兵总计才49万人、战马8万多匹。③ 由此可见，当时裁军幅度之大。这30多万军人复员务农，既节省了王朝大笔军费，又大量增加了农业生产力，同时不影响抵御外敌，对王朝的军事和社会经济发展可谓一举多得。至开元十三年（725年），天下粮食连年丰收，山东地区米价每斗13（文）钱，青齐之地每斗5钱，每斗粟仅值3钱，物价昂贵的东西两京每斗米也不到20（文）钱，面32（文）钱，1匹绢值210钱。④ 青齐之地米价，与太宗贞观三年至高宗乾封元年（629—666年）38年间的一般米价几乎持平，自此之后至安史之乱爆发前，号称"天下无贵物"。⑤

对外，春秋鼎盛的玄宗采纳姚崇意见，不追求武功。对后突厥、吐蕃等进犯，以防御反击为主。宋璟继姚崇为相后，也担心边臣生事，刺激玄宗开疆拓土，故而下决心抑制郝灵佺等立有边功者。此即90余年后白居易在《新丰折臂翁》中所赞"君不闻开元宰相宋开府，不赏

---

① 杨希义、于汝波：《中国军事通史（第十卷）：唐代军事史》（上），北京：军事科学出版社，1998年版，第369页；《资治通鉴》卷第二百一十二，"唐玄宗开元十年"条；《新唐书》卷一百二十五，《张说传》。

② 《旧唐书》卷一百，《解琬传》；《旧唐书》卷九十七，《张说传》；《资治通鉴》卷第二百一十二，"唐玄宗开元十年"条。开元十四年（726年），唐朝著籍人口约为706.96万户、4141.96万人。参见《旧唐书》卷八，《玄宗本纪上》。

③ 《资治通鉴》卷第二百一十五，"唐玄宗天宝元年"条。

④ 《通典》卷七，《食货七》；《旧唐书》卷八，《玄宗本纪上》；《资治通鉴》卷第二百一十二，"唐玄宗开元十三年"条。相关数据综合自上述三部史书。

⑤ 《新唐书》卷五十一，《食货志一》；《通典》卷七，《食货七》。另见陈磊：《隋唐时期的物价研究：以江淮地区为中心》，载《史林》，2012年第4期，第52—53页。

边功防黩武"。① 对吐蕃频繁寇掠，玄宗起初甚为恼怒。开元二年（714年），他一度发兵十余万，准备亲征反击。但陇右防御使薛讷与太仆少卿王晙等大破吐蕃，杀敌数万，夺回被抢牧马七万余匹、牛羊四万头，玄宗遂罢亲征。② 此后，面对吐蕃连年进犯，玄宗仍令边将以防御为主，并屡次大败之。开元十年（722年），吐蕃围攻唐朝西域门户小勃律，小勃律王没谨忙告急。唐军被迫再次发动反击，斩获吐蕃数万人，令其几年内不敢进犯。③ 开元十四年（726年），吐蕃又入寇大斗（拔）谷，攻甘州，烧杀抢掠，次年在青海以西被唐朝凉州都督王君㚟击败，其兵马后撤中大批冻饿而死。但随后，吐蕃反扑瓜州，包围常乐城，俘虏瓜州刺史。不久，吐蕃再攻瓜州。河西节度使萧嵩用反间计，使吐蕃赞普杀其名将悉诺逻，吐蕃自此兵势渐衰，此后数年入寇连遭萧嵩等挫败。但即使如此，在秋收时节，玄宗仍需征调陇右道、河西道及关中、朔方兵11余万人至河西、陇右一线，防范吐蕃前来破坏。开元十七年（729年），为摆脱被动挨打局面，玄宗令信安郡王、朔方军节度使李祎（太宗之子吴王李恪之孙）收复先前被吐蕃攻陷的河湟要塞石堡城，使之进犯河西、陇右失去跳板。唐军也自此拓境千余里。④ 开元十八年（730年），吐蕃赞普因频繁进犯失败而畏惧，屡次遣使求和。玄宗遂答应其要求。自此至开元二十四年（736

---

① 如后文所述，开元四年，后突厥默啜意外被拔曳固溃兵颉质略斩杀。颉质略乃将其头颅交由恰好在突厥出使的大武军子将郝灵佺带回长安。郝灵佺自以为立有不世之功，但宋璟仅在第二年授其为右武卫中郎将。郝灵佺为此大为失望，愤怒绝食而亡。参见《新唐书》卷一百二十四，《宋璟传》；《资治通鉴》卷第二百一十一，"唐玄宗开元四年"条。圣历元年（698 年），武则天悬赏能斩杀默啜者，封王。中宗时，更是悬赏能斩获默啜者，封为国王，授诸卫大将军，赏物二千段。参见《旧唐书》卷一百九十四上，《突厥列传上》。

② 《旧唐书》卷八，《玄宗本纪上》；《旧唐书》卷一百九十六上，《吐蕃列传上》；《旧唐书》卷九十三，《薛讷传》；《新唐书》卷一百一十一，《薛讷传》。

③ 《资治通鉴》卷第二百一十一，"唐玄宗开元五年"条；《资治通鉴》卷第二百一十二，"唐玄宗开元十年"条。

④ 《资治通鉴》卷第二百一十三，"唐玄宗开元十五年"条、"唐玄宗开元十六年"条、"唐玄宗开元十七年"条；《新唐书》卷八十，《信安王李祎传》；《旧唐书》卷七十六，《信安王李祎传》。关于石堡城的介绍，可参见《省级文物保护单位——大小方台（石堡城）》，http://www.huangyuan.gov.cn/index.php?s=special&c=show&id=1523。

年），吐蕃对唐诚心归附。① 但好景不长，开元二十四年（736年）起，吐蕃不听玄宗诏令而攻入勃律国，双方关系再次恶化。至安史之乱以前，吐蕃对唐又屡次进犯，但常遭失败。如开元二十九年（741年），吐蕃40万军队即被唐军5000人击破。石堡城反复易手后，至天宝七载（748年）仍由唐军收复。②

对北部的各个政治势力，玄宗一面采取册封、和亲方式加以羁縻，一面又积极防御，消除安全紧张局势。东北方向，对渤海国以册封安抚为主。睿宗、玄宗先后册封大祚荣及其子大武艺为渤海郡王、忽汗州都督。开元二十年（732年），由于此前黑水靺鞨归唐而引发大武艺兄弟失和及与唐关系不睦，大武艺派兵入寇登州并在洛阳刺杀其弟大门艺。玄宗为此发兵讨伐驱逐来犯之敌，并惩治渤海国刺客，之后又对其恢复羁縻政策，在大武艺死后册封其子钦茂为渤海郡王、忽汗州都督，接受其朝贡。③ 与此同时，唐与新罗的关系也持续改善。玄宗即位后，新罗圣德王为避玄宗名讳，将本名金隆基改为金兴光，并频繁以王族成员为使者入唐朝贡、宿卫或入太学学习儒家经术。新罗圣德王还积极出兵，助唐反击渤海国入寇登州。玄宗亦报以善意，册封其为乐浪郡公、新罗王，并多次接见其使者。开元二十三年（735年），玄宗乃将浿江（大同江）以南赐给新罗。唐罗关系由此愈发紧密，新罗对唐更加忠心。④

对北面，睿宗、玄宗则保持战略定力，在对后突厥加强防御同时，采取和亲等措施加以笼络。⑤ 景云二年（711年），睿宗拟将宋王李成

---

① 《资治通鉴》卷第二百一十三，"唐玄宗开元十八年"条。
② 《旧唐书》卷一百九十六上，《吐蕃列传上》。
③ 《旧唐书》卷一百九十九下，《渤海靺鞨传》；《资治通鉴》卷第二百一十二，"唐玄宗开元七年"条。
④ 金富轼：《三国史记》卷八，《新罗圣德王本纪》，长春：吉林大学出版社，2015年版，第113—120页；《新唐书》卷二百二十，《新罗传》。
⑤ 突厥、吐蕃等周边各政治势力皆以能娶到唐朝公主为荣。开元十三年（725年），突厥毗伽可汗君臣即对唐朝使者表示，吐蕃、奚、契丹都能娶唐公主，而突厥反而娶不到，因此"愧见诸蕃"。参见《资治通鉴》卷第二百一十二，"唐玄宗开元十三年"条。

器之女金山公主嫁给默啜。宋王李成器乃睿宗长子，当时将太子之位让给弟弟李隆基，地位非同一般。虽因不久之后睿宗传位玄宗，金山公主没有出嫁。但睿宗此种设想，充分显示其对后突厥关系的重视。玄宗即位后，继续秉持父亲的和亲政策，但改以蜀王之女南和县主婚配默啜（后未成行）。针对后突厥来犯，唐军则严加防御。开元二年（714年），北庭都护郭虔瓘斩杀率兵来犯的同俄特勤，大挫后突厥嚣张气焰。睿宗、玄宗父子的战略定力，伴随着一系列战略意外惊喜。开元四年（716年），年老的默啜北征时，被拔曳固（拔野古、拔也古）溃兵意外斩杀，引起地区力量格局重大变动。不久，拔曳固、回纥、同罗、霫、仆固等五大部落纷纷降唐，其各部骑兵则成为唐朝征讨追捕之兵源。契丹酋长李失活与奚酋长李大酺亦率部投降，分别受封为松漠郡王、饶乐郡王。① 总之，默啜之死，宣告武周以来令中原王朝头疼的北方大患终于消除。默啜裹挟的契丹、奚等部族亦投降唐朝，唐朝北部边防形势为之大变，出现空前有利局面。契丹、奚内附后，唐朝于开元五年（717年）复设营州都督，修筑营州城，② 时隔20年终于收复东北军事重地营州，洗雪了王朝的一大耻辱。李失活与李大酺之后的几任首领亦多接受册封并迎娶唐朝公主（多以宗室女或玄宗外孙女、外甥女等封公主）为妻，并常常助唐牵制突厥。③

开元四年（716年）由此成为唐朝战略形势的转折之年。后突厥在默啜死后，发生夺权内乱，各部落分裂四散。默啜诸子及亲信或被杀，或出逃。如默啜之子左贤王墨特勤、右贤王阿史那毗伽特勤即投

---

① 《资治通鉴》卷第二百一十一，"唐玄宗开元四年"条；《资治通鉴》卷第二百一十一，"唐玄宗开元五年"条；《资治通鉴》卷第二百一十二，"唐玄宗开元六年"条、"唐玄宗开元八年"条；《新唐书》卷二百一十五下，《突厥列传下》；《旧唐书》卷一百九十四上，《突厥列传上》；《旧唐书》卷一百九十九下，《北狄列传下》。

② 《资治通鉴》卷第二百一十一，"唐玄宗开元五年"条。

③ 《资治通鉴》卷第二百一十一，"唐玄宗开元五年"条；《资治通鉴》卷第二百一十二，"唐玄宗开元六年"条、"唐玄宗开元八年"条、"唐玄宗开元十年"条；《资治通鉴》卷第二百一十三，"唐玄宗开元十四年"条；《旧唐书》卷一百九十九下，《北狄列传下》；《资治通鉴》卷第二百一十五，"唐玄宗天宝四载"条。

降唐朝。与此同时，默啜兄长骨咄禄之子默棘连被立为毗伽可汗（又称"小杀"），默棘连的弟弟左贤王阙特勤与老臣暾欲谷辅政。后突厥政局虽然由此逐步平复，各部重新聚合，但受挫后的实力已非昔日可比。在此背景下，默棘连韬光养晦，一方面改露求和面目，求娶唐朝公主，另一面又怙恶不悛，不时进犯唐朝。开元四年（716 年）冬，后突厥政局稍加稳定，默棘连就打算南下侵唐，被老臣暾欲谷劝谏后才中止。开元八年（720 年），暾欲谷本人战胜拔悉密部后，乘胜利余威，领兵入寇甘州、凉州等地，大败守军，杀戮唐朝百姓，抢掠马匹数万。后突厥势力由此开始复振，默啜余众全部归附默棘连。默棘连随后重拾默啜故伎，向唐朝请和并恳求作唐天子的儿子。玄宗虽既往不咎，大度接受其求和并认之为义子，但深知其心不诚，故而嫁公主予吐蕃和契丹、奚，独不嫁公主予之。开元九年（721 年），玄宗更是赐书告诫其吸取默啜"口和心叛"、寇唐而亡的教训，及时改过自新，讲信修睦，与唐共享和平之福。这次赐书似乎起到作用。开元十三年（725 年），玄宗封禅泰山，默棘连派遣大臣扈从东巡，并在此后连年入贡。开元十五年（717 年），鉴于默棘连拒绝吐蕃邀其共侵瓜州并向玄宗检举此事，玄宗乃允许以西受降城为互市之地，并且每年赐予其缣帛数十万匹，以交换突厥战马。玄宗运筹有方，使双方关系日趋改善。尽管后突厥一度支援契丹叛将可突干与唐作战，但其与唐关系总体保持在稳定轨道，玄宗因此答应嫁公主予之。不过，开元二十一年（732 年）默棘连被大臣梅啜录毒死，嫁公主之事遂告停。此后即位的伊然可汗和登利可汗兄弟，均奉行对唐归附政策。登利可汗尤其对唐态度友善，不仅接受玄宗册封，而且尊奉玄宗为"天可汗"和父亲。① 开元二十九年（741 年），后突厥统治阶层再次发生大规模内讧，登利可汗及

---

① 《资治通鉴》卷第二百一十一，"唐玄宗开元四年"条；《资治通鉴》卷第二百一十二，"唐玄宗开元八年"条、"唐玄宗开元九年"条、"唐玄宗开元十三年"条；《资治通鉴》卷第二百一十三，"唐玄宗开元十五年"条、"唐玄宗开元二十一年"条、"唐玄宗开元二十二年"条；《旧唐书》卷八，《唐玄宗本纪上》；《新唐书》卷二百一十五下，《突厥列传下》；《旧唐书》卷一百九十四上，《突厥列传上》；张九龄：《敕突厥登利可汗书》，载《全唐文》卷二百八十六。

其后继的多位可汗在混战中被杀。后突厥统辖的回纥、葛逻禄、拔悉密等部亦加入混战，并且推拔悉密首领为共主。天宝三载（745年），拔悉密首领攻杀突厥乌苏米施可汗后，旋即被回纥与葛逻禄联合杀死。回纥又兼并葛逻禄、拔悉密等部，其首领骨力裴罗被玄宗册封为怀仁可汗。天宝四载（745年），回纥攻杀乌苏米施的继任者白眉可汗，并向唐朝献其首级。默啜的孙子、默棘连的可敦以及伊然可汗、登利可汗的小妻或女儿与其他贵族等纷纷率众降唐，后突厥汗国宣告灭亡。自此，唐之北边大患终于彻底消解，"北边晏然，烽燧无警矣"。然而，玄宗并未占据后突厥故地，而是听任回纥填补权力真空。①

西北方面，面对大食帝国东进侵犯，拔汗那王及俱密国、康国、安国等中亚诸政权首领纷纷上表，请求唐朝出兵救援。开元三年（715年），唐朝监察御史张孝嵩自龟兹率兵西进数千里，攻城数百座，驱逐大食与吐蕃扶植的拔汗那伪国王阿了达，威震西域，有效遏制了吐蕃与大食联合对西域的蚕食与侵扰。大食、康居、大宛、罽宾等八国随后遣使向唐请降。开元五年（717年），大食又与突骑施、吐蕃联合，图谋攻取安西四镇，包围钵换和大石城，被唐军成功击退。② 开元八年（720年），玄宗又向小勃律东北至东南的骨咄、俱位、乌长等国国王颁发册命，褒奖他们拒绝大食利诱、坚持忠于唐朝。③ 此后，大食由于自身危机而改朝换代，随之一度退出中亚，不再与唐朝发生直接冲突。玄宗还设法在西域羁縻突骑施首领苏禄。开元三年（715年）起，玄宗先后册封苏禄为左羽林大将军、金方道经略大使。后突厥默啜死后，苏禄趁机在西域拓展势力，并在唐与吐蕃、后突厥之间多头渔利。即使如此，玄宗仍于开元七年（719年）封其为忠顺可汗，开元十年（722年）以西突厥十姓可汗阿史那怀道的女儿为金河公主嫁之，尽力

---

① 《新唐书》卷二百一十五下，《突厥列传下》；《旧唐书》卷一百九十四上，《突厥列传上》；《资治通鉴》卷第二百一十五，"唐玄宗天宝元年"条、"唐玄宗天宝三载"条、"唐玄宗天宝四载"条。
② 《资治通鉴》卷第二百一十一，"唐玄宗开元五年"条。
③ 《资治通鉴》卷第二百一十一，"唐玄宗开元三年"条；《资治通鉴》卷第二百一十二，"唐玄宗开元七年"条、"唐玄宗开元八年"条。

笼络。开元十四年（726年），苏禄发兵入寇安西四镇，将四镇百姓和牲畜、物资洗劫一空。次年又与吐蕃合围安西城。玄宗对此也只是令边将做好防御并挫败之。对其每次寇掠后请降及同时娶突厥、吐蕃女为可敦（王后），玄宗亦不深加追究。① 而突骑施也将战略进取重点放在西面，支援粟特人抵抗大食帝国东进，尤其在开元十二年（724年）大败大食远征军，使其向东扩张进程中断约半个世纪。② 开元二十三年（735年），突骑施苏禄派兵侵犯北庭和安西拔换城，次年被北庭都护盖嘉运大败后又派大臣请降，玄宗亦再次表示接受，以收其心。开元二十六年（738年），苏禄因年老中风被部众杀死，突骑施大乱。唐军在突骑施部族首领莫贺达干、拔汗那王及拔汗那以西诸政权军队策应下，于次年平定突骑施之乱，俘获反唐的吐火仙可汗和黑姓可汗，并册立新的可汗，安抚突骑施部众。③

总之，自睿宗景云元年至玄宗天宝三载（710—744年）的30余年间，睿宗、玄宗父子一方面立足于王朝内部的稳定与发展，不断积蓄实力，另一方面通过积极防御来遏制外患，并使地区秩序向着有利于王朝安定繁荣的方向演进。它的战略是防御性的，且效果显而易见。开元四年（716年），王朝面临的内外战略形势就出现极其有利的重大变化，不仅内部治理成绩斐然，而且外部威胁大为减轻。这一年，默啜被杀，契丹、奚等各部族来降，而吐蕃在开元二年（714年）也被唐军重挫。玄宗迎来治国理政的首个黄金时期。开元十年（722年），唐朝进一步在小勃律大败吐蕃，令其多年不敢犯边。至此，唐朝一段

---

① 《新唐书》卷第二百一十五下，《突厥列传下》；《旧唐书》卷一百九十四下，《突厥列传下》；《资治通鉴》卷第二百一十二，"唐玄宗开元七年"条、"唐玄宗开元十年"条；《资治通鉴》卷第二百一十三，"唐玄宗开元十三年"条、"唐玄宗开元十四年"条、"唐玄宗开元十五年"条；张维华：《中国古代对外关系史》，北京：高等教育出版社，1993年版，第92—93页。

② 崔瑞德编，中国社会科学院历史研究所、西方汉学研究课题组译：《剑桥中国隋唐史：589—906》，北京：中国社会科学出版社，1990年版，第383—394页。

③ 《新唐书》卷第二百一十五下，《突厥列传下》；《旧唐书》卷一百九十四下，《突厥列传下》；《资治通鉴》卷第二百一十四，"唐玄宗开元二十三年"条、"唐玄宗开元二十四年"条、"唐玄宗开元二十六年"条、"唐玄宗开元二十七年"条、"唐玄宗开元二十八年"条；《资治通鉴》卷第二百一十五，"唐玄宗天宝三载"条。

时期内"无强寇",① 名臣张说因此才敢以全家百余口性命为担保,奏请玄宗减省缘边戍兵 20 余万。开元十四年（726 年）,唐朝著籍人口增加至约 706.96 万户、4141.97 万余人。② 开元十八年（730 年）,整个王朝境内犯有死罪者仅 24 人,比贞观四年（630 年）还少 5 人。开元二十五（737 年）,死罪人数虽增至 58 人,但仍堪称"几致刑措",③ 在一定程度上显示治国理政的高水平。开元二十年（732 年）,王朝人口增至约 786.12 万户、4543.13 万人。五年后粮食大丰收,玄宗采用和籴法在关中加价购粮数百万斛作为官府储粮,以免谷贱伤农。关中地区也自此粮储充足,玄宗再不必到洛阳躲避荒年。④ 开元二十八年（740 年）,唐朝人口进一步增至约 841.29 万户、4814.36 万人,东西两京每斛米的价格不到 200 钱,即每斗米不到 20 钱,海内富足安定,"行者虽万里不持寸兵"。天宝元年（742 年）,唐朝人口进一步增至约 852.58 万户、4890.98 万人。⑤ 这一时期的大战略,恰如当时的史学家柳芳所论,玄宗以雄武之才驾驭群贤。姚崇、宋璟、苏颋等皆为骨鲠大臣,治国理政"镇以清静",对四夷入寇、驱之而已,令百姓富饶、税之而已。继而,张嘉贞、张说等人又受命为相。他们对开元初期以来的规制可谓萧规曹随、守而勿失。⑥ 张说之后的宰相里,李元纮、杜暹清白节俭,韩休、张九龄刚直谏诤,亦均能一心为公,存续开元以来的优秀政治传统。纵使至开元二十四年（736 年）起,玄宗就显露生活奢靡、怠于政事的暮气,政治活力、包容度和进取心开始下降,但张九龄等为相,敢于直谏玄宗坚守圣王之道、励精图治,并

---

① 《资治通鉴》卷第二百一十二,"唐玄宗开元十年"条。
② 《资治通鉴》卷第二百一十三,"唐玄宗开元十四年"条。
③ 《资治通鉴》卷第二百一十三,"唐玄宗开元十八年"条;《资治通鉴》卷第二百一十四,"唐玄宗开元二十五年"条;《新唐书》卷五十一,《食货志一》。
④ 《资治通鉴》卷第二百一十三,"唐玄宗开元二十年"条;《资治通鉴》卷第二百一十四,"唐玄宗开元二十五年"条。
⑤ 《资治通鉴》卷第二百一十四,"唐玄宗开元二十八年"条;《资治通鉴》卷第二百一十五,"唐玄宗天宝元年"条。
⑥ 柳芳:《食货论》,载《全唐文》卷三百七十二。

抑制张守珪、牛仙客等边将为相，防止玄宗追求武功。① 这一时期的大战略总体上呈现的是收缩性色彩。

至天宝年间（742—756年），奸相李林甫权势日益巩固，开始专权。尤其是天宝三载（744年）起，玄宗自以为天下太平，志骄意满，遂日益将所有政事委托给李林甫等人处理，边防军事则交由边将专制，自己深居禁宫，醉心声色。王朝治国理政遂脱离理性轨道，政事日乱，边事愈堕，盛世危机持续发酵，终于至天宝十四载（755年）引发安史之乱。因此，天宝三载以后（745年后）的唐朝大战略行为不再赘述。②

---

① 《新唐书》卷一百三十九，《张九龄传》；《资治通鉴》卷第二百一十四，"唐玄宗开元二十四年"条。

② 《资治通鉴》卷第二百一十五，"唐玄宗天宝元年"条、"唐玄宗天宝三载"条。对玄宗晚年的政治及李林甫专权之害的总结，参见《资治通鉴》卷第二百一十六，"唐玄宗天宝十一载"条。

本编小结　五个王朝的大战略行为特征总论

　　自秦朝开启中国古代第一个盛世长周期至唐朝灭亡而宣告中国古代第二个盛世长周期结束（前221—907年），这1128年在中国及世界历史上都有着举足轻重的地位。秦、两汉、隋、唐五大王朝在其间展开了波澜壮阔的大战略实践，在历史上留下了宝贵的战略探索经验。它们均曾终结王朝建立之前的大乱世，并且在新朝代的大战略实验中谋求开创更辉煌的业绩。

　　自秦始皇统一天下至秦二世胡亥元年（前221—前209年）的12年间，开创新时代的秦王朝面对新的战略形势，延续旧的大战略行为模式，结果由极盛极强而至瞬间土崩瓦解，给后世留下了极为深刻的历史教训。自周平王东迁至秦王政扫平六国（前770—前221年），天下经历长达550年礼崩乐坏、大乱大争的长周期，见证"海内争于战功"的战略先声。秦以西陲偏僻小国崛起，尤其自秦穆公至秦王政20余代，快速且坚定适应时代剧变，推行彻底的变法革新，经历百余年而开创大一统新局，成为当时东亚乃至世界范围内首屈一指的强大政权。然而，大一统后的秦朝不能顺应民心思安的新趋势，及时改弦更张，施行与民休息的仁政惠政。相反，继续以群雄争天下的逻辑控制天下，并且频频征发徭役，大攘外夷，造成兵革不休、内外骚动，结果使王

本编小结　五个王朝的大战略行为特征总论

朝在旧的战略惯性驱动下掉进覆亡的灾难深渊。秦朝强盛时期的大战略行为符合激进性战略的定义，带有很强的外向和强制性色彩。激进性战略延续到了王朝强盛时期，至秦二世上台后农民起义爆发而结束。

自楚汉之争结束至汉宣帝去世前（前202—前49年）的153年间，西汉王朝面对空前复杂多变的战略环境，以非凡的格局、智慧和艰苦卓绝的精神，持续崛起并走向强盛。其大战略行为呈现出多变而又层次分明的几个阶段，并且对后世的王朝产生了深远的镜鉴效应。以收缩性战略而言，西汉建立初期，在内外交困的形势下，自汉高祖、汉文帝、汉景帝至汉武帝实施马邑之谋以前，奉行了长达69年的收缩性战略（前202年—前133年），借以维护王朝的和平与安全及发展的权利。加上汉武帝征和四年颁布轮台罪己诏至汉宣帝本始二年（前89—前72年）17年间的收缩性战略回归，总计86年的历史时期都是收缩性战略贯彻的阶段。

以进取性战略而言，自武帝实施马邑之谋至元封二年（前133年—前109年）的24年间，西汉王朝一方面立足于内部稳定与发展积蓄实力，另一方面大力开拓进取，对匈奴发起军事反击，不再容忍其霸道霸凌。这一战略转轨过程中，带有很强的军事斗争色彩，但目标是反制匈奴频繁入寇，反制其对汉朝边境的无端侵害，积极捍卫自身安全等权益，带有明显的正义性与合理性。加上汉宣帝时期的进取性战略（前72年—前49年，共23年），即自本始二年（前72年）汉与乌孙合击匈奴至黄龙元年（前49年）宣帝去世，共47年的历史时期皆为进取性战略实施的阶段。

以激进性战略而言，自元封二年（前109年）至征和四年（前89年）的20年间，以汉武帝攻打朝鲜、威服滇国为标志，中间又为取宝马、争夺西域而倾国力远征大宛，以及对匈奴发动几次劳而无功的新攻势，西汉的大战略处在激进性战略阶段，外向性和强制性色彩浓厚，武帝好大喜功的一面比较突出。

自"光武中兴"至汉和帝去世（25—105年）的80年间，东汉王朝面对新的内外形势变化，开启新一轮的大战略实践。在理性的行为轨道上，王朝的前四代君主以较低的资源成本创造了不凡的业绩，在中国古代大战略史上大放异彩。以收缩性战略而言，自光武帝刘秀称帝河北至汉明帝永平十六年（25—73 年）的 48 年间，面对内忧外患，两代帝王均坚持守文德而抑武事，对内与民休养生息，对外以政治忍让、招抚和军事防御多管齐下应对安全威胁，以扶危济困等不战而屈人之兵的方式达到"四夷朝贺，络绎而至"的效果。

以进取性战略而言，自汉明帝永平十六年四路大军反攻北匈奴、进取西域开始至章和二年章帝去世（73—88 年）的 15 年里，东汉的大战略行为呈现出积极性色彩。明帝、章帝一方面继续立足内部稳定发展来积蓄王朝实力，另一方面开启反击模式并取得重大进展，积极维护和平与安全及发展权利。这种反击有较大的外向性，旨在反制北匈奴频繁的侵扰。在此过程中，东汉王朝借助"夷虏相攻"之法，达到重创北匈奴、威震西域的效果。加上永元四年和帝亲政至元兴元年去世（92—105 年）13 年间拨乱反正至进取性战略，28 年间东汉王朝皆推行进取性战略。

激进性战略也昙花一现。和帝亲政前的 4 年（88—92 年）里，东汉大战略行为呈现较强外向色彩。这一时期，北匈奴实力以前所未有速度衰微。窦太后为让兄长立功赎罪，不顾朝臣群起反对，于农忙时北伐。其结果是，大破北匈奴，形成南北单于同时臣服东汉局面，并大大拓展对西域的影响力。大漠南北广阔地区，自此也改换成鲜卑等游牧民族主导，亚洲内陆的地缘格局发生颠覆性变化。

自隋文帝"开皇之治"至隋炀帝被杀（581—618 年）的 37 年间，隋朝既以强大的战略想象力和创造力拉开中国古代第二个盛世周期的大幕，也在新的统一时代的大战略探索中犯下严重错误，留下了正反两方面经验启示。隋文帝即位后，面对"蛮夷猾夏"特别是突厥大军压境局面，以进取性战略，文武并用，安内抚外，一方面宽大为政，立足于王朝内部稳定与发展，通过轻徭薄赋、崇本务农及一系列制度性变革来提升综合实力，一方面拒绝对外妥协退让，采取防御反击和政治分化手段，"密运筹策，渐以攘之"，数年间就以极低成本取得汉武帝对强敌用兵数十年才初步实现的目标。自开皇元年至仁寿四年（581—604年），进取性战略共计在隋朝实践23年。

但隋炀帝不能继体守文，反而将文帝开创的大好局面丧失殆尽。他在王朝强大时期，治国理政不以百姓为中心，而是"内恃富强，外思广地"，不加节制、不择重点地妄动，虽一度势如破竹、无往不胜，将王朝推至极盛时期，但最终导致民不聊生、哀鸿遍野，一个强大王朝因为折腾而耗亡。炀帝时期的大战略行为带有明显的激进性色彩，持续至其身死国灭，共计14年（604—618年）。

自李渊建唐代隋至唐玄宗天宝三载（618—744年）的126年间，唐朝延续并推升了中国古代第二个盛世周期的发展势头。以收缩性战略而言，唐朝建立之初，内外交困的局面更甚于两汉，特别是反制东突厥霸道和侵逼、维护攸关生存的王朝安全利益最为棘手紧迫。面对此形势，唐高祖和唐太宗把握战略屈伸的辩证法，治国理政以安静为务，聚焦内部治理，休养生息。以忍辱和解方式应对外来威胁，推进友好交往。这种以屈为伸的收缩性大战略，为自己创造了生存和发展壮大的外部环境，持续至唐太宗贞观三年（618—629年）共12年。此外，自唐睿宗景云元年至唐玄宗天宝三载（710—744年）的34年间，睿宗、玄宗父子重振贞观之风，治国理政"镇以清静"，对外敌入寇，驱之而已。它的目标是防御性的，避免追求武功。其间，唐朝裁军30余万，裁军规模巨大，足见其收缩性、和解性色彩。两个时期共计46年，皆为收缩性战略实施阶段。

以进取性战略而言，自唐太宗贞观三年末至唐高宗总章元年（629—668年）的39年间，太宗、高宗父子一方面继续坚持休养生息，着力提升治国理政水平；另一方面则在出现重大战略机遇时，积极对东突厥实施反击，此后又对西突厥、吐谷浑、高昌、薛延陀的侵扰予以回击。这些行为虽然带有外向性和强力色彩，造成周边地缘格局与秩序变化，但目标是消除外部侵扰，在性质上属于积极防御。唐朝还回应新罗求援，助其应对百济、高丽入侵，亦具有正义性质。因此，唐朝这一时期的大战略行为属于进取性战略。此外，自唐高宗仪凤元年安东都护府北撤至唐中宗去世（676—710年）的34年间，唐高宗、武则天及唐中宗推动王朝复归进取性战略，立足于养精蓄锐，改变唐朝实力虚耗的趋势，并积极反击吐蕃与后突厥侵扰，力求保持疆域安全与对外威望。两个时期共计73年，皆为进取性战略落实的阶段。

以激进性战略而言，自唐高宗总章二年至仪凤元年（669—676年）的7年间，唐朝在平定百济、高丽后，未能处理好善后问题，亦未能及时抽身应对心腹地带侧近的威胁，反而恼怒于新罗忘恩负义，将大量的战略资源消耗于东线。尤其是唐朝为救援新罗，付出不菲代价，战后试图维持作为宗主国对地区秩序的安排权利。但受唐救亡之恩的新罗，兼并两大邻国故地、统一半岛的意图强烈起来。双方没有及时处理好新形势下的磨合问题，遂陷入长达七年的唐罗战争，这个阶段算作唐朝的激进性战略时期。

表 1.6.1　本书所考察五个王朝崛起及强盛时期的大战略行为

王朝	所考察时长及其占比	收缩性战略时长及其占比	进取性战略时长及其占比	激进性战略时长及其占比	行为主要特征
秦	12 年	0 年（0%）	0 年（0%）	12 年（100%）	激进性战略为主，外向和强制性色彩浓厚
西汉	153 年	86 年（56.2%）	47 年（30.7%）	20 年（13.1%）	收缩性战略为主，休养生息与非强制性色彩浓厚
东汉	80 年	48 年（60.0%）	28 年（35.0%）	4 年（5.0%）	收缩性战略为主，休养生息与非强制性色彩浓厚

续表

王朝	所考察时长及其占比	收缩性战略时长及其占比	进取性战略时长及其占比	激进性战略时长及其占比	行为主要特征
隋	37年	0年（0%）	23年（62.2%）	14年（37.8%）	进取性战略为主，富于斗争精神
唐	126年	46年（36.5%）	73年（58.0%）	7年（5.5%）	进取性战略为主，富于斗争精神
总计	408年	180年（44.1%）	171年（41.9%）	57年（14.0%）	收缩性战略为主，同时不乏斗争精神

资料来源：作者自制。

由表1.6.1可以看出，五个王朝崛起及强盛时期共计408年。其中，收缩性战略所占年份为180年，占比为44.1%；进取性战略所占年份为171年，占比为41.9%；激进性战略所占年份为57年，占比为14.0%。尽管这些王朝随着国力上升，大战略行为的积极性色彩会有所增强，会更加勇于捍卫自己的和平与安全及发展权利，但从整个趋势看，收缩性大战略延续时间最长、最受青睐，进取性战略紧随其后，激进性战略最次。

进一步观察还可发现，西汉、东汉和唐朝在建立初期都有过忍辱负重、休养生息的收缩性战略时期。在这段时期内，它们以非凡的格局和智慧，立足提升自身治国理政水平，同时把握战略屈伸的辩证法，与强大的外敌设法周旋，以捍卫自身权益，并且对弱小的周边政治实体保持怀柔，与之和平友好交往。东汉、唐朝等王朝更曾以和亲、册封、厚赐及谋略等不战而屈人之兵的方式，以极低战略成本，依靠战略运筹获得有利发展环境，确立和平稳定有序的地缘格局。纵使在积蓄起强大实力、进入强盛阶段后，这些王朝对之前肆意侵逼和严重威胁自己安全的外部势力实施过必要反击，但也总是设法避免走上欺凌近邻的道路。总体来看，各个王朝在崛起及强盛时期仍然是以收缩性战略为主。尽管在西汉宣帝、东汉光武帝及明帝在位中前期、唐睿宗和玄宗等诸多时代，向外（至少在某些方向上）寻求拓展权力的大战略机遇并非遥不可及，但王朝统治者并没有按照现实主义权力政治的逻辑行事，并未通过胁迫方式追求帝国主义政策。相反，却拒绝外事四夷，甚至缺乏世界主义视野，而只是关注本王朝事务，保持内顾和收缩。

需要指出的是，外部势力曾持续以频繁和大规模政治干预、军事寇扰和侵略的方式，威逼挟制中原王朝，而且常常威胁这些王朝的政治心脏地带乃至兵临其都城之下，从而导致这些王朝"天子守国门"成为常态，最终迫使其走上反击道路、捍卫自己的必要生存和发展利益，这也是不争的事实。例如，匈奴冒顿单于曾裹挟西汉叛臣降将南侵并围困汉高祖七日之久，又支持西汉边地重臣发动大规模军事叛乱；冒顿单于写信调戏吕太后，无底线侮辱汉朝统治者；匈奴多位单于一再违背与汉和亲之约，南下寇掠，数次迫近汉朝统治中心地带。再如，东汉初期，匈奴玩弄"以汉制汉"伎俩，扶植中原割据势力及东汉叛臣、阻挠光武帝统一天下，并且对东汉边地多次抄掠，迫近东汉的政治腹心地带以及导致河西四郡危如累卵。隋朝建立后，突厥则延续视北周北齐为南面"两儿"的态度，对中原王朝傲慢轻视，并且打着为北周复仇旗号大举南侵，威胁关中。最甚者，东突厥在唐朝建立之初将"以汉制汉"的手法玩至极致，深度卷入中原事务，册封或勾连北方和西北群雄，阻挠唐朝统一，并且对唐朝屡次大规模入侵，数次侵入关中，不仅一度使唐高祖打算迁都避让，而且在玄武门之变后兵临长安城下。

另一重大的历史趋势是，自西汉以后，各王朝转入进取性战略的时间越来越提前，进取性战略的持续时期也逐渐变长。如隋文帝君臣通过发挥强大的战略想象力和创造力、唐太宗时代通过敏锐把握战略机遇，均很快开启对外敌战略反击的阶段，迈入进取性战略阶段，其维护和平与安全及发展权益所付出的战略资源与时间成本日趋下降。

这两个强盛王朝实施进取性战略的时间也更长，对地区秩序实施的变革安排也越来越持久。这表明，吸取了前代经验启示的王朝决策者，战略运筹能力在大幅提高，战略成效因此越来越突出。

至于那些实施过激进性战略的王朝，则由于种种原因几乎都付出了惨重代价，甚至使强大王朝在短期内土崩瓦解或濒临崩溃。秦始皇、汉武帝后期及隋炀帝时期，即是最典型的例子。这些时代，或者是由于在旧时代长期的战略惯性驱使下不能与时俱进地实施大战略转轨，不能适应新朝代的形势变化，或者是由于帝王志骄意满、好大喜功，抑或是由于统治者理性缺失或战略失焦、缺乏远略，其所犯的战略错误及导致的历史悲剧，成为后世大战略探索的重要镜鉴，以及着力避免的大战略选择。

细心而敏锐的批评者可能会说，本编得出有关王朝大战略行为以收缩性特征为主的结论，是因为将崛起时期的王朝行为也包括了进来。因为一个王朝在崛起时期实力不够强大，所以自然采取收缩性战略。这种既包括强盛时期又包括崛起时期的研究方式，会稀释掉王朝强盛时期对外咄咄逼人的行为色彩，使其行为总体上表现出低暴力或和平色彩。对这样的批评，笔者从如下两方面予以回应。

首先，上述批评建立在一个假设基础之上，即一个国际政治的行为体在崛起时期，由于实力不够强、拳头不够硬，往往会采取收缩性战略，为了实现崛起而避免对外诉诸武力。但世界历史常常证明，这样的假设未必成立。事实上，这会让人想起"均势"（Balance of Power）概念的学术命运。在相当长的一段时间里，人们经常会以为一个国家的强势崛起会导致其他国家自动联合起来对其进行制衡。但古今中外历史证明，在面对崛起的强大国家时，有些国家可能会通过结盟与之对抗，有些国家则会通过追随、"搭便车"等方式，与之确立友好关系，乃至与之结盟。以中国历史而言，春秋战国时代，诸侯政权之间既有大量合众弱而攻一强的合纵案例，更不乏连一强而攻众弱的连横现象。以世界历史而言，一个国家在崛起时期或者说实力不够强大之时，并不代表其无力卷入对外战争，或者说不会以战争的方式推动国家崛起，更无法表明其不会冒险发动战争或以投机心态用战争豪赌国运。近代史上，西方列强通过战争崛起的案例比比皆是。德国、日本对强大对手的数次主动挑衅示强，即是明显的例子。尤其是日本，在近代历史上数次发动战争冒险，先后挑战地区强国如甲午战争前的清朝、沙皇俄国以及美国等，可谓是多次豪赌国运，而且借助两次豪赌成功在东亚实现崛起。① 再以普鲁士及之后的德国为例。普鲁士王国的发展、壮大乃至最终走向统一，无不伴随着频繁的对外战争。甚而可以说，没有战争，就没有普鲁士的强大和此后德意志帝国的统一及崛起。恰如普鲁士腓特烈大帝曾经说的，国家无论大小，政府的基本法则都应该是扩张领土。也恰恰是通过发动扩张战争，普鲁士才终于一跃而为欧洲的强权。②

其次，将崛起时期与强盛时期的王朝战略行为都纳入考察范围，也可以更好地对一些国际关系理论进行反思和修正，并且更好理解中国崛起的历史传统。一方面，中国历史上五个最为强大的王朝，在强盛时期的大战略并不总是出现激进性色彩或者说激进性战略仅仅具有微弱的地位，这表明权力结构的变化并不能决定性支配它们的战略行为，而可能是因为非权力、非物质性的因素（如文化及其影响下的领导人战略思想取向）发挥了重大作用，表明了现实主义权力政治解释力的苍白或有限。另一方面，崛起时期的中国古代王朝并未以战争冒险方式推动实现崛起，不仅表明其战略行为突出的和平特征，表明中国崛起具有不偏好战争崛起的传统，更表明中国几大王朝所具有的战略格局、战略胸怀以及战略定力。这些特征共同构成了古代中国在大战略方面特有的理性与和平风骨，决定了其排斥在崛起时期以国运进行战争冒险、豪赌和投机。

---

① 在此特别感谢外交学院前院长徐坚研究员的指点。
② 参见唐贤兴主编：《近现代国际关系史》，上海：复旦大学出版社，2002年版，第32页。

第二编
王朝决策者的大战略思想取向

  法家、道家、儒家都曾作为中国王朝的治国指导思想而存在，而以儒家占据治国之道殿堂中央时间最久、地位最难撼动。兵家在不同时期亦对战略决策产生了影响。自汉武帝"罢黜百家，独尊儒术"以来，儒家推崇的圣王之道全面渗入王朝治国理政的各角落，深刻影响自西汉以至隋唐的内外战略决策。优秀的王朝决策者遵循尧舜禹汤文武之道，致力德政善治、抚内安外，以文德怀远，不断将中华文明推向新高度。在儒家推崇的圣王之道占思想主流的趋势下，王朝的大战略行为体现出和平温和而又富于进取的精神特征，充满了战略弹性和活力。

秦朝决策者：废王道，立私权①

正如司马迁指出的，祸咎生于"穷武之不知足，甘得之心不息也"，②穷兵黩武、贪婪纵欲必然导致国灭身死。春秋战国以来的礼崩乐坏，既导致各诸侯政权面临残酷复杂的生存环境，也刺激了思想的裂变，导致各种有关治国平天下思想的纷纷涌现。经过大争之世激烈的现实检验，正视并推崇实力强权的思想流派脱颖而出，推动秦国在残酷时代变法革新、统一天下。但面对追寻治国理想的有利局面，继续无限制奉行残酷政治理念的秦王朝最终走向了历史的死胡同。

---

① 本编展开实证研究的第二步，即分析五大王朝决策者的大战略取向。因为只有深入"庙堂精英"的决策过程，才能全面真实地理解王朝的战略行为。"天下之命，悬于天子；天子之善，成乎所习"，因此在深入"庙堂精英"决策过程时，最高统治者及其他统治精英所受的教育同样需要加以注意。参见万晓：《权力转移下崛起国对小国政策探因——以隋唐时期的吐谷浑与高句丽为例》，载《当代亚太》，2020年第3期，第67页；《后汉书》卷三十七，《桓郁传》。当今版本的《大戴礼记》相关文本为"天下之命，悬于天子。天子之善，在于早谕教与选左右"，参见《大戴礼记·保傅》。

② 《史记》卷二十五，《津书》。

春秋战国以来的思想取向：道术将为天下裂

2000多年前的春秋战国时代是中国思想史上的"轴心时代"。正如德国哲学家卡尔·雅斯贝尔斯（Karl Jaspers）在《论历史的起源与目标》中指出的，所谓的世界史的"轴心时代"大致是在公元前500年左右，是在公元前800年至公元前200年产生的精神过程。那里是历史最深刻的转折点。非凡的事件都集中在这个时代发生。中国哲学的所有流派都于此时产生，先是孔子和老子，后是墨子、庄子列子及诸子百家。他们与印度和西方的贤哲感受到世界的恐怖与自身的无力，提出了"最为根本的问题"，在无底的深渊面前"寻求着解脱和救赎"。① 这段时期同样是中国大战略思想萌发与转折的"轴心时代"。这一时期，天下大乱，礼崩乐坏，思想的世界与变乱的社会一道被抛掷于动荡之中。② 先秦诸子由此百花齐放、百家争鸣，"天下之治方术者多矣"，庄子感叹"道术将为天下裂"。③ 面对剧烈变动的时代，老子、孔子、孙子、墨子、孟子、庄子、荀子、韩非子等伟大思想家应时而生，道家、儒家、兵家、墨家、法家、纵横家等各派纷纷登场。他们在新的时空环境之中探寻治国救民济世之道，努力将自己的理想四处传播并争取付诸实践。他们的境遇虽然迥异，但其思想至今仍作用于中国及东亚的精神世界体系，乃至影响整个人类的政治、社会、法律、教育甚至外交与战略博弈的方式。

这一时期更是中国古代战略"趋于成熟"的阶段。④ 当时，"天下争于战国，贵诈力而贱仁义，先富有而后推让"，也就是说，天下诸侯国相互争斗，推崇谲诈武力而蔑视仁义道德，致力于探寻富足之道而

---

① 卡尔·雅斯贝尔斯著,李雪涛译:《论历史的起源与目标》,上海:华东师范大学出版社,2016年版,第8页。
② 葛兆光:《中国思想史》（第一卷）,《七世纪前中国知识、思想与信仰世界》,上海:复旦大学出版社,2013年版,第66页。
③ 《庄子·杂篇·天下》。
④ 中国军事史编写组:《中国历代军事战略》（上）,北京:解放军出版社,2002年版,第193页。

不顾谦恭推让之礼。因此，强国兼并弱国而称雄诸侯，弱国则绝祀灭国。① 春秋时期，齐、晋、秦、楚、吴、越等纷纷崛起而称霸诸侯。战国时期，魏、齐、楚、秦、赵、韩、燕等七雄并立，相互攻伐不休。在此重武轻文的时代趋势下，推崇仁义道德与礼仪的儒家显得格格不入。自鲁定公九年至十四年（前501—前496年），进入知天命之年的孔子虽然先后任鲁国中都宰、司空、大司寇及以大司空代行相国之职，特别是在他代理相国的三个月期间，鲁国大治，路不拾遗，几乎复兴，但齐国担心"孔子为政必霸"，因此离间他与鲁国执政季桓子的关系，迫他出走。自此，孔子如"丧家之狗"，开启14年之久的周游列国旅程，以王道游说卫灵公、陈湣公、蔡昭公、楚昭王、卫出公等70多位诸侯国君，非但得不到重用，还遭受陈蔡之厄。② 孟子虽然先后游说齐宣王、魏惠王，但亦终究无用武之地。其主张尧舜及夏商周三代圣王之德，反而被视为"迂远而阔于事情"。孟子因此只能梦想得天下英才而教育之。③

总体上说，这个时期是儒家在政治上的至暗时刻，孔子感叹"吾道不行矣""天下无道久矣，莫能宗予"。但正是由于未被诸侯国君重用，孔子得以有大量时间考订夏商周三代先王的礼乐制度，编修《诗》《书》《礼》《乐》《易》《春秋》六经，并且传道授业弟子三千、贤人七十二。他的学说流传并深刻影响后世。司马迁感叹，自天子王侯，凡讲习六经者皆以孔子之言为圭臬，所谓"中国言六艺者折中于夫子"。荀子称赞孔子（及其弟子子弓，即冉雍）能"总方略，齐言行，壹统类，而群天下之英杰，而告之以大古，教之以至顺"，使"圣王之文章具焉""平世之俗起焉"。④ 他的三千弟子中有很多入仕者，位高者至诸侯国君的师傅或卿相，位低者为士大夫师友。如冉有是鲁国季

---

① 《史记》卷三十，《平准书》。
② 《史记》卷四十七，《孔子世家》；《史记》卷十四，《十二诸侯年表》；《史记》卷一百二十一，《儒林列传》。
③ 《史记》卷七十四，《孟子荀卿列传》；《孟子·尽心上》。
④ 《史记》卷四十七，《孔子世家》；《荀子·非十二子》；《盐铁论·论儒》。

氏的家臣且军事才能出色；子路曾任蒲邑大夫等职；宰予在临淄做官；子贡则有纵横家之才，代表鲁国出使仅一次就"存鲁、乱齐、破吴、强晋而霸越"，深刻影响了五个国家十年国运，他此后还担任鲁国、卫国的相国；子夏则是一代明主魏文侯的老师；公西赤曾受命出使齐国。尽管如此，孔门弟子始终无法施展才能，在乱世推行儒家的治国救世理想。如子贡虽担任卫国相国，却不能践行孔门学说，因此被子思讥为"学道而不能行"。① 孟子也因不受重用，只好退而与万章等人阐述孔子的理念，撰写《孟子》七篇。荀子虽然曾位列齐国列大夫、三为祭酒，后又投奔春申君而担任兰陵令，但终究不能大展拳脚，只能愤恨"浊世之政"及前仆后继的亡国乱君。② 吴起虽受业于曾子，李斯、韩非子受业于荀子，但于儒林而言，不过是离经叛道者。③ 司马迁也嘲讽说，世儒昧于大势、不权轻重，只知大谈德化、反对用兵，结果重者君辱国失，轻者国家受侵犯削弱。④ 魏惠王与孟子的对话尤其能反映这一点。魏惠王因在与齐、秦等诸侯国作战中数度大败，耻于太子被俘、上将战死及国家空虚，于是向孟子求教利国之策。结果，孟子教育他不要言利逐利，只要奉行仁义就够了。⑤ 这显然令魏惠王失望。

在大争之世，各国"废文任武，厚养死士，缀甲厉兵，效胜于战场"，⑥ 追寻理想于事无补，泛泛而谈帝道王道见效慢，惟有立竿见影的富国强兵之术才能安身立命、兼弱攻昧。田齐虽有稷下学宫，特别是齐宣王欣赏文学游说之士，能招徕邹衍、淳于髡、慎到、环渊、田骈等贤士76人及其他上千学者，但这些人高谈阔论而不任政事，难以使齐国富强，终究只能位至列大夫，或自己拒任卿相。⑦ 家贫思良妻，

---

① 《史记》卷六十七，《仲尼弟子列传》；《史记》卷一百二十一，《儒林列传》。
② 《史记》卷七十四，《孟子荀卿列传》。
③ 《史记》卷六十三，《老子韩非列传》；《史记》卷六十五，《孙子吴起列传》。
④ 《史记》卷二十五，《律书》。
⑤ 《史记》卷四十四，《魏世家》。
⑥ 《战国策》秦策一，《苏秦始将连横说秦惠王曰》。
⑦ 《史记》卷四十六，《田敬仲完世家》；《史记》卷七十四，《孟子荀卿列传》。

国乱思良相。① 真正受诸侯国青睐者，乃是法家、兵家、纵横家等各类于富国强兵可以快速见效的人物。于时，魏文侯（虽号称战国最好儒学的诸侯国君）用李悝、吴起而图强制敌，齐威王、齐宣王用孙膑、田忌等人而使诸侯臣服，秦孝公用商鞅而富国强兵，赵武灵王胡服骑射而开疆拓地，燕昭王用乐毅而几乎灭齐，韩昭侯用申不害而国治兵强，正所谓"天下方务于合纵连横，以攻伐为贤"。②

被孔子称作"其犹龙邪"的老子，强调道与德，以自隐无名为宗旨。其济世之法在于无为而治、清静不争，令天下百姓自化自正。他的思想博大精深，不仅在哲学上启蒙震聩，而且为统治者提供了相对丰富的"南面之术"。③ 但在大争大乱的多事之秋，清静无为的治国理想过于奢侈和境界高远，也难以为"病急乱求医"的统治者所领悟。为此，老子对孔子讲"君子得其时则驾，不得其时则蓬累而行"。他目睹周王室衰败、天下纷争，遂出函谷关"蓬累而行"，受关令尹喜所请留下《道德经》五千余言，而后西去不知所终。不过，法家的申不害之学本于黄老而主刑名，韩非子喜刑名法术而亦归本于黄老，④ 老子的思想反而启迪了悟性颇高的法家人物。

"奉法者强则国强，奉法者弱则国弱。"⑤ 在强权政治横行的年代，只有正视并推崇实力的法家最能顺应残酷的时代，在富国强兵方面最为成功。李悝在魏文侯时期变法，申不害在韩昭侯时期革新，皆有实实在在的成效，令魏韩一度强大。但他们都难免人亡政息，治国理政之道无法为后来者贯彻，魏韩也终于一天天衰弱下去。只有秦国对法家的理念贯彻最为彻底。自秦孝公以来，秦国治国理政受到法家深刻

---

① 《史记》卷四十四，《魏世家》。
② 《史记》卷七十四，《孟子荀卿列传》；《史记》卷一百二十一，《儒林列传》；《史记》卷六十三，《老子韩非列传》；《资治通鉴》卷第一，"周威烈王二十三年"条；《史记》卷三十四，《燕召公世家》；《史记》卷四十三，《赵世家》；《史记》卷一百一十，《匈奴列传》。
③ 刘泽华：《中国政治思想史·先秦卷》，北京：中国人民大学出版社，2014年版，第319页。
④ 《史记》卷六十三，《老子韩非列传》。
⑤ 《韩非子·有度》。

影响，不慕仁义而推崇实力，商鞅在这一进程中至关重要。商鞅年轻时就喜好刑名之学。东周显王八年（前361年），他听说秦孝公求贤，于是自魏入秦，三次求见孝公。前两次求见，商鞅分别进献帝道、王道，劝孝公建立夏商周三代那样的功业。但孝公希望的是在世时就显名天下，而帝王之道需要耗费数十年乃至上百年才能成功，他等不了那么久。最后，商鞅进献霸道，陈述富国强兵之术。孝公大悦，于是重用商鞅变法，奖励耕战，迁都咸阳。由此，确定了以霸道为秦国此后150余年的战略取向。商鞅亦承认，这种治国理政将"难以比德于殷、周矣"。①

商鞅新法推行十年之后，秦国大治，道不拾遗，山无盗贼，家给人足，乡村、城镇安定有序。但商鞅天资刻薄少恩，用法严酷，曾亲临渭河处决囚犯，杀人之多以至血满渭河。他又强势压制宗室贵戚，以严刑峻法对待百姓，故而赵良在东周显王三十一年（前338年）引用《诗经》"得人者兴，失人者崩"及《尚书》"恃德者昌，恃力者王"，规劝他奉行"自卑也尚"的虞舜之道。② 秦孝公去世后，赵良的提醒应验了。商鞅在秦惠王即位后很快就被残忍车裂。不过，他所确立的"秦法"并未人亡政息，而是得到后继国君的贯彻，秦国也一天天愈发强大。恰如韩非子所言，"夫慕仁义而弱乱者，三晋也；不慕而治强者，秦也"。③ 韩赵魏等诸侯国未必因推崇仁义而弱乱，④ 但秦轻视仁义而以诈力图强却是事实。然而，大乱之世图强不讲仁义尚可，大一统后理政仍轻视仁义却是致命的了。

---

① 《史记》卷六十八，《商君列传》；《史记》卷五，《秦本纪》；《资治通鉴》卷第二，"周显王八年"条；《韩非子·外储说上》。

② 《史记》卷六十八，《商君列传》；《资治通鉴》卷第二，"周显王三十一年"条；《史记》卷五，《秦本纪》。

③ 《韩非子·外储说上》。

④ 司马迁称"三晋多权变之士"。参见《史记》卷七十，《张仪列传》太史公曰。

秦朝激进性战略时期：废先王之道，焚百家之言

要探讨秦始皇时代的大战略取向，剖析当时的王朝战略决策过程，绕不开焚书坑儒。这个事件是秦始皇在意识形态上贬斥儒家的典型体现。从思想根源上说，秦始皇焚书坑儒无疑深受韩非子、李斯的影响。韩非子对儒家的看法是极其负面甚至深恶痛绝的。他认为，"儒以文乱法"，人主反而还要礼遇他们，这是祸乱之源。他称儒家为五蠹之一，指责孔子不懂孝悌忠顺之道，并且严厉抨击儒家推崇的尧、舜、商汤、周武王等先王，抨击他们不守君臣之义，或以君位而奉臣（尧），或以贤臣之姿而篡位（舜），或以道义之名而弑君（商汤、周武王）。此辈皆非孝悌忠顺的君王楷模，反而是天下大乱的祸首。①

李斯与韩非子一样，虽然也师从荀子，但更钟爱帝王之术，崇法轻儒。始皇帝三十四年（前213年），秦始皇在咸阳宫与博士70人等讨论天下长治久安方略。博士淳于越认为，殷周持续千余年，是因为封子弟功臣为支辅，建议朝廷效法古代，实行分封制度。秦始皇拿不定主意，询问李斯意见。这本可以是一场开诚布公的政策交流甚至交锋，但李斯的加入将其演变成了残酷的政治镇压。李斯直接抨击淳于越，认为其见解荒谬，乃是愚儒之论。他上疏指出，古代天下散乱、不能统一，是由于诸侯并作，论者厚古害今、崇尚空谈，各派私学大兴，不以最高统治者的政策法令为然。现在，秦朝统一天下，黑白是非的真理已明，国家定于一尊。但各派私学仍在非议朝廷的法教制令，以批评君主为能名、以与朝廷立场不同为高明，煽动群下造谣诽谤。为维护君主权威、杜绝私学党派，他建议除博士官外，民间有《诗》《书》及诸子百家典籍者，一律在30日内上缴当地长官焚烧，否则判处黥刑并从事筑城苦役。有敢在一起谈论《诗》《书》者，则在闹市处死。有敢以古非今者，灭族。始皇帝采纳其建议，下令没收民间

---

① 《韩非子·五蠹》；《韩非子·忠孝》。

《诗》《书》及诸子百家之书，禁止天下人以古非今，并申明法度，确定律令。①李斯"焚书"的建议，进一步强化了"法家一尊"的局面，并埋下此后"坑儒"的祸根，②也阻碍了秦朝吸取古代治乱兴衰启示，及时在治国理政方面改弦更张，导致秦朝变本加厉实行法家崇尚强权的旧思维。

秦二世胡亥即位之初与郎中令赵高两次讨论如何治国理政的问题，也能够反映秦始皇的战略取向。第一次讨论是在秦二世刚刚即位。秦二世认为，他以年少之姿即位，尚未收服百姓之心。而先皇帝秦始皇巡行郡县，以显示强权，借威势令海内服从。如果他不效法先帝巡行，就会显得软弱无能，也就无法令天下臣服。这既表明了秦二世不成熟的治国理政思考，也事实上概括了秦始皇的治国之道，即显示威强、镇服海内，追求威势与强权。为了表明继承秦始皇遗志，秦二世继续巡行郡县，营造阿房宫，修建直道、驰道，外抚四夷，"如始皇计"，并且"用法益刻深"，③赋敛愈重，戍徭不止。④赵高对秦二世的上述看法及作为不仅深表赞同，而且推波助澜。秦二世自辽东出巡返回后，对于巩固皇位依旧忧心忡忡。赵高趁机对他灌输"今时不师文而决于武力"的思想，要他不要师法文治而一切决于武力，坚定秦二世迷信武力威权的意志。⑤

秦二世与右丞相冯去疾、左丞相李斯、将军冯劫等文武重臣关于秦始皇大战略方针存续的争论亦需注意。秦二世元年（前209年），百姓不堪秦朝暴政，纷纷揭竿而起。秦朝派少府章邯、长史司马欣等率领大军镇压，至次年冬，先后击杀周章、陈胜、项梁，灭魏王咎，并北渡黄河包围赵王歇，但起义形势依旧此起彼伏。在此背景下，冯去

---

① 《史记》卷六，《秦始皇本纪》；《史记》卷八十七，《李斯列传》。
② 李峻岭：《荀子与法家：援法入儒及理念分合——兼论荀子与韩非、李斯之关系》，https://www.chinakongzi.org/dajiatan/201911/t20191127_203701.htm。
③ 《史记》卷六，《秦始皇本纪》；《史记》卷八十七，《李斯列传》。
④ 《史记》卷八十七，《李斯列传》。
⑤ 《史记》卷六，《秦始皇本纪》。

疾、李斯、冯劫进谏说，关东地区的"群盗"诛杀不尽，是因为四方民众苦于戍漕转作之事以及赋税太重。若要根本消除叛乱，朝廷就应该暂且停建阿房宫，减省边境戍守与物资转运等徭役。这其实是在提醒秦二世，始皇帝的治国理政方略才是天下"寇盗不止"的原因，希望朝廷及时改弦更张，对症下药，减轻百姓的负担。① 但秦二世并不同意他们的看法。他认为，贵有天下者，应该"肆意极欲"，威重明法，使臣下不敢为非作歹，这样才能统御天下。他大段引用《韩非子》的话说："尧舜采椽不刮，茅茨不翦，饭土塯，啜土形，虽监门之养不觳于此矣。禹凿龙门，通大夏，决河亭水，放之海，身自持筑臿，胫毋毛，臣虏之劳不烈于此矣。"② 其大意是，尧舜以不加砍削的木材为屋椽、不加修剪的茅草为屋顶，用土簋煮饭吃，用瓦器盛水喝，住宿饮食还不如看门人（监门之养）。大禹为开凿龙门，疏通水道，引黄河水入海，亲自手持工具泡在水中，小腿汗毛都磨光了，辛苦劳累超过奴仆（臣虏之劳）。

在秦二世看来，这些先王贵为天子，却"亲处穷苦之实，以徇天下"，其苦形劳神、损己以利天下的做法，不值得贤主效法。因为贤主"专用天下适己而已"。换言之，贤主"以天下奉一人"，拥有天下的意义首先是让天下人服务好自己，然后才去安天下而治万民。如果贤主自己都不能得利，又何谈治理好天下呢！从其思维逻辑中，可以看出受《韩非子》影响之深，或者说对《韩非子》误读之深。在韩非子看来，尧、禹等称王天下，付出的是"臣虏之劳"，得到的是"监门

---

① 参见《史记》卷六，《秦始皇本纪》；《史记》卷四十八，《陈涉世家》。
② 《史记》卷六，《秦始皇本纪》。在《李斯列传》中，相关文字引用有所不同，具体为："尧之有天下也，堂高三尺，采椽不斫，茅茨不翦，虽逆旅之宿不勤于此矣。冬日鹿裘，夏日葛衣，粢粝之食，藜藿之羹，饭土匦，啜土铏，虽监门之养不觳于此矣。禹凿龙门，通大夏，疏九河，曲九防，决渟水致之海，而股无胈，胫无毛，手足胼胝，面目黎黑，遂以死于外，葬于会稽，臣虏之劳不烈于此矣。"参见《史记》卷八十七，《李斯列传》。当今流传的《韩非子》的相关表述是："尧之王天下也，茅茨不翦，采椽不斫；粝粢之食，藜藿之羹；冬日麑裘，夏日葛衣；虽监门之服养，不亏于此矣。禹之王天下也，身执耒臿以为民先，股无胈，胫不生毛，虽臣虏之劳，不苦于此矣。以是言之，夫古之让天子者，是去监门之养，而离臣虏之劳也。"参见《韩非子·五蠹》。

之养",当天下之主是苦差事,大家唯恐避之不及。也因此,将天下之主的位子传让给别人,无异于将苦差事给别人,并不是值得称道的高尚品德。① 依照秦二世的思维,始皇帝兼并天下后,"外攘四夷以安边境,作宫室以章得意",对外用兵、对内大兴功作的政策才是贤主所为。其开创的伟大功业刚刚开始,理当发扬光大。他斥责冯去疾、李斯、冯劫等人不仅不能抑制"群盗并起",反而打算废止先皇帝的治国方针,毁掉伟大功业,质问他们上不能报答先帝、次不能尽忠今上,有何资格继续处在高位?② 这次政策交锋的结果是,冯去疾、李斯、冯劫三位重臣被下狱问罪。

但这场君主与将相的政策争论还有余音。冯去疾、冯劫被下狱后,不忍受辱而自杀。但李斯贪恋爵禄,为获得宽恕,上书曲承二世之意。他在奏疏中说,贤明之主能全面施展帝王之道,对臣下实施督责之术。督责之,则臣下竭力效忠,这样一来,君主就可以"独制于天下而穷乐之极"。他引用申不害"有天下而不恣睢,命之曰以天下为桎梏"的话强调,天下之所以成为君主"桎梏",是由于其不会督责臣子尽心作为,只好像尧、禹那样万事亲力亲为、劳形苦神。进一步说,君主不行督责之道,是由于不能修申、韩之明术,只好像尧、禹那样做万民的奴仆,显示不出尊贵。他又引用《韩非子》"慈母有败子而严家无格虏"和"布帛寻常,庸人不释;铄金百镒,盗跖不掇"的话,并援引商鞅以重法治秦民(如在道路上撒灰者判刑)的经验,指出轻罪重罚,民众才不敢犯法。由此证明,坚决实施对臣下的督责之术及对百姓严刑峻法,才是明主圣王久处尊位、掌握威权并独占天下之利的诀窍。他还建议秦二世独断专行,"灭仁义之途,掩驰说之口,困烈士

---

① 《史记》卷八十七,《李斯列传》;《韩非子·五蠹》;《史记》卷六,《秦始皇本纪》;《史记》卷一百三十,《太史公自序》。需要指出的是,韩非子和秦二世所不屑的尧舜等先王的"臣虏之劳""监门之养",恰是墨家对尧舜德行的赞美。如司马迁所言:"墨家亦上尧、舜,言其德行曰:堂高三尺,土阶三等,茅茨不翦,采椽不斫。饭土簋,歠土刑,粝粱之食,藜藿之羹。夏日葛衣,冬日鹿裘。"参见《史记》卷一百三十,《太史公自序》。

② 《史记》卷六,《秦始皇本纪》。

之行",惟有如此,才是真正的"明申、韩之术,修商君之法"。商君之法修而申、韩之术明,督责之术才能推行彻底,群臣百姓才能忙于自省改过,天下安定、君主尊崇而权势威重的局面也才能实现。①

在秦二世与李斯等人的上述互动过程中,秦二世和李斯均大篇幅引用了韩非子的话,李斯还多次引用申不害、商鞅的主张或事例,并强调"明申、韩之术,修商君之法"。由此可见法家在秦朝意识形态领域的地位之重要。李斯的奏疏上呈后,秦二世大加赞赏,严厉贯彻督责之术。于是,横征暴敛者被视作能吏,杀人多者被当作忠臣,社会矛盾愈发激化,路人行人半数皆曾受过刑罚,而造反者"已有天下一半"。②

转回到秦始皇时代的治国理政思想取向。事实上,秦始皇被普遍认为是"法家皇帝"或偏爱法家的皇帝,法家学说对秦朝统治思想的贡献也最大。③ 自秦孝公用商鞅实行变法以来,秦国即以法家为治国理政的圭臬,并借之谋霸,实现大一统。秦王嬴政看到《孤愤》《五蠹》等篇章时,就极其仰慕喜好刑名法术之学的韩非子,感叹若能与他谋面交游,则"死不恨矣"。④ 从个性上看,正如军事家尉缭所言,秦王嬴政刻薄寡恩而有虎狼心肠,未得志时能谦恭待人(居约而易出人下),得志时则会六亲不认、随意杀戮(食人)。以此推之,若其得志于天下,则天下人都将成为其奴隶了。⑤

秦王嬴政刻薄少恩的个性在天然上与法家贴近。其扫灭六国、称始皇帝后,以法治国一以贯之,"明法度,定律令",⑥ 在全天下推行

---

① 《史记》卷八十七,《李斯列传》。当今流传的《韩非子》的相关表述分别是"夫严家无悍虏,而慈母有败子",参见《韩非子·显学》;"布帛寻常,庸人不释;铄金百镒,盗跖不掇",《韩非子·五蠹》。
② 《史记》卷八十七,《李斯列传》。
③ 参见张分田:《秦始皇传》,北京:人民出版社,2003年版,第233—248页;张帆:《中国古代简史》,北京:北京大学出版社,2001年版,第57—62页。
④ 《史记》卷六十三,《老子韩非列传》。
⑤ 《史记》卷六,《秦始皇本纪》。
⑥ 《史记》卷八十七,《李斯列传》。

法家统治模式，"事皆决于法，刻削毋仁恩和义"，视百姓为奴仆而任意驱使，应验了尉缭的预言。秦始皇还"专任狱吏"，宠信通晓刑法律令之人。① 赵高就因精通狱法而被器重，受命担任中书府令这样的近臣要职，并教授胡亥刑法律令。其犯死罪后，甚至得到秦始皇特赦。李斯也因帮助秦始皇在统一后推行法律政令，而深受重用。② 虽然秦始皇帝时朝廷也配有博士70人，但只是备而不用，或多是在皇帝立石刻碑颂德时使用。而且，儒生们在朝堂上鼓吹师法古制，推崇五帝三王，经常犯颜直谏，令秦始皇很不悦。因为秦始皇自认功盖五帝、地广三王，自己确立的治国之道创下万世功业，绝非儒家鼓吹的先王功绩和先王之道可比。③ 秦始皇三十四年（前213年），他对儒家及其信徒的容忍达到极限。他听信李斯之言，焚烧《诗》《书》及诸子百家典籍，打击天下私学，令士人学习法令刑禁并且不得以古非今。次年，秦始皇又于咸阳坑杀文学、方士460余人。④ 种种做法，可谓"罢黜百家，独尊法术"，而打击的对象里，儒家典籍及儒生群体首当其冲，受害最深。其结果是，法家学说在王朝统治思想领域的主导地位愈加强化，进而在大战略取向上强化了统治者对强权威势的迷信，愈发蔑视前世的治乱盛衰经验启示。

秦二世与李斯、赵高之间有关音乐的争论，也能体现儒家在当时意识形态领域的地位及解释秦朝为什么败亡。由于李斯曾受业于荀子，故而对《诗经》《尚书》中的治国之道有所认同。他曾进谏秦二世，指出放弃《诗经》《尚书》而纵情声色，这是商纣王时期的贤臣祖伊所忧惧的事情，也是商纣灭亡的原因，希望秦二世修养德行，不要彻夜享乐。但赵高不以为然，他认为，每个时代都有"度时之乐"，即使五帝三王之乐也名称各异，以示不相沿袭。只要能使朝野上下各得欢

---

① 《史记》卷六，《秦始皇本纪》。
② 《史记》卷八十八，《蒙恬列传》；《史记》卷八十七，《李斯列传》。
③ 始皇帝君臣议帝号、琅琊台颂秦德石刻、司马迁评秦始皇等内容中，都有相关的文字证明，参见《史记》卷六，《秦始皇本纪》。
④ 《史记》卷六，《秦始皇本纪》；《史记》卷八十七，《李斯列传》。

喜，就是好的音乐，何必拘泥雅颂之音或郑卫之曲。耽于享乐的二世自然认同赵高的看法，终于重蹈商纣覆辙。①

汉朝人之论，亦可借来总结秦始皇的大战略取向。汉朝人对秦朝治国理政得失的看法，是值得重视的。正如吕思勉先生所说，汉朝人之言，虽有缺点，但去秦不远，其言自有所见，不可以为是老生常谈而笑之。② 对秦朝大战略成败得失总结最深刻的是贾谊。贾谊认为，秦始皇"废先王之道，焚百家之言"，刚愎自用，"废王道，立私权"，不推行仁义之政而强化自己的威权，禁止文书而实行酷烈的刑法，"先诈力而后仁义"，以残酷暴力作为治理天下的基础。③ 其中，诈力与暴虐，都是充满外向性与高暴力的手段，对内是要慑服臣僚百姓，对外扫清各类威胁。因此，他鞭笞天下、威震四海，南取百越之地，降服其君长；北筑长城以固边疆，并驱赶匈奴700余里，收复河南地。④ 按照汉武帝时期主父偃《谏伐匈奴》的追述，秦始皇扫灭各诸侯国、统一天下后，追求胜利没有止境，打算攻打匈奴，被李斯劝谏。李斯认为，匈奴没有固定的居住城郭和财物储存之所，常像飞鸟一样流动迁徙，因此不易制服。如果秦军轻兵深入，后勤粮草就难保障。若携粮草而进，粮草重而难运，快速奔袭又是大问题。况且，得其地不能耕种获利，得其民又不能征调使用。所以，攻打匈奴是"靡弊中国，甘心匈奴"的下策。但秦始皇不听李斯劝谏，坚持派蒙恬北征匈奴，结果"暴兵露师十有馀年，死者不可胜数"，加上守卫前线及供给粮草负担沉重，导致天下疲敝、民怨沸腾，一如李斯之言。⑤

严安则指出，除攻打匈奴外，秦始皇还令尉屠睢率领楼船之士南攻百越，令监禄凿渠运粮，战事旷日持久，死伤惨重。一北一南的两场重大军事行动，满足了秦始皇"肆威海外"的心理，却造成十余年

---

① 《史记》卷二十四，《乐书》。
② 参见吕思勉：《秦汉史》，北京：商务印书馆，2010年版，第10页。
③ 《史记》卷六，《秦始皇本纪》。
④ 《史记》卷六，《秦始皇本纪》；《史记》卷一百一十，《匈奴列传》。
⑤ 《汉书》卷六十四上，《主父偃传》；《史记》卷一百一十二，《平津侯主父列传》。

间王朝资源的空前透支。加上秦朝推崇权利智巧,法令严酷,不恤民力,最终引起"穷兵之祸",以强大而败亡。[1] 而从根本上剖析,始皇帝之所以崇尚威权,同样是因为跳不出法家学说的思维窠臼,摆脱不了战国以来推崇权势利益的"故俗",做不到贵仁义、贱权利,做不到治国方略上的及时变化调整,从而出现战略惯性的"不变之患"。[2]

综上,秦朝统一天下后延续自战国以来对威势强权的追求,持续强调"明申、韩之术,修商君之法",蔑视尧、舜、禹等前代统治者的治国经验,摒弃仁义道德,并在实践中"废先王之道,焚百家之言",对内以高压慑服百姓,对外则穷兵黩武。激进性的大战略取向与其大战略行为是吻合的。

---

[1] 《汉书》卷六十四下,《严安传》;《史记》卷一百一十二,《平津侯主父列传》。
[2] 这是严安的论点,参见《史记》卷一百一十二,《平津侯主父列传》;《汉书》卷六十四下,《严安传》。

西汉决策者：逆取顺守，文武并用

西汉享国 210 余年（前 206—8 年，算入楚汉之争），大战略取向亦远比秦朝复杂。自汉高祖至汉宣帝，统治精英集团立足于五帝三王及秦朝兴衰成败规律，基于大一统时代的内外新形势，对王朝大战略进行了更加深入的思考和探索，也给后世王朝留下了丰富的经验启示。

收缩性战略时期：修黄老之言，不好儒术

自高祖、惠帝、吕太后至文帝、景帝三代人的 60 余年里，西汉王朝的统治者吸取秦朝"独尊法术"而两世即亡的教训，废除秦朝暴政苛法，推行无为而治的宽政，施惠天下，与民休息。这是在大一统时代背景下对大战略方向的历史性调适，也是对秦朝战略取向的扬弃和镜鉴，更是对战国以来大乱之世崇尚威势强权思维的拨乱反正。

高祖与太中大夫陆贾的对话就是这种调适的体现。史载，陆贾经常在高祖面前谈论《诗经》《尚书》。以征伐定天下且"不修文学"的高祖骂之曰，他自战马之上取得天下，哪里用得着《诗经》《尚书》！陆贾反驳说，自马上得天下，难道可以自马上治天下吗？这就向高祖

指出了取天下与治天下方式差异的问题，点出了摆在新王朝面前的时代课题。陆贾进而指出，商汤和周武王逆取而顺守，以武力逆取天下、以文德顺治天下，商、周两代因此皆享国长久，可见"文武并用，长久之术也"。相反，吴王夫差、晋国执政智伯以及秦始皇等强人迷信武力，"皆以极武而亡"。如果秦朝推行仁义，效法先圣，高祖怎能有机会取天下？政治敏感度极高的刘邦听闻此言，深感惭愧，自觉在有关王朝长治久安的大战略问题上思虑不周。于是，恳请陆贾总结秦亡汉兴以及自古治国成败之理。陆贾遂概述国家存亡要旨，共著文12篇。每上奏一篇，高祖即击节赞赏，其左右亦山呼万岁、深有共鸣。这12篇文章汇集成书曰《新语》。① 因此，此书对理解汉初决策者的大战略取向是重要的。

在《新语》中，陆贾指出，"道莫大于无为"。舜弹五弦之琴、歌南风之诗，清静似无治国、忧民之心。周公旦虽制作礼乐，但师旅不设、刑格法悬，不以军队和刑罚高压治国。这些高明的治国者内外之事不烦，结果垂拱无为而天下大治。特别是舜貌似无治国、忧民之心，无为而治的境界尤高一筹。秦朝统治者反其道而行，治法于内，设酷刑以惩奸邪；讨乱于外，筑长城及攘胡、越。结果是，事务烦扰而天下混乱，法令森严而王朝动荡，兵马众多而四处树敌。内外之事俱烦，诸多治理工具齐用，反而治丝益棼，天下失序大乱。因此，治国者应该避免秦朝"举措太众、刑罚太极"的教训，② 效法先圣无为而治。具体来说，要"块然若无事，寂然若无声，官府若无吏，亭落若无民，闾里不讼于巷，老幼不愁于庭，近者无所议，远者无所听，邮无夜行之卒，乡无夜召之征，犬不夜吠，鸡不夜鸣，耆老甘味于堂，丁男耕耘于野，在朝者忠于君，在家者孝于亲"，在此基础上，赏善罚恶，兴

---

① 《史记》卷九十七，《郦生陆贾列传》；《汉书》卷四十三，《陆贾传》；《汉书》卷一下，《高帝纪下》；《资治通鉴》卷第十二，"汉高祖十一年"条。

② 《新语·无为》。

建学校，教化百姓。① 这一系列建议与汉朝此后的大战略行为轨迹几乎一致。其中，对舜无为而治境界的描述，契合《老子》"太上，不知有之"的名言。

高祖与陆贾之辩以及高祖君臣对《新语》的共鸣，表明秦朝及更早期政治人物用强而亡、治国多烦而败的教训，对汉朝决策集团产生了强烈警示。而舜帝、周公无为而治的经验，让决策集团深受触动，成为新王朝调整战国以来治国模式的催化剂。陆贾固然不能归类于道家学派人物，其援引事迹所涉舜、商汤、周武王及周公旦等人物亦是儒家推崇的先王先圣，但《新语》所讲的先王先圣之道则非典型的儒家政治，而是凸显了道家学派的精神内核。研究汉代思想史的学者亦指出，黄老思想对汉初的陆贾、贾谊等思想家都有深刻影响。后者在不同程度、不同方面引用发挥黄老思想，尤其以之为儒家天道观基础，以黄老的自然、无为等思想补充修饰儒家思想，使儒家思想更好符合时代形势，② 迎合统治者的政治口味。

同一时期，有关王朝大战略的思考与探索在诸侯国齐国也出现了。汉高祖六年（前201年），天下统一后，高祖推行郡国并行制，以庶长子刘肥为齐王，封地有70城，"诸民能齐言者皆予齐王"。③ 齐国是汉朝早期最大的诸侯国，纵横2000里，物产富饶，山川险固，战略地位仅次关中，号称"东方秦国"，可以20万兵力抵御百万之兵进攻。④ 战功赫赫的平阳侯曹参就是在此时被立为齐相国（汉惠帝元年改称丞相），受命辅佐年轻的刘肥。为治理好齐国，曹参召集齐地长老、诸生开会，向他们请教安民之策。参会儒生多达数百人，但各持己见，莫衷一是，令曹参无所适从。后来，曹参听说胶西盖公善治黄老之言，遂以重金邀来见面。盖公指出"治道贵清静而民自定"，并以成功事例

---

① 《新语·至德》。
② 金春峰：《汉代思想史》（增补第三版），北京：中国社会科学出版社，2006年版，第49—59页。
③ 《史记》卷五十二，《齐悼惠王世家》；《汉书》卷三十八，《高五王传》。
④ 《史记》卷八，《高祖本纪》。

论证，令曹参大为叹服。曹参随后采纳其建言，以黄老之术开展理政实验，"相齐九年，齐国安集"，曹参也因此被"大称贤相"。① 曹参的施政虽限于齐国，但却影响到此后中央政府的战略取向。黄老无为在治齐实践中获得成功，也为其未来更大规模应用奠定基础。而儒家诸生则在此次大战略讨论中，以数百人优势输给盖公一人，使儒家学说败给黄老学说。

汉高祖十二年（前195年），高祖去世，惠帝即位。汉惠帝二年（前193年），汉朝开国贤相萧何去世，曹参继之为相。但他萧规曹随，任丞相后诸事无所变更，一切按萧何时的方针办。他不仅日夜饮酒，不考虑有所建树，而且纵容官员饮酒高歌，卿大夫以下官吏及宾客欲来劝谏者亦被灌醉。惠帝对此甚为不解。曹参请罪说，高祖、萧何安定天下，确立高明法度。惠帝自比不及高祖圣明英武、曹参不及萧何贤能，因此遵循高祖、萧何确立的方针，皇帝垂拱而治、百官谨守本职，天下就可以得到善治。自此，汉初治国方略愈发明确，"君臣俱欲休息乎无为"。② 当时百姓歌颂说："萧何为法，明白画一。曹参代之，守而勿失。载其清净，民以宁一。"司马迁点评说，曹参为相，以清净治国，完全契合道家主张。他顺应民心、无为而治，让刚摆脱秦朝酷政的百姓休养生息，因此天下称颂其治国之美善。③ 汉惠帝六年（前189年）曹参为相三年后去世。此后至汉文帝前二年（前178年），曲逆侯陈平长期担任丞相之职。陈平年轻时就好读书，喜钻研黄帝、老子之术。④ 他辅佐惠帝、吕太后理政，为无为而治、天下晏然亦作出贡献。

黄老学说也得到文帝及其妻窦氏（窦太后）、其子景帝的信奉。文

---

① 《史记》卷五十四，《曹相国世家》；《汉书》卷三十九，《曹参传》；《史记》卷八十，《乐毅列传》太史公曰。
② 《史记》卷九，《吕太后本纪》太史公曰。
③ 《史记》卷五十四，《曹相国世家》太史公曰；《汉书》卷三十九，《曹参传》。
④ 《汉书》卷四十，《陈平传》；《史记》卷五十六，《陈丞相世家》；《资治通鉴》卷十三，"汉文帝前二年"条。

帝"好道家之学"，喜欢清静无为，认为繁琐的礼仪于治国无益。① 文帝过世后，窦太后喜好黄帝、老子言，景帝及太子、外戚窦家子弟不得不随之读黄帝、老子之言，尊奉黄老学说。窦太后推崇黄老，不喜儒术和多文少质的儒生，在景帝时就将贬低《老子》的博士辕固生扔到猪圈刺杀野猪，在武帝建元二年（前139年）又罢黜推崇儒术的丞相窦婴、太尉田蚡，并且将通晓儒学的御史大夫赵绾、郎中令王臧交付司法吏论罪（二人自杀），将二人的师傅申公（时任太中大夫）免官。② 在建元六年（前135年）去世前，窦太后对巩固黄老学说作为王朝主流意识形态的地位，起到关键作用。她去世后，田蚡出任丞相，随即罢黜黄老、刑名等学说，延请儒生入仕，黄老学说的地位才逐步被儒家盖过。③

汉初统治者的性格及其用人之道，也能反映这一时期王朝的大战略取向。或者说，统治者在黄老思想指导下选用官员，以贯彻收缩性战略。而且，几位统治者的个性在天然上也与黄老思想贴近。高祖本人素称"宽大长者"，仁而爱人，④ 本性明达，"好谋，能听"，从善如流，即使与守门戍卒也能打成一片，采纳其善言。如因建言定都关中而被拜为郎中、赐姓刘氏的娄敬，即出身戍卒。⑤ 文帝亦谦逊敦朴，"躬修玄默"，清静无为，镜鉴亡秦之弊，与朝臣议论国政以宽厚为本。两代君臣选择官吏同样以长者为标准。如曹参担任丞相后，所用

---

① 《史记》卷二十三，《礼书》。
② 《史记》卷四十九，《外戚世家》；《汉书》卷九十七上，《孝文窦皇后传》；《史记》卷一百三，《万石张叔列传》；《史记》卷一百七，《魏其武安侯列传》；《史记》卷一百二十一，《儒林列传》；《汉书》卷八十八，《儒林传》。文帝时，因丞相周勃受诬告下狱事，受贾谊建言启发，不再将大臣下狱。因此，至武帝时酷吏、内史宁成被下狱受髡钳之刑前，西汉大臣"有罪皆自杀，不受刑"。参见《汉书》卷四十八，《贾谊传》；《史记》卷一百二十二，《酷吏列传》。
③ 《史记》卷一百二十一，《儒林列传》。
④ 《史记》卷八，《高祖本纪》。
⑤ 《汉书》卷一下，《高帝纪下》；《史记》卷九十九，《刘敬叔孙通列传》；《汉书》卷四十三，《刘敬传》。

属官多为木讷和恭谨敦厚的长者，刻薄多事、华而不实者则被斥退。① 文帝时，也采纳一代名臣张释之谏言，不用虎圈啬夫等善言多辞之徒，避免重蹈秦朝重用刀笔吏而坏政的覆辙，抑制以苛察酷急、善辩无实为能的前代官场陋习。许多精通黄老学说的高士，如曾令张释之在三公九卿面前为自己结袜的王生，也出入朝廷，担任顾问。② 绛侯周勃、东阳侯张相如等开国功臣更是少文多质、宽厚之人。窦太后推崇黄老，更是喜用沉默少言而能躬行者为大臣。景帝亦重用张欧（张叔）、万石君石奋及其子石建、石庆以及建陵侯卫绾等长者为高官。塞侯直不疑亦学《老子》，以之为理政圭臬。当时有名的忠厚长者田叔、孟舒等人亦在文帝、景帝时任地方长官或诸侯国相。其中，田叔曾师从乐毅族人、胶西盖公的师傅乐巨公（亦作"乐臣公"）学习黄老之学。③ 武帝即位之初，著名诤臣汲黯任东海太守，治官理民亦以清净为主。被武帝提拔为主爵都尉后，理政亦遵奉无为，"引大体，不拘文法"。④ 总之，汉初几代统治者重用的多是质朴敦厚、清静无为的官员，且该群体中很多人偏爱黄老之言。

武帝建元六年（前 135 年）以前，儒家虽处于从属地位、"多文少质"的儒生亦不受重用，加上受秦始皇"焚书坑儒"打击，儒学还处在恢复过程之中，⑤ 但这不意味着其在王朝政策实施中不发挥作用。叔孙通即号称汉家儒宗，偕儒生弟子百余人及鲁地 30 余人为高祖制订朝

---

① 《资治通鉴》卷第十五，"汉文帝前十三年"条；《资治通鉴》卷第十二，"汉惠帝二年"条；《史记》卷五十四，《曹相国世家》；《汉书》卷三十九，《曹参传》。
② 《史记》卷一百二，《张释之冯唐列传》；《资治通鉴》卷第十四，"汉文帝前三年"条。
③ 《汉书》卷四十，《周勃传》；《史记》卷一百二，《张释之冯唐列传》；《史记》卷一百三，《万石张叔列传》；《史记》卷一百四，《田叔列传》；《史记》卷八十，《乐毅列传》；《资治通鉴》卷第十七，"汉武帝建元二年"条。
④ 《资治通鉴》卷第十七，"汉武帝建元六年"条。
⑤ 如汉文帝时，天下研究《尚书》者寥寥无几。惟有曾任秦朝博士、年过 90 的伏生"硕果仅存"，能治《尚书》。文帝于是派太常掌故晁错往受《尚书》。参见《史记》卷一百二十一，《儒林列传》；《汉书》卷四十九，《晁错传》。又如班固所言，汉承秦灭学之后，《六经》离析，参见《汉书》卷五十六，《董仲舒传》赞曰。

仪，以正君臣之位。① 文帝在位时，对儒者"颇征用"（虽有限），② 特别是对精通诸子百家之书的青年俊才贾谊高度赞赏，征召其为博士，并与之探讨治国之道。贾谊所上《治安策》也对文帝治国理政颇有影响。在《治安策》中，贾谊回顾夏商周三代有道而久以及秦朝无道而速亡的历史，指出商汤、周武王"广大其德行"，置天下于仁义礼乐之上，即以仁义礼乐为治国之基，因此享有国祚六七百年。秦始皇置天下于法令刑罚之上，治国立足于法令刑罚，王朝仅十余年就败亡。鉴于此，他建议文帝治国安天下，要效法商、周，避免秦朝覆辙。在该篇奏疏中，贾谊也抨击了商鞅"遗礼义，弃仁恩，并心于进取"的治国之法，指出秦国迷信强权功利并以此兼并天下，始终不知改弦更张，"众掩寡，智欺愚，勇威怯，壮陵衰"的思维和行为模式难改，最终遭到反噬。③ 文帝恢复古代籍田礼，躬耕劝农，也是受贾谊《论积贮疏》影响。此外，更定多项律令等措施亦是出自贾谊的建议。因此，文帝一年内即破格提拔其为秩比千石的太中大夫，并打算令其位列公卿。④ 值得玩味的是，贾谊也受黄老思想影响，通过改造黄老或将黄老与儒家思想结合，推动儒道合流，⑤ 使其治国理念更好为帝王接受。

其他方面，也能发现儒家对治国理政的现实影响。如，文帝前十三年（前167年），下诏废除肉刑。相关诏书就引用《诗经》"恺弟君子，民之父母"的句子，强调宽厚待民。⑥ 文帝时，太常掌故晁错受朝廷之命，师从经学大师伏生研习《尚书》。学成之后，即常以《尚书》所言治国之道，向文帝建言献策，成为贾谊去世后的俊才代表，受到

---

① 《史记》卷九十九，《刘敬叔孙通列传》；《汉书》卷四十三，《叔孙通传》；《汉书》卷二十二，《礼乐志》。
② 《史记》卷一百二十一，《儒林列传》。
③ 《汉书》卷四十八，《贾谊传》；《资治通鉴》卷第十四，"汉文帝前六年"条。
④ 《汉书》卷四十八，《贾谊传》；《汉书》卷二十四上，《食货志上》；《史记》卷八十四，《屈原贾生列传》；《汉书》卷十九，《百官公卿表》。
⑤ 参见金春峰：《汉代思想史》（增补第三版），北京：中国社会科学出版社，2006年版，第50—53页。
⑥ 《资治通鉴》卷第十五，"汉文帝前十三年"条。

文帝器重，被先后授为太子家令、中大夫。其提出的"徙民实边""入粟于边以受爵"等主张，亦被文帝采纳，遂征募百姓迁徙边境地区，并对输送粮食到边塞的百姓授予爵位，以强化对匈奴防御。景帝虽"不任儒者"，但对儒者无恶感。辕固生被迫与野猪搏斗时，景帝曾给他利器，助他成功脱困。晁错在景帝当太子时，亦受信任，号称"智囊"。①

西汉的对外战略决策亦体现了黄老无为的精神内核。白登之围后，匈奴冒顿气焰嚣张，裹挟韩王信、伪王赵利、王黄等西汉叛将，愈发频繁入寇代地、云中等汉朝北部边地。②高祖对此深以为忧。汉高祖八年（前199年），他就此问策于时为建信侯的刘敬（娄敬）。刘敬从武力征服、仁义感化与和亲（情感与物质利益渗透）等三种策略入手，进行了分析，给出了"可无战以渐臣也"的对策。首先，中原初定，汉军久战疲惫，因此刘敬认为不可以武力征服匈奴。其次，冒顿单于杀父代立，占诸后母为妻，崇拜武力强权，因此也难以仁义说服。这两种短期策略都行不通，只好从长计议，采取和亲政策。他建议高祖痛下决心，将长公主嫁给冒顿，并赐给匈奴丰厚财物。匈奴仰慕汉家公主，必然以之为阏氏。阏氏生子即是太子，日后继位为单于。冒顿在世，他本人是汉家女婿。冒顿去世，后继单于则是汉家外孙。天下哪有外孙与外公分庭抗礼的道理。这样就可以不战而慢慢臣服匈奴。③高祖君臣的这次战略讨论，确立了西汉王朝对匈奴的和亲政策，是收缩性战略在对外政策领域的体现，彰显决策者"无战以渐臣"或"不战而屈人"的战略取向。

汉惠帝三年（前192年），如何处理冒顿给吕太后的"嫚书"，亦

---

① 《汉书》卷四十九，《晁错传》；《资治通鉴》卷第十五，"汉文帝前十一年"条、"汉文帝前十二年"条；《史记》卷一百一，《袁盎晁错列传》；《史记》卷一百二十一，《儒林列传》。当然，不可忽视的是，晁错最初所学乃是申、商刑名之术，且为人"峭直刻深"，冷峻残酷，符合法家人物的天然特性。

② 《史记》卷一百一十，《匈奴列传》；《史记》卷九十三，《韩信卢绾列传》；《资治通鉴》卷第十二，"汉高祖八年"条。

③ 《资治通鉴》卷第十二，"汉高祖八年"条；《汉书》卷四十三，《刘敬传》。

能体现西汉王朝在涉外方向上对无为方针的贯彻。当时，冒顿遣使送书信调戏吕太后，吕太后见信大怒，召集丞相陈平、舞阳侯樊哙、中郎将季布等将相大臣商议，打算改变和亲政策，斩杀匈奴来使，发兵讨伐冒顿。作为吕太后妹夫的樊哙自告奋勇，表示愿带10万将士，"横行匈奴中"。诸将阿附吕后，都无异议。① 在这种浓厚的主战氛围下，独有季布强烈反对，直言"樊哙可斩也"。他指出，当年汉军32万人反击匈奴，高祖尚且被围平城。且樊哙当时为上将军，不能救高祖脱围，如今仅以10万兵马，又怎能横行匈奴军中？他强调，秦朝对匈奴用兵，导致陈胜等揭竿而起、天下大乱，至今战争创伤未复。若听信樊哙建议，开启对匈大战，则是"摇动天下"，必将重蹈秦亡覆辙。他进一步指出，对夷狄之言不必太在意，"得其善言不足喜，恶言不足怒也"。吕太后于是恢复战略理性，不再讨论打击匈奴之事，反而遣使回书并赠送车马，"深自谦逊以谢之"。② 西汉王朝因此得以继续"休息乎无为"，内外无事。

更有代表性的一次战略决策发生在文帝与棘蒲侯、将军陈武等大臣之间。文帝即位后，立有拥立之功的将军陈武等人认为，南越、朝鲜自秦朝时就已内属，但中原大乱后拥兵反叛。高祖时天下初定，未对其加以讨伐。当今皇帝以仁惠安抚百姓，泽被海内，士民皆愿为朝廷出力。他们建议趁此民心可用之时讨伐南越、朝鲜等势力，统一封疆。其用意是改变高祖及萧何等人确立的对外"偃武一休息，羁縻不备"方针。文帝答复称，他以藩王入继大统，即位以来，经常战战栗栗，担心"事之不终"，害怕治理不好国家。何况，兵者乃凶器，"虽克所愿，动亦耗病"，纵使达成作战目的，也难免劳军远征、烦扰百姓。他回顾说，高祖深知百姓不可烦扰，故而不以南越、朝鲜等为意。

---

① 不过，《史记》的《匈奴列传》的记载却是，吕太后欲击之，诸将说："以高帝贤武，然尚困于平城。"于是吕太后乃止，复与匈奴和亲。参见《史记》卷一百一十，《匈奴列传》。
② 《资治通鉴》卷第十二，"汉惠帝三年"条；《史记》卷一百，《季布栾布列传》；《汉书》卷三十七，《季布传》；《汉书》卷九十四上，《匈奴传上》；《史记》卷一百一十，《匈奴列传》。

如今匈奴内侵，汉朝军吏御敌无功、边民服兵役日久，已经令人深感痛心，遑论再起刀兵。他强调当下之务是"坚边设候，结和通使，休宁北陲"，继续加强守备、维持和亲，令北部边地得以休息。文帝的这一战略取向，使"百姓无内外之徭，得息肩于田亩"，天下百姓和平安乐。①

陆贾两次出使南越的历史过程，亦能体现汉朝决策者的战略取向。汉高祖十一年（前196年），陆贾受高祖之命首次出使南越，打算传诏册立赵佗为南越王。赵佗最初甚为倨傲。陆贾对他晓之以理，同时透露汉朝君臣此前有关处理南越问题的政策讨论。他指出，汉朝将相们认为赵佗没有助天下诛讨暴秦，反而自己称王，于是纷纷建议征讨南越。但汉朝皇帝可怜百姓劳苦，不忍发兵南下，而是遣我授予您王印，友好通使往来。② 这表明，即使在面对弱势对手时，高祖也没有打算以强凌弱，军事手段并未成为汉朝的首选战略工具。

汉文帝前元年（前179年），刚即位的文帝派陆贾第二次出使南越，令其捎去他给赵佗的书信。在此之前，赵佗趁吕太后去世，发兵入寇汉朝南郡等地，并且威逼利诱闽越、西瓯和骆臣属，大肆扩张南越势力范围，其疆域号称东西"长达万余里"。志骄意满的赵佗趁机使用黄屋左纛，僭称皇帝，与汉朝天子分庭抗礼。面对这一问题，文帝在书信中说，他与赵佗"两帝并立"而无友好通使往来，这属于以力相争，"是争也"。"争而不让"，不是仁者推崇的行为。③ 这体现了文帝在战略上的谦下姿态。他还指出，汉朝与南越交兵，都会有损伤。他不忍汉军将士官吏伤亡、孤儿寡妇新增，也不以取得南越土地和财富为意，希望双方恢复相安无事的状态，特别是南越应该停止侵汉。为表示诚意，文帝在信中告知赵佗，他已下令慰问赵佗在真定的亲兄

---

① 《史记》卷二十五，《律书》；《史记》卷十，《孝文本纪》；《史记》卷十八，《高祖功臣侯者年表》。
② 《史记》卷九十七，《郦生陆贾列传》；《资治通鉴》卷第十三，"汉文帝前元年"条。
③ 《资治通鉴》卷第十三，"汉文帝前元年"条。

弟，并修治其先人坟墓。这些都显示了文帝对非暴力手段的偏好，体现了不争是争、谦下取之的黄老战略哲学。这种不争、谦下的格局与胸怀，令赵佗感动。赵佗随即取消帝号，对汉朝公开称臣如故。需要指出的是，陆贾能够第二次出使南越，正是由喜好黄老之言的丞相陈平举荐促成的。①

在对匈战略战术方面，文帝时期有关匈奴政策的改良升级也很重要。贾谊在呈给文帝的《治安策》中悲痛指出，作为"天下之首"的汉朝天子，面对匈奴"嫚侮侵掠"，反而要年年向其进贡"金絮采缯"，形成"足反居上，首顾居下"、汉朝天子形同匈奴诸侯的倒悬之势。而且，汉朝天子承受这种"卑下受辱"的态势，并未换来匈奴停止侵犯，而是要面对安全利益持续受侵害、"祸不息"的状况。他认为，匈奴人口不过汉朝一个大县。汉朝以天下之大，困于一县之众，②实在是莫大的战略悲哀。贾谊希望改变这种天下倒悬之势，但并未建议以军事手段报复性解决问题，而是提出"耀蝉之术振之"的不战而胜之策。在《新书》中，他指出"强国战智，王者战义，帝者战德"，商汤、大舜皆以德义降服蛮夷。汉朝天子应效法二王，"宜以厚德怀服四夷，举明义博示远方"。如何实施"耀蝉之术"、以厚德明义怀远？这就引出了著名的"三表五饵"之策，③堪称和亲政策的升级版。需要说明的是，所谓"耀蝉之术"，即荀子所谓夜间以明火捕蝉之术，这需要火光明亮，然后摇动树干，就可以捕捉到蝉，"人主有能明其德者，则天下归之，若蝉之归明火也"。其本义是国君明其德，则天下贤士归附，犹如"耀蟪"。④贾谊将这种招引贤士的方法，发挥到了对匈奴政策上，以更加务实的"真金白银"展示道德信义，争取匈奴民心、孤立单于，自下而上瓦解匈奴入寇之患。

---

① 《资治通鉴》卷第十三，"汉文帝前元年"条；《史记》卷九十七，《郦生陆贾列传》；《史记》卷一百一十三，《南越列传》。
② 《汉书》卷四十八，《贾谊传》。
③ 《新书·匈奴》。
④ 《荀子·致士》。

所谓"三表",即显示汉朝天子对匈奴人的承诺信义、对其面貌外形的喜爱以及对其技艺的偏好,从心理战、政治战的大方向,与匈奴单于争夺匈奴民心。所谓"五饵",即从眼、口、耳、腹、心五个方面多管齐下,利诱吸引匈奴人,"倾(匈奴)一国之心"。一是对来降的匈奴人或使者赐予绣衣文锦,配给银车四马及扈从车队,令其出入仪仗犹如单于。二是对匈奴使者或来降之人赐以丰盛的汉朝珍馐佳肴,令其垂涎回味。三是以美女侍者及歌舞音乐助兴,令匈奴使者或来降者受汉朝文艺娱乐的熏陶。四是赐以高堂大宅、粮仓仆从等,令其享受世间荣华。五是亲近喜欢匈奴婴儿和贵人,令其侍奉左右,与之打成一片。贾谊认为,这些足以令匈奴臣民奔走相告,使之对单于离心离德、对汉朝仰慕向化,单于失去臣民后最终也不得不来南下归顺,这就是所谓的"帝者战德"。此外,汉朝还可借开通边关集市,以美食好酒吸引匈奴上层人物带领部众归顺,并给予其显贵地位,这样匈奴降者会越来越多,三五年间匈奴将不战而亡,此谓"德胜"。① 贾谊的"三表五饵"改良了刘敬的和亲政策,更具积极性。即区分匈奴统治阶层与匈奴人民,通过汉朝强大的感召力和融合力,争取匈奴各阶层亲附。事实上,以"耀蝉之术"改良后的和亲政策施于匈奴后,效果非同凡响。史载,至汉武帝即位之初,"匈奴自单于以下皆亲汉,往来于长城下"。②

综上,西汉建立之初,吸取秦朝推崇法家学说、采取激进性战略而亡的教训,实行内外休息不扰、无为而治的方略。它以安集百姓、羁縻外部势力为方式,对外用兵谨慎,"能不用兵就不用兵"。③ 决策者的战略取向以收缩性战略为内核,与该时期王朝的大战略行为是一致的。在王朝意识形态上,则以黄老思想为主导。儒家在治国理政方面也有所贡献,渗透进王朝的决策,但处在辅助、补充地位。法家及

---

① 参见《新书·匈奴》。
② 《史记》卷一百一十,《匈奴列传》;《汉书》卷九十四上,《匈奴传上》。
③ 叶自成主编:《地缘政治与中国外交》,北京:北京出版社,1998年版,第194页。

以之为指导的秦国治国理政模式则遭到贬斥,成为被批判对象。

进取性战略至激进性战略的转换:明帝王之法制,建太平之道①

建元六年(前135年),窦太皇太后去世,汉武帝正式亲政。两年后的马邑之谋则是汉朝大战略的转折点。在这一王朝战略取向的转折期,武帝与董仲舒的问对,以及武帝与其他大臣有关对匈奴和亲、马邑之谋等政策的辩论,尤具观察的指标意义。

武帝即位之初,就已深入思考大战略与时俱进的问题,谋划"治国的理想蓝图",② 恢复儒家主张的圣王之道。为此,他下令推举贤良文学之士,并出题策问古今治国安民之道的纲要和最高原则。被推举者多达100余人,其中多为文学儒者。因研究《春秋》闻名而在景帝时任博士的董仲舒,所作对答最有代表性,此即著名的"天人三策"。③

武帝首先提出策问,指出五帝三王之道经百王践行而后逐渐衰微,最后坏至桀纣之行的地步,可谓"王道大坏"。近500年来,很多守文之君和当权之士想要推行先王之法匡济国家,却仍然无法扭转王道衰败的趋势。如果要复兴圣王之道,"欲风流而令行,刑轻而奸改,百姓和乐,政事宣昭"直至德泽中外万物、天降祥瑞,要怎么做呢?由此,引出"天人三策"的第一策。

---

① 《汉书》卷五十六,《董仲舒传》。
② 杨生民:《汉武帝传》,北京:人民出版社,2001年版,第13—16页。
③ 关于"天人三策"作于何时,《史记》《汉书》均无明确记载,《资治通鉴》认为是"建元元年"。后世史学界则有"建元元年""建元五年""元光元年""元光二年",乃至"元朔五年"等说法,还有学者认为是在数年之间完成的,尤其可能是建元四年至元光元年年初(前137—134年年初)之间。参见《汉书》卷五十六,《董仲舒传》;《资治通鉴》卷第十七,"汉武帝建元元年"条;岳庆平:《董仲舒对策年代辨》,载《北京大学学报(哲学社会科学版)》,1986年第3期,第114—120页;张大可:《董仲舒天人三策应作于建元元年》,载《兰州大学学报》,1987年第4期,第39—45页;余建平:《"天人三策"文本顺序考辨——兼论董仲舒贤良对策之年代》,载《北京社会科学》,2019年第6期,第53—63页。

董仲舒依据其对《春秋》所记历史及天人关系的研究，并援引《诗经》《尚书》《论语》等经书对答，建议武帝革故鼎新，更化改制，解决自周朝末年至秦朝以来"教化不立"这一重大历史遗留问题，如此才能走上治国之"正道"。他指出，"道"是通往天下大治的"道路"，而仁义礼乐则是"行道"的工具。圣王以礼乐教化使国家走上"正道"，因此其去世后，国家还可以长治久安数百年。但如果统治者用人不当、治国不走"正道"，政治终究会败坏，国家也会灭亡。纵使如此，这并不代表圣王之道衰亡，而是表示统治者要始终坚持弘道、推行善政。也就是说，新的统治者如果能坚持不懈推行善政，圣王之道即可复兴，恰如周宣王收拾其父周厉王留下的烂摊子，以亲政善治使"周道粲然复兴"一样。董仲舒还引用孔子"人能弘道，非道弘人"的话强调，国家治乱兴废在于统治者自己，而不是完全取决于天命。依据"君子之德风，小人之德草，草上之风必偃"原则及《春秋》"一元"所谓正本之意，统治者"行道"，要由己而始、推及天下，由正心而正朝廷、正百官、正万民、正四方，远近皆正则阴阳和、风雨顺，万物滋殖，福祥毕至，"而王道终矣"。他指出，武帝登基以来，品高恩厚，爱民好士，推行善政，但是天地没有降下祥瑞，这主要是由于"教化不立而万民不正"。更进一步讲，自汉朝建立70余年，"至今不可善治者"，根本原因是"当更化而不更化"，也就是说教化天下的大问题长期没有解决。再往历史深处分析，"教化不立"的大问题源自西周末年的天下无道，坏烂于秦朝的"以乱济乱"。西周末年，天下无道。秦朝继周之后，无道更甚，严禁文学和私自藏书，抛弃礼义，打算"尽灭先圣之道"，以粗暴浅陋和目光短浅的方式治国，结果14年就亡国破家，更导致世风大坏、奸诈横行，国家难以善治。汉朝承接秦之遗毒余烈，犹如"腐朽之木不可雕也，粪土之墙不可圬也"。要根本解决这一历史遗留问题，就需对症下药，扫除乱世旧迹，进行根本性、体制性的革故鼎新（也就是更化），践行仁、义、礼、智、信五常之道,恢复教化,才能治理好国家,复兴圣王之道。①

武帝认为董仲舒的见解不同凡响,遂提出第二次策问。此次主要触及的是帝王之道"无为与有为"的差异、文德治国与刑罚治国的效果之别等问题。一是舜垂拱无为而天下太平,周文王治理天下却忙到日落都顾不上吃饭。如此看来,帝王之道莫非不是"同条共贯",否则两位圣王的劳逸程度为何差别这么大?二是商代以五刑及伤害身体的惩罚来督奸惩恶,周成王与周康王不用这些刑罚而天下治、40余年监狱空虚,而秦朝以刑罚治国却导致"死者甚众,刑者相望"、国家大乱,这种差异又作何解释?

董仲舒一一加以对答,由此完成"天人三策"第二策。对第一个问题,他指出,舜无为而天下治,是因为有尧帝70年孜孜求治而打下的仁政基础,他继承的是"教化大行、天下和洽"的大好局面。周文王治国理政忙到无以复加,则是因为遭遇的是商纣王遗留的"天下秏乱、万民不安"的烂摊子,必须花大力气拨乱反正。这样看来,治国者有劳有逸,是因其所处的时代不同,而非圣王之道不同。更何况,尧帝70年的仁政也是在其"以天下为忧"、诛乱臣而用圣贤之臣之后辛苦实现的。鉴于汉朝继承的是无道之秦留下的烂摊子,联系上一策对中的更化改制建议,董仲舒显然倾向于朝廷推行积极作为的方略,由无为而治转向积极作为。

对文德治国与刑罚治国效果差异的问题,董仲舒赞美了周武王和周公以仁义礼乐教化民众的做法,同时严厉抨击秦朝推崇申商之法与韩非子学说、憎恶帝王之道的取向,指出秦朝不以文德教化天下,而是以"贪狼为俗",以刑罚治国,最终酿下天下大乱苦果,由此指出秦朝以刑罚治国而大乱的思想根源,暗指法家实属乱政亡国的邪说。

武帝接着提出新的策问,要求董仲舒对夏商周三代施政差异与"道"的一贯性等问题进行更深入阐释。特别是如果"道"是"久而

---

① 《汉书》卷五十六,《董仲舒传》;《资治通鉴》卷第十七,"汉武帝建元元年"条。

不易"、恒久适用的,又如何解释"三王之教所祖不同,而皆有失",即夏商周推崇的教化原则不同且都存在不足的问题。由此引出"天人三策"第三策。

在对答中,董仲舒继续立足"人能弘道,非道弘人"原则,指出"道者,万世亡弊;弊者,道之失也",即遵道而行,万世无弊。弊端出现,是由于遵道而行过程中出现偏废,未能将"道"全面贯彻。为此,治国者需以"道"中被偏废的部分补救时弊。夏商周治国,侧重点各有不同,如"夏上忠,殷上敬,周上文",这不是表示三者治国之道相互矛盾,而是由于他们遭遇的时代不同,所以要因时损益,以补救前朝践行王道缺失而留下的积弊。他指出,"道之大原出于天,天不变,道亦不变",禹继承舜、舜继承尧,尧舜禹的治国之道一以贯之且中间没有乱世,无须补救弊政,所以不存在如夏商周之间彼此损益的问题。由此看来,继承治世者,其道同;继承乱世者,其道变。汉朝继承大乱之世,因此需要对周代过分强调礼仪的弊政有所纠正,改用夏代推崇的忠厚诚信之道。① 他还依据《春秋》"大一统"思想,提出在思想文化领域的大一统建议,② 强调"今师异道,人异论,百家殊方,指意不同,是以上亡以持一统;法制数变,下不知所守"。因此建议"诸不在六艺之科孔子之术者"皆绝其道,消灭邪辟之说,在思想上实现大一统,进而才能真正做到法令统一和法度明确,③ 巩固大一统的政治局面。④ 也就是说,自春秋战国以来道术分裂的局面需要改变,思想文化上的分裂要扭转为大一统。秦朝当初想要以法家实现思想文化上的大一统,却以惨败告终。这个历史任务要交给儒家经由汉武帝

---

① 《汉书》卷五十六,《董仲舒传》;《资治通鉴》卷第十七,"汉武帝建元元年"条;《史记》卷八,《高祖本纪》太史公曰。
② 《汉书》卷五十六,《董仲舒传》;韦政通:《中国哲学辞典》,长春:吉林出版集团,2009年版,第58页。
③ 《汉书》卷五十六,《董仲舒传》;《资治通鉴》卷第十七,"汉武帝建元元年"条。
④ 金春峰:《汉代思想史》(增补第三版),北京:中国社会科学出版社,2006年版,第168—169页。

来实现。

　　从以上三轮问对可以看出，武帝孜孜求治，在深入思考无为而治向积极作为的战略转轨。董仲舒也认识到，武帝的策问是为"兴仁谊之休德，明帝王之法制，建太平之道也"。① 在答问之中，董仲舒多次赞美尧舜禹和夏商周三代圣王之治，抨击秦朝推崇申商之法与韩非之说、憎恶古代帝王之道的浅陋短视。他认为，百代王者所用的治国之道可追溯至尧开创的圣王之道，经由舜、禹传承，并经夏商周三代贯彻，虽因时代变化而有过制度性损益，但并没有道路上的颠覆性改变。但秦朝憎恶并且废弃圣王之道，在治国之道的思想轨迹上中断了圣王之道的历史接力。因此，汉朝需要展现历史担当，恢复被打断的圣王之道进程，继承并革新周代的治国制度。②

　　董仲舒的对答令武帝非常满意，旋即被授江都国相，多年后又任胶西国相。董仲舒认为，汉朝承继的是无道之秦留下的乱世，需要恢复圣王之道，更化革新，并且在思想上实现大一统。这与武帝积极进取的大战略取向是契合的，足以证明儒家的圣王之道深刻影响了武帝治国理政的大方向，推动了汉朝自无为向有为的战略转轨。③ 事实上，在此次被推举来的贤良文学之士的队伍里，还有治申不害、韩非子等法家之学以及治苏秦、张仪等纵横家学说者。建陵侯丞相卫绾认为，这些学说都是扰乱国政之学，其信徒都应该罢用。这与董仲舒的看法一致。④ 武帝乃准其奏请，全部罢黜。法家、纵横家等学说及其信徒在政治上于是持续受到贬抑。

　　从史书记载还可看出，武帝刚即位就雅好儒术，丞相窦婴、太尉

---

① 《汉书》卷五十六，《董仲舒传》。
② 《汉书》卷五十六，《董仲舒传》；《资治通鉴》卷第十七，"汉武帝建元元年"条。
③ 《汉书》卷五十六，《董仲舒传》；金春峰：《汉代思想史》（增补第三版），北京：中国社会科学出版社，2006年版，第168页。
④ 《汉书》卷五十六，《董仲舒传》；《资治通鉴》卷第十七，"汉武帝建元元年"条；《汉书》卷六，《武帝纪》。需要说明的是，"罢黜百家，独尊儒术"并非禁绝各家著作和思想，只是不以"百家"为统治思想。各派思想的研究，在汉代是合法的，社会上也不存在废弃"百家"的气氛，参见金春峰：《汉代思想史》（增补第三版），北京：中国社会科学出版社，2006年版，第170—171页。

田蚡也推崇儒学，并重用赵绾、王臧，谋划在长安城南兴建明堂，拟定巡狩、封禅之礼，更改正朔和服色等制度。但在窦太皇太后去世前，武帝君臣的更化改制受到压制。武帝的母亲王太后就敏锐地提醒儿子说，皇帝刚刚即位，百官未附，不可冒着惹怒太皇太后的风险，听从儒生之议兴修明堂。① 建元六年（前135年），窦太皇太后去世，王太后的弟弟、武帝的舅父田蚡复出为丞相。俱好儒术的武帝君臣终于可以放手实施大战略转型，遂罢黜黄老刑名等百家之言，延请文学儒者数百人为官，在治国指导思想上由"推崇黄老"迈向"独尊儒术"，此即班固称赞董仲舒时所谓的"推明孔氏，抑黜百家"，或评赞武帝时所称的"罢黜百家，表章《六经》"。② 元光五年（前130年），以治《春秋》出身、时年60岁的大儒公孙弘在当年的贤良文学策对中，被武帝擢为第一，短短几年间由布衣儒生高升至左内史、御史大夫，元朔五年（前124年）再升丞相、封平津侯，成为汉代因任丞相而封侯第一人，犹如傅说举于版筑之间。③ 武帝正是以这种"千金买马骨"的手法，通过超常提拔公孙弘，显示他"独尊儒术"的决心意志。其示范效应也是极强的，由于儒生的社会政治地位发生重大变化，天下学士遂倾心儒学，借此寻求改变人生命运。④

武帝还躬身乐学，持续研习《六经》，以为天下表率。他在策问贤良文学之士时就曾引用《诗经》等经书。⑤ 元光五年（前130年），东方朔谏阻武帝在宣室为姑母兼岳母窦太主刘嫖及其情夫董偃设宴时就指出，"陛下富于春秋，方积思于《六经》"，而董偃不遵经劝学、不

---

① 《史记》卷十二，《孝武本纪》；《资治通鉴》卷第十七，"汉武帝建元元年"条；《史记》卷一百七，《魏其武安侯列传》；《汉书》卷五十六，《董仲舒传》。
② 《汉书》卷五十六，《董仲舒传》；《汉书》卷六，《武帝纪》。
③ 《史记》卷一百一十二，《平津侯主父列传》；《史记》卷一百二十一，《儒林列传》；《资治通鉴》卷第十八，"汉武帝元光五年"条；《资治通鉴》卷第十九，"汉武帝元朔五年"条；《汉书》卷五十八，《公孙弘卜式儿宽传》赞曰。
④ 《史记》卷一百二十一，《儒林列传》；金春峰：《汉代思想史》（增补第三版），北京：中国社会科学出版社，2006年版，第170页。
⑤ 《汉书》卷五十六，《董仲舒传》。

守礼制，只知奢靡享乐，乃是国家和君主的祸害，① 更不利于武帝学习儒家经书。公孙弘也积极协助武帝提升儒学在治国理政中的影响。元朔五年（前124年），武帝诏令礼官劝学兴礼，用礼乐教化百姓，振兴礼教，改变礼崩乐坏的局面。为落实武帝诏令，刚任丞相的公孙弘建议为博士官设弟子50人，免其赋税徭役，并按品学高低补授郎中、文学、掌故等官缺。又建议选拔通晓一种经学以上的低级官员，优先擢升。自此，公卿大夫和一般官员中的儒学之士越来越多，② 官员整体素质大幅提升。以董仲舒为例，其子孙均以精通儒学而位至高官，弟子中亦有褚大、吕步舒等人官至诸侯国相、长史，任大夫、郎官、谒者、掌故者更是以百计。③ 非董仲舒门下的儒家弟子，在武帝朝任御史大夫及其他高官职位者更是不计其数。如《诗经》经学大师申公的弟子中，孔安国官至临淮太守，周霸为胶西内史，另有多名弟子任内史、太守或中尉，官至大夫、郎、掌故者更是达到上百人之多。治《尚书》闻名天下的伏生，则有再传弟子儿宽官至御史大夫，位至三公。这还不包括景帝时官至御史大夫的弟子晁错。④

总之，自春秋战国以来，近500多年来儒学政治上受压抑、儒者从政不得志的状况终于大大改观，儒学正式成为大一统王朝的主流意识形态。大量儒生进入政府，甚至位列三公，以儒学经义理政施教、断案平讼、推贤举能、爱众养民、参与廷议、御侮兴邦，对王朝大战略产生了深刻的影响。这种情况维持了2000多年，⑤ 而武帝乃肇其始者。尤需指出的是，这一时期，以儒学经义特别是援引《春秋》经义中的礼制、道德、原则来断案平讼，将儒家礼治精神和内容渗入法治建设（瞿同祖先生所谓"以礼入法"），开启了中国历史上引经决狱或"春秋决狱"的新时代，成为"汉代中国法律儒家化的标志"，并

---

① 《资治通鉴》卷第十八，"汉武帝元光五年"条。
② 《资治通鉴》卷第十九，"汉武帝元朔五年"条；《史记》卷一百二十一，《儒林列传》。
③ 《史记》卷一百二十一，《儒林列传》。
④ 《史记》卷一百二十一，《儒林列传》；《汉书》卷八十八，《儒林传》。
⑤ 杨生民：《汉武帝传》，北京：人民出版社，2001年版，第49页。

为儒家在魏晋南北朝时期系统性修改和编制法律并大体完成"中国法律之儒家化"及推动中华古代法律文明发展作出重要贡献，中国法律也因此被近代学者称为"儒家主义之法律"。① 儒家对王朝治国理政的全方位渗透影响由此可见一斑。

在对外方面，武帝君臣的大战略取向，则可以从对匈奴和亲、马邑之谋等决策辩论过程中考证。建元六年（前135年）年末，匈奴请求和亲，武帝令朝臣商议对策。熟悉边事的大行王恢是主战派，他认为匈奴人不守信义，和亲不过数年就会背约入寇，因此应拒绝和亲，发兵攻击之。三公之一的御史大夫韩安国则是主和派，从军事和政治经济等角度分析了对匈奴作战的不利。他认为，从兵法角度讲，奔袭千里作战，往往不易取胜。从政治经济角度讲，匈奴人借助戎马行动迅疾，心如鸟兽粗鲁野蛮，迁徙流动如同飞鸟，很难加以制服。即便得到其土地也算不得开疆拓土，拥有其民众也不意味着国家强大，自上古以来中原王朝就不视之为臣属。尤其从军事角度看，汉军要数千里争利，与以逸待劳的匈奴人接战时已是强弩之末，人困马乏，易被敌人所乘。所以，与其犯兵家大忌去千里争无用之利，不如和亲更为稳妥。大臣们多数赞成韩安国的意见。这次政策辩论表明，主战派尚难以充分的理由获得多数大臣的认同，和亲政策的逻辑惯性依旧强大。武帝也同意继续与匈奴和亲。②

一年多后，即元光二年（前133年）春，雁门郡马邑人聂翁壹通过大行王恢，向朝廷进献马邑之谋，大胆提出诱击匈奴单于的计策。

---

① 参见瞿同祖：《中国法律之儒家化》，载瞿同祖：《中国法律与中国社会》，北京：中华书局，1981年版，第328—346页；《史记》卷一百二十一，《儒林列传》；《史记》卷一百二十二，《酷吏列传》；孙磊、王维渊，《"春秋决狱"与现代司法天理、国法、人情三维体系的构建》，载《人民法院报》，2019年7月12日，第6版；余向阳、陈淑，《从春秋决狱看刑事司法的情理法融合》，载《人民法院报》，2022年6月24日，第6版；殷啸虎：《春秋决狱的法文化意义》，载《法治日报》，2023年2月15日，第10版；岳万青、张洁娟：《论汉朝的"春秋决狱"》，https://www.chinacourt.org/article/detail/2008/09/id/323617.shtml#:~:text=%E6%9C%AC%E6%96%87%E7%AE%80%E8%A6%81%E9%98%90%E8%BF%B0%E2%80%9C%E6%98%A5%E7%A7%8B%E5%86%B3。

② 《史记》卷一百八，《韩长孺列传》；《汉书》卷五十二，《韩安国传》。

武帝对此非常重视，于是诏问公卿大臣们说：朕以宗室子女婚配单于，又赐予大量金币锦绣，但单于依旧"侵盗无已"，汉朝边境深受其害。为解除边民之苦，现在准备举兵攻击匈奴，怎么样？① 韩安国再次出来反对，理由与此前大致相同，而且搬出汉高祖、汉文帝以来的和亲国策及夏商周三代以来的对外战略传统来强化其论点。他指出，汉高祖虽遭平城之围，但以天下为重，不顾个人耻辱而与匈奴和亲，赠其黄金千金，汉朝几代帝王皆从该政策中受益。汉文帝也顾念百姓忧虑而罢兵休战，与匈奴保持和亲。而且自夏商周以来，"夷狄不与正朔服色"，即不臣服于强盛的中原王朝。这并非由于中原王朝不能以强大威势制服他们，而是因为他们是远方绝地不可治理之民，"不足以烦劳中国"。何况从兵法角度讲"用兵者以饱待饥，正治以待其乱，定舍以待其劳"，而匈奴之兵剽悍迅疾，其民以畜牧为业，弯弓射猎，逐兽随草，迁徙无常，很难制服。汉军若长驱深入，会面临巨大的后勤补给困难，不如防守为宜。但王恢则指出，此次军事行动是由于匈奴频繁入寇，造成汉朝"边境数惊，士卒死伤"，运送棺木的槥车前后相望，着实令仁者悲痛。而且，此次是利诱设伏而非长途奔袭，不存在"千里而战"犯兵家大忌的问题。相反，匈奴单于被诱至汉境，汉军属于以逸待劳，必能事半功倍，一举将其生擒。② 王恢有关诱击单于的谋略在政治道义和军事逻辑上都很有说服力，终于辩倒韩安国，为武帝所采纳。从这次辩论可以看出，汉朝当权者反击匈奴的决心越来越强，但目标仍然有限，是为反制匈奴"侵盗无已"，解决边境安全威胁。③

元狩四年（前119年）漠北战役后，匈奴遭受空前重创，伊稚斜单于采纳自次王赵信的计策，向汉朝请求恢复和亲，借此争取休养士卒、战略喘息的时间。武帝又下令官员们讨论对策。丞相长史任敞是强硬派，认为应当趁匈奴遭受打击、处境艰困时，令其俯首称臣并到

---

① 《汉书》卷六，《武帝纪》；《史记》卷一百八，《韩长孺列传》；《汉书》卷五十二，《韩安国传》。
② 韩安国与王恢的观点交锋，具体可参见《汉书》卷五十二，《韩安国传》。
③ 《汉书》卷五十二，《韩安国传》；《资治通鉴》卷第十八，"汉武帝元光二年"条。

边境请求朝拜。博士狄山是主和派，认为应该同意匈奴和亲请求。其理由是，兵者乃凶器，不可滥用。他以汉高祖至景帝以来与匈奴和战的故事论证说，和亲则天下安乐富实，交战则北部边境萧条愁苦。他批评说，近年来朝廷讨伐匈奴，已经造成国家空虚、边民困穷。因此，和亲有利。御史大夫张汤则指出，此乃愚儒无知之论。狄山不服，反讥当时正被武帝高度信任和重用的张汤"诈忠"。武帝大怒，令狄山去边关守障塞。一个多月后，匈奴骑兵前来寇掠，斩狄山头而去。此后，群臣震慑，没人再敢触犯张汤，更无人敢再言和亲。可以看出，武帝与张汤一唱一和，借匈奴之手杀狄山，不仅是因为识破匈奴缓兵之计，更是要从根本上强化反击匈奴的既定方针，统一群臣思想，不受匈奴麻痹欺骗。而狄山守障月余就被斩杀，亦表明匈奴入寇并未停止。①

同一时期，兵家对西汉王朝决策的影响也在显现。《司马法》《孙子》《吴子》《尉缭子》《六韬》《三略》等兵书问世后，在先秦及之后就受到统治者和民间重视。"自古王者而有《司马法》"，②"境内皆言兵，藏孙、吴之书者家有之"。③史载汉初名臣张良所学即是《六韬》《三略》，并借此成"帝王师"。④武帝亦高度重视《孙子》《吴子》，希教授霍去病，"天子尝欲教之孙吴兵法"。⑤武帝时期的官员亦多熟谙兵书。除了此前韩安国从兵法角度分析对匈奴和战抉择外，元朔元年（前128年），主父偃也曾上呈《谏伐匈奴疏》，先后引用《司马法》《尉缭子》《孙子》等兵书，建议不可征伐匈奴。他大篇幅引用《司马法》中："国虽大，好战必亡；天下虽平，忘战必危。天下既平，天子大恺，春蒐秋狝，诸侯春振旅，秋治兵，所以不忘战也。"指

---

① 《史记》卷一百二十二，《酷吏列传》；《汉书》卷九十四上，《匈奴传上》；《史记》卷一百一十，《匈奴列传》；《汉书》卷五十九，《张汤传》；《资治通鉴》卷第十九，"汉武帝元狩四年"条。
② 《史记》卷一百三十，《太史公自序》。
③ 《韩非子·五蠹》。
④ 《史记》卷五十五，《留侯世家》；中国军事史编写组：《武经七书注译》，北京：解放军出版社，1986年版，第471页。"张良所学，太公《六韬》《三略》是也"，参见《唐太宗李卫公问对》卷上。
⑤ 《史记》卷一百一十一，《卫将军骠骑列传》。

出"怒者逆德也,兵者凶器也,争者末节也",这与《尉缭子》"兵者,凶器也。战者,逆德也。争者,事之末也"的意涵一致。他引用这两部兵书,旨在论证"夫务战胜穷武事者,未有不悔者也"的观点,建议不要征伐匈奴。他还借《孙子》"兴师十万,日费千金"的话指出,对匈奴用兵会耗费巨大资源,产生严重负面影响,容易导致像秦始皇讨伐匈奴而致王朝土崩瓦解那样的灾难。主父偃由此被汉武帝拜为郎中,不久又迁谒者、中郎、中大夫,一年内获四次升迁。[1]

汉武帝之所以重视主父偃的奏疏,是因为当时处在战略转型期,急需相关思考与建议。主父偃的奏疏及其获重视还可以看出,《司马法》《尉缭子》《孙子》等兵书渗透到西汉大战略抉择过程,显示了对王朝决策者的思想影响力。更需指出的是,在主父偃上《谏伐匈奴疏》30余年后,历史也验证了主父偃的"夫务战胜穷武事者,未有不悔者也"的谏言,彰显了兵书对大战略的规律性认识。

自元封二年(前109年)起,武帝时期的大战略行为轨迹再次发生转折,走向激进性大战略。这一时期的战略取向,可由如下材料考证。

董仲舒较早就发现武帝治国理政有滑向秦朝模式的危险。元朔五年(前124年)辞任胶西国相后,董仲舒赋闲在家。但朝廷每有重大决策问题,武帝仍派使者及当时担任廷尉的张汤赴其家中咨询。[2] 在太初元年去世(前104年)前数年,鉴于朝廷"外事四夷,内兴功利"导致"役费并兴"以及百姓脱离农业生产,董仲舒上书提醒武帝吸取秦朝无道失政教训,注意民间疾苦,与民休息。董仲舒指出,古代官府向百姓征税不过十分之一,征派差役不过三日,所以民众财富有余,内足以养老尽孝,外足以事上供税,下足以爱养妻儿。但到了秦朝,推行商鞅之法,改变帝王之制,允许土地买卖,结果造成土地兼并、

---

[1] 参见《史记》卷一百一十二,《平津侯主父列传》;《汉书》卷六十四上,《主父偃传》;《资治通鉴》卷第十八,"汉武帝元朔元年"条。
[2] 《汉书》卷五十六,《董仲舒传》;《资治通鉴》卷第十九,"汉武帝元朔五年"条。

贫富分化，豪强压制普通百姓。同时，各类徭役负担沉重，30 倍于古。官府田租、口赋（人头税）、盐铁利润，20 倍于古。此类种种，使贫民只能穿牛马之衣、吃猪狗之食。加上秦朝官吏贪暴，妄加刑罚，逼得百姓或当盗贼或作囚犯，路上一半人居然都是罪犯，官府每年判罪高达千万。他建议武帝镜鉴秦朝教训，限制土地兼并，取消盐铁官营，释放奴婢，废除擅杀奴婢特权，减少赋敛徭役，让民众能够有喘息机会。如此，国家才能善治。① 这表明，董仲舒已经看到武帝治国理政有滑向秦朝模式的危险，特别是国家内外多事，官府与民争利且刑法严酷，百姓徭役税赋沉重，王朝的经济与社会秩序深受冲击。因此，他提醒武帝及时改弦更张，恢复与民休息的政策。然而，武帝不仅没有这么做，反而变本加厉。董仲舒去世后，国家愈发烦扰多事，各项开支繁多，"天下虚耗"，复现人吃人的惨剧。②

激进性战略取向，也体现在武帝的个性暴露及用人风格的转变。武帝本身有鲜明的强人性格，充满冒险和进取精神，不喜墨守成规，能大开大合。他青年时就喜欢微服出行打猎，经常半夜带着亲随骑马离宫外出，跨涉险阻，践踏农田，近身击杀狗熊、野猪，追射猛兽，寻求冒险刺激。③ 他生于帝王之家，16 岁年少登基，睥睨天下，天生又带有享乐主义和自我中心主义的气质，视奢侈铺张为自然，喜欢斗鸡斗狗、赛马蹴鞠，亦常置酒作乐。④ 武帝多次下诏察举贤良文学之士，并亲自出题考试，共论先圣之道，规划治国蓝图。但汲黯当面揭露他"内多欲而外施仁义"，虽征召文学儒者，致力推行仁义，效法尧舜治国，但内心欲望过多，恐怕难以成功。武帝在最初的政治岁月里能听进刺耳忠言，称赞汲黯近乎古时"社稷之臣"，对他尤为敬

---

① 《汉书》卷第二十四，《食货志上》。
② 《汉书》卷第二十四，《食货志上》。汉朝的盐铁官营实施于武帝元狩四年（前 119 年），参见《资治通鉴》卷第十九，"汉武帝元狩四年"条。
③ 《资治通鉴》卷第十七，"汉武帝建元三年"条。
④ 《汉书》卷六，《武帝纪》；《资治通鉴》卷第十八，"汉武帝元光五年"条。

重。① 然而，随着时间推移，武帝日益贬斥汲黯，重用酷吏，用法繁密严酷。初始所用酷吏如张汤，深知武帝心向儒学，亦假装仰慕儒学大师，敬事董仲舒、公孙弘等人。他任廷尉时，还请博士弟子治《尚书》《春秋》并担任廷尉史，助其以儒学经义为依据断决疑案，以此借儒行法。不过，儒学的感染力是强大的，反过来教化了张汤及其执法酷烈的爪牙。史载，廷尉府当时有奏谳被武帝反复驳回，主管奏报的掾史不知所措。恰逢治《尚书》立身而被调至廷尉府任职的儿宽，自外掌管畜牧数年后回京，于是为掾史代写奏折。上报后，很快获得武帝的批准。张汤于是对儿宽深为赞赏，对儒学愈加敬慕，其爪牙亦依从儒学之士。儿宽不久被任命为奏谳掾，后升迁至侍御史、左内史，元封元年（前110年）更是升为御史大夫，位至三公，成为与董仲舒、公孙弘并列的儒雅之臣。②

如果说张汤还能借儒学旗号，暗度陈仓推行重法、服务朝廷，与其同时期的同僚酷吏赵禹亦能据法守正、禁奸止邪，但其后辈酷吏如王温舒、杜周等人，则毫无正义感可言，只知逢迎上意，执法严酷、摧残官民，败坏国家政事。自元封二年（前109年）起，武帝以严刑峻法治国的倾向愈加明显，不仅酷吏们变本加厉，整个官场更是以用法严峻苛刻为风尚。③ 至天汉二年（前99年），武帝进一步尊宠酷吏，郡国2000石官员大多以酷暴理政为能。④ 这与文帝、景帝时重用敦厚质朴之人、刑罚轻缓形成了鲜明对比。

这一时期，在对外方面亦体现决策者激进性战略的取向。元封二年（前109年），武帝派涉何出使朝鲜，责备朝鲜王卫右渠违背其祖父与汉朝"保塞外蛮夷，毋使盗边；蛮夷君长欲入见天子，勿得禁止"

---

① 《资治通鉴》卷第十七，"汉武帝建元六年"条；《史记》卷一百二十，《汲郑列传》。
② 《史记》卷一百二十二，《酷吏列传》；《史记》卷一百二十一，《儒林列传》；《汉书》卷五十八，《儿宽传》。
③ 《资治通鉴》卷第二十，"汉武帝元鼎四年"条；《史记》卷一百二十二，《酷吏列传》；《汉书》卷六十，《杜周传》。
④ 《资治通鉴》卷第二十一，"汉武帝天汉二年"条。

的约定，并劝其朝见武帝。卫右渠拒绝奉诏。涉何为回朝交差，将护送他归国的朝鲜裨王杀死，并谎报军功称"杀朝鲜将"。武帝非但没有责备和处分涉何，反而认为他有杀敌的美名，拜他为辽东郡东部都尉。卫右渠为此心生怨恨，居然丧失理性发兵攻入汉朝边地，杀死涉何。武帝闻此大怒，遂征调汉朝水陆大军进攻朝鲜。①

引发大宛之战的过程与此类似。太初元年（前104年），出使西域的汉使投武帝所好，汇报说大宛有宝马在贰师城。武帝闻之大喜，派壮士车令等人持千金及金马换取大宛宝马，但被大宛国拒绝。车令大怒，对大宛国君臣出言不逊，并椎破金马而去。大宛贵族被激怒，于是令东边的郁成王攻杀车令并夺其财物。武帝闻之大怒。曾出使大宛的姚定汉等人对武帝说，大宛国兵力弱小，汉兵3000人以强弩射之，就可将其全部虏获。武帝想起四年前赵破奴以700骑兵擒获楼兰王的故事，觉得姚定汉等人所言不虚。恰巧又需理由给宠姬李夫人的家人封侯，遂拜李夫人兄长李广利为贰师将军，征调属国6000骑兵及郡国恶少年数万人，征伐大宛。②

在征伐朝鲜、大宛的案例中，表面上看，武帝都是后发制人，师出有名。因为朝鲜、大宛都有攻杀汉使甚至侵入汉地的鲁莽行动，当然不能为骄傲的武帝所容忍。但汉使涉何与车令桀骜不驯，或明目张胆刺杀朝鲜裨王，或公开对大宛君臣轻蔑傲慢，亦是双方交兵的诱因。此外，武帝出兵征发，也有满足自己爱宝马的欲望或为宠姬家人提供封侯机会的考虑，更有威震四方的虚荣心作祟，而非全然出于国家安危之理性考虑。否则对大宛用兵就不必急于实施，而应该专力对付匈奴。事实上，对于武帝征大宛的决策，公卿大臣们最初是反对的。他们认为，浞野侯赵破奴率领的两万多骑兵刚于太初二年（前103年）

---

① 《史记》卷一百一十五，《朝鲜列传》；《汉书》卷九十五，《西南夷两粤朝鲜传》；陈梧桐等：《中国军事通史（第五卷）：西汉军事史》，北京：军事科学出版社，1998年版，第295页。
② 《史记》卷一百二十三，《大宛列传》；《资治通鉴》卷第二十一，"汉武帝太初元年"条、"汉武帝太初三年"条。

遭匈奴包围而全军覆没，此时征讨大宛是选错了对手，匈奴才是汉朝集中打击的对象。但武帝不听，他认为汉军已经出发，若连大宛这样的小国都拿不下，必遭大夏、乌孙、轮台等西域诸政权耻笑。① 理解武帝此一时期的战略心理，还需注意他在同一时期对西域使者的态度。当时，西域各国派往汉朝的使者越来越多。武帝大悦，每次巡狩海上，都要带上他们并且大行赏赐，广设酒池肉林，令之参观仓库府藏，以此炫耀汉朝强大富足，使之心生敬畏。② 换言之，武帝的战略专注力此时日益为政治虚荣和非理性因素所干扰和分散，这也成为元封二年至征和三年（前109—前90年）武帝用兵多以失败告终的一大原因。

收缩性战略的回归与进取性战略：霸王道杂之

武帝征和四年（前89年），搜粟都尉桑弘羊与丞相、御史上奏建议在轮台以东的捷枝、渠犁国故地，派汉兵屯田积谷。其理由主要有三。一是这些地区地广水饶，有可灌溉农田超5000顷。且气候温和，土壤肥美，适宜种植五谷。这是自然条件上的可行性。二是附近的西域政权缺少锥刀，黄金、采缯亦稀缺珍贵。通过拿锥刀、黄金和采缯换取他们的粮食，屯田汉兵的粮食更能确保无虞。这是外部环境的有利性。三是，在屯田之地建筑城堡要塞体系，可以威慑轮台以西政权，辅保乌孙。这是战略上的重要性。但当时汉朝对外连年用兵，资源耗费巨大，加上贰师将军李广利刚于上一年败降匈奴，这使武帝对此前的征伐行动产生懊悔。武帝乃于此时颁布轮台罪己诏，驳回桑弘羊等人屯田轮台以东的建议，开启大战略的新转轨。他在诏书中指出，此前有关部门提出增加百姓赋税30钱，以满足边事需要，这是在加重老弱孤独群体的负担。现在他们又提议派兵屯戍田轮台并修筑要塞，这

---

① 《资治通鉴》卷第二十一，"汉武帝太初元年"条、"汉武帝太初三年"条。
② 《资治通鉴》卷第二十一，"汉武帝元封六年"条。

更是扰动天下的劳民之举。武帝想起天汉二年（前99年）开陵侯成娩攻打车师付出的代价以及李广利大军全军覆没的惨祸，内心深感悲痛，认为要在车师以西千余里的轮台屯田，路途险远，绝非爱民之举。这样的建议，他很不愿意听到。他又指出，大鸿胪等建议重赏囚徒，令之假装护送匈奴使者，借机刺杀单于，这是春秋五霸都不屑用的卑劣手段，也不可能成功。最后，武帝指出，当今要务在于"禁苛暴，止擅赋，力本农，修马复令"，即禁止官吏对百姓苛刻暴虐、擅加赋税，全力鼓励农业生产，恢复为国养马免徭役的法令，以补充战马损失，不使边防军备削弱而已，而不是开拓边功。① 同年三月，武帝在石闾山会见群臣时进行了深刻自我批评。他指出，自己即位以来，"所为狂悖，使天下愁苦"，这令他追悔不及。为此，自今以后，伤害百姓、糜费天下的事情，要全部废止。② 他又超常提拔敦厚有智的田千秋为丞相、封富民侯，使其数月间由守护高祖陵寝的郎官高升至大鸿胪、再升至丞相，以此释放休息天下、思富养民的强烈信号。③

以上可以看出，年近古稀的武帝已认识到激进性战略给百姓造成的苦难，并产生痛悔之意。在轮台罪己诏及石闾山与群臣对话里，他痛批有关部门关于屯田车师、增收百姓30钱赋税、刺杀单于等追求边功、劳民伤财的奏议，也深刻反省自己即位以来的"狂悖"所为。武帝的睿智在于知错能改，认识到新形势下的要务是停止劳民伤财，及时改弦更张，转回收缩性战略模式。

两年多之后，武帝去世，八岁的昭帝即位。辅政的大司马大将军霍光在此后的20年里很好延续了武帝的战略转轨思路，着力恢复汉朝初年的与民休息政策。霍光的政治盟友及其他当朝重臣也设法促成这一转轨。如始元五年（前82年），谏大夫杜延年（酷吏杜周之子、麒

---

① 《汉书》卷九十六下，《西域传下》；《资治通鉴》卷第二十二，"汉武帝征和四年"条；《资治通鉴》卷第二十一，"汉武帝天汉二年"条。
② 《资治通鉴》卷第二十二，"汉武帝征和四年"条。
③ 《汉书》卷九十六下，《西域传下》；《汉书》卷六十六，《田千秋传》；《资治通鉴》卷第二十二，"汉武帝征和四年"条。

麟阁十一功臣之一）鉴于"国家承武帝奢侈、师旅之后"，连年收成不好，大量百姓背井离乡，多次建议霍光恢复文帝时的治国方略，顺应天心民意，推行俭约、宽和之政。霍光赞赏其建议，积极加以采纳。丞相田千秋谨厚德重，十年间少言少事，乐见霍光推行宽政，直至元凤四年（前77年）去世。① 继田千秋为丞相者，如杨敞（司马迁亲家）、蔡义、韦贤，或平素谨慎畏事，或质朴少欲，蔡义、韦贤任丞相时更是已年逾八旬或古稀之年，皆以霍光之命是从。②

盐铁会议尤其能体现这一时期的战略思路转向。③ 始元六年（前81年），在杜延年建言下，朝廷征召60余位贤良文学来到长安，向他们询问民间疾苦和教化治民的要务，由此引发历史上著名的政策大辩论，即盐铁之议。这场辩论在卿大夫（御史大夫桑弘羊为主辩者，丞相田千秋为协调者）与贤良文学之间展开，不仅围绕武帝时实行的盐铁官营、酒榷（酒类专卖）、均输与平准政策的废除问题展开，而且深刻触及王朝的对外战略，包括对匈奴、朝鲜、西域等方向的政策变化。具体而言，在对内政策方面，文学贤良认为，朝廷应该废止盐铁专营、酒榷、均输等政策，务本抑末，不与天下争利，这样才能更好教化百姓。御史大夫桑弘羊则以为这些措施是制服四夷、安定边境、保障财用的根本大计，不可随意废除。④ 在对外政策方面，贤良文学主张通过修文德使"近者亲附，远者悦德"，反对继续对外用兵。桑弘羊等则认为，汉朝应进一步以武力拓展疆域，因为这既利于当下，也惠及后世。特别是王朝疆域拓展后，以百越为园囿、羌胡之地为园囿，"长城以

---

① 《资治通鉴》卷第二十三，"汉昭帝始元五年"条、"汉昭帝元凤四年"条；《汉书》卷六十，《杜延年传》；《汉书》卷六十六，《田千秋传》。
② 《汉书》卷六十六，《公孙刘田王杨蔡陈郑传》；《汉书》卷七十三，《韦贤传》。
③ 关于盐铁会议，可参见汉宣帝时期桓宽的记载《盐铁论》。对这场会议的分析，可参见朱中博、汪宁：《〈盐铁论〉与中国古代战略文化》，载《国际政治科学》，2007年第4期，第85—103页。
④ 《汉书》卷六十，《杜延年传》；《汉书》卷七，《昭帝纪》；《汉书》卷六十六，《田千秋传》；《资治通鉴》卷第二十三，"汉昭帝始元六年"条；《汉书》卷六十六之赞曰；《盐铁论·本论》；《盐铁论·忧边》。

南,滨塞之郡,马牛放纵,蓄积布野",① 于国于民都有益。但贤良文学指出,这只不过是华而不实的收益,对国家有严重危害。因为,对外拓展所得土地,多非可耕农田,无法获得有效的农业回报。相反,对外拓展会劳民伤财,给国内带来巨大负担,很容易引起灾难性后果,造成国家内溃。他们以秦代及历史上穷兵黩武而亡的教训,警示朝廷防止这种内溃前景出现,呼应了武帝晚年所说的"若后世又如朕所为,是袭亡秦之迹也"。②

总之,正如桓宽在《盐铁论》中总结的那样,公卿只知武力可以辟地,不知德广可以附远;只知权利可以广用,而不知稼穑可以富国。③ 桑弘羊等显然停留在此前的激进性战略思路中,未能跟上武帝生命末期的战略思维变化,落后于王朝战略转轨的新趋势,更忽视了民间疾苦及国内蕴藏的内溃危机。贤良文学来自全国各地,深刻体会到激进性战略给百姓造成的苦难,认识到国家战略转轨的紧迫性,其观点也契合了与民休息的现实需要。更需指出的是,贤良文学多为巨儒宿学,他们在辩论中不畏桑弘羊等公卿大臣的权势,坚守王道大义,张扬《诗》《书》《礼》《乐》《易》和《春秋》等六经精神,阐明天下治平之本,受到史家赞颂。④ 辩论的结果是贤良文学占了上风,霍光坚持贯彻武帝遗志,在内外政策中推进休养生息、富民养民的方针。这也进一步证明儒家学说及其信徒对王朝大战略取向的深刻而现实的影响。⑤

儒家学说在王朝意识形态体系中的主导地位,还表现在最高统治者修身、治国、平天下方面。如,昭帝所学即是儒家经典。始元五年

---

① 《盐铁论·西域》。
② 《资治通鉴》卷第二十二,"汉武帝征和二年"条。
③ 《盐铁论·杂论》。
④ 《盐铁论·杂论》;《汉书》卷六十六,《公孙刘田王杨蔡陈郑传》赞曰。
⑤ 当然,战略转轨要落实到各领域不可能一蹴而就。盐铁会议后,首先撤销了酒类专卖官员,昭帝始元、元凤之间对匈奴也采取了和亲政策,对西域一段时期内也未有大规模用兵,但盐铁官营等政策仍保留了下来。参见《汉书》卷七,《昭帝纪》赞曰。

（前82年），昭帝在诏书中就透露，他在学习古帝王治国之事，钻研贾谊所著《保傅传》及儒家经典《论语》《尚书》和《孝经》。① 霍光虽然"不学亡术，暗于大理"，② 但重视儒学，敬重儒者，注意发挥该群体在治国理政中的作用。如，治《春秋》起家的隽不疑任京兆尹时，以《春秋》经义处理始元五年发生的伪卫太子案。昭帝和霍光对此大为赞叹，认为公卿大臣就应当用隽不疑这样"有经术、明于大谊者"。③ 教授昭帝儒经的帝师，如名儒韦贤（号称邹鲁大儒，宣帝时丞相）、蔡义（宣帝时丞相）、夏侯胜等人，也是由霍光和其他辅政大臣选聘。元平元年（前74年），在废黜昌邑王刘贺、拥立宣帝的过程中，霍光与其副手车骑将军张安世（酷吏张汤之子）也愈加重视夏侯胜等儒家经术之士的重要性。特别是宣帝刚即位后，国家大事由上官太皇太后省察。为使上官太皇太后以经术理政，霍光提议由夏侯胜教她研习《尚书》并赐爵关内侯。宣帝本始四年（前70年），90岁的夏侯胜去世，上官太皇太后特赐奠仪200万，穿素服五日，以报答师傅教诲之恩。天下儒者无不引以为荣。④ 通晓经术愈加成为进取仕途的重要条件，群臣奏议亦言必称《尚书》《诗经》《春秋》等经典。蔡义、韦贤更是因精通儒术、以"人主师"身份而先后位至丞相。夏侯胜则言，儒者患在不能精通经术。如通晓经术，得高官如同捡拾草芥一样。⑤ 需指出的是，即使被废黜的昌邑王刘贺也师从名儒王式学习儒经。王式常令其反复诵读《诗经》忠臣孝子有关诗篇，并以诗中涉及的危亡失道之君的教训规劝他改邪归正。中尉王吉、郎中令龚遂亦曾多次规劝刘贺诵读《诗经》《尚书》等经书，效法仁义圣贤之风，修习治国理政

---

① 《汉书》卷七，《昭帝纪》。
② 《汉书》卷六十八，《霍光传》赞曰。
③ 《资治通鉴》卷第二十三，"汉昭帝始元五年"条；《汉书》卷七十一，《隽不疑传》。
④ 《汉书》卷六十六，《蔡义传》；《汉书》卷七十三，《韦贤传》；《汉书》卷七十五，《夏侯胜传》；《资治通鉴》卷第二十四，"汉昭帝元平元年"条；《后汉书》卷三十七，《桓郁传》。
⑤ 《汉书》卷六十六，《蔡义传》；《汉书》卷七十三，《韦贤传》；《汉书》卷七十五，《夏侯胜传》。

之道。①

宣帝及其公卿大臣更是对儒学推崇有加且有很深造诣。宣帝本人高材好学，年少卑贱时师从硕儒澓中翁等人学习《诗经》《论语》和《孝经》，这也成为他被群臣拥立为皇帝的一大理由。②他亲政后，亦常讲论《诗》《书》《礼》《易》《乐》《春秋》等儒家六艺，招选俊才，萧望之、梁丘贺、夏侯胜、韦玄成、严彭祖、尹更始等人皆以通晓儒家经术而获重用。③宣帝的麒麟阁十一功臣里，丞相高平侯魏相精通《周易》；丞相博阳侯、对宣帝有大恩的丙吉虽起自文法小吏，但学习《诗经》和《周礼》并通其大义；太子太傅萧望之精通《齐诗》，并向夏侯胜求教《论语》《礼服》，号称儒宗。这三位大臣皆是一时名臣，对宣帝中兴有重大贡献。麒麟阁功臣之一的少府梁丘贺更是《易》学大师。另一位丞相建成侯黄霸虽未入麒麟阁，但也是汉时良臣循吏，早年在狱中师从夏侯胜学习《尚书》三年。继黄霸为丞相的西平侯于定国任廷尉时，亦拜师恭学《春秋》，敬重儒家经学之士。④甘露三年（前51年），鉴于当时诸经传业学派众多，《五经》体系无法统一，宣帝乃召集石渠阁会议，广招诸儒讨论《五经》同异，并亲自裁决经义，确立统一的阐发标准，特别是决定以梁丘贺注解的《易经》、夏侯胜和其侄夏侯建注解的《尚书》、谷梁赤注解的《春秋》为标准注本，为之分设博士。⑤

执政者的用人风格也在发生重大变化。晚年的武帝首先恢复重用

---

① 《汉书》卷八十八，《王式传》；《汉书》卷七十二，《王吉传》；《汉书》卷八十九，《龚遂传》；《资治通鉴》卷第二十四，"汉昭帝元平元年"条。

② 《汉书》卷八，《宣帝纪》；《汉书》卷六十八，《霍光传》；《资治通鉴》卷第二十四，"汉昭帝元平元年"条。

③ 《汉书》卷五十八，《公孙弘卜式兒宽传》赞曰。

④ 《汉书》卷五十四，《苏武传》赞曰；《汉书》卷七十四，《魏相丙吉传》；《汉书》卷七十八，《萧望之传》；《汉书》卷七十五，《夏侯胜传》；《汉书》卷八十九，《循吏传》；《汉书》卷七十一，《于定国传》。

⑤ 《汉书》卷八，《宣帝纪》；《资治通鉴》卷第二十七，"汉宣帝甘露三年"条；《汉书》卷八十八，《儒林传》；《资治通鉴》卷第四十六，"汉章帝建初四年"条。

忠厚长者的传统。如丞相田千秋"敦厚有智""谨厚有重德"。武帝临终为昭帝所选的五位辅政大臣中，霍光沉静谨慎，金日䃅诚笃慎重，田千秋也位列其中。① 同时，武帝又诛杀酷吏江充及其同党。五位辅政大臣中的另外两位大臣，桑弘羊乃兴利之臣，上官桀以勇力和阿谀获武帝宠信，虽非敦厚之人，且阻挠破坏国家战略转轨，但他们在元凤元年（前80年）因谋反被杀，退出历史舞台。前文提到的丞相杨敞、蔡义、韦贤等人更是谨慎少言、质朴少欲或年长敦厚之人。霍光又以名臣张安世（麒麟阁十一功臣名列第二）为右将军兼光禄勋，作为自己的实际副手，而张安世以"笃行""肃敬"和"忠信谨厚"著称。在任用张安世时，昭帝所下诏书里就指出，"夫亲亲任贤，唐、虞之道也"，表明选贤任能的标准也是向儒家推崇的尧舜之道看齐。② 霍光去世后，张安世被拜为大司马车骑将军，领尚书事，执掌枢机，谨慎周密。另一重臣杜延年亦为人宽和。教授上官太皇太后《尚书》的儒臣夏侯胜亦是"质朴守正"之人。③ 宣帝亲政时的亲信重臣、继老臣韦贤为丞相的魏相虽然为人严厉刚毅，但施政"务在奉行故事而已"。对宣帝有大恩的丞相、魏相的好友丙吉更是为人深沉厚重，宽容大度，崇尚礼让，与魏相个性互补、同心辅政，二人堪称宣帝的萧何、曹参。继丙吉为丞相的黄霸亦"外宽内明"，任颍川太守时就劝课农桑、节用爱民。继黄霸为丞相的于定国则为人廉恭，任廷尉时执法宽平、审慎严谨。④

当然，宣帝自幼因巫蛊之祸遭逢大难，生长于民间，深历人情冷暖，了解百姓疾苦及世间奸邪丑恶、吏治得失，养成了独有的隐忍力和洞察力。他的性格中也有曾祖父汉武帝的影子，年少时就喜欢斗鸡

---

① 《汉书》卷六十六，《田千秋传》；《资治通鉴》卷第二十二，"汉武帝征和四年"条、"汉武帝后元二年"条。
② 《汉书》卷五十九，《张安世传》。
③ 《汉书》卷六十，《杜延年传》；《汉书》卷七十五，《夏侯胜传》。
④ 《汉书》卷七十四，《魏相丙吉传》；《汉书》卷八十九，《循吏传》；《汉书》卷七十一，《于定国传》。

走马及游侠之事，绝非循规蹈矩、纯粹守成之人。① 其战略取向由消极转向积极进取不可避免。

从各方面看，宣帝对儒家秉持的是尊崇但实用主义的态度。他学习并通晓儒家经术，需要在政治上高举儒家学说的旗帜，为自身统治提供意识形态上的合法性和正当性，但又借法律驾驭群臣，强化权势。《汉书》指出，宣帝在位中后期，"不甚从儒术，任用法律，而中书宦官用事"，② 重用的官员大多"明习法令"，甚至以宦官处理中书政事。元帝时的宦官佞臣弘恭、石显在宣帝时就长期掌管中书机要，明悉法令条文。神爵二年（前60年），司隶校尉盖宽饶在密奏中为此激切批评宣帝说，当今圣道衰微，儒术不行，朝廷以刑余（宦官）当周公、召公之任，宣帝以法律为《诗》《书》。③ 这种治国理政的取向，从宣帝对太子刘奭（此后的汉元帝）和淮阳王刘钦的好恶更可加以证明。史载，太子刘奭"柔仁好儒"，见宣帝所用多文法吏，以刑法控驭臣下，因此在侍宴时指出宣帝"持刑太深"，建议他重用儒生。宣帝的回答，引出有关汉朝治国制度本质的名言。他生气地对太子说，汉家制度"本以霸王道杂之"，岂可像周代那样纯任德教！他认为，俗儒不识时务，喜欢厚古薄今，使人混淆名实，不知所从，不值得任用。太子由此不受喜爱。相反，宣帝的另一儿子淮阳王刘钦因"明察好法"，深受宠爱。宣帝一度打算以之取代刘奭为太子。④

"朝廷若有疑事，皆引经决定"，⑤ 宣帝对儒家的务实主义态度，不代表他言行不一，更不表明他治国仅以儒学为幌子。在涉及王朝的诸多重大决策上，他是在灵活运用儒家思想的理政原则。这在对外方面体现得尤其明显。元康二年（前64年）宣帝与丞相魏相、后将军赵

---

① 《汉书》卷八，《宣帝纪》。宣帝在位中后期，也像汉武帝一样热衷求访神仙，宫室、车马、服饰的用度奢华。参见《资治通鉴》卷第二十六，"汉宣帝神爵元年"条。
② 《汉书》卷七十八，《萧望之传》。
③ 《资治通鉴》卷第二十六，"汉宣帝神爵二年"条；《汉书》卷七十七，《盖宽饶传》。
④ 《汉书》卷九，《元帝纪》；《资治通鉴》卷第二十七，"汉宣帝甘露元年"条。
⑤ 《旧唐书》卷一百八十九上，《儒学列传上》。

充国等人有关是否增加车师屯田士卒及攻击匈奴右地的战略讨论，非常值得重视，颇能反映宣帝亲政后的对外战略进取限度，彰显儒家思想对大战略决策的实际影响。车师由于土地肥美、北近匈奴，战略地位重要，乃兵家必争之地。自地节三年（前67年）起，汉军300士卒在车师屯田积谷。匈奴人视之为心腹大患，频繁发兵攻击。侍郎郑吉（后为历史上首位西域都护）率千余士卒自渠犁救援，亦遭匈奴骑兵困于车师城。苦于被动挨打的战场形势，郑吉上疏向朝廷求援，指出屯田车师的汉军太少，且与渠犁相隔千余里，无法指望渠犁汉军救援，要更好应对匈奴攻扰，必须增派屯田兵卒。宣帝乃与名将赵充国等诸将军商议，决定趁匈奴衰弱，出兵攻其右地，使之不敢继续骚扰西域。但丞相魏相表示反对。他指出，兵有义兵、应兵、忿兵、贪兵、骄兵五种。救乱诛暴者乃义兵，兵义者王；被迫应对来犯之敌者乃应兵，兵应者胜；不忍愤怒而兴兵者乃忿兵，兵忿者败；贪人土地财富者乃贪兵，兵贪者破；恃强耀威者乃骄兵，兵骄者灭。他认为，匈奴当下对汉朝示好，所得汉民便送还之，也没有再进犯汉朝边境。其虽与汉朝争夺车师，但不足以此为意，不过是"纤介之忿"。他批评说，诸将军和皇帝左右的人无视内忧，而欲兴兵攻入匈奴境内，恐非义兵、应兵。他强调，边塞各郡困乏，百姓衣食不足、生活无着落，若此时出兵恐有天灾民变。内地郡国亦有当政者不称职、风俗不正、水旱多发等问题。若朝廷为争车师而远征匈奴，正应了孔子所谓"吾恐季孙之忧不在颛臾而在萧墙之内"。他建议宣帝与平昌侯（宣帝的舅舅王无故）、乐昌侯（宣帝的舅舅王武）、平恩侯（宣帝的岳父许广汉）及有识者再加详议。① 其他公卿大臣也认为，车师路途遥远、耗费巨大，不应增派士卒，且应撤回车师屯田士卒。宣帝于是接受公卿之议，派张

---

① 《汉书》卷七十，《郑吉传》；《汉书》卷七十四，《魏相传》；《资治通鉴》卷第二十五，"汉宣帝地节三年"条、"汉宣帝元康二年"条；《汉书》卷九十六下，《西域传下》；《汉书》卷九十七下，《史皇孙王夫人传》。《资治通鉴》载，汉军在渠犁的屯兵有7000余人，应是文字错漏。汉朝在渠犁的屯田士卒最初约1500人，郑吉破车师后，留下其中300人屯田车师。因此，汉军在两地的屯田士兵总数仍是1500人左右。

掖、酒泉骑兵救郑吉及其士卒回渠犁,将车师故地让给匈奴。①

这次战略讨论表明,宣帝高度重视"吾恐季孙之忧不在颛臾而在萧墙之内"的儒家箴言,认识到魏相指出的王朝内忧远大于车师问题,因此没有采纳诸将军之言耗费大量资源进行战略拓展,反而将车师故地让给匈奴,在积极进取的大战略过程中避免滑向激进性战略的危险。魏相的胜利,更表明儒家思想对王朝大战略决策的深层次影响。这一建议使汉朝立于政治道义高地和军事上的不败之地,避免了因小忿而出忿兵。

另一场重要的对外战略决策,涉及是否趁匈奴大乱一举灭之的问题。五凤元年(前57年),匈奴出现呼韩邪单于、屠耆单于、呼揭单于、乌藉单于和车犁单于"五单于并立"的大乱局。宣帝与公卿大臣就此形势专门商议。多数大臣认为,匈奴对汉朝为害日久,朝廷应抓住机遇,趁其内乱举兵灭之。宣帝认为此事事关重大,令大司马车骑将军韩增、富平侯张延寿、光禄勋杨恽、太仆戴长乐询问御史大夫、著名儒臣萧望之的意见。萧望之援引晋国士匄闻齐侯死而罢兵的《春秋》故事,指出兴兵伐丧乃不义之举。握衍朐鞮单于为其贼臣所杀,匈奴陷入重大内乱。若汉朝此时兴兵讨伐,是乘人之危的不义之举。匈奴遇到汉军必会奔走逃遁,汉军不仅会失去道义高地,而且会劳而无功。萧望之认为,当下要务是遣使吊丧,扶弱救危,使四夷敬重汉朝仁义之举。接下来条件成熟时,汉朝可扶助匈奴有德者复位定国,则后者对汉朝必会感恩戴德、称臣服从,中国盛德将由此泽被天下。总之,萧望之站在道义高地,提出以仁义和恩德应对匈奴乱局的当下之策和长远谋略。其战略建议可谓兼具道义性、务实性和长远性,深获宣帝的赞赏。汉朝于是没有大举出兵讨灭匈奴,而是持续收容匈奴来降部众,最终接纳无路可走的呼韩邪单于来朝,并扶助其安定匈奴。呼韩邪单于及其子孙感念汉朝恩德,在王莽篡汉前的60余年里,对汉

---

① 《汉书》卷九十六下,《西域传下》;《资治通鉴》卷第二十五,"汉宣帝元康二年"条。

朝一直称臣归附,恰如萧望之所预料的那样。①

　　这次战略决策也表明,宣帝最初对多数官员趁乱灭匈奴的建议是持保留态度的。因为此时攻打匈奴不仅在政治道义上值得商榷,而且可能会促使后者停止内讧、团结对外。从谋国远虑而言,静观其变、待时而动及后发制人,以最低代价实现最大收益,才是宣帝的战略谋划。他派遣几名朝臣询问萧望之的意见,其实是在形势大好时保持战略清醒,透过老成持重的萧望之的沉着冷静,说服多数官员不要头脑发热,以使王朝在积极进取同时,保持务实理性,占据道义高地,并不失战略前瞻能力,避免因冒进而丧失战略主动。

---

①　《汉书》卷七十八,《萧望之传》;《汉书》卷九十四下,《匈奴传下》;《资治通鉴》卷第二十七,"汉宣帝五凤元年"条。

东汉决策者：道远三代，术长前世

东汉王朝崛起及强盛时期的大战略行为复杂多变，战略取向亦值得反复品味。正如范晔所论，自光武中兴至和帝永元时期，治国理政有弛有张，但均以不扰动天下为原则，因此国家人口年年增长，四方归附，疆域拓展。特别是汉军仅以偏师出塞，就大败北匈奴，使漠北地空；西域都护遣使西行，就使四万里外的各国受到感召，远来进贡。为此，范晔感叹："岂其道远三代，术长前世？将服叛去来，自有数也？"意思是说，难道是因为东汉几位帝王的治国之道超过夏商周三代圣王，理政之术比前世更高明？抑或只是夷狄服叛无常，自有定数而已？①

收缩性战略时期：留思柔克之政，垂意《洪范》之法②

光武帝在历史上以"柔道"理天下而著称。这一方略的确定，可

---

① 《后汉书》卷四，《和帝纪》之论。
② 《后汉书》卷三十六，《郑兴传》。

见儒家学说在王朝意识形态体系中的主导地位，也能看出黄老等学说的深刻影响。

光武帝君臣的个性和意识形态偏好，颇能体现儒家德政与黄老不争的特点，反映这一时期王朝收缩性战略的取向。光武帝本性谨厚直柔，有长者之名，恢廓大度如高祖刘邦。年少时，曾入读太学，在长安师从名儒许子威学习《尚书》，略通其大义。对其他儒学经书，亦有博览。① 他爱好经术，刚即位就访求和重用儒雅之士，任命名冠天下的忠厚长者卓茂为太傅，使其居公卿之首。卓茂号称"通儒"，为人宽仁不争。② 当时的名儒范升、陈元、郑兴、杜林、卫宏、刘昆、桓荣等人也被征召至洛阳。他还设立《五经》博士，修建太学，寻求散落民间的经典，补缀典文缺失。扫灭群雄后，光武帝更是专事经学，修建明堂、辟雍、灵台等三雍，极力推尊儒者，推行教化。大儒包咸、钟兴、桓荣及其弟子何汤等人就受命教授《论语》《春秋》《尚书》等经典给皇太子刘庄（后为汉明帝）及宗室亲王、诸侯。桓荣后来被任命为太子少傅及太常、赐爵关内侯，受赐车马、印绶，尊崇备至，仿佛西汉儒臣夏侯胜故事，让儒林倍感振奋。包咸亦官至谏议大夫、侍中、右中郎将。钟兴则因教授太子及诸亲王、诸侯有功，连同其师傅、大儒丁恭被赐爵关内侯。③

东汉开国功臣也大半好读书，修儒术，有儒者气象，与西汉功臣多亡命无赖之徒迥异，如太傅、高密侯邓禹学《诗经》，左将军、胶东侯贾复学《尚书》，执金吾、雍奴侯寇恂学《左氏春秋》，征西大将

---

① 《后汉书》卷一上，《光武帝纪上》；《后汉书》卷十八，《吴汉传》；《后汉书》卷二十四，《马援列传》。
② 《后汉书》卷二十五，《卓茂传》；《资治通鉴》卷第四十，"光武帝建武元年"条；《后汉书》卷七十九上，《儒林列传上》。
③ 《后汉书》卷七十九上，《儒林列传上》；《后汉书》卷七十九下，《儒林列传下》；《资治通鉴》卷第四十三，"光武帝建武十九年"条；《后汉书》卷三十七，《桓荣传》。钟兴本人最后坚决不受爵。

军、阳夏侯冯异通《左氏春秋》和《孙子兵法》。① 征虏将军、颍阳侯祭遵年轻时也喜读经书，为人廉约小心，为将时幕府取士以通晓儒术为标准，并且奏请光武帝设置《五经》博士。建义大将军、鬲侯朱祐亦崇儒好学，年轻时曾着急上课而把来访的好友刘秀晾到一旁。② 这些功臣亦多是长者，如"大树将军"冯异谦逊退让，贾复有功不伐，征南大将军、舞阳侯岑彭推崇信义，大司马、广平侯吴汉质厚少文，城门校尉、朗陵侯臧宫谨信质朴，朱祐质朴正直，③ 皆有老子推崇的谦退不争风范。

　　光武帝确立以"柔道"理天下的大政方略，其实经历了一个历史过程。建武初年，由于忙于消灭群雄、统一中原，光武帝处在凶险紧张的大环境中。重大压力下难免神经紧绷，因此他处理政事，一度严苛急迫，令百官惶恐不安。建武七年（31年）三月三十日，天空现日食。以"天人感应"而言，这表示"君道有亏"，④ 是上天对最高统治者示警。颇感不安的光武帝，于是诏令百官上疏奏事，检讨施政之失。太中大夫、著名经学家郑兴上奏指出，近年来，日食多发生在相关月份的三十日，这是因为月亮运转过快，所以与太阳提前重合。而月亮运行过快，源于太阳运转过快。太阳对应君王，月亮对应臣下。君王行事急迫，臣下行事也会随之急迫。日食的出现，正是上天感应了这一政治问题，警示君主要松弛下来。郑兴巧妙指出，今陛下高明果断，雷厉风行，所以群臣急促紧张，生怕犯错受罚。他建议光武帝留心《尚书·洪范》之法，奉行"柔克之政"，以和柔宽忍为施政大法，"博采广谋，纳群下之策"。⑤ 郑兴的奏疏以"天人感应"来探讨新王

---

① 《后汉书》卷十六，《邓寇列传》；《后汉书》卷十七，《冯岑贾列传》；《后汉书》卷二十二，《朱景王杜马刘傅坚马列传》。清代史学家赵翼对"东汉功臣多近儒"有很好观察，参见赵翼著，王树民校证：《廿二史劄记校证》，北京：中华书局，2013年版，92—93页。
② 《后汉书》卷二十，《祭遵传》；《后汉书》卷二十二，《朱祐传》。
③ 参见《后汉书》卷十七，《冯岑贾列传》；《后汉书》卷十八，《吴汉传》；《后汉书》卷二十二，《朱景王杜马刘傅坚马列传》。
④ 《后汉书》志第十八，《五行志六》。
⑤ 《后汉书》卷三十六，《郑兴传》；《资治通鉴》卷第四十二，"光武帝建武七年"条。

朝治国理政的大方向，在特定历史条件下有其说服力，符合以宽松政策令天下休息的时代需要，为光武帝采纳。郑兴援引《尚书·洪范》"柔克之政"治国方法，更凸显儒家思想对王朝大政方略的直接指引。

建武十二年（26年）平定隗嚣、公孙述后，天下虽趋于安定，但依旧满目疮痍，且北方仍有匈奴及其附庸卢芳等势力作乱。光武帝崛起民间，久在军旅，厌恶战争，知道暴政与战争给社会带来的灾难，深知百姓需要休养生息，国家需要恢复元气。因此，除非迫不得已，不愿再谈战争之事。皇太子刘强〔建武十九年（43年）降为东海王〕曾请教攻战之事，光武帝以"昔卫灵公问陈，孔子不对"的儒家故事，警示太子与时俱进，不要再以打天下的思维考虑治天下。政治嗅觉敏锐的功臣邓禹、贾复体会到这一点，深知光武帝欲"偃兵戈，修文德"，于是交出兵权，潜修儒学。①

建武十七年（41年），光武帝回乡祭祖，巡视田舍，置酒作乐。当时，宗室中的女性长辈酒酣欢悦，忍不住议论说，文叔（光武帝）年少时为人谨信，不多与人应酬，只是直率柔和，"唯直柔耳"，没想到居然能取得天下！光武帝听后大笑说，"吾理天下，亦欲以柔道行之"。② 正如有学者指出的，刘秀虽然是在谈笑中说的这句话，但笑言非戏言，它确实反映了刘秀治国理政的总方针。所谓"柔道"，就是通过实行逸政、德政，采取柔和宽松政策，让社会恢复生机活力，③ 这呼应了郑兴此前的"柔克之政"建议，表明光武帝在治国方略上的成熟。

然而，正如国内政治思想史学者指出的，刘秀标榜的"柔道"并非纯儒，而是以儒家德治仁政为主，杂以道家。④ 这主要体现为具有浓

---

① 《后汉书》卷一下，《光武帝纪下》；《后汉书》卷四十二，《光武十王列传》；《资治通鉴》卷第四十三，"光武帝建武十三年"条。
② 《后汉书》卷一下，《光武帝纪下》。
③ 黄今言等：《中国军事通史（第六卷）：东汉军事史》，北京：军事科学出版社，1998年版，第81页。
④ 林存光主编：《中国政治思想通史·秦汉卷》，北京：中国人民大学出版社，2014年版，第454页。

厚道家思想色彩的的兵书《三略》(《黄石公记》)的影响，即范晔所论光武帝"审黄石，存包桑，闭玉门以谢西域之质，卑辞币以礼匈奴之使"。①

　　首先看光武帝君臣有关对匈奴的战略讨论。建武二十二年（46年），匈奴遭遇严重饥疫，连年旱蝗，赤地千里，草木尽枯，人畜死亡大半。乌桓乘机对其发动进攻，迫其北逃数千里，以至于漠南地空。②建武二十四年（48年），匈奴统治集团内讧，更是造成匈奴史上第二次南北大分裂，导致其实力愈加衰弱。南匈奴单于同年底遣使赴汉，表示愿奉藩称臣。光武帝当时问臧宫怎么看待和应对这一形势变化。臧宫果断说，匈奴遭受饥荒和瘟疫打击，内部又陷入纷争，他愿率领5000骑兵出击，建立新功。光武帝听后笑言，与常胜将军难以共议对敌方略。③这表明，臧宫的政治敏感度不及邓禹、贾复，跟不上光武帝以柔道治国、偃武修文、休息百姓的战略思路，仍摩拳擦掌打算新立战功。跟不上光武帝思路的还有杨虚侯马武。建武二十七年（51年），臧宫与马武二人联合上奏疏称，匈奴贪婪不讲信义，势穷则稽首称臣，得势则侵盗不已，王朝缘边各郡深受其害，内地则常担忧其深入侵扰。当前，北匈奴遭饥疫而人畜大量死亡，旱灾蝗灾叠加，赤地千里，力量衰弱，还不如汉朝一郡强大，其命运悬于光武帝之手。面对如此难得的机遇，岂能固守文德而放弃武事？他们建议光武帝当机立断，命令将帅领军奔赴边塞，正面出击匈奴，同时令高句丽、乌桓、鲜卑攻击匈奴左翼，河西四郡、天水、陇西羌胡攻击匈奴右翼。三路大军自左中右三面出击，几年之间即可消灭北匈奴。他们还直言，希望光武帝不要因为仁义恩慈而不忍出兵，使流传万世的功业不能建于当世。

　　面对两位开国名将的建议，光武帝不为所动。他在答复诏报中大

---

① 《后汉书》卷十八，《吴盖陈臧列传》。
② 《后汉书》卷八十九，《南匈奴列传》；《资治通鉴》卷第四十三，"光武帝建武二十二年"条。
③ 《资治通鉴》卷第四十四，"光武帝建武二十四年"条。

量引用《黄石公记》来阐述其战略思想。他指出,《黄石公记》曰:"柔能制刚,弱能制强。柔者德也,刚者贼也,弱者仁之助也,强者怨之归也。"他还引用该书称:"故曰有德之君,以所乐乐人;无德之君,以所乐乐身。乐人者其乐长,乐身者不久而亡。舍近谋远者,劳而无功;舍远谋近者,逸而有终。逸政多忠臣,劳政多乱人。故曰务广地者荒,务广德者强。有其有者安,贪人有者残。残灭之政,虽成必败。"① 接着,光武帝顺势指出,如今内政不修,国家没有造福百姓的善政,天灾人祸不断,百姓惊惶不安。在这种情形下,怎能舍近求远,经略遥远的塞外呢?他又引用孔子"吾恐季孙之忧不在颛臾"的话强调内重于外,并且认为北匈奴实力尚强,并非传闻的那么不堪一击。他严肃指出,若时机成熟,即使举天下一半之力来消灭大寇,他也在所不惜。但若非其时,休息百姓才是上策。② 从以上可以看出,光武帝不仅以柔道治内,对外同样从"柔弱胜刚强"思路出发,强调"舍远谋近""务广德",顶住诱惑,坚持推行逸政德政,避免"舍近谋远""务广地",不可贪求拓展土地,搞劳民伤财的"劳政"或"残灭之政"。此后,诸将不敢再建议对匈奴用兵。

由此可见,《黄石公记》对光武帝治国理政产生了深刻影响,符合他以"柔道"理天下的思路。《黄石公记》属于兵书,但糅进老子的大量思想主张,特别是光武帝引用的"柔能制刚,弱能制强。柔者德也,刚者贼也,弱者仁之助也,强者怨之归也",更是老子思想的典型体现。

其次,光武帝有关是否派遣西域都护的决策亦充分体现他"审黄石,存包桑"、舍远谋近的战略取向。建武二十一年(45年)冬,西域车师前王、鄯善、焉耆等十余个政权纷纷派质子入侍,贡献珍宝,极力恳求光武帝派遣西域都护,重新管理西域,帮助他们对付莎车和

---

① 这两大段话分别出自《三略》的"上略"和"下略",个别文字与当前版本稍有差别。参见《三略·上略》;《三略·下略》;《后汉书》卷十八,《吴盖陈臧列传》。
② 《后汉书》卷十八,《吴盖陈臧列传》。

匈奴的霸道欺凌。光武帝认为，中原初定、北方边境不安，不愿派出都护，只是送还其侍子并厚加赏赐。建武二十二年（46年），面对莎车王贤的霸凌，鄯善王二次上书，希望再次遣送侍子入朝，并恳求光武帝再次考虑设立西域都护之事，否则，西域各政权就只能无奈臣服匈奴了。光武帝依旧不为所动。他答复说，汉朝使者和兵士都不可能派出，如果西域各政权抵抗外侮力不从心，那么，东西南北任其取舍自定。这导致鄯善、车师等政权倒向匈奴，莎车王贤也愈加骄横。① 光武帝坚拒西域各政权的关键理由，仍然是天下初定、北方不安，为此在战略决策上抓住根本，舍弃末端，顶住内外诱惑和压力，坚定贯彻偃武修文的方略。

汉明帝继体守文，在治国方针上继承光武帝衣钵，不仅崇尚儒学，而且精通儒经，将儒学在王朝意识形态中的地位推到新高点。史载，他天资聪颖，十岁就精通《春秋》，连光武帝都感到惊讶。建武十九年（43年）立为皇太子后，他又师从大儒包咸、钟兴、桓荣及其弟子何汤等人学习《论语》《春秋》《尚书》等经典。桓荣曾高度评价明帝的儒学修为，认为他通晓经义，博览古今，对儒学的专精博学程度为自古储君之翘楚。明帝亦自称，建武十九年以来跟随师傅桓荣学道九载，感叹《五经》博大精深、圣言幽远。即位之初，明帝又亲临辟雍，讲论经书，接受诸儒执经问疑，围在辟雍门外桥头观看和聆听的冠带缙绅众多，真可谓盛况空前。明帝还曾召集百官，在太常府恭听桓荣讲经。皇太子、诸王侯及大臣子弟、功臣子孙也遵其旨意，研读儒经。樊氏、郭氏、阴氏和马氏等四大外戚家族的子弟则在南宫学习儒术。期门、羽林等禁卫武官亦需通晓《孝经》章句。甚至匈奴也派贵族子弟往汉朝研读儒经。明帝还亲自完成《五家要说章句》，令桓荣之子桓郁负责校定。永平十五年（72年），明帝访问孔子故宅，亲登讲堂，令皇太子和诸位亲王阐释儒家经典。明帝马皇后亦能诵读《周易》，喜

---

① 《后汉书》卷八十八，《西域传》；《资治通鉴》卷第四十三，"光武帝建武二十二年"条。

读《春秋》等经书。章帝时，已成为马太后的她还教授年幼的皇子学习《论语》等书。①

进取性战略时期：以战去战，盛王之道

明帝在位末年，东汉的大战略行为轨迹转向积极进取，这与明帝在战略思想取向上的变化有关。但这一变化酝酿已久，绝非战略冲动。

这主要体现在对北匈奴的战略认知变化方面。最初，明帝寄希望于通使通商等方式，换取北匈奴停止入寇。永平八年（65年），名儒郑兴之子、越骑司马郑众受命出使北匈奴后，北单于遣使回访。明帝同群臣举行廷议，打算再派使者回访，以保持彼此友好关系。但郑众上疏坚决反对。他此前出使北匈奴时，因拒绝对北单于行叩拜之礼，遭到匈奴人包围凌辱。但他坚守气节，宁死不屈，才使北单于在这场礼仪之争中败下阵来。经历此次事件后，郑众对北单于的傲慢有了亲身感受，对其与汉朝通使的战略意图也有了清醒认识。他在奏疏中指出，北单于与汉朝通使往来，目的是离间南匈奴与汉朝之间的关系，坚定西域36政权对其依附之心。北单于还借此宣扬汉朝准备与之和亲，以此向乌桓等邻敌夸耀示强，令西域打算归附汉朝的政权犹豫畏缩。汉使此前刚到北匈奴，北单于便已骄横傲慢。若再派使者前往，他会更以为得计。那些劝其归顺汉朝的匈奴大臣就更不敢说话了。这样一来，南匈奴就会心生动摇，乌桓也将与汉朝离心离德。但明帝拒

---

① 《后汉书》卷二，《明帝纪》；《后汉书》卷三十七，《桓荣传》；《资治通鉴》卷第四十四，"汉明帝永平二年"条；《后汉书》卷七十九上，《儒林列传上》；《资治通鉴》卷第四十五，"汉明帝永平九年"条；《后汉书》卷十上，《明德马皇后纪》；《资治通鉴》卷第四十五，"汉明帝永平十五年"条；《资治通鉴》卷第四十六，"汉章帝建初二年"条。当然，需指出的是，明帝个性严厉苛察，经常辱骂公卿大臣，甚至殴打尚书以下官员。群臣也因此争相严厉苛刻，以免被杀或责骂。他也喜用文法吏和清官，以禁奸止恶，防止百姓流亡、盗贼为害。《资治通鉴》卷第四十四，"汉明帝永平三年"条；《资治通鉴》卷第四十五，"汉明帝永平七年"条。

不接受郑众的建言，强派郑众再次出使匈奴。郑众在出使路途上，又连续上疏抗辩。明帝大怒，遂将其召回并投入廷尉监狱。需指出的是，郑众12岁师从父亲学习《左氏春秋》，且精通《易经》《诗经》，闻名于当时。明帝为皇太子时，曾与弟弟山阳王刘荆通过驸马梁松邀请郑众编写《春秋通义》，但遭拒绝。①

明帝的忍让没有换来北单于的尊重，难以阻止北匈奴的持续侵扰，于是被迫思考新的对策。开国功臣耿弇的侄子耿秉，精通《司马法》，喜欢钻研将帅之略，多次上疏陈述兵事，认为汉朝边陲不宁，大量资源被牵制消耗，是由于北匈奴为患。他发扬《司马法·仁本》"以战止战，虽战可也"的精神，提出"以战去战，盛王之道"的观点，建议对匈奴展开反击。明帝读完耿秉的奏疏，深表赞许，遂有意效法汉武帝北伐匈奴故事。② 永平中期，鉴于北匈奴侵扰愈发频繁、边城大门白天都不敢打开，明帝开始物色出征将帅，筹划反击方略。他将耿秉召至禁中，仔细询问其奏疏中所陈方略，对其愈发赞赏，遂拜为谒者仆射，方便咨询。此后，有朝廷公卿会议召开，明帝也经常让耿秉上殿，陈述其对边事意见。光武帝之女涅阳公主的驸马显亲侯窦固，曾跟随伯父大司空、安丰侯窦融在河西多年，喜读兵法，熟悉边事，亦为明帝看中，自十余年禁锢之中被起用。③

永平十五年（72年），围绕反击北匈奴问题，明帝专门举行廷议。耿秉、窦固及太仆祭肜、虎贲中郎将马廖（马援之子）、下博侯刘张（光武帝兄长齐武王刘縯之孙）、好畤侯耿忠（耿弇之子）等人皆参与讨论。耿秉指出，当年匈奴号令各游猎部族及其他蛮族力量，难以制服。但自从汉武帝取得河西四郡及居延、朔方之后，匈奴就失去肥饶的养兵之地，与羌族的勾连也被斩断，加上西域后来归附汉朝，因此

---

① 《后汉书》卷三十六，《郑众传》；《资治通鉴》卷第四十五，"汉明帝永平七年"条、"汉明帝永平八年"条；《后汉书》卷八十九，《南匈奴传》。

② 《后汉书》卷十九，《耿秉传》。

③ 《后汉书》卷十九，《耿秉传》；《后汉书》卷二十三，《窦融列传》；《资治通鉴》卷第四十五，"汉明帝永平十五年"条；《后汉书》卷八十九，《南匈奴传》。

呼韩邪单于迫于大势，只好款塞称臣。当前，南单于也面临其先祖呼韩邪单于昔日处境，故而依附汉朝。但不同于西汉的是，西域尚未归附本朝，北匈奴则气焰嚣张，随时可以对汉挑衅作乱。鉴此，耿秉建议首先进攻白山（天山），夺取伊吾，击败车师，进而遣使联合乌孙等西域诸政权，在战略上断去匈奴"右臂"。伊吾还驻有北匈奴南呼衍部队。如果将这支部队也打败，相当于折断匈奴"左角"。最后，待条件成熟，再直接攻击匈奴本部。明帝对他这一"断右臂，折左角"的谋划非常赞赏。此后窦固对北匈奴的反击战及耿恭遣使通乌孙、班超经营西域，即大体依此战略蓝图铺开。① 与汉武帝直接与匈奴大规模军事对决不同，明帝的策略是先经略西域，斩断北匈奴"右臂"及"左角"，再与之正面争锋。鉴于耿秉、窦固都喜读兵法，而且在战略讨论中以兵法影响明帝，足见兵家对王朝大战略决策的实际影响。

章帝时期的大战略取向亦值得玩味。章帝为人宽厚仁爱，有长者美誉，亦雅好儒术，尤其最爱《古文尚书》和《春秋左传》。皇太子时期，曾师从桓荣弟子儒臣张酺、桓荣之子桓郁学《尚书》等经典。即位后，又常与张酺及魏应（曾主持白虎观会议论难）、召训等儒学名家探讨儒经义理，令当世儒宗贾逵等人在北宫白虎观、南宫云台为其讲经。为表示尊崇孔子，章帝也曾亲临阙里，祭祀孔子及其七十二弟子。② 建初四年（79 年），章帝更是接受校书郎杨终建议，仿效汉宣帝石渠阁会议故事，召集广平王、诸将、大夫、博士、郎官和名儒于白虎观集会，探讨《五经》异同，并亲自到会裁决经义，最后令史臣根据会议结果整理完成《白虎议奏》，③ 以统一儒学各派思想，确立对儒

---

① 《资治通鉴》卷第四十五，"汉明帝永平十五年"条。
② 《后汉书》卷三，《章帝纪》；《资治通鉴》卷第四十七，"汉章帝元和二年"条；《后汉书》卷三十七，《桓郁传》；《后汉书》卷三十六，《贾逵传》；《后汉书》卷四十五，《张酺传》。
③ 《后汉书》卷三，《章帝纪》；《后汉书》卷四十八，《杨终传》；《后汉书》卷七十九上，《儒林列传上》；《后汉书》卷三十七，《丁鸿传》。学者多认为《白虎议奏》与《白虎通义》为这次会议的两项成果。前者是会议的原始记录，后者只取问答、结论。参见林存光主编：《中国政治思想通史·秦汉卷》，北京：中国人民大学出版社，2014 年版，第 469 页脚注 1。但仍然有不少学者认为《白虎议奏》就是《白虎通义》。

家经典的权威解释，解决儒家经典解释混乱的问题。①

"汉家宰相，无不精通一经"，② 在这一时期体现得尤为明显。当时的著名大臣或有影响力的官员如太尉牟融、太尉鲍昱、司徒袁安、司空第五伦、大鸿胪韦彪、大司农郑众、校书郎杨终等，也大多是学习儒术出身或言必称《五经》。如，鲍昱家学渊源，年少时就跟随父亲鲍永学习《欧阳尚书》，后又教书授徒。袁安则师承祖父袁良，学习《孟氏易》。郑众父亲乃大儒郑兴，家学渊源不用多言。第五伦家学渊源不及以上三人，但与当时官员一样，在奏疏中也言必称《尚书》《春秋谷梁传》等经典，议论政事时以是否符合儒家经义为标准。韦彪则是汉宣帝时丞相韦贤之后，博学多闻，号称儒宗。明帝时的名臣牟融，年少时亦学识渊博，收门徒数百，教授《大夏侯尚书》，闻名于州郡。杨终为校书郎，精通《春秋》。精英士子亦大多以学而优则仕为理想。如袁安所说，大凡读书学经而入仕途的人，高者希望位至宰相，低者希望充当牧守。③ 司马光亦感叹，教化和风俗乃国家急务、天下大事，政治益处无穷，功效深远。光武帝推崇经术，聘用儒雅，广开学校，修明礼乐。明帝与章帝，亲临辟雍敬拜国老，执经问道。自公卿、大夫至郡县之吏，全都选用明经修行之人。所谓"自三代既亡，风化之美，未有若东汉之盛者也"。④

章帝的大战略取向，可以从他即位后有关两大紧急议题的决策进行考证。第一议题由内政而起，但与内外政策皆相关。章帝即位初，就面临牛疫、大旱及随之而来的垦田减少、谷价昂贵、贫民流亡等棘手问题。为此，建初元年（76年），章帝与大臣们就如何消除灾害进

---

① 林存光主编：《中国政治思想通史·秦汉卷》，北京：中国人民大学出版社，2014年版，第469页。
② 《旧唐书》卷一百八十九上，《儒学列传上》。
③ 《后汉书》卷二十六，《伏侯宋蔡冯赵牟韦列传》；《后汉书》卷二十九，《鲍昱传》；《后汉书》卷三十六，《郑众传》；《后汉书》卷四十一，《第五伦传》；《后汉书》卷四十五，《袁安传》；《后汉书》卷四十八，《杨终传》。
④ 《资治通鉴》卷第六十八，"汉献帝建安二十四年"条。

行商议。时任司徒的鲍昱认为，这些问题的出现，是由于明帝时楚王刘英谋反案受冤者太多。他建议让原来流放者返家，并解除相关案犯不可做官的禁令等。校书郎杨终也依据《春秋》"天人感应"理论，上疏认为天降水旱之变，表明朝廷有暴急之政、恩惠未施及百姓。他指出明帝永平以来，广陵王刘荆、楚王刘英、淮阳王刘延、济南王刘康等谋反案受株连、冤枉和惩罚的人太多，大量囚犯家属被流放。加上北征匈奴，开通西域，百姓连年服役，负担沉重。远屯伊吾、楼兰、车师等地的士卒更是思念家乡，怨气聚于边域。因此，杨终建议，让受楚王等案无辜被流放的人们返乡，并停止对外行动，不再屯田西域。①

　　这种依据"天人感应"理论而提出的建言，颇有说服力。章帝于是将杨终的奏疏交给群臣讨论。司空第五伦赞同杨终之议。太尉牟融、校书郎班固等人则表示反对，司徒鲍昱亦不赞同在对外政策上改弦更张。他们认为，孝子无改父之道。征伐匈奴、屯戍西域是先皇明帝定下的政策，章帝作为儿子不应加以改变。杨终再度上疏说，秦始皇修筑长城，劳役繁多，秦二世胡亥即位后不加革除，结果丢掉天下。汉元帝放弃珠厓郡、光武帝拒绝西域各政权归附，是不希望以远夷而劳烦百姓。他又引"鲁文公毁泉台"遭《春秋》讥讽和"鲁昭公废三军"被《春秋》赞扬的故事，指出坚持孝道要具体问题具体分析，一切以是否对百姓有利为标准。屯田伊吾、戍守车师，兵士久未还家，不符合天意，对百姓不利。章帝最后采纳杨终建议，于次年下诏撤回在伊吾屯田的士兵。② 杨终的奏议难免有夸大之处，因为明帝两次进军西域都是为反击北匈奴，且用兵规模有限。如第一次用兵4.4万骑，且其中有大量南匈奴、乌桓和鲜卑之兵。第二次用兵则仅为1.4万骑，

---

　　① 《后汉书》卷二十九，《鲍昱传》；《后汉书》卷四十八，《杨终传》；《资治通鉴》卷第四十六，"汉章帝建初元年"条。
　　② 《后汉书》卷四十八，《杨终传》；《资治通鉴》卷第四十六，"汉章帝建初元年"条、"汉章帝建初二年"条。

即使加上后勤人力物力，民间负担也相对有限。以运粮徒卒为战士的一倍多来算，① 两次用兵总计所用后勤力量仅超 10 万人。在车师前后王地区屯驻的士兵也仅各有数百人。杨终的奏议更多反映的是对明帝时期的进取性战略升级为激进性战略的忧虑，故而以秦二世而亡的教训提醒朝廷。章帝采纳其建议，表示他能够清醒认识到这种危险，避免滑向激进性战略。

但这不代表章帝的大战略取向回摆到收缩性战略轨道。这从他面临的另一大紧急议题可以看出。这项议题直接涉外，涉及是否派兵援救戊、己两校尉的问题。永平十八年（75 年），窦固罢兵回京师及明帝不久去世后，北匈奴及其附庸趁机在西域发起强力反扑。西域都护陈睦被焉耆、龟兹攻杀，戊校尉耿恭和己校尉关宠被北匈奴围困，西域形势危如累卵。关宠为此紧急上疏求救。刚即位的章帝，于是诏令公卿大臣会商对策。司空第五伦向来反对朝廷用心边事，不主张派兵救援。司徒鲍昱则认为，派人赴危难之地承担使命，遇到危险就弃之不顾，这种做法对外是纵容蛮夷暴行，对内是伤害死难之臣的忠心。如果匈奴今后再侵犯边塞，如何指望汉军将士再拼死杀敌？他敏锐指出，现在两校尉仅各余数十名战士，而匈奴大军围攻数十日却不能攻克，证明匈奴兵马已非常疲乏。他建议，令敦煌、酒泉太守各率 2000 精骑，多树旗帜，迷惑敌人，同时加速行军，以解两校尉之急。匈奴士兵疲惫至极，必然不敢抵挡。不用 40 天，汉军就可将耿恭等救回塞内。司徒鲍昱的主张既有政治道义性和战略前瞻性，又具军事敏锐性和可操作性，章帝对此深以为然。于是，派遣张掖、酒泉、敦煌三郡及鄯善兵 7000 多人前往救援。② 在鲍昱坚持下，章帝时的大战略取向保持了积极性张力。

耿恭等人自疏勒城被救回玉门后，仅余 13 人。他们气壮山河的事

---

① 这个比例是以汉武帝部分时期的情况作为参照，参见熊铁基：《秦汉军事制度史》，南宁：广西人民出版社，1990 年版，第 286 页。

② 《后汉书》卷十九，《耿恭传》；《资治通鉴》卷第四十五，"汉明帝永平十八年"条。

迹，令时任中郎将的郑众深为感动。他上疏说，耿恭以微弱兵力固守孤城，抵挡匈奴数万之众达数月，杀伤敌人以千计，忠勇两全，维护了大汉荣耀。耿恭之节义，堪称古今未有，应赐显爵，以激励汉军将帅。耿恭到洛阳后，司徒鲍昱也上奏章帝，称赞耿恭忠贞超过苏武，应厚加封赏。章帝于是拜耿恭为骑都尉，拜耿恭的司马石修为洛阳市丞、张封为雍营司马，任命军吏范羌为共丞，其他九名勇士皆补为羽林卫士。① 从司徒鲍昱、中郎将郑众皆为耿恭请功，甚至认为其忠贞超过苏武，到章帝封赏耿恭十三将士，都是为激励将帅，显示章帝君臣的战略取向中保留着积极进取性。

此外，有关班超奏议的回复意见，更印证了章帝经营西域的决心。建初三年（78年），班超率疏勒、康居等一万联军攻破姑墨石城。为趁势平定整个西域，建初五年（80年），他上疏请求增派军队。他指出，明帝欲开拓西域，故而北击匈奴、西使外国，鄯善、于阗当时闻风归附。现在，拘弥、莎车、疏勒、月氏、乌孙、康居等各政权也愿意归附，希望与汉朝同心协力，攻破龟兹，打通向汉朝贡道路。若拿下龟兹，则西域未服者只剩百分之一。他希望凭借大汉声威，发挥自己铅刀一割之用。他指出，前代议论的人都说，开拓36国，等同斩断匈奴"右臂"。现在西域大小政权，都期待归附汉朝，愿意贡奉者络绎不绝，只有焉耆、龟兹不肯服从。他表示，自己奉使西域已经五年，熟悉当地情况，调研过大小城郭，各方都表示仰仗大汉就像仰仗上天一样。由此观之，葱岭可以打通，龟兹可以讨伐。他强调，"以夷伐夷"是最上等的计策。莎车、疏勒田地肥美广阔，不同于敦煌、鄯善之间那样土地条件恶劣。以此为基地，汉军可以自给自足，不耗费中原战略资源。而且，姑墨、温宿两国国王是龟兹扶植的外族人，上下之间相互猜疑，其百姓迟早会投降汉朝。若两国来降，则龟兹独木难支。阅读完班超的奏疏后，章帝认为他平定西域的计划定能成功。于

---

① 《后汉书》卷十九，《耿恭传》。

是派徐干为假司马,率刑徒及义勇军士1000人前往支援。① 章帝的政治支持,在战略上意义重大,派徐干率军支援更释放了明确信号,对班超巩固西域南道、进取西域北道起到直接而迅速的提振作用。此后,鉴于西域大国乌孙兵力强大,有控弦之士十万,班超建议朝廷对其加以招慰。建初八年(83年),章帝拜班超为将兵长史,赐予战鼓、吹奏乐器及旌旗仪仗,招抚乌孙大小昆弥,借其力安定西域。章帝的战略进取姿态于是愈发明显。②

需要指出的是,文法官吏在东汉王朝的政治中依旧发挥着重要作用。他们在光武帝、明帝直至章帝时,都大量占据地方官乃至尚书这样的机要官职,使刑罚苛急之风盛行,给几代帝王的柔政善治涂抹上了君主专制时代特有的底色。建初二年(77年),司空第五伦就痛恨于俗吏苛刻之风盛行,上疏指出,章帝即位以来,虽以宽宏为原则对待百姓,多次下诏官员为政宽和、厉行节俭,改进作风,但是官员为政严急、官场奢侈之风并无改观。他又指出,光武帝接手王莽留下的烂摊子,为政一度颇为严猛。后代因袭成风气,郡国官员多是擅长公务的刻薄俗吏,而缺少宽宏博学的长者。一些地方官刻薄严苛,却被舆论视作干练能吏。他提醒章帝吸取秦朝以酷急亡国、王莽以苛法自灭的教训,切实推行宽厚之政,杜绝官吏苛急之风。③ 无独有偶,元和元年(84年),大鸿胪韦彪亦鉴于光武帝、明帝以来吏治苛刻之风,上疏进谏说,郡国官吏刑罚刻急,经常干扰农时,侵夺百姓之财。天下枢要在于尚书,但尚书多由通晓文法的郎官升任。这两类官员有明辨苛察的小聪明,擅长应对,却缺乏洞察全局的大智慧。他建议章帝不要提拔虎圈啬夫那样的机敏巧吏,而应重用绛侯周勃那样的木讷之臣。④

---

① 《后汉书》卷四十七,《班超传》;《资治通鉴》卷第四十六,"汉章帝建初五年"条。
② 《后汉书》卷四十七,《班超传》;《资治通鉴》卷第四十六,"汉章帝建初八年"条。
③ 《后汉书》卷四十一,《第五伦传》;《资治通鉴》卷第四十六,"汉章帝建初二年"条。
④ 《后汉书》卷二十六,《韦彪传》;《资治通鉴》卷第四十六,"汉章帝元和元年"条。

激进性战略乍现与进取性战略回归：以德胜人者昌①

　　章帝去世至和帝亲政前的四年里，章德太后窦氏临朝听政，窦宪为代表的窦氏兄弟擅权专横。为此，只有考察窦太后、窦宪等人的个性及其意识形态偏好，才能更好理解这段时期的战略取向。窦太后为发迹于河西的开国功臣窦融的曾孙女，母亲为光武帝时的第一位太子刘强的女儿泚阳公主。她才貌俱佳，六岁能读书写字，聪慧机敏，善于应对，与妹妹同时入宫，章帝建初二年（77年）被立为皇后。但她为人阴狠，嫉妒心强，为争宠与母亲、兄弟合谋先后谮杀章帝的宋贵人姐妹（姐姐为章帝时的第一位太子、清河王刘庆的生母），梁贵人姐妹（妹妹为和帝生母）及其父亲梁竦。临朝听政期间，窦太后又放纵窦家人骄横跋扈，最终自取灭亡。《后汉书》认为她配不上谥号里的"德"字。她去世后，当时的太尉、司徒、司空等纷纷上疏，建议贬其尊号。② 窦宪性情凶暴，为人骄横。章帝在世时就借妹妹窦皇后威势，横行不法，威逼诸亲王、公主及阴家、马家等外戚，甚至低价强买明帝女儿沁水公主的庄园，被章帝怒斥为"孤雏腐鼠"。窦太后临朝时，窦宪更是胆大妄为，派刺客在禁卫军眼皮下刺杀受窦太后宠幸的都乡侯刘畅（齐武王刘縯曾孙）。窦家其他兄弟也大多狂悖妄为，骄纵异常。③

　　即使如此，窦家对儒学也是颇存敬畏。如与窦家多数人不同，窦宪的弟弟、驸马都尉窦瓌就喜好经书，在儒家思想的熏陶下颇能自我约束，洁身自好。窦宪大破北匈奴后，威名大盛，也曾将文苑领袖班

---

① 《后汉书》卷二十五，《鲁恭传》。
② "中兴，明帝始建光烈之称，其后并以德为配，至于贤愚优劣，混同一贯，故马、窦二后俱称德焉。"参见《后汉书》卷十下，《皇后纪》之论。其他参见《后汉书》卷十上，《皇后纪上》；《后汉书》卷五十五，《章帝八王传》；《后汉书》卷三十四，《梁竦传》。
③ 《后汉书》卷二十三，《窦宪传》；《后汉书》卷十四，《宗室四王三侯列传》。

固、傅毅等人召至幕府，主管文章之事。① 充满历史巧合的是，窦宪虽不学无术，但也效法霍光等人昔日为八岁的汉昭帝选名儒为师的故事，上疏建议征选名儒入宫，教授十岁的和帝《尚书》《诗经》等经典。他在奏疏中大篇幅引用《礼记》"天下之命，悬于天子；天子之善，成乎所习。习与智长，则切而不勤；化与心成，则中道若性。昔成王幼小，越在襁保，周公在前，史佚在后，太公在左，召公在右。中立听朝，四圣维之。是以虑无遗计，举无过事"等文字，并援引周成王、汉昭帝年幼时受圣贤教诲导正的案例，强调为幼年天子选择贤明师傅的重要性，建议征选章帝之师桓郁和精通《诗经》的宗正刘方，入宫教授和帝经典义理，助他成就教化万民的德行。②

研究这一时期的大战略决策，还需剖析东汉统治阶层围绕南单于请求北伐而展开的激烈论争。章和二年（88年），章帝去世，和帝即位。同一时期，北匈奴内遭天灾人祸，外遭乌桓、鲜卑、南单于等夹击，愈发呈衰微之势，部众大量南下投降。南单于屯屠何为此上疏给东汉朝廷，请求北伐，"破北成南，并为一国，令汉家长无北念"。③ 接到南单于奏疏后，窦太后征求执金吾耿秉等人意见，窦宪闻讯亦请缨出征，公卿大臣们则群起反对。由此上演东汉王朝对外战略决策论争史上的精彩一幕。

论争分两个派别、四大阶段。两个派别，即以耿秉、窦宪及窦太后等为首的少数主战派和以公卿大臣为主体的多数反战派。第一阶段为章和二年（88年）七月。当时，接到南单于奏疏后，窦太后询问耿秉意见。耿秉认为这是"臣虏匈奴"的天赐良机。他指出，当年汉武帝穷尽天下之力，试图制服匈奴。可惜未遇天时，大功难成。汉宣帝时，恰逢呼韩邪单于来降，于是中外合一，百姓得以休息60余年。及

---

① 《后汉书》卷二十三，《窦宪传》；《后汉书》卷四十下，《班固传》；《后汉书》卷八十上，《傅毅传》。
② 《后汉书》卷三十七，《桓郁传》。
③ 《后汉书》卷八十九，《南匈奴列传》。

王莽篡位，变更单于封号，胡作非为，导致单于反叛。光武中兴以来，对匈奴恢复怀柔政策，遭其蹂躏的边郡得以恢复生机，乌桓、鲜卑也慕义归顺。现在北匈奴内部纷争，正是天赐良机。南单于请兵北伐，"以夷伐夷"，对汉有利，可准其奏请。耿秉并表示愿意领军出征，为国效命。窦太后与大臣们商议，打算采纳其意见，派兵北伐。①

但尚书宋意（后来官至司隶校尉）上疏坚决反对。其核心主张是，光武帝对匈奴的"羁縻畜养"策略极其成功，应继续让南北匈奴、鲜卑等相互牵制，而汉朝不费一兵一卒坐收大利，这才是上略。他指出，北匈奴远在北方，与汉以沙漠为界。他们崇拜强权，不讲礼仪，"强者为雄，弱即屈服"。自汉朝建立以来，虽然对其多次征伐，但所得收益比上不所付代价。光武帝亲历战乱之苦，不愿意劳军远征，故而对来降的匈奴人采取"羁縻畜养"政策，迄今百姓休息40余年。现在，鲜卑对汉恭顺，斩获北匈奴人数以万计，而汉朝坐享大功、百姓不知其劳，形成"汉兴功烈，于斯为盛"的效果。之所以如此，是因为夷虏相攻，鲜卑攻击北匈奴，既可抢夺战利品，又可借此获汉朝重赏。如果允许南匈奴返回北庭，就须阻止鲜卑攻匈奴。鲜卑对外不能抢掠，对内得不到汉朝封赏，必会恼羞成怒，成为汉朝边患。鉴此，宋意建议趁北匈奴西逃并请求和亲时机，接受其归附，以之为外藩。他认为出兵支持南匈奴，不仅劳师动众、劳民伤财，而且将丢掉光武帝"以夷攻虏"的上略，是"去安就危"的下策。②但此时恰遇窦宪杀都乡侯刘畅事件爆发，窦宪为逃脱死罪，请求攻击北匈奴。为了给兄长立功赎罪机会，窦太后遂下决心出兵北伐。章和二年（88年）十月，封窦宪为车骑将军、耿秉为征西将军，同时征发北军五校、黎阳、雍营、缘边12郡及羌胡之兵，做出塞北伐准备。

窦太后的出兵决策颁布后，朝臣们群起反对，由此转入论争的第

---

① 《后汉书》卷八十九，《南匈奴列传》；《后汉书》卷二十三，《窦宪传》；《资治通鉴》卷第四十七，"汉章帝章和二年"条。

② 《后汉书》卷四十一，《宋意传》；《资治通鉴》卷第四十七，"汉章帝章和二年"条。

二阶段。和帝永元元年（89年）春，司徒袁安、太尉宋由、司空任隗及九卿群起到朝堂上疏劝谏，认为北匈奴当下并未进犯边塞，汉朝劳师远征不仅出师无名，而且劳民伤财，不利于社稷。但窦太后不予理会，将大臣们的奏疏全都搁置不理。太尉宋由感到恐惧，首先退缩，不敢再于奏疏上署名。九卿也害怕窦太后震怒，不敢再坚持立场，各自停止劝谏。这一阶段，窦太后以威权强压，击退了多数持反对立场但意志不坚定的大臣。①

第三阶段为司徒袁安、司空任隗和尚书台官员等少数大臣坚持劝谏阶段，为论争最为剑拔弩张的阶段。袁安、任隗位列三公，作为朝廷重臣，不惧窦太后之威及自身遭罢黜杀戮的危险，坚持反对北伐，甚至在朝堂脱去帽子抗争，并先后上疏十次奏陈。侍御史鲁恭（后来官至司徒）、尚书令韩棱、骑都尉朱晖、议郎乐恢（后来官至五官中郎将）等人也都刚正不阿，接连上疏谏争。史书记载了侍御史鲁恭的奏疏要点。鲁恭在奏疏中指出，北伐攸关社稷大计、万人生死。但国家近年来粮食歉收、仓库空虚、物资储备不足，现在又遭遇章帝去世之大忧。在此社会不安、政治过渡的敏感时期，百姓都在疑虑观望，希望得到安抚。然而，朝廷却要在盛春之月征发军役，扰动天下，"以事戎夷"，这不是对百姓垂恩，更不符合新皇帝即位改元、先内后外的治国准则。他认为，对戎狄要坚持"羁縻不绝"的"圣王之制"。当前边境无事，皇帝也处在守丧三年的阶段，朝廷应当修仁行义，无为而治，令百姓家给人足，安居乐业。国家得到善治，恩德四处传扬，远方夷狄受到感召，自然会向化归附。他援引《周易》"有孚盈缶，终来有它吉"（意为诚信者大吉）的话指出，"夫以德胜人者昌，以力胜人者亡"。如果趁北匈奴衰弱而攻之，属于乘人之危，不合道义。他还担心，此次北伐会无果而终，尤其可能重蹈永平十六年（73年）太仆祭肜出塞无功而返、明帝刚去世时西域都护陈睦将士等被攻杀的覆辙。

---

① 《后汉书》卷四十五，《袁安传》；《资治通鉴》卷第四十七，"汉章帝章和二年"条、"汉和帝永元元年"条。

他尖锐指出，群僚和百姓都认为北伐不可行，陛下为什么要一意孤行，难道要为窦宪一人而不顾万人生死，不听万民建言？①

但窦太后不仅拒绝改弦更张，反而变本加厉，在准备北伐期间征调民夫，为其弟窦笃、窦景等人兴建宅邸，从而使论争迈入第四阶段。这次谏言的主要人物是侍御史何敞。他上疏说，匈奴为祸已久。当年平城之围、"嫚书之辱"堪称两大国耻，臣子为报此耻辱死不足惜。然而，汉高祖、吕太后却能包羞忍耻，对匈奴不加诛讨。而今，北匈奴没有不顺从之罪，汉朝没有平城之围、"嫚书之辱"，却要在盛春农耕时节大兴兵役，并且为窦笃、窦景大修馆第，增加百姓负担和愁怨，耗费国家财政。他呼吁体恤民间疾苦，停止施工，不要在北伐之外再增加百姓的负担。②但窦太后依旧不加理睬。至永元元年（89年）六月，窦宪率北伐大军出塞，论争彻底结束。

从以上四个阶段看，谏争官员大多基于儒家先内后外原则，强调"以德胜人者昌，以力胜人者亡"，坚持对夷狄"羁縻不绝"的"圣王之制"，主张内修仁义，外行"以夷攻虏"或以德来远之策，不以外夷而烦扰百姓，反对不顾百姓困苦、为让窦宪立功赎罪而北伐。然而，窦太后一意孤行，终于使东汉王朝滑向激进性大战略轨道。

和帝亲政后，停止对北匈奴深入穷追政策，重点经略西域，使东汉大战略回归到积极性轨道。和帝英武果决，14岁就在窦氏集团包围下精密运筹，不动声色地先发制人，消灭窦宪兄弟及其党羽，并迫使窦太后退出政治舞台。但和帝又友爱孝悌。他与同父异母的兄长清河王刘庆（前废太子）非常友爱，在窦皇后潜杀刘庆生母后，对其尤为怜悯，设法加以保护。他对既有养育之恩、又有杀母之仇的窦太后也展示了大度。永元九年（95年），窦太后去世。三公和多数大臣都建

---

① 《后汉书》卷二十一，《任隗传》；《后汉书》卷四十五，《袁安传》；《后汉书》卷二十，《祭肜传》；《后汉书》卷二十五，《鲁恭传》；《后汉书》卷四十三，《朱乐何列传》；《资治通鉴》卷第四十七，"汉和帝永元元年"条。

② 《后汉书》卷四十三，《何敞传》；《资治通鉴》卷第四十七，"汉和帝永元元年"条。

议依照光武帝贬黜吕太后尊号的故事，贬去窦太后尊号，并且不让她与章帝合葬。当时，和帝已知道生母梁贵人多年前被窦太后潜杀的惨剧，但他感念窦太后养育之恩，拒绝了大臣们建议，保持了窦太后尊号，并将她与章帝合葬。①

和帝亦尊崇儒学。如前所述，他刚即位，就师从桓郁、刘方学习《尚书》《诗经》等经典，对儒学颇有造诣。他还数次到访宫廷藏书之地东观，博览儒家典籍。永元十一年（99年），他在朝会时召见诸儒，令鲁恭的弟弟、当世名儒鲁丕与担任侍中的大儒贾逵、尚书令黄香等人，就儒家义理中的议题论难，他本人则居中裁决。永元十四年（102年），他又亲临辟雍，举行飨射之礼，显示推尊儒学、教化百姓之意。② 和帝皇后、开国功臣邓禹的孙女邓绥亦聪明好学，自幼喜读儒家典籍，12岁通晓《诗经》《论语》，被家人称为"诸生"，母亲亦担心她成为"博士"。③

和帝时的重要大臣，如丁鸿、鲁恭、刘方等人，也多是精通儒术或"奏议依经"的儒学名臣。如曾任司徒、行太尉兼卫尉并在和帝清除窦氏集团过程中发挥重大作用的丁鸿，即是名儒桓荣的弟子。他13岁随桓荣学《欧阳尚书》，三年有大成。永平十年（67年），为明帝讲解《尚书》中的《周书·文侯之命》篇，深受赏识。建初四年（79年）白虎观会议时，他卓然出众，论难最明，受到与会诸儒及章帝赞誉，号称"殿中无双"。鲁恭15岁时入居太学，闭门学习《鲁诗》，不问人间俗事。白虎观会议时，鲁恭亦参与讨论，后为《鲁诗》博士。和帝永元十三年（101年），鲁恭更是担任司徒。其为官理政以儒家德化理念为依据、不用刑罚，在朝奏议亦以儒家经义为圭臬，即所谓"奏议依经"。和帝时先后任宗正、司空、司徒等要职的刘方，精通

---

① 《后汉书》卷五十五，《章帝八王传》；《后汉书》卷十上，《皇后纪上》。
② 《后汉书》卷七十九上，《儒林列传上》；《后汉书》卷四，《和帝纪》；《后汉书》卷二十五，《鲁丕传》。
③ 《后汉书》卷十上，《皇后纪上》。

《诗经》，被奉为宗室楷模，教授和帝儒学。① 参与永元元年（89年）谏争的其他官员中，尚书宋意年少时继承家传的大夏侯《尚书》之业，在章帝时就常援引《春秋》之义进谏；议郎乐恢喜好经学，笃志为名儒；侍御史何敞精通儒家经传，担任汝南太守时以儒术大吏巡行各县，表彰孝悌及有义行之人，又以《春秋》义理平反冤狱。② 这些都显示了儒家思想对王朝政治精英的深刻影响。

这一时期，《司马法》等兵家也在对王朝的战略取向发挥影响。永元七年（95年），鉴于前一年班超讨伐焉耆、平定西域，和帝下诏封赏。诏书指出，匈奴以往独霸西域，并以西域为基地进犯河西。永平末年，河西边郡城门昼闭。明帝痛感边郡遭侵害之苦，于是令将帅进击匈奴右地，攻破白山，达到蒲类海，夺取车师。西域诸政权纷纷归附。朝廷遂开通西域，设置都护。但焉耆王舜及其子忠独谋悖逆，攻杀西域都护陈睦及其将士。章帝顾念百姓，不愿大兴兵役，于是令军司马班超安抚于阗以西诸国。班超遂越过葱岭，出入西域22年，各国莫不服从。班超改立西域国王，安抚当地百姓。未扰动中原，不劳烦戎士，就获得远夷归心，得以遂行天诛，报西域都护将士被杀之仇。诏书引用《司马法》"赏不逾月，欲人速睹为善之利也"的话，封班超为定远侯、食邑1000户。定远侯为侯爵级别中的通侯（列侯），虽非万户侯，但位列2000石官员之列。③ 和帝重赏班超，体现对其功绩的肯定及王朝经略西域的意志。此后，为确保西域形势稳定，和帝坚持让班超留任都护七年之久。直至永元十四年（102年），才将已在西域31年、时年71岁的班超召回洛阳，任命戊己校尉任尚代之。

还需注意的是，永元九年（97年），甘英奉命西行出使大秦后返回。其所过之处"皆前世所不至，山经所未详"，最远者距离玉门、阳

---

① 《后汉书》卷三十七，《丁鸿传》；《后汉书》卷二十五，《鲁恭传》；《后汉书》卷四，《和帝纪》；《后汉书》卷三十七，《桓郁传》。
② 《后汉书》卷四十一，《宋意传》；《后汉书》卷四十三，《朱乐何列传》。
③ 《后汉书》卷四十七，《班超传》；《后汉书》志第二十八，《百官志五》。

关四万多里。甘英在出使过程中,详述各方境内风俗人情、物产资源、山川河谷、气候凉暑、交通要道及疾病、气象灾害等情形。① 这次出使行动,甘英经安息、抵条支最后在西海之滨望大秦,创下汉使西行最远记录,在史书上留下浓墨重彩的一笔。甘英此行虽受班超委派,但东汉朝廷势必亦给予重视和支持。也因此,甘英团队才能有足够的资源支撑如此艰巨的行动。

---

① 《后汉书》卷八十八,《西域传》。

隋朝决策者：虽世或污隆，而斯文不坠[①]

与秦朝一样，隋朝也继承并结束了数百年大分裂、大动乱局面，开创了大一统王朝的新气象。其持续时间亦如秦朝一样短暂，仅二世而亡。与秦朝独尊法家相比，隋朝的大战略取向更加多变甚至充满矛盾，以至于出现思想与行动的失调。其意识形态对战略行为的指导意义更值得关注。

进取性战略时期：经邦立政，在于典谟矣[②]

魏晋南北朝的大动乱、大破坏造成了制度和精神的大崩溃、大裂变，这意味着新的统一王朝的使命包括确立新形势下的制度和精神价值体系，[③] 收拾山河同时，收拾礼乐典章和世道人心。隋文帝即位后，就在意识形态上采取了一系列拨乱反正、恢复汉魏之风的举措，在制度性层面上建立了"创世之勋"。如大象二年（580年），担任大丞相

[①] 《隋书》卷七十五，《儒林传》。
[②] 《隋书》卷四十九，《牛弘传》。
[③] 韩昇：《隋文帝传》，北京：人民出版社，2015年版，第17、23—27页。

的杨坚就以北周静帝的名义，下令西魏时改姓鲜卑姓氏的汉人恢复汉姓，他本人亦不再用鲜卑姓"普六茹氏"。开皇元年（581年），称帝后的杨坚又第一时间采纳少内史崔仲方建议，废改北周六官制度，恢复汉魏官制礼仪。祭祀上天和祖先时，冠冕服饰也依照《礼经》而定。《隋书》虽抨击文帝"素无学术""不悦诗书"，但他本人年少时曾入太学，对儒学必有研习。① 开皇九年（589年），文帝平陈后，鉴于国家统一、四方安定的新形势，决心偃武修文，诏令百官澡身浴德、百姓家家自修，借以使儒业成为文武精英修身治学的必修课。他劝勉将帅军人子弟学文；功臣之家更要降情文艺，子侄各守一经，为天下表率；京师至地方州县大兴教育，教授生徒，兴盛儒学名教，即所谓"隆兹儒训"。开皇十三年（593年），文帝还打算复立明堂，虽因诸儒莫衷一是作罢，但足见其复兴儒学的意愿。② 文帝还以官爵及旌帛来礼遇儒士，以富贵招徕四方强学之士。他本人更曾率百官到文庙参加祭祀孔子及儒家先贤的释奠礼，并擢拔俊才、厚赏诸儒，在全国大办庠序黉校。在文帝推动下，儒学于时复兴，史称"中州儒雅之盛，自汉、魏以来，一时而已"。③ 在励精图治的文帝看来，儒学之道，训导万民，传播父子君臣之义、尊卑长幼之序，可用来赞理时务、弘益风范。因此，他积极弘扬德教，大建庠序，开辟儒学进仕之路，为国家选拔和储备人才。④ 隋唐之际的第一大儒徐文远亦被文帝看重，受诏为汉王杨谅讲授《孝经》《礼记》。⑤

文帝的重要大臣在理政方面亦推崇儒学。如西魏名臣苏绰之子、太子少保苏威，一身兼隋朝纳言、度支尚书、大理寺卿、京兆尹、御

---

① 《资治通鉴》卷第一百七十四，"陈宣帝太建十二年"条；《隋书》卷一，《高祖纪上》；《隋书》卷二，《高祖纪下》；《资治通鉴》卷第一百七十五，"陈宣帝太建十三年"条。
② 《隋书》卷二，《高祖纪下》；《资治通鉴》卷第一百七十七，"隋文帝开皇九年"条；《资治通鉴》卷第一百七十八，"隋文帝开皇十三年"条。
③ 《隋书》卷七十五，《儒林传》。
④ 《隋书》卷二，《高祖纪下》。
⑤ 《旧唐书》卷一百八十九上，《徐文远传》。

史大夫等五大要职，对开创"开皇之治"有不可磨灭贡献，被文帝称为"我不得苏威，何以行其道"。苏威曾在文帝面前回忆父亲教导时说，只要精通《孝经》一卷（"唯读《孝经》一卷"），就"足以立身治国"。文帝对此深以为然。苏威理政还经常按儒家教条行事，如责令各地官员每年按照《尚书·舜典》的要求推行五常之教，对"五品不逊"（父、母、兄、弟、子之间的伦理关系不顺）的问题进行纠治，以至于形式主义严重，地方官员叫苦不迭。此外，对文帝有拥立之功的上柱国郑译因"不臣不孝"（不孝顺继母）遭御史台弹劾后，文帝赐《孝经》给他，令其熟读自省，改过自新。开皇初期的良臣杨尚希、韦师等亦重视《孝经》。杨尚希青年时就在太学钻研《孝经》。韦师初读《孝经》后亦感叹，名教之极，其在兹乎！意思是说，纲常名教的精髓皆在《孝经》。① 《孝经》为代表的儒家经典在文帝君臣心中的地位可见一斑。当时的士大夫也以修习儒学为本。如鸿胪卿李雄的家族即世代修习儒学，对李雄不钻研儒学而练习骑射不以为然，认为他不务正业，不从事"士大夫之素业"。② 窦威（唐高祖窦皇后的堂叔，武德年间任内史令）、杨玄感、李密等人，年轻时也师从当时的大儒徐文远学习先王之道。③

　　隋文帝、隋炀帝父子在位时始终受信任的重臣及被《隋书》誉为"大雅君子"的牛弘，更是笃好古代典籍，并劝文帝尊崇儒学。牛弘在文帝时曾任秘书监、礼部尚书、吏部尚书等职，授大将军、上大将军。开皇初年，担任秘书监的他鉴于孔子开素王之业、修订先王典籍以后的1000年中，古代典籍先后遭遇秦始皇焚书、王莽末长安之乱、东汉献帝时自洛阳迁都及长安之乱、西晋永嘉之乱、萧绎江陵焚书等五次浩劫，迄今不能恢复；又鉴于古来圣王治国理政，均以诗书为教、因

---

① 《资治通鉴》卷第一百七十五，"陈宣帝太建十三年"条；《隋书》卷四十一，《苏威传》；《资治通鉴》卷第一百七十八，"隋文帝开皇十二年"条；《隋书》卷三十八，《郑译传》；《隋书》卷四十六，《杨尚希传》；《隋书》卷四十六，《韦师传》；《旧唐书》卷六十二，《郑元璹传》。

② 《隋书》卷四十六，《李雄传》。

③ 《旧唐书》卷一百八十九上，《徐文远传》；《旧唐书》卷六十一，《窦威传》。

礼乐功成，因此援引陆贾"天下不可以马上治之"的话指出，"经邦立政，在于典谟矣"，建议文帝尊崇儒业、大弘文教，开民间献书之路，丰富朝廷经书典藏，光大向学重道之风。在其他奏疏中，他更是频繁援引《孝经》《礼记》等儒家经典，建议文帝推行教化，制定礼乐典章。①

很多案例能体现儒家思想对文帝大战略决策的深刻影响。开皇初年，文帝与上开府、潞州刺史柳昂之间的交流很有代表性。柳昂在北周武帝时就受重用，任大内史，位至开府，封文城郡公，当权用事，百官皆在其下。北周武帝去世后，他又受命辅佐北周宣帝。隋代北周后，柳昂加受上开府，封洛州刺史，备受文帝尊重。史载，柳昂当时见天下无事，可以劝学行礼，于是表奏说，帝王受命治理天下，要建学制礼，才能改变既往之风，成就惟新之俗。他分析说，自北魏衰没，西魏、东魏和北周、北齐相互征战，关西、山东久为战国之地，几个政权各逞权诈，追求武力，百姓赋役繁重，官府刑政严急，儒雅之道、经礼之制荒废，世道民心亦由此而坏。他认为，新王朝要移风易俗，就需对民众劝学行礼，以大道名教对之感化。②

柳昂的奏疏契合了新王朝在精神和价值体系上开创新气象的需求。因此，文帝看完奏疏后，大加赞赏，随即下诏劝学行礼。诏书内容与柳昂的奏议在精神上完全相合。劝学行礼诏指出，建国重道、尊主护民，首要是学和礼。自从拓跋魏衰亡，北周和北齐长期对峙抗衡，推崇权诈而鄙弃儒雅，重干戈而轻视俎豆，结果是百姓只知争，而不知德为何物。朝野皆追求机关算计，文吏则用法严峻苛刻，社会风气浮薄败坏。这期间，虽有信奉儒术的力量在，但彼众我寡，无法压住其势头。诏书强调礼学名教至关重要，"治国立身，非礼不可"，指出文帝登基后，消除华夷之乱，致力风俗教化，不仅以身作则，戒奢崇俭，轻徭薄赋，以宽弘为政，更要求各级官员宣扬政教风化，让百姓在劳

---

① 《隋书》卷四十九，《牛弘传》。
② 《隋书》卷四十七，《柳昂传》。

役之余与农闲之时学习经书礼义，修行大道至德。诏书下达后，天下各州县皆开始注重劝学行礼，并专门设置博士。① 联想到此后的开皇九年（589年），文帝平陈后，下诏要求百官澡身浴德、百姓家家自修，特别是劝勉将帅军人子弟和功臣之家学文守经，各地要教授生徒，"隆兹儒训"，足见文帝君臣持续以儒家治国教民的决心，也足见"自天子以至于庶人"都要接受儒学思想的熏陶。

开皇三年（583年），著名直臣、被文帝誉为"国之宝"的治书侍御史柳彧，发现文帝勤于听政、大权独揽，连琐碎小事也要百官奏请裁决，于是上疏谏言文帝放权于下。他援引《尚书·益稷》有关君臣分工原则及《论语》"天何言哉，四时行焉"的话，指出像尧舜这样的圣明之君，"不为丛脞"（不劳心于琐碎事务），而是用心求贤并发挥贤臣的积极性，放任他们处理政务（"劳于求贤，逸于任使"），这样就可以"垂拱无为，天下以治"。他又引《礼记》"天子穆穆，诸侯皇皇"的话，建议文帝效法尧舜，抓大放小，主抓经国大事，具体事务则授权群臣处理。如此一来，君臣各司其职，文帝不必太过劳心伤神，大臣亦能大胆作为。文帝阅后，大为赞赏。② 从这次互动中，更可看出儒家经典对文帝治国理政的实际影响。

从个性上看，文帝为人严肃持重，仪表威严，外在质朴而内在敏锐，喜欢令行禁止。③ 他厌恶浮华艳丽的文章奏表，要求公私文翰皆要朴实无华，为此纠治政坛文风、学风、社风之弊，恢复儒家圣学治道。开皇四年（684年），被文帝誉为"体国之臣"的李谔在担任治书侍御史时曾上疏说，五教六行为训民之本，《诗》《书》《礼》《易》为道义之门。然而，自曹魏太祖曹操、高祖曹丕、烈祖曹叡以来，治国者崇尚华美文辞，不看重治国大道，喜欢雕琢文字，自此遂成风气。世俗争相追求一韵一字的奇巧，朝廷也据此选任官吏。结果，王公子

---

① 《北史》卷六十七，《柳昂传》；《隋书》卷四十七，《柳昂传》。
② 《资治通鉴》卷第一百七十五，"长城公至德元年"条；《隋书》卷六十二，《柳彧传》。
③ 《隋书》卷二，《高祖纪下》；《资治通鉴》卷第一百八十，"隋文帝仁寿四年"条。

弟和平民孩童都热衷学习雕文琢字的小技巧，而不研究羲皇、舜和禹之文典，不学伊尹、傅说、周公、孔子之学说。人们以狂傲怪诞、放纵性情视作洒脱和功绩，将质朴儒者视为迂腐落伍之徒，将善辞赋者视为君子高人。这种抛弃圣人"轨模"、以无用为有用的做法，导致文笔繁冗、政道衰乱。李谔指出，虽然文帝下令禁绝轻浮艳丽文风，但不少偏远州县仍排斥仁孝之人，推崇工于辞赋者。他建议加大督察问责，彻底扭转 300 余年来朝野重文轻质之弊，加快恢复圣王"轨模"。文帝对此大为称道，下令将其奏疏颁示天下，① 以扭转当时的政坛文风、学风和社风之弊，推动恢复儒家学说在王朝意识形态中的地位。

　　在对外方面，儒家以德为先的理念也应用于王朝的战略决策。突出的事例是，开皇六年（586 年），吐谷浑新太子崺王诃因担心被其喜怒无常的父亲吕夸杀死，打算率部属 1.5 万户降隋，为此派使者拜见文帝，并请求隋朝派军接应。文帝认为，吐谷浑风俗人伦败坏，父亲不慈爱孩子，但这不代表儿子应该不孝。文帝强调，他治国的原则是以德化民，若接受崺王诃来降，就是违背隋朝治国原则，也是在助崺王诃犯恶逆之行。为此，文帝教导崺王诃使者称，父亲若有错，当儿子的应积极谏争，怎么可以暗自背叛父亲而落下不孝的名声。崺王诃虽有意降隋，但更需懂得做臣子和儿子的道理。为教给他这些道理，隋朝不会派兵接应，不会助他犯下不忠不孝的逆行。于是，崺王诃无奈作罢。② 从文帝言行可看出，他将忠臣孝子的儒家纲常道理实际应用于对吐谷浑的战略决策。

　　但文帝的精神世界里也有佛教等宗教的影子，有学者在一定场景下称其为"佛教治国"。③ 文帝出生于冯翊般若寺，由尼姑抚养长大，小名那罗延（佛经中的护法神，金刚力士或钩锁力士），对佛教有特殊

---

① 《资治通鉴》卷第一百七十六，"长城公至德二年"条；《隋书》卷六十六，《李谔传》。
② 《资治通鉴》卷第一百七十六，"长城公至德四年"条。
③ 韩昇：《隋文帝传》，北京：人民出版社，2015 年版，第 410 页。

感情,"乐闻钟声",称帝后亦有意作佛教护法,振兴佛教。① 如开皇元年(581年),文帝下诏听任百姓出家,并按人口出钱营造佛像、制作佛经。京师及并州、相州、洛州等各大都会,还要由官方抄写佛经并置于寺庙及宫廷秘阁。于是民间崇佛之风重新蔓延,佛书多于儒家《六经》数百倍。② 根据我国现存篇幅最大、最重要的佛教类书《法苑珠林》记载,开皇二年(582年),北周所废佛寺,文帝全部加以恢复。文帝在位整个时期,全国剃度僧尼23万人、兴立寺庙3792所、写经46藏132 086卷、造佛像106 580区。而整个隋朝37年,全国寺庙为3985所,剃度僧尼236 200人,译经82部。佛教在隋朝的发展,多数是文帝完成的。③

然而,透过现象看本质,文帝即位后,一反北周武帝灭佛的做法,大力推崇佛教,甚至延请法师为其本人和群臣授菩萨戒或八关斋戒,④ 更多是出于"君权神授"及争取民心的需要,借佛学为其以隋代周披上"天意"或"神意"的外衣,并寻求宗教界及其广大信徒的支持,而非直接以佛经指导治国理政,更称不上"佛教治国"。再如,开皇十四年(594年),喜好"诡怪之说"的著作郎王劭采集民谣,征引图书谶纬,摘抄佛经文字,穿凿附会撰成《皇隋灵感志》30卷。文帝大喜,下令将此书颁行天下,并放任王劭召集各州朝集使焚香诵读,十余日才把全书读完,借此进一步神化隋朝统治。到了晚年,文帝更是迷信佛道鬼神,认为佛法深妙、道教虚融,均慈济万民;岳镇海渎,

---

① 《隋书》卷一,《高祖纪上》;《北史》卷十一,《隋本纪上》;道宣撰,郭绍林点校:《续高僧传》卷第二十八,《感通篇下》,北京:中华书局,2014年版,第1083—1084页;《佛祖统纪》卷四十,《法运通塞志六》,载志磐撰,释道法校注:《佛祖统纪校注》(下),上海:上海古籍出版社,2012年版,第894—895页;姚潇鸫:《试述魏晋隋唐时期的"那罗延"信仰》,载《华东师范大学学报(哲学社会科学版)》,2017年第2期,第79、80、85页。

② 《资治通鉴》卷第一百七十五,"陈宣帝太建十三年"条;《隋书》卷三十五,《经籍志四》。

③ 道世编纂:《法苑珠林》卷一百,《传记篇·兴福部》,上海:上海古籍出版社,1991年版,出版说明及正文第696页;韩昇:《隋文帝传》,北京:人民出版社,2015年版,第405页。

④ 《佛祖统纪》卷四十,《法运通塞志六》,载志磐撰,释道法校注:《佛祖统纪校注》(下),上海:上海古籍出版社,1991年版,第895页。

生养万物，造福万民，因此在开皇二十年（600年）规定，有毁坏佛像及天尊、岳镇海渎等神像者，以不道罪论处；僧尼有毁佛像、道士有毁天尊像者，以恶逆罪论处。佛教对文帝还有精神安慰作用，如仁寿二年（602年）独孤皇后去世，文帝悲不自胜。王劭趁机上疏称，独孤皇后圣德仁慈，依据佛经秘记是妙善菩萨转世。他称，独孤皇后去世是应运生天和生无量寿国，天佛会大放光明和以香花妓乐接她升天去极乐世界。文帝见此奏疏后既悲又喜。文帝时的名相高颎也常斋居诵读佛经，但只是退朝后才这么做，并非以佛经指导施政。①

需要指出的是，文帝本人对儒学造诣不深，影响了他对儒家推崇的圣王之道的贯彻。文帝在位之初，认为法网过于严密，因此百姓触犯律法者多，为此令重臣苏威、牛弘等删订律令，使法网简要，疏而不失，并继续设置律学博士及弟子生员。开皇十六年（596年），他还下诏要求判决死罪者，有关部门要呈奏三次才能行刑，体现了慎刑的思想。② 然而，文帝性情猜忌多疑，不喜读书学习，因此他发挥熟悉法律条文的优势，推崇刑名，以严明苛察驾驭群臣，经常派左右近臣窥探百官言行，对有过失的官员治以重罪，还常"钓鱼执法"，派人贿赂令史，接受贿赂者辄遭斩杀。此外，文帝屡次在朝堂杖打甚至诛杀官员，一天内被杖打的官员有时达四人之多。后因大臣劝谏，文帝在朝堂撤去杖具，但不久改为鞭打。被杖杀或以鞭打致死的官员不在少数。③ 他为督促下级服从上级，在开皇十七年（597年）规定部门主官可对犯罪属官在法律外斟酌使用杖刑，于是各级部门乱用杖刑，以残酷暴虐为能。文帝又曾规定偷窃一文钱者处死，有三人共偷一瓜结果

---

① 《资治通鉴》卷第一百七十八，"隋文帝开皇十四年"条；《资治通鉴》卷第一百七十九，"隋文帝开皇二十年"条；《隋书》卷二，《高祖纪下》；《隋书》卷六十九，《王劭传》；《隋书》卷四十一，《高颎传》；韩昇：《隋文帝传》，北京：人民出版社，2015年版，第401—412页。另，感谢太原理工大学艺术学院副教授许栋对作者的指教。

② 《资治通鉴》卷第一百七十五，"长城公至德元年"条；《资治通鉴》卷第一百七十八，"隋文帝开皇十六年"条。

③ 《资治通鉴》卷第一百七十七，"隋文帝开皇十年"条；《隋书》卷二十五，《刑法志》。

全遭处死，于是天下人心惶惶，此令不得不废除。晚年的文帝更加喜怒无常，用法日趋严酷，常不依法律条文量刑，动辄以微小过错处死官员和百姓，有一次居然打算以隐匿牧马（2万多匹）罪处死太仆卿及监牧官员1000余人。幸有执法公平宽恕的大理寺少卿赵绰、大理寺卿薛冑（后为刑部尚书）及直臣柳彧等人劝阻，文帝凭喜怒乱用刑罚的现象才有所收敛。[1]

激进性战略时期：空有建学之名，而无弘道之实[2]

史载，隋炀帝容貌英俊，举止优美，且聪慧机敏。更难得的是，他深沉稳重，喜欢学习，善于撰文，并且数次参与王朝的重大军事行动，在诸兄弟中颇有贤能之名。开皇九年（589年），隋灭陈之战中，时为晋王、年仅20岁的杨广就担任行军元帅，统率行军总管90名、大军51.8万，在名臣高颎等人辅佐下灭掉陈朝。灭陈之后，他下令处斩施文庆等陈朝五大奸臣，收取陈朝地图、户籍，封存府库，对财物一无所取。他也曾参与反击突厥之战。开皇二十年（600年），西突厥达头可汗（玷厥）进犯隋朝边塞，杨广即担任行军元帅，与名将杨素等领军将其击败。[3] 然而，史书称他"尤自矫饰"，当晋王时就善于政治伪装和自我掩饰，言行不一、内外迥异。一方面，他对朝中官员乃至文帝及独孤皇后身边的奴婢仆人都极其谦卑，倾心结交，另一方面，假装仁孝，针对文帝夫妇喜欢节俭、厌恶奢靡的特点，故意在他们驾临晋王府时摆出断弦蒙尘的乐器，使用朴素屏帐及老丑侍妾，装成不好声色的样子，骗取他们的欢心。开皇二十年（600年），杨广终于成

---

[1] 《资治通鉴》卷第一百七十八，"隋文帝开皇十七年"条；《隋书》卷五十六，《薛冑传》；《隋书》卷六十二，《赵绰传》。

[2] 《隋书》卷七十五，《儒林传》；《隋书》卷二，《高祖纪下》。

[3] 《隋书》卷三，《炀帝纪上》；《资治通鉴》卷第一百七十七，"长城公祯明二年"条、"隋文帝开皇九年"条；《资治通鉴》卷第一百七十九，"隋文帝开皇二十年"条。

功取代兄长杨勇，成为新太子。① 当了皇帝以后，炀帝每次上朝都态度严肃，仪表庄重，讲话及颁布诏令都言辞不俗。但实则"内存声色"，在东西两都及外出巡游时，常让和尚尼姑及男女道士随行，称为"四道场"。退朝后，还常令佛家和道家出家人、文帝妃嫔及自己的宠妃、其他贵族等举行宫廷宴会，醉酒后无所不为，污秽不堪，与上朝时的严肃庄重判若云泥。②

炀帝又像西楚霸王项羽一样吝惜官爵名位和物质赏赐，且数次言而无信。早在大业二年（606年），他就规定百官不得按正常考核制度晋升，必须有突出德行和功劳才可提拔。对应升职的官员，炀帝也大多是让其兼职或暂代新职，哪怕有职务空缺，也阙而不补。炀帝还常不守诺言，如大业十一年（615年）遭遇突厥始毕可汗雁门之围时，他鼓励将士拼死杀敌，答应重赏他们并停止征讨高丽。但雁门之围解除后，他却后悔答应给将士们的赏赐太重，不肯全部兑现承诺，且继续下令百官商讨攻高丽，令天下大失所望。③

炀帝善于矫饰的特点，还体现在他生活穷奢极欲，治国理政好大喜功、暴虐无道等方面，但发布的诏书却丝毫看不出相关迹象。相反，诏书中言必称仁义道德，言必谈节用爱民，满纸是儒家经典词句。如，仁寿四年（604年），炀帝刚即位时，在有关营建东京洛阳的诏书中就大量引用《易经》《左传》《论语》《尚书》的话，标榜自己"非天下以奉一人，乃一人以主天下"。引用《易经》"通其变，使民不倦""变则通，通则久""有德则可久，有功则可大"，鼓吹自己营建东京是因人顺天道而变。引用《左传》"俭，德之共；侈，恶之大"、《尚书》"民惟国本，本固邦宁"、《论语》"与其不逊也，宁俭""百姓足，（君）孰与不足"等语，规定有关部门营建东京宫室时务必节俭，

---

① 《隋书》卷三，《炀帝纪上》；《资治通鉴》卷第一百七十九，"隋文帝开皇二十年"条。
② 《资治通鉴》卷第一百八十一，"隋炀帝大业六年"条。
③ 《资治通鉴》卷第一百八十，"隋炀帝大业二年"条；《资治通鉴》卷第一百八十二，"隋炀帝大业十一年"条。

不搞"雕墙峻宇"（彩绘宫墙和高大华美屋室），而要向《论语》中孔子所说的大禹"卑宫菲食"（住矮房，吃粗食）看齐，以爱民、修德、敬天而流名后世，① 体现他施政之初对儒家政治理想和治国之道的追求。但实际上，营建东京每月征调壮丁达 200 万人，又四处寻求奇材异石、嘉木异草和珍禽异兽，运到洛阳。② 这种劳民伤财、搅动天下的做法与儒家以德治国、节用爱民的原则完全背道而驰。大业元年（605年），他在遣使巡视各地风俗、宣扬教化的诏令中又说："昔者哲王之治天下也，其在爱民乎。既富而教，家给人足，故能风淳俗厚，远至迩安。……布政惟始，宜存宽大。"③ 这表明，他表面推崇儒家有关古代圣王的治天下之道，重视富民、爱民和教民，并为此显示宽大之政姿态，通过表彰孝悌力田、义夫节妇及赈济鳏寡孤独等方式教化民众。

儒家经典亦为炀帝大臣所谙熟。大业十二年（616 年），时任纳言的老臣苏威就以《尚书》劝谏炀帝改弦更张，停止进攻高丽，专心安抚王朝内部。当时，天下造反的人越来越多，而炀帝执迷于四征高丽。端午节时，百官多向炀帝进献珍玩，唯独苏威进献《尚书》，希望皇帝以民为本、国泰民安。但有人诋毁苏威，说《尚书》有《五子之歌》，抨击苏威献《尚书》是以"太康失德"暗讽炀帝。④ 从这里可以看出，隋朝君臣对《尚书》是极熟悉的，对其在治国理政中的指导作用也很重视。只可惜，炀帝不能真正践行《尚书》有关治国理政的原则。

炀帝时备受重用的文臣武将亦深受儒家经典熏陶。如都水少监苏世长少年时代即熟读《孝经》《论语》，并认为《孝经》对治国理政的启示是"为国者不敢侮于鳏寡"，而《论语》的要旨是"为政以德"。北周武帝对其高论非常欣赏。率领突厥之兵平定契丹的诤臣韦云起年少时，亦师从太学博士王颇研习经学，开皇年间以明经入仕。⑤ 右翊卫

---

① 《隋书》卷三，《炀帝纪上》。
② 《资治通鉴》卷第一百八十，"隋炀帝大业元年"条。
③ 《隋书》卷三，《炀帝纪上》。
④ 《资治通鉴》卷第一百八十三，"隋炀帝大业十二年"条。
⑤ 《旧唐书》卷七十五，《苏世长传》《韦云起传》。

大将军于仲文、来护儿等人亦研读儒家经典。于仲文天资聪颖，自幼好读书，年少时师从博士李祥研读《周易》《三礼》，能略通其大义，当时号为"明公子"。来护儿亦曾读《诗经》，受书中"击鼓其镗，踊跃用兵""羔裘豹饰，孔武有力"启发，立下从军报国的壮志。①

《隋书》对炀帝即位后推崇儒学、大兴学校的贡献也予以承认，但认为他对儒学发展及儒家理想的政治实践在本质上害多利少。史书指出，文帝晚年不喜儒术而好刑名，于仁寿元年（601年）废太学、四门学及各州县学校，仅留国子学（后改为太学）。炀帝即位后，恢复兴办各类学校，国子学及郡县之学皆比开皇初期要兴盛。炀帝又广征儒生至洛阳论道，令儒林一时有复兴气象。在大业元年（605年）七月颁发的诏书中，炀帝阐发了他敦奖名教的意图。他称，君民建国，教学为先。西晋天下大乱几百年来，学校时建时废，不学无术者当道，国家政治、社会及精神秩序大乱，正道衰落。现在，天下平定、国家统一，四海人才辈出，正是弘扬圣王之训、尊师重道、敦奖名教的宝贵时机。因此，诏书称，若有致力钻研三坟五典且精通经术而足以经世致用者，可破格任用。对不愿入仕的儒士，则根据不同标准给予俸禄，以鼓励天下人进德修业，尊崇名教。②炀帝对孔子表面上更是非常推崇。大业四年（608年），他在封孔子后裔为绍圣侯的诏书中称"先师尼父，圣德在躬，诞发天纵之姿，宪章文武之道。命世膺期，蕴兹素王"，③大意是孔子之德至高无上，天赋智慧超群，推崇并弘扬周文王、武王治国之道。承受天命，才诞生这样的伟大人物。可以说，炀帝使用了对帝王评价的语言来尊崇孔子。然而，炀帝后来频繁外事四夷，酿成天下大乱，大量儒生弃尸沟壑，儒家经籍湮没。世人于乱世中只知争权夺利，将《诗》《书》之言及仁义道德抛诸脑后。因此，

---

① 《隋书》卷六十，《于仲文传》；《隋书》卷六十四，《来护儿传》。
② 《隋书》卷七十五，《儒林传》；《隋书》卷二，《高祖纪下》；《资治通鉴》卷第一百七十九，"隋文帝仁寿元年"条。
③ 《隋书》卷三，《炀帝纪上》。

史书评论说，炀帝对儒学空有表面推崇的功夫，实则祸害巨大，"空有建学之名，而无弘道之实"。①

在对外方面，炀帝与他标榜效法的古代圣王的治国之道的轨迹也很不相同。如大业三年（607）年，吏部侍郎裴矩撰成有关西域44国山川风俗及服饰等情况的《西域图记》及西域地图，入朝呈奏炀帝，并且说："以国家威德，将士骁雄，泛濛汜而越昆仑，易如反掌"，建议炀帝遣使招抚西域诸蕃，进而联合他们灭掉突厥和吐谷浑，最后使戎狄、华夏融为一体。炀帝听后大悦，厚赏裴矩，并且每天与之商讨经略西域之事。在裴矩鼓动下，炀帝"慨然慕秦皇、汉武之功"，愈加有意开通西域。炀帝好大喜功，还表现在大业三年（607年）出塞接见启民可汗时的一系列行为。他有意效法汉武帝元封元年（前110年）"出长城，北登单于台……勒兵十八万骑，旌旗径千余里，威震匈奴"的故事，一度打算把随行军队摆成千里相连的一字长蛇阵。接见启民可汗后，他又赋诗"呼韩顿颡至，屠耆接踵来，何如汉天子，空上单于台"，嘲笑汉武帝当年登上单于台却见不到匈奴单于，而自己出塞能接受启民可汗及突厥王公贵族朝拜。②

由于假意标榜圣王之道，炀帝很快就滑向激进性战略，特别是对刑罚的过度使用。事实上，炀帝即位之初，鉴于文帝晚年用法严峻、百姓不堪其扰，于是令吏部尚书牛弘等人修改律令。大业三年（607年），新律令修订完成并颁布实施，此即大业律。大业律总体比此前的律令宽松，因此得到欢迎。然而，好景不长，炀帝对外穷兵黩武，对内穷奢极欲，赋税劳役越来越重。官员们为完成差事，常常任意胁迫百姓，引发百姓反抗。结果是，炀帝马上改行严刑峻法，规定犯偷盗罪以上者，无论罪过轻重，皆可直接处死。此后，为镇压各地起义，更是放纵官员随意杀戮。如大业九年（613年），平定杨玄感之乱后，

---

① 《隋书》卷七十五，《儒林传》。
② 《资治通鉴》卷第一百八十，"隋炀帝大业三年"条；《汉书》卷六，《武帝纪》；《资治通鉴》卷第二十，"汉武帝元封元年"条。

炀帝令大理卿郑善果、御史大夫裴蕴、刑部侍郎骨仪和东都留守樊子盖处理杨玄感党羽案，结果3万多人被处死、6000多人流放。对此前在东都接受过杨玄感开仓赈济的百姓，也一律坑杀。对前兵部侍郎斛斯政等参与反叛或投敌的官员，不仅把他们残忍处死，有时还让百官分食其肉。① 炀帝也只知以刑法镇压行事，不顾百姓死活。大业末年，百姓贫困饥馑，出现大量人吃人现象，而官府粮食物资堆积如山甚至白白腐烂。各地官员畏惧炀帝严刑峻法，因此不敢开仓赈灾，坐视百姓活活饿死。②

　　从上述分析中，可以发现，炀帝口头宣称的大战略取向与其实际的战略行为是非常不一致的。正如贞观二年（628年），魏征与唐太宗在谈论《隋炀帝集》读后感时指出的，君主即使是圣哲，也需虚心吸纳别人意见，让智者献谋、勇者献力。隋炀帝虽是俊才，但恃才傲物，刚愎自用，所以"口诵尧、舜之言而身为桀、纣之行"。唐玄宗开元元年（713年），晋陵尉杨相如也指出，隋炀帝自恃强大，无道妄为，冠冕堂皇的制书敕令一个接一个，好像要推行先王治国之道，但实则"声实舛谬"（言行迥异），一针见血指出炀帝"言同尧、舜，迹如桀、纣"，最后丢掉整个天下。③

---

　　① 《隋书》卷二十五，《刑法志》；《资治通鉴》卷第一百八十，"隋炀帝大业三年"条；《资治通鉴》卷第一百八十二，"隋炀帝大业九年"条、"隋炀帝大业十年"条。
　　② 《资治通鉴》卷第一百八十三，"隋炀帝大业十二年"条、"隋恭帝义宁元年"条。
　　③ 《资治通鉴》卷第二百一十，"唐玄宗开元元年"条。

唐朝决策者：王道为最，而行之为难①

富庶而强大的隋朝仅两代而亡，留下深刻的教训。唐高祖、唐太宗及唐初诸多大臣，均见证隋炀帝恃强而亡的悲剧。他们在新的大战略实践中，以隋为镜、以古为鉴，把握国家治乱兴衰规律，体会"人能弘道，非道弘人"精义，将心中的圣王之道知行合一，发扬光大。

收缩性战略时期：所好者，唯尧舜周孔之道

中国古代政治文明在隋唐步入巅峰，这与当时丰富多彩、充满活力和富于理性的政治精神有关，②也与统治者个性相关。唐高祖和太宗父子都有汉高祖刘邦那样的长者个性。史载，高祖待人宽厚大度，人们乐于归附。即位后，高祖每次上朝理政，都自称名字，并常拉着德高望重的贵臣同榻而坐，俨然光武帝之于严子陵。武德五年（622年），割据江淮的起义军首领杜伏威归顺后，高祖也请他同坐御榻，以

---

① 《旧唐书》卷七十三，《令狐德棻传》。
② 张分田、张鸿、商爱玲主编：《中国政治思想通史·隋唐卷》，北京：中国人民大学出版社，2014年版，导言第1页。

收其心。高祖的容忍度之高，还体现在先后领着突厥使臣骨咄禄特勤、夹毕特勤阿史那思摩（颉利可汗叔父）坐其御榻，以结好东突厥。太宗亦见识和度量过人，且聪睿勇武，敢于决断，刘文静评价年轻时的李世民时就说他豁达如汉高祖刘邦、神武如魏武帝曹操。① 太宗的军事才能和战略运筹能力尤为突出。晋阳起兵后，他数次独当一面，讨伐薛举、薛仁杲父子，荡平刘武周与宋金刚，力克窦建德、王世充，镇压刘黑闼，并多次与突厥进行政治和军事交锋，为高祖扫除群雄、巩固江山立下卓越功勋，如魏征所说"功盖天下"。② 在这方面，隋炀帝就相形见绌。晋王时期的杨广虽曾以统帅之名领兵灭陈，但没有像李世民那样独立运筹和冲锋陷阵，而是依赖高颎、杨素、贺若弼、韩擒虎等文武名臣在前线统筹谋划或冲锋陷阵。

高祖和太宗，还积极确立儒家在王朝意识形态领域的主导地位。隋朝末年，天下大乱，大量儒生死于乱世，许多经籍毁于战火。世人于乱世中争权夺利，将《诗》《书》之言及仁义道德抛诸脑后。③ 与此不同的是，根《旧唐书》记载，李渊自太原起兵并取得关中后，"虽得之马上，颇好儒臣"。窦皇后叔父窦威，曾受业于大儒徐文远，外号"书痴"，熟悉朝章国典，为新王朝裁定制度，被高祖誉为"今之叔孙通"、任为内史令，位至宰相。④ 即皇帝位之前，李渊就初令国子学、太学、四门等置生员共340余人，分别招取朝廷三品、五品、七品以上官员子弟入学；于上中下各郡分别置生员60、50、40人，上中下各县分别置生员40、30、20人。武德元年（618年），又诏令在秘书外省另立小学，以教授皇族子孙及功臣子弟。⑤ 武德二年（619年），下

---

① 《资治通鉴》卷第一百八十二，"隋炀帝大业九年"条；《资治通鉴》卷第一百八十三，"隋恭帝义宁元年"条；《资治通鉴》卷第一百八十五，"唐高祖武德元年"条；《资治通鉴》卷第一百九十，"唐高祖武德五年"条；《资治通鉴》卷第一百九十一，"唐高祖武德七年"条。
② 《资治通鉴》卷第一百九十，"唐高祖武德五年"条。
③ 《隋书》卷七十五，《儒林传》。
④ 《新唐书》卷九十五，《窦威传》；《旧唐书》卷一百八十九上，《徐文远传》。
⑤ 《旧唐书》卷一百八十九上，《儒学列传上》；《新唐书》卷一百九十八，《儒学列传上》；《新唐书》卷十五，《礼乐志五》；《资治通鉴》卷第一百八十五，"唐高祖武德元年"条。

诏于国子学内修建周公庙和孔子庙，以示"兴化崇儒"。武德七年（624年）二月，诏令各州官府将本地通晓一经以上而未入仕者姓名上报朝廷，各州县乡均设学校。同月所发《兴学敕》表示，自古为政以兴学为先。兴学重点是让学习者具备仁、义、礼、智、信等五种素质。他强调敦本息末，"崇尚儒宗"，改变当时佛教"灵宇相望"而儒家"辟雍顿废"的局面，以儒家经典启蒙学生后辈，践行先王典训。他又亲临国子监，以周公为先圣、孔子配享，祭拜儒家先圣先师。① 唐朝时期，学校教育也以儒家经典为主，使用《周易》《尚书》《周礼》《仪礼》《礼记》《毛诗》《春秋左传》《春秋公羊传》《春秋谷梁传》等经书。《孝经》《论语》及《老子》则为兼修书目。②

"太宗即位，益崇儒术。"③ 早在武德四年（621年），李世民因平定窦建德和王世充而被封为天策上将后，就钟情儒学，"锐意经籍"，在秦王府设文学馆，广招四方文学之士，储备人才，杜如晦、房玄龄、于志宁、虞世南、褚亮、姚思廉、苏世长、薛收、陆德明、孔颖达、许敬宗等18人皆在列，号称"十八学士"。李世民虚心学习，常与学士们讨论三坟五典等三皇五帝之书及儒家经义，探寻古代王朝兴替之理至深夜。太宗即位后，又设弘文馆，虞世南、褚亮、姚思廉等文儒之士继续入馆。太宗临朝听政之余，常将他们引入内殿，讲论经义，商讨政事。太宗还多次到国子学视察，听祭酒、博士讲论经义。贞观二年（628年），房玄龄和博士朱子奢认为周公、孔子皆为圣人，但隋炀帝大业以前，皆以孔子为先圣、颜回为先师，建议恢复此传统。太

---

① 《唐大诏令集》卷一百五，《兴学敕》；《资治通鉴》卷第一百九十，"唐高祖武德七年"条；《旧唐书》卷一百八十九上，《儒学列传上》；范晶晶：《唐代的释奠礼》，载《光明日报》，2010年12月6日，第12版；《新唐书》卷十五，《礼乐志五》。

② 经书之中，又分大经、中经、小经。其中，《礼记》《春秋左传》为大经，学习二经的年限分别为三年。《诗经》《周礼》《仪礼》为中经，学习每部经书的年限分别为二年。《周易》《尚书》《春秋公羊传》《春秋谷梁传》为小经，各经学习年限分别为一年。《孝经》《论语》学习时间共一年。参见《新唐书》卷四十四，《选举志二》；《大唐六典》卷二十一，《国子监》；范文澜：《中国通史简编》（修订本第三编第一册），北京：人民出版社，1965年版，第99页；牛致功：《唐高祖传》，北京：人民出版社，2016年版，第119—220页。

③ 《新唐书》卷十五，《礼乐志五》。

宗于是建孔子庙于国子学，罢周公，升孔子为先圣，以颜回为先师配享。贞观四年（630年），太宗又诏令各州县学建孔子庙。国子学学生精通一大经（《礼记》或《春秋左传》）以上者，都可得到政治任用。国子学生员不久扩充至3260人规模。太宗还安排国子学博士给玄武门屯营飞骑传授儒家经书。飞骑能通经书者，也可参加贡举，获得做官机会。在太宗大力推崇儒学背景下，四方儒士云集长安。高丽、百济、新罗以及高昌等周边政权也纷纷派王公贵族子弟赴唐朝国子学求学。国子学内的学员一度达8000余人，史称"儒学之盛，古昔未之有也"。①

儒家的思想还实实在在影响着高祖与太宗治国理政。高祖曾对亲信重臣裴寂说，他"平乱责武臣，守成责儒臣"。② 在具体方面，高祖对孙伏伽进谏的态度尤为典型。武德元年（618年），万年县法曹、后来成为中国史上首位科举状元的孙伏伽上书"言三事"。他大量引用《孝经》《尚书》《论语》《诗经》等儒家经典文字指出，隋朝失天下是因为隋炀帝自谓功盖五帝三王，故而穷奢极欲，拒绝受谏，不能开言路、任贤能、师古训。他提醒高祖"勿以唐得天下之易，不知隋失之不难也"，应广开言路，节制欲望，远离佞臣，不要像隋炀帝那样穷奢极欲。他批评高祖刚即位就接受臣下所献鹞雏、琵琶、弓矢等玩物并赏赐相关臣子，又建议废"百戏散乐"、为皇太子及诸王慎选僚友。高祖对此大为赞赏，专门下诏指出，秦朝以不闻其过而亡。至北周、隋朝末期，忠臣结舌，一言丧邦，深以为戒。他认为，孙伏伽敢于直指他的过失，是正直诚信之臣。因此，将孙伏伽从不入流的小吏破格提拔为治书侍御史并赐布帛300匹。此后，孙伏伽鉴于当时战事繁多、赋敛繁重，屡次奏请裁减赋税，高祖也都加以采纳。孙伏伽的建言与当时社会需要休养生息的需求贴合，对高祖反隋炀帝之道而行、采取

---

① 《旧唐书》卷二，《太宗本纪上》；《新唐书》卷十五，《礼乐志五》；《旧唐书》卷一百二，《褚亮传》；《旧唐书》卷一百八十九上，《儒学列传上》。

② 《新唐书》卷一百三，《孙伏伽传》。

为政以静的治国方针起到了积极推动作用。①

在治国理政实践中，太宗对儒家思想的推崇更是溢于言表。他认为，儒家主张的圣王之道攸关生死，一刻都不能缺失。贞观二年（628年），他曾说，"朕所好者，唯尧舜周孔之道"，强调尧舜周孔之道于他本人，就像翅膀之于飞鸟、水之于游鱼，片刻不能缺失，否则就意味着死亡。②太宗君臣在议论前朝政治得失时，也常以儒家主张的圣王之道为评判标准。贞观元年（627年）六月，太宗与侍臣们讨论周、秦两朝的成败得失。太子少师、尚书左仆射萧瑀认为，商纣王无道，因此周武王征讨之。周朝及六国无罪，秦始皇却灭掉它们。周、秦得天下手段虽同，但人心向背不同。秦朝没有赢得天下归心。太宗认为这样的看法不错，但只是"知其一，不知其二"。他认为，周朝取得天下后，更加注意修行仁义。秦朝获得天下后，却愈加崇拜诈力。这才是周朝享国持久、秦朝速亡的原因。因此，取天下或许可以使用暴力，但守天下却须用文德。③崇尚"诈力"而速亡的秦朝，在太宗君臣眼里成为反面教材。以文德守天下的周朝，则是推崇的榜样。这也反映出，太宗追求的是以文德仁政守天下、治天下的儒家圣王之道，且对此道有深刻见解。贞观二年（628年），太宗与黄门侍郎王珪讨论古今治国优劣的根源。王珪指出，近代君臣治国不及前古，是由于近世的几个王朝只知压榨百姓以满足自己欲望，所用大臣也均非经术之士。此外，这些王朝还重武轻儒，或杂以法律，因此儒行有亏，淳厚之风大坏。相反，古代帝王治国理政，崇尚清静，以百姓心为心。"汉家宰相，无不精通一经"，遇到重大棘手政事"皆引经决定"，因此人们懂得奉行礼教，国家治理达到太平境界。太宗对此深表赞同。自此以后，

---

① 《新唐书》卷一百三,《孙伏伽传》;《旧唐书》卷九十五,《孙伏伽传》;《孙伏伽》, http://www.dezhou.gov.cn/n19182539/n19182546/n19182645/c29051524/content.html。
② 《资治通鉴》卷第一百九十二,"唐太宗贞观二年"条。
③ 《资治通鉴》卷第一百九十二,"唐太宗贞观元年"条。

百官中有学业优长且识政体者，多被晋升。①

　　武德九年（626年）年底，太宗担忧官员多有贪污受贿者，于是秘密安排人员试探官员。有官员被"钓鱼执法"，收绢帛一匹，太宗打算将其处死。民部尚书裴矩引用孔子"道之以德，齐之以礼"的名言劝谏说，这种"钓鱼执法"，不符合以道德加以引导、以礼制加以教化的箴言，反对因此处罚官员。太宗大悦，专门召集五品以上官员，夸奖裴矩当面进谏的做法。②贞观元年（627年），太宗与近臣讨论西域胡商剖肉藏珠的故事。他认为，官员贪赃犯法而受惩处、帝王骄奢淫逸致国家灭亡，与胡商割开自己的肉将宝珠藏在身体里，不是同样可笑吗？魏征则引用《孔子家语》里鲁哀公与孔子讨论"徙宅忘妻"的事说，还有比这些更荒诞之事。当年鲁哀公说，有人记性差，搬家居然忘记带妻子。孔子说，有人记性更差，夏桀、商纣贵为天子，却不顾圣祖之法，只知荒淫无道，最后国破身亡，这不等于把自己都忘了吗？太宗为此感叹，希望与诸位大臣合力治理好国家，以免像桀纣那样被后人耻笑。③贞观二年（628年），太宗与魏征讨论君主明暗的原因。魏征引用尧舜的例子，称只有兼听才能明，善于听取各方意见，才能下情上达，显示他们对尧舜的推崇。④

　　太宗也明确批判商鞅、韩非子等法家人物，反对严刑峻法。《魏郑公谏录》记载，太宗认为，周孔儒教无法践行于乱世，商韩刑法则是清平时代的"秕政"。双方道不同，不可一概而论、不加区别。魏征也指出，商鞅、韩非、申不害等，因为战国纵横、间谍交错、祸乱易起、谲诈难防，所以实行深法峻刑以遏其患。他们那一套做法可以"权救于当时"，却非"致化之通轨"。可见，太宗君臣明确否定商鞅、韩非子等法家人物，认为商韩刑法对治国理政弊大于利，不是善政，更非

---

　　①《贞观政要·政体》。《旧唐书》的儒学列传序言直接使用了王珪的这段话，参见《旧唐书》卷一百八十九上，《儒学列传上》。
　　②《资治通鉴》卷第一百九十二，"唐高祖武德九年"条。
　　③《资治通鉴》卷第一百九十二，"唐太宗贞观元年"条；《孔子家语·贤君》。
　　④《资治通鉴》卷第一百九十二，"唐太宗贞观二年"条。

正道。① 在具体实践中，太宗更是反对严刑峻法。贞观元年（627年），太宗与群臣讨论"止盗"问题。有官员主张用重法禁之。太宗讥笑这种看法，认为盗贼出现，是由于赋役繁重、官吏贪污苛求，百姓饥寒交迫而被迫当盗贼。因此，杜绝盗贼要从根源上下功夫，皇帝要避免奢侈浪费，同时轻徭薄赋，选用廉吏，让百姓衣食无忧。②

对于佛道二教，高祖和太宗的态度是微妙的。武德七年（624年），高祖曾命道士至高丽，为其王高建武及国人讲授《老子》。高丽听众每日达数千人。③ 这表明高祖对《老子》的推崇，并使其在处理对外关系中发挥重要作用。另根据唐代释道宣所撰《释慧乘传》，武德八年（625年），高祖下诏制定"老先、次孔、末后释宗"的"三教位次"，即让道教居首位、儒教居次席、佛教居第三，但新旧《唐书》及《资治通鉴》等史书并无相关记载。根据当代学者分析，上述有关高祖下诏确立"三教位次"的记载不符合历史事实，而是释道宣的"加工创作"。它反映了唐初佛道二教围绕"道先佛后""道士位于僧前"等展开的激烈论争。在护教情感驱使下，《释慧乘传》的记载带有强烈主观色彩，对很多事件的描述存在严重失真。④ 事实上，高祖颇为反感僧人、道士逃避赋税徭役。武德九年（626年），他曾下诏淘汰僧尼道士，规定除京城保留三所寺院和两所道观、各州保留一所寺院和一所道观外，其余寺庙道观全部关停，试图从全国十余万僧尼中解放生产力。当然，这一诏令在玄武门之变后被废除。⑤ 但太宗对寺庙的态度也类似。武德四年（621年），李世民打败王世充、进洛阳后，就废除城中诸佛寺，除保留有名望德行的僧尼各30人外，其余勒令还

---

① 《魏郑公谏录》卷三，《对周孔儒教商韩刑法》。
② 《资治通鉴》卷第一百九十二，"唐高祖武德九年"条。
③ 《旧唐书》卷一百九十九上，《高丽传》；《新唐书》卷二百二十，《高丽传》。
④ 王娜、郭武：《唐武德年间"三教位次"考辨——兼论其出现的历史语境与宗教情感》，载《宗教学研究》，2021年第3期，第251—256页。
⑤ 《资治通鉴》卷第一百八十七，"唐高祖武德二年"条；《资治通鉴》卷第一百九十，"唐高祖武德七年"条；《资治通鉴》卷第一百九十一，"唐高祖武德九年"条；《旧唐书》卷七十九，《傅奕传》。

俗。① 贞观二年（628年），太宗也曾说，南朝梁武帝、简文帝父子崇尚浮华，喜好佛教、道教，不把军国典章放心上。结果，二人被叛将侯景幽逼而死。继位的梁元帝不久被西魏大军围困，却还煞有介事地给百官讲《老子》，结果难逃城陷被杀的命运。他指出，迷信宗教而不顾治国理政的教训足为鉴戒，必须时刻奉行"尧、舜之道，周、孔之教"。② 当然，政治上避免因佞佛、道二教而扰乱治国理政，不意味着高祖和太宗反对佛教和道教。在政治实践中，《老子》也不等于道教，其蕴含的大战略思想对太宗运筹对外关系也发挥了启迪作用。

太宗即位初，面对颉利可汗率领的十余万大军兵临长安城下，他没有接受诸位将领争相求战的要求，而是选择战略忍耐，与突厥结成渭水便桥之盟。事后，他对大臣萧瑀说，突厥军队众多却军容不整，君臣贪恋财物而不团结。他本可以趁突厥达官们谒见时将他们灌醉并擒获，然后一举攻灭其部众，同时命长孙无忌、李靖伏兵豳州，断其退路。唐军前后夹击，消灭突厥来犯大军易如反掌。然而，他之所以不与突厥交战而是"静以抚之"，是因为"即位日浅，国家未安，百姓未富"，一旦双方大战，损失都会很大，而且与之结怨后，突厥会惧而整军备战，更难对付。因此，不如"卷甲韬戈，啖以金帛"，突厥欲望满足后必然撤退，而且更加志骄意惰，不把唐朝放在眼里。唐朝可借此争取时间，养精蓄锐。他总结说，这正是（老子）"将欲取之，必固与之"原理的高妙之处。③ 由此可见，《老子》的大战略思想对太宗在早期确立对突厥战略方针时产生了影响。

---

① 《资治通鉴》卷第一百八十九，"唐高祖武德四年"条。
② 《资治通鉴》卷第一九十二，"唐太宗贞观二年"条;《贞观政要·慎所好》。
③ 《旧唐书》卷一百九十四上,《突厥列传上》;《资治通鉴》卷第一百九十一,"唐高祖武德九年"条;《老子第三十六章》。

进取性战略时期：日昃玩百篇，临灯披《五典》①

自贞观三年（629年）年末起，太宗时期的大战略转向积极。这一时期，儒家思想对大战略决策的影响愈发突出，进一步助推了贞观之治。在《贞观政要》所记的太宗在位23年间与45位大臣有关治国理政的对话中，② 就大量引用《周易》《尚书》《诗经》《论语》《礼记》《春秋》《孟子》等经典，以儒家思想为处理政务的遵循，特别是在确立与民休息的方针及讨论君道、政体、刑法、征伐和安边等问题时，频繁引用儒家经典。可以说，儒家思想在贞观之治过程中发挥了其他思想派别无法相比的作用。③ 在新旧《唐书》中也可发现，太宗时的众多名臣如房玄龄、虞世南、马周、魏征、王珪等也频繁引用《周易》《春秋》《尚书》《礼记》《诗经》等儒家典籍或孔子之言，言必称尧舜及禹汤文武之道，希望太宗将圣王之业发扬光大。其中，房玄龄的父亲房彦谦广泛涉猎《五经》。房玄龄耳濡目染，亦博览经史，"贯通坟籍"，对儒学有相当造诣。王珪也与儒学渊源匪浅，他的季叔乃当时通儒。贞观十一年（637年），王珪还受命与诸儒正定《五礼》。魏征更是以谏诤为己任，"耻君不及尧、舜"，希望太宗比肩尧舜。④ 太宗后期宠爱的贤妃徐惠，自幼学习儒家典籍。史载，她四岁通晓《论语》《毛诗》，此后遍涉经史。贞观二十二年（648年），当时尚是充容的徐惠谏太宗息兵罢役，其中就赞扬太宗"尽探赜于儒林"，洞悉儒家阐释的千王治乱之踪、百代安危之迹、兴衰祸福之数、得失成败之机。她引用《尚书》"虽休未休"等文字，建议太宗坚持初心，慎

---

① 《旧唐书》卷七十一，《魏征列传》。
② 吴兢著，裴汝诚等译注：《贞观政要译注》，上海：上海古籍出版社，2007年版，前言第3页。
③ 李斌城：《"贞观之治"的儒家文化内涵》，载《光明日报》，2007年2月26日，第7版。
④ 《旧唐书》卷六十六，《房玄龄传》；《新唐书》卷九十六，《房玄龄传》；《新唐书》卷九十八，《马周传》；《旧唐书》卷七十一，《魏征列传》；《资治通鉴》卷第一百八十四，"隋恭帝义宁元年"条；《旧唐书》卷七十，《王珪传》；《贞观政要·谦让》。

终如始。① 太宗在洛阳宫积翠池宴请群臣时，也曾赋诗谈研读《尚书》心得曰："日昃玩百篇，临灯披《五典》。夏康既逸豫，商辛亦流湎。恣情昏主多，克己明君鲜。灭身资累恶，成名由积善。"表明太宗对《尚书》的用功程度。② 贞观三年（629年），太宗行籍田礼，曾与大儒、给事中孔颖达就耕田地点争论。最后，太宗援引《尚书》"平秩东作"的文字，敲定耕田方向为城东郊而非城南郊，可见太宗对儒典的深刻掌握。③

更重要的事件是太宗统一经学。这被不少当代史家类比为汉武帝"罢黜百家，独尊儒术"，以及东汉章帝钦定《白虎通》，④ 堪称隋唐政治思想史的首要篇章。⑤ 太宗统一经学主要体现为，一是令前中书侍郎颜师古考定《五经》，二是令国子祭酒孔颖达与颜师古等撰定《五经正义》。贞观四年（630年），太宗令颜师古考定《五经》（或称《五经定本》），并令房玄龄召集诸儒评议，在此基础上确定并颁行统一的《五经》文字版本，"经文自此有定本"，天下读书人也有了仰赖的权威教材。⑥ 接着，太宗又着手统一经义，诏令孔颖达、颜师古等编撰《五经》义训，贞观十四年（640年）完成后由太宗亲自命名为《五经正义》，南北经学由此实现统一、汉魏以来儒学"师说多门"的局面宣告结束，同时王朝统治思想亦确定了基调和发展方向。⑦

---

① 《旧唐书》卷五十一,《贤妃徐氏传》;《贞观政要·征伐》;《新唐书》卷七十六,《徐贤妃传》。
② 《旧唐书》卷七十一,《魏征列传》。
③ 《旧唐书》卷二十四,《礼仪志四》。
④ 范文澜:《中国通史》(第四册)，北京:人民出版社,1994年版,第243页;赵克尧、许道勋:《唐太宗传》，北京:人民出版社,1984年版,第290页。
⑤ 张分田、张鸿、商爱玲主编:《中国政治思想通史·隋唐卷》，北京:中国人民大学出版社,2014年版,第13、20页。
⑥ 《贞观政要·崇儒学》;《旧唐书》卷七十三,《颜师古传》;《新唐书》卷一百九十八,《颜师古传》;范文澜:《中国通史简编》(修订本第三编第一册)，北京:人民出版社,1965年版,第99页。
⑦ 赵克尧、许道勋:《唐太宗传》，北京:人民出版社,1984年版,第289—290页;张分田、张鸿、商爱玲主编:《中国政治思想通史·隋唐卷》，北京:中国人民大学出版社,2014年版,第13、20页;《资治通鉴》卷第一百九十五,"唐太宗贞观十四年"条;范文澜:《中国通史》(第四册)，北京:人民出版社,1994年版,第242—245页。

儒家思想对贞观之治的指导意义，也得到太宗肯定。贞观四年（630年），太宗迎来治国理政的第一个巅峰期。为此，他与长孙无忌、魏征等大臣对登基之初的朝堂争论进行了回顾。太宗回忆说，贞观之初，鉴于隋末动荡结束不久，诸多大臣都建议他对内独运威权、对外"震耀威武，征讨四夷"。唯有魏征劝他行帝道王道，认为"偃革兴文，布德施惠，中国既安，远人自服"。[①] 但封德彝嘲讽魏征乃书生空谈误国，不知时务。他认为，夏商周三代以后人心越来越浮薄奸诈，用仁义治国化民在现实中根本行不通，因此秦朝才用严法治国、汉朝杂用王霸道。魏征以历史进步论反驳说，如果上古人心淳朴，此后越来越退化，变得浮薄奸诈，那么退化至今，人们早成鬼魅了。他指出，大乱之后，愁苦的百姓其实更易教化，恰如饥渴之人获得饮食饮水就易满足。他以五帝三王为例，指出黄帝、颛顼、商汤和周武王都是在大乱之后，对百姓奉行仁义教化之道，在位时就实现太平盛世。太宗当时采纳魏征意见，结果仅至贞观四年（630年）就天下大治，[②] 将儒家"仁政"的理想王国变成活生生的现实王国。[③] 太宗因此对长孙无忌感慨地说，这都是魏征之功，可惜封德彝没活到这一天。同年，房玄龄上奏说，唐朝府库甲兵，已远胜隋代。太宗说，甲兵武备固然不可或缺，但隋炀帝甲兵并非不足，却丢了天下。各位大臣尽力理政，使百姓过上太平安定生活，才是"朕之甲兵也"。这表明太宗遵循了儒家仁义治国的原则。[④]

在皇子教育中，太宗更是注重教以经术。太宗共有14个儿子。贞观十七年（643年），多数皇子担任都督、刺史等要职，但都比较年幼。谏议大夫褚遂良上疏指出，都督和刺史对地方治理和百姓安居乐业至关重要，是帝王治国理政的倚重力量。他建议，皇子们年幼不能

[①] 《贞观政要·政体》；《贞观政要·诚信》；《资治通鉴》卷第一百九十三，"唐太宗贞观四年"条。
[②] 《资治通鉴》卷第一百九十三，"唐太宗贞观四年"条。
[③] 胡如雷：《李世民传》，北京：中华书局，1984年版，第252页。
[④] 《资治通鉴》卷第一百九十三，"唐太宗贞观四年"条。

理政者，应留在长安，教以儒家经术，待其堪当重任，再派往各州任职。太宗对此深表赞同。由此可以看出，儒家治国理政之术对皇家政治教育和国家治理的影响。①

不过，太宗对先祖老子及其无为而治的思想也怀有敬意。贞观十一年（637年），太宗在《道士女冠在僧尼之上诏》中指出，"朕之本系，出于柱下"，即认为曾任周王室柱下史的老子李耳是李唐先祖。他指出，老子之道"源出无名之始，事高有形之外"，能经邦致治、反朴还淳，强调贞观以来国运昌隆、天下安定，是由于奉行老子顺应自然、无为而治的治国方针。贞观十五年（641年），太宗更是将治国理政比作建构房屋。他指着殿宇对侍臣说，"治天下如建此屋"，房屋建成后，不可频繁改易。假如动辄更换屋椽、修正房瓦，则房屋遭践踏动摇，必有损害。治国理政亦如此。若贪慕奇功，屡变法度，不恒守其德，则天下必遭劳扰折腾。② 他也明确提高道教地位，诏令宗教仪式活动中，道士、女冠在和尚、尼姑之前，但这不代表他要让道教介入治国理政。③ 对这一点，长孙皇后的见解很深刻，对佛教和道教之于国家政治的关系有着特别认识。长孙皇后仁爱俭朴，喜欢读书，常与太宗谈论古事，借机献可替否。贞观十年（636年），长孙皇后气喘病加重，病入膏肓。太子李承乾拟奏请太宗大赦并度人出家，为母祈福。但长孙皇后称，大赦是国之大事，不能频繁实行。度人祈福这类事是道教与佛教的主张。但二教非圣人之道，而是异端或异方之教，不利于治国理政，都是太宗不为之事，不能因她个人而乱天下法度。可见，长孙皇后深知太宗在治国理政中避免宗教因素的干扰。④

---

① 《旧唐书》卷七十六，《太宗诸子列传》；《新唐书》卷一百五，《褚遂良传》；《旧唐书》卷八十，《褚遂良传》；《资治通鉴》卷第一百九十六，"唐太宗贞观十七年"条。

② 《资治通鉴》卷第一百九十六，"唐太宗贞观十五年"条。

③ 《唐大诏令集》卷一百一十三，《道士女冠在僧尼之上诏》。

④ 《资治通鉴》卷第一百九十四，"唐太宗贞观十年"条；《贞观政要·赦令》；《新唐书》卷七十六，《文德长孙皇后传》；《旧唐书》卷五十一，《太宗文德皇后长孙氏传》。这四部历史典籍对长孙皇后论佛、道的表述有所差异，但大体的含义接近，只是《资治通鉴》里的文字对佛道的抨击更为激烈。

太宗对佛教的态度还体现在，他讥讽信佛的萧瑀食言不出家。贞观二十年（646年），萧瑀在朝会时请求出家为僧，太宗在群臣面前表示应允。但萧瑀随后反悔。太宗大怒，下诏斥责萧瑀。在诏书中，太宗批判梁武帝、简文帝父子醉心法门，耗费大量财力人力供佛，修建佛塔寺庙，结果未见福祉应验，反见社稷覆亡。他抨击萧瑀作为梁朝皇族后裔，承袭亡国遗风，信奉佛教，实属弃公就私、不辨正邪，且在出家问题上反复无常。太宗表示，他对萧瑀迷信佛教的做法隐忍已久，必须将其贬官惩罚。① 可见，太宗认为佞佛于治国理政为害不浅，对佞佛的大臣也是不喜欢的。

即位初期的高宗对儒家主张的圣王之道亦非常留意。李治任晋王和太子期间，就曾受业于弘文馆两大学士、名儒萧德言和许叔牙。其中，萧德言精通《春秋左传》，许叔牙贯通《诗经》《礼记》。② 永徽初期，高宗也曾在中华殿与宰辅大臣及弘文馆学士探讨何为王道、霸道以及二者先后问题。在这场会议中，太常卿兼弘文馆学士令狐德棻的议论最为精彩。他针对高宗的提问回答说，王道以德治国，霸道以刑理政。禹、汤、周文王都行王道，唯有秦朝使用霸术，汉代则王霸道并用，魏晋以来则王霸二道俱失。他认为，治国理政当然是王道最理想，但行之最难，即"王道为最，而行之为难"。高宗又问，当前施政要点是什么。令狐德棻回答说，古代为政，以清心简事为本。当今天下太平，粮食丰收，轻徭薄赋，很符合古代王道精神，正是为政之要领。高宗也认为，为政之要在于无为。他又问禹、汤兴盛秘诀及桀、纣灭亡原因。令狐德棻引用《春秋左传》"禹、汤罪己，其兴也勃焉；桀、纣罪人，其亡也忽焉"的话指出，为政者罪己恕人，孜孜求治，善于纳谏，才是兴盛的关键。高宗对此深以为然。③ 由此可知，高宗君臣对儒家倡导的王道政治是非常推崇的。

---

① 《资治通鉴》卷第一百九十八，"唐太宗贞观二十年"条。
② 《新唐书》卷一百九十八，《萧德言传》《许叔牙传》。
③ 《旧唐书》卷七十三，《令狐德棻传》。

儒家思想也被运用在对外战略中。贞观四年（630年），颉利可汗败亡后，太宗积极招慰各部落降者，下令凡来降者每人赐布帛五匹、袍一领，首领授将军、中郎将等官，以至于胡人在朝中官列五品者超百人。此外，为招抚流散在伊吾的大度设、拓设、泥熟特勤及七姓种落等部众，太宗以"兼资文武"的凉州都督李大亮为西北道安抚大使，在碛口存贮粮食，对受冻挨饿的上述部族进行救济。然而，这也给本就贫弱的唐朝西北民众造成很大负担。李大亮于是引用《春秋》等经典上疏指出，欲绥远者必先安近，强调中原百姓如天下根本，四夷如天下枝叶。伤害根本来给枝叶供给营养，天下必难久安。他回顾说，自太宗即位后，深根固本，民安兵强，九州殷盛，已令四夷自服。如今招抚突厥残部，实则费多益少。特别是河西州县因隋末战乱及防御突厥侵扰，本就经济萧条、人口不多，现在由于突厥平定而有机会安定发展，却又要承担朝廷招抚胡人而带来的负担，难以休息。他建议对荒服者接受其称臣但不纳入治理。他引用秦始皇"轻战事胡"导致秦朝速亡，汉武帝扬威远略造成海内虚耗，以及隋朝得伊吾与鄯善后"虚内致外"、百无一益的教训，建议太宗"行虚惠，收实福"，对归附称藩者加以笼络，使他们住在塞外作为蕃臣和屏障，不必大费周章专门招慰和安置到内地。太宗采纳了他的建议。[①]

另一例子体现在对高丽的政策之中。贞观十七年（643年），太常丞邓素出使高丽后，鉴于泉盖苏文任性妄为，建议太宗于怀远镇增加兵力。太宗引用孔子"远人不服，则修文德以来之"的话指出，没有听说一二百戍兵就可威镇远方的，对其建议不予采纳。太宗遂后派使节册封高丽新王，即使高丽不久联合百济侵占新罗40多座城池，并阻挡新罗与唐往来，太宗也坚持文德来远，要高丽和百济尽快退兵，停止侵犯新罗。贞观十八年（644年），泉盖苏文遣使向唐进贡白金，时任黄门侍郎的褚遂良引用《春秋》故事，劝太宗拒受其礼。褚遂良援

---

① 《旧唐书》卷六十二，《李大亮传》；《新唐书》卷九十九，《李大亮传》；《资治通鉴》卷第一百九十三，"唐太宗贞观四年"条。

引《春秋》有关臧哀伯谏纳郜鼎事指出,《春秋》是百王治国取法的经典。春秋时,宋国太宰华督弑杀国君宋殇公,另立新君。为争取各方支持,华督向多个诸侯行贿,其中给鲁国赠送一尊郜鼎。鲁桓公对此欣然接受并置于太庙。鲁国大夫臧哀伯认为这样做是灭德彰恶、贻害无穷,劝鲁桓公拒受。但鲁桓公不听,于是被《春秋》讥之。褚遂良引用此故事指出,古代讨伐弑君之贼,不受其赂,暗示泉盖苏文与华督都是弑君逆贼,若太宗接受白金,就等于默认弑逆,与鲁桓公无异,更没正当理由去讨伐泉盖苏文。太宗赞许褚遂良意见,拒绝了泉盖苏文贡品,并将其使者交付大理寺惩治。①

引经决狱及"中国法律之儒家化"在此时也进入了新阶段。特别是作为中华法系代表的《唐律疏议》,明确以儒家思想作为根本遵循。如瞿同祖先生所言,儒家有系统地修改法律自曹魏始。曹魏而后的每个新朝成立,必制订本朝法律。法典编修落入儒臣之手,于是他们日益将礼融入法律条文,直到法律全部为儒家思想支配。这种进程经魏、晋、南北朝大体完成,至隋唐以前就已结束。②《唐律疏议》也深受"春秋决狱"传统影响,大量援引《春秋公羊传》《春秋左传》及《易经》《尚书》《周礼》等经典注解法律。可以说,"儒家经典教义是法律之魂,相关法律规定不仅根据儒家礼教的要求而制定,并且根据礼教的要求适用"。③

兵家对太宗治国理政也有不可忽视的影响。在《唐太宗李卫公问对》里,唐太宗、李靖多次点评《六韬》《司马法》《孙子兵法》《吴子》《尉缭子》《三略》等兵书及其源流关系。在军事领域之外,太宗

---

① 《资治通鉴》卷第一百九十七,"唐太宗贞观十七年"条;《旧唐书》卷八十,《褚遂良传》;《资治通鉴》卷第一百九十七,"唐太宗贞观十八年"条。
② 瞿同祖:《中国法律之儒家化》,载瞿同祖:《中国法律与中国社会》,北京:中华书局,1981年版,第334—346页。
③ 殷啸虎:《春秋决狱的法文化意义》,载《法治日报》,2023年2月15日,第10版;殷啸虎:《〈唐律疏议〉中的"引经据典"》,载《法制日报》,2023年12月27日,第10版;岳纯之点校:《唐律疏议》,上海:上海古籍出版社,2013年版,第1—18页。

君臣也吸取兵书指出的大战略原理、路径与方法。这体现在上述六部兵书被纳入《群书治要》（曾称《群书理要》），并被太宗作为治国参考。贞观初年，太宗令魏征、褚亮、虞世南、萧德言等人"裒次经史百氏帝王所以兴衰者上之"，① 即让这些大臣从六经、诸子百家及前世史书中摘录有关治国理政的精华。此书编撰完成后被命名《群书治要》。在该书中，除《唐太宗李卫公问对》因未问世而没被收录外，《六韬》《司马法》《孙子兵法》《吴子》《尉缭子》《三略》均被纳入。六部兵书被辑录的多是有关修身治国、选贤任能、以仁义为本等议题的文字，而关于用兵作战的篇幅则有限。魏征等人如此安排的用意是，"劝谏唐太宗倡行仁义大道，而非习军事、争霸之术"。② 魏征等人总结隋亡教训时也曾引用《三略》"务广德者昌，务广地者亡"指出，隋炀帝内恃富强，外思广地，以骄取怨，以怒兴师。若此而不亡，自古未之闻也。魏征秉持这样的思想规劝太宗治国，且行之有大效。③ 可以说，《六韬》《司马法》《孙子兵法》《吴子》《尉缭子》《三略》等六部兵书不仅进入了太宗君臣的视野，而且对贞观之治颇有助益。

短暂的激进性战略至进取性战略：薄于儒术，尤重文吏

《旧唐书》称高宗"薄于儒术，尤重文吏"。④ 以此来评价高宗中后期及武周时期对儒家的态度，虽不无道理，却不全对。高宗在意识形态上仍将儒家置于很高地位。永徽年间，一度修改贞观制度，行释

---

① 《新唐书》卷一百九十八，《萧德言传》。《群书治要》白话文译本主要有《群书治要》学习小组编：《群书治要译注》，北京：中国书店，2012年版；魏征等撰，吕效祖、赵保玉编：《群书治要考译》，北京：团结出版社，2011年版。
② 《群书治要》学习小组编：《群书治要译注》，北京：中国书店，2012年版，第264页。
③ 《隋书》卷八十一，《东夷列传》。其所用原话为，"兵志有之曰'务广德者昌，务广地者亡'"。这与《群书治要》和《武经七书》中的《三略》"务广地者荒，务广德者强"文字略有差别。
④ 《旧唐书》卷一百八十九上，《儒学列传上》。

奠礼时再次奉周公为先圣，降孔子为先师。显庆二年（657年），根据太尉长孙无忌建议，释奠礼又恢复以孔子为先圣、众儒为先师的制度。总章元年（668年），太子李弘在国子学行释奠礼。咸亨元年（670年），高宗令各州县建孔子庙。武后天授元年（690年），封周公为褒德王、孔子为隆道公。总体上看，孔子持续受到尊崇。①

儒家思想仍深刻影响当时的大战略。乾封二年（667年）与仪凤三年（678年），高宗时的宰辅大臣、被李世勣誉为"今之管萧"的王文瓘两次进谏高宗，颇能反映儒家思想对高宗中后期的战略取向影响。乾封二年（667年），鉴于高宗营造蓬莱宫、上阳宫、合璧宫等宫殿，对外征讨四夷，京师饲养厩马万匹，国库空虚，时为东台侍郎（黄门侍郎）、同东西台三品（同中书门下三品）的张文瓘引用《尚书·周书·周官》"制治于未乱，保邦于未危"及《尚书·商书·太甲下》"人罔常怀，怀于有仁"的文字，劝谏高宗改弦更张。他指出，爱惜民力，百姓就会富足安稳，否则就会因怨生乱。他进而援引秦皇、汉武"广事四夷，多造宫室，使土崩瓦解，户口减半"及隋朝速亡教训，劝谏高宗坚持施行仁政，安养百姓，不使他们因负担过重而生怨。高宗及时采纳他的建言，裁减京师厩马数千匹，往与民休息、仁爱百姓的方针回摆。②仪凤三年（678年），张文瓘又谏阻高宗讨伐新罗。当时官至侍中的张文瓘已病重卧床，得知高宗要继续用兵新罗，坚持进宫面圣。他对高宗分析说，当下吐蕃进犯西部边境，朝廷不得不出兵反击。东部的新罗虽不恭顺，但没有犯边。若此时东西两面都用兵，两条战线作战，百姓将不堪重负，希望朝廷"息兵修德以安百姓"。高宗非常重视这位重臣的意见，遂停止讨伐新罗。③

事实证明，儒家作为王朝主流意识形态的地位并未遭到撼动。如

---

① 《新唐书》卷十五，《礼乐志五》；《旧唐书》卷一百八十九上，《儒学列传上》。
② 《新唐书》卷一百一十三，《张文瓘传》；《旧唐书》卷八十五，《张文瓘传》；《资治通鉴》卷第二百一，"唐高宗乾封二年"条。
③ 《旧唐书》卷八十五，《张文瓘传》；《资治通鉴》卷第二百二，"唐高宗仪凤三年"条。

永隆元年（680年），太子李贤被废。高宗追究太子僚属责任时，发现太子洗马刘讷言竟然曾给李贤撰写《俳谐集》。他为此震怒，指出以《诗》《书》《礼》《乐》《易》《春秋》等六经教人，还担心不能尽到感化之效，而刘讷言竟以诙谐滑稽的鄙俗言辞汇编成书给太子，怎么能辅导好他，于是将刘讷言流放振州。由此可见，儒家经典仍是高宗心中储君必须认真用功的科目。① 事实上，高宗宠爱的早逝太子、孝敬皇帝、李贤的兄长李弘也曾师从率更令郭瑜学习《春秋左传》，并疑惑孔子何以记载楚国世子商臣弑父这样的残忍事件。经郭瑜解释后，李弘虽理解了孔子褒善贬恶的用意，但决定改读《礼记》，后又研读《尚书》等经典。李贤本人更是自幼学习儒典，六岁时已读《尚书》《礼记》《论语》。高宗曾让他读《论语》，年幼的他对"贤贤易色"反复诵读，尤为喜爱。高宗深感欣慰，专门向李世勣谈及此事。仪凤元年（676年），高宗对已是新太子的李贤褒奖有加，对他"专精坟典"更是愈发赞赏。② 高宗时的文臣武将也深受儒家思想影响。如出将入相、多次平定外敌的两位名臣刘仁轨（封乐城郡公）和裴行俭（封闻喜县公），被誉为"儒将之雄者"。他们既有文雅方略，又长于治戎安边。如刘仁轨博涉文史，裴行俭以明经入仕，可谓文武兼资，非常符合《春秋左传》中"悦《礼》《乐》而敦《诗》《书》"的将帅标准。因此《旧唐书》赞曰："王者之兵，儒者之将。乐城、闻喜，当仁不让。"③ 高宗去世后，受诏辅佐中宗的宰相裴炎同样精通《春秋左传》等典籍，年轻时由明经科入仕。④

但《旧唐书》称高宗"尤重文吏"，即重用熟悉法律条文的刀笔吏。⑤ 早在显庆二年（657年），黄门侍郎刘祥道（后任宰相）兼管选官，就上疏奏陈当时铨综（选官）之术存在缺陷，暗指高宗喜用刀笔

---

① 《资治通鉴》卷第二百二，"唐高宗永隆元年"条。
② 《旧唐书》卷八十六，《高宗中宗诸子列传》。
③ 《旧唐书》卷八十四，《刘仁轨郝处俊裴行俭列传》史臣曰及赞曰。
④ 《新唐书》卷一百一十七，《裴炎传》。
⑤ 《旧唐书》卷一百八十九上，《儒学列传上》。

胥吏。他强调，儒为教化之本、学者之宗。当今庠序遍于四海，国子学、太学、四门学中的儒生人才济济。然而，对他们的奖进之道却不畅达。相反，尚书省二十四司及门下中书都事、主书、主事等官员选补时，多选取刀笔吏出身的官员。①

纵使如此，引经决狱及"中国法律之儒家化"并未中断。高宗认为，"治国之要，在于刑法"，法过于严酷则百姓不堪其暴，过于宽松则纵容犯罪，因此务须适中平衡。②永徽年间，原广州都督、华州刺史萧龄之贪污案发，高宗召集群臣讨论该案判决（议刑）。其间，高宗越来越恼火，当即下令重判其罪。御史大夫唐临上奏反对，指出古代圣王用刑慎重。他引用《尚书·虞书》"罪疑惟轻，功疑惟重，与其杀弗辜，宁可失经"的话，强调疑罪从轻等"慎刑"原则。他又引用《周礼》"刑平国用中典，刑乱国用重典"的话指出，当今天下太平，应该用尧舜之典。然而，执法机构多用重法，论功行赏时吝啬苛刻，论罪惩处时却严厉残酷。这明显违反"罪疑惟轻，功疑惟重"的教导。萧龄之重可判流放处死，轻可除名免官，即使处死，也死有余辜。然而，既然召集群臣议刑，就得符合议刑本意。议亲、议故、议贤、议能、议功、议贵、议勤、议宾等"八议"制度，作为议刑的体现，本就是根据"王族刑于隐者"和"刑不上大夫"的儒家礼法，对王族及高级别官员等群体特殊情况下适用的宽缓之法。如今既然议刑，却施加重刑，与尧舜之典抵牾。高宗遂采纳其议，将萧龄之流放岭南。③

高宗时的另一著名宰辅大臣郝处俊同样用儒家思想影响高宗用法。史载其每次与高宗谈论国事，必引用儒家经籍，对国政多有匡正。咸亨年间，高宗有一次与郝处俊讨论刑法宽严问题。高宗称，他曾觉得秦朝法律太宽慢，因为荆轲刺秦王时，秦国宫殿内竟无人敢反制荆轲。

---

① 《旧唐书》卷八十一，《刘祥道传》。
② 《旧唐书》卷八十五，《唐临传》。
③ 《旧唐书》卷八十五，《唐临传》；《唐律疏义》确立议亲、议故、议贤、议能、议功、议贵、议勤、议宾的"八议"制度，参见岳纯之点校：《唐律疏议》，上海：上海古籍出版社，2013年版，第16—19页。

郝处俊纠正说，这不是因秦法宽慢，而是其猛所致。因为秦法规定，随意持武器进殿要灭三族，所以没人敢违法持兵器上殿救驾。他顺势指出，王者立法化民，不可太苛急。虽然政宽则人轻慢，但政急则人不知所措。他又引用《诗经》"不懈于位，人之攸塈"和"式遏寇虐，无俾作慝"的诗句及《尚书·洪范》"高明柔克，沉潜刚克"的话指出，治国理政既要行仁政，也离不开威刑，但关键要取中道，宽猛相济，避免用法苛急。高宗似受启发，对他的话深以为然。① 《唐律疏议》更指出"因政教而施刑法"，而"德礼为政教之本，刑罚为政教之用"，②强调德礼为本、刑罚为用，体用本末关系明确。这些都体现了儒家重德教的思想，也表明高宗虽喜用刀笔胥吏，但并未超越儒家思想的框架。

高宗及皇后武则天对道教、佛教的态度也相对比较理性。如玄奘就称颂高宗时代是佛教传入中国600年来最鼎盛时期。③ 但高宗其实仍以儒家思想来指导世俗与宗教的关系。如显庆二年（657年），高宗下诏要求僧人、比丘尼不得接受父母及长辈礼拜，并将之作为法令实施。龙朔二年（662年），进一步要求僧人、比丘尼及道士、女道士向父母行礼。这些都显然体现了儒家的家庭伦理思想。④ 但高宗在位中后期对老子更加推崇。如乾封元年（666年），高宗封禅泰山，在曲阜赠给孔子太师封号，在亳州则尊封老子为太上玄元皇帝。⑤ 上元元年（674年），进号为天后的武则天本着与民休息的精神上表建言十二事，包括对内劝勉农桑、轻徭薄赋以及对外停止用兵、以道德化天下等建议，高宗皆予以采纳施行。这些政策之中，既体现了儒家推行仁政及以文德来远主张，也有老子治国思想的影子，对高宗时期的大战略转轨也

---

① 《旧唐书》卷八十四，《郝处俊传》。
② 岳纯之点校：《唐律疏议》，上海：上海古籍出版社，2013年版，第3页。
③ 参见孙英刚：《转轮王与皇帝：佛教对中古君主概念的影响》，载《社会科学战线》，2013年第11期，第86页。
④ 《资治通鉴》卷第二百，"唐高宗显庆二年"条、"唐高宗龙朔二年"条。
⑤ 《资治通鉴》卷第二百一，"唐高宗乾封元年"条。

发挥了推动作用。建言十二事中还强调,鉴于唐朝帝王统绪源自玄元皇帝,朝廷应要求王公以下官员都学习《老子》,并且每年明经科加试《老子》,与《孝经》《论语》一样作为策试书目。① 仪凤三年(678年),高宗又下诏升《道德经》为上经,贡举人必须兼通。人生的最后一年(683年),高宗改元弘道,下诏"令天下诸州置道士观,上州三所、中州二所、下州一所,每观各度七人",扩大全国道观规模,② 为200年后唐僖宗中和四年(884年)全国宫观达到1900余座埋下伏笔。③

武则天本人在被立为皇后前,就颇有权数,诡变不穷,且城府深,为成大事能屈己奉人,包羞忍耻。得志后则威权在握,赏罚操之在己,以铁腕驾驭群下。久视元年(700年),武则天曾训斥心腹大臣吉顼说,太宗在世时曾有烈马师子骢无人能驯,只有她说可以铁鞭、铁锤和匕首三物驯服之。④ 高宗去世后,无论是以太后之姿临朝,还是巩固武周统治,她都更需要类似上述三物的强力工具镇压异己,而严刑峻法恰恰是这样的工具。因此,她不像太宗慎用刑法,而是开告密之门,重用酷吏,屡兴大狱,对李唐宗室、亲族子孙及文武百官大行杀戮,堪称中国古代最好杀之君主。⑤ 《新唐书》《则天皇后本纪》就写满"杀"字。当时不仅有周兴、索元礼、来俊臣等酷吏执法残暴、大造冤狱,而且绝大多数执法官吏也以严酷为能。⑥ 但这种严刑峻法与秦始皇、隋炀帝时期不同之处在于,其杀戮对象以贵族和官僚为主,如垂拱年间至长寿年间(685—694年),诛杀唐朝宗室贵戚数百人、大臣

---

① 《资治通鉴》卷第二百二,"唐高宗上元元年"条。
② 参见《旧唐书》卷二十四,《礼仪志四》;唐高宗:《改元宏道大赦诏》,载《全唐文》卷十三;史正玉:《武周革命前后地方社会置观立碑与政治表达》,载《史学月刊》,2024年第5期,第29页。
③ 杜光庭:《历代崇道记》,载《全唐文》卷九百三十三。
④ 《新唐书》卷七十六,《则天武皇后传》;《资治通鉴》卷第二百六,"则天皇后久视元年"条。
⑤ 赵翼著,王树民校证:《廿二史劄记校证》,北京:中华书局,2013年版,第440—442页;《资治通鉴》卷第二百三,"则天皇后垂拱二年"条。司马光也称,武则天"好杀",参见《资治通鉴》卷第二百四,"则天皇后天授元年"条。
⑥ 《新唐书》卷四,《则天皇后本纪》;《资治通鉴》卷第二百四,"则天皇后天授元年"条。

数百家、刺史和郎将以下官吏更是不计其数，而不大指向百姓。① 正如武则天在光宅元年（684 年）诛杀谋反的徐敬业及中书令裴炎、左威卫大将军程务挺后训斥群臣的那样：百官中无人比辅政老臣裴炎跋扈难制，世代为将者无人比徐敬业能纠集亡命之徒，宿将中无人比程务挺善战；这些人不臣服，所以全部就戮；如有人自认才能超过这三人且想造反的，趁早行动，否则就恭谨听命。她的话令群臣战栗恐惧，纷纷惟命是从。②

但武则天在权力巩固后对严刑峻法的态度也在变化。长寿元年（692 年），右补阙朱敬则认为武则天任威刑是为禁绝异议，但现在改朝换代、天下归心，建议女皇减省刑罚，推行宽政。他上疏指出，当年李斯在秦为相，以刻薄变诈屠杀诸侯。统一六国后，却不能改以宽和理政，导致秦朝土崩。汉高祖马上得天下后，则能改弦更张，接受陆贾、叔孙通建议，以礼义治国，结果帝位传世 12 代。他建议女皇参考秦汉兴亡，调整治国方针。武则天对此非常赞赏，赐帛 300 段。侍御史周矩也上疏指出，周代用仁而昌、秦朝用刑而亡，建议女皇"缓刑用仁"。武则天对他的建言也多有采纳，严刑峻法有所减缓，一大批酷吏在此前后也被处死。万岁通天二年（697 年），臭名昭著的酷吏来俊臣被处死，此后虽有武懿宗等充当酷吏角色，但武则天显然在反思，一度称自己是"淫刑之主"。③ 至长安二年（702 年），武则天开始拨乱反正，下令各衙门不再受理徐敬业谋反案及唐朝宗室李贞、李冲父子谋反案余党线索，同时复核来俊臣等酷吏审理的旧案。长安四年（704 年），武则天接受多位大臣苦谏，平反周兴等人制造的冤案。在生命最后一年（705 年），武则天更是大赦天下，对文明元年（684

---

① 《新唐书》卷四，《则天皇后本纪》；《资治通鉴》卷第二百五，"则天皇后长寿元年"条。
② 《新唐书》卷七十六，《则天武皇后传》；《资治通鉴》卷第二百三，"则天皇后光宅元年"条。
③ 《资治通鉴》卷第二百五，"则天皇后长寿元年"条；《资治通鉴》卷第二百六，"则天皇后神功元年"条。

年）以来的罪人，除谋反祸首外，都加以赦免。①

如果说严刑峻法是残酷的，体现了女皇的心理挣扎，那么，佛教无疑在她心目中是光明温存的，为其以神授皇权之姿称女皇帝提供了积极的理论凭借。早在太宗去世后，武则天就在感业寺出家，度过人生最艰难岁月。高宗去世后，她又从佛教经典中寻求当女皇根据，谋划改朝换代，为此大力崇佛。她临朝称制的第一个年号"光宅"，就是佛教政治上常用之语。② 当然，这个词语也更具儒家色彩，因为《尚书》有"昔在帝尧，聪明文思，光宅天下"文字。③ 永昌年间至天授元年（689—690年），武则天的男宠薛怀义与东魏国寺僧人法明等主持编造《大云经》四卷，声称她是未来佛弥勒佛降生，应取代唐朝为阎浮提主（人世间主宰），为其革命建周制造舆论声势和神学依据。武则天随后下令在两京和各州修建大云寺，并将《大云经》藏于各寺，由高僧讲解宣扬。④ 陈寅恪先生引据《大云经》模拟演绎武则天的逻辑。"佛告净光天女言：汝于彼佛暂一闻《大涅槃经》。以是因缘，今得天身。值我出世，复闻深义。舍是天形，即以女身，当王国土，得转轮王所统领处四分之一。汝于尔时实为菩萨。为化众身，现受女身。"由此，武则天及其拥趸将北朝以来"皇帝佛"与南朝梁武帝"皇帝菩萨"等说法升级至"女皇帝佛""女皇帝菩萨"。⑤ 正是由于佛教为其称帝提供神学依据，天授二年（691年），武则天将佛教地位升于道教之上。长寿二年（693年），又要求贡举人停止学习《老子》。⑥ 武

---

① 《资治通鉴》卷第二百七，"则天皇后长安二年"条、"则天皇后长安四年"条、"唐中宗神龙元年"条。
② 雷家骥：《武则天传》，北京：人民出版社，2008年版，第312页。
③ 《尚书正义》尧典序。
④ 《旧唐书》卷一百八十三，《薛怀义传》；《资治通鉴》卷第二百四，"则天皇后天授元年"条。
⑤ 陈寅恪：《武曌与佛教》，载陈寅恪著：《陈寅恪合集：史集，金明馆丛稿二编》，南京：译林出版社，2013年版，第181—182页；曾景忠：《陈寅恪分析武则天崇佛的缘由》，https://www.tuanjiewang.cn/2019-04/15/content_173033.htm。关于北朝以来"皇帝佛"与南朝梁武帝"皇帝菩萨"等说法，参见雷家骥：《武则天传》，北京：人民出版社，2008年版，第312—314页。
⑥ 《资治通鉴》卷第二百四，"则天皇后天授二年"条；《资治通鉴》卷第二百五，"则天皇后长寿二年"条；《旧唐书》卷二十四，《礼仪志四》。

则天尊号相当一段时期是"金轮圣神皇帝""慈氏越古金轮圣神皇帝"或"天册金轮圣神皇帝",其中的"慈氏""金轮"分别是弥勒佛、转轮王的意思,意味着她以神佛身份统治世俗人间。武周年号"大足"(701年),也是因当时佛的足迹"显现"命名。① 武则天更是唯一将"转轮王"和"弥勒"同时加入尊号的君主。当然,根据弥勒下生信仰,"救世主"弥勒菩萨由兜率天下界成佛,而转轮王率众听其说法,遂皈依佛教。而且,根据"一佛一转轮王"观念,佛陀如在世俗世界即是"转轮飞行皇帝",如出家学道则"成佛","弥勒"与"转轮王"同在一个尊号里着实不伦不类。因此,武则天很快取消"慈氏越古"的尊号。②

武则天也将佛教置于儒家之上,这表现在明堂的建设利用方面。明堂本是儒家礼乐美学最高的礼仪制度实践形式。③ 太宗、高宗时,多次打算建明堂,因儒生对明堂规制莫衷一是,最终未能建设。武则天称制时,抛开一般儒者,直接与"北门学士"议其规制。垂拱四年(668年),武则天毁乾元殿,令薛怀义在该殿原址上建造明堂。明堂花10个月建成,高294尺、方300尺,共分上中下3层,极尽奢华,号称万象神宫。侍御史王求礼为此进谏说,古代明堂以茅草为屋顶、不加雕饰的木材为屋椽,而今明堂却以珠玉装饰,雕梁画栋,又在其圆顶安置高耸入云的铁凤、金龙,奢华程度堪比商纣的琼台、夏桀的瑶室,暗讽武则天背离明堂本义。更令儒生惊诧的是,武则天还于明堂北部建立更高的五层天堂,内供大佛神像,俯视明堂,俨然以佛压

---

① 《旧唐书》卷六,《则天皇后本纪》;《新唐书》卷七十六,《则天武皇后传》;《资治通鉴》卷第二百五,"则天皇后天册万岁元年"条;《资治通鉴》卷第二百七,"则天皇后长安元年"条。

② 参见孙英刚:《转轮王与皇帝:佛教对中古君主概念的影响》,载《社会科学战线》,2013年第11期,第81—82页;雷家骥:《武则天传》,北京:人民出版社,2008年版,第312页;《资治通鉴》卷第二百五,"则天皇后天册万岁元年"条。

③ 李忠超:《论隋唐明堂建筑形制论争中的礼乐美学观念》,载《青海师范大学学报(哲学社会科学版)》,2023年第4期,第40页。

儒。此后，武则天还在明堂举办无遮大会，① 使明堂完全变味。

儒家思想对武则天改朝换代显然极为不利。在儒家正统观念里，首先，妇人主内，不可干预国政。其次，臣子不可僭越称帝，遑论女主改朝换代。如《周易》称"无攸遂，在中馈，贞吉"，《尚书》称"牝鸡之晨，惟家之索"，强调女子掌管饮食等家务即可，若执掌全权，则家庭破败。② 高宗在位后期，多位宰辅大臣就反对他把国政委托武后。武则天革唐之名，建立武周，"开中国政治上未有之创局"，依照儒家伦理，更属大逆不道，③ 不仅等同王莽、曹操父子等奸臣篡国，而且打破了父权制下的男性垄断权力传统。因此，武则天需要利用佛教为自己以女性称帝披上神授色彩。但这不代表她不了解儒术，或者说在治国理政过程中不需儒术，更不意味着她效法梁武帝等建造"人间佛国"。毕竟，南北朝以来帝王佞佛或以佛教治国者多是亡国灭身的下场，至少佛教不能使政权避免速亡，不能使佞佛的君主或大臣免遭杀戮。何况，正如南朝宋司徒袁粲辩驳同时代的道家名士顾欢《夷夏论》"佛道有夷夏之别"时所说："孔、老治世为本，释氏出世为宗"。④ 也正如一些当代学者指出的，许多中国君主或统治者相信，佛教有益教化，佛法可化民成俗，特别是让人接受既有秩序。在这个意义上，佛教可被视为一种治国工具。然而，宗教处理的基本问题还是彼世与超自然问题，⑤ 也就是袁粲所谓的"以出世为宗"。对武则天而言，正如陈寅恪先生指出的，佛教在李唐初期为道教压抑，至武周地

---

① 《资治通鉴》卷第二百四，"则天皇后垂拱四年"条；《资治通鉴》卷第二百五，"则天皇后天册万岁元年"条。

② 神龙元年（705 年），因韦皇后效法武则天干预朝政，桓彦范遂引用上述儒家经典劝谏中宗。参见《资治通鉴》卷第二百八，"唐中宗神龙元年"条。

③ 陈寅恪：《武曌与佛教》，载陈寅恪著：《陈寅恪合集：史集，金明馆丛稿二编》，南京：译林出版社，2013 年版，第 179 页；曾景忠：《陈寅恪分析武则天崇佛的缘由》，https://www.tuanjiewang.cn/2019-04/15/content_173033.htm。

④ 《南齐书》卷五十四，《顾欢传》；《宋书》卷八十九，《袁粲列传》。

⑤ 康乐：《转轮王观念与中国中古的佛教政治》，https://www.ihp.sinica.edu.tw/~ihpcamp/data/09/pdf/10kang-le.pdf。

位翻转,一大主因就是其教义可供女主符命附会利用。①

但有意思的是,武则天对佛教只是利用而已。她本着于统治有利的实用主义原则,同样利用道教及儒家。如革命建周后,武则天意识到道教价值,曾试图使之与佛教并驾齐驱甚至合流。她发布的《僧道并重敕》就强调,老君化胡(老子出关后抵达天竺化为释迦牟尼,创立佛教)之事载于典章,乃史实而非谬论。僧人妄想推翻此说,实属偏执。既然道佛同源,老子与释氏为一体,道佛二教就应地位并重。为此,她规定,僧人入道观不礼拜天尊,道士入佛寺不瞻仰佛像,就是违敕,须勒令还俗。② 这相当于以官方名义为"老子化胡说"背书,貌似二教并重,实则将道教置于了佛教之上。

对于儒家思想,武则天同样深知其对治国理政的作用。《旧唐书》就称,武则天富于智谋计略,"兼涉文史",对儒家典籍必有涉猎。③ 高宗晚年因病将权柄交付给她后,她更是大兴文治之事,亲近诸儒。特别是打着高宗名义召集诸儒撰写《列女传》《臣轨》《百僚新诫》《乐书》等9000余篇,并且令弘文馆直学士刘祎之、著作郎元万顷及周王府户曹参军范履冰、苗神客和太子舍人周思茂、右史胡楚宾等"北门学士"秘密参与朝廷奏章处理,介入决策,瓜分宰相之权。④ 武则天称帝时,春官尚书李思文也从儒家经典中为其寻求理论依据,称《尚书·周书·武成》篇有"垂拱天下治",认为这是武则天以垂拱年号顺应天意称帝的"受命之符"。武则天也将此颁示天下,作为改朝换代的另外依据。她国号为周,更尊奉儒家推崇的周文王和周武王为先祖。⑤

---

① 陈寅恪:《武曌与佛教》,载陈寅恪著:《陈寅恪合集·史集·金明馆丛稿二编》,南京:译林出版社,2013年版,第182页;曾景忠:《陈寅恪分析武则天崇佛的缘由》,https://www.tuanjiewang.cn/2019-04/15/content_173033.htm。

② 武则天:《僧道并重敕》,载《全唐文》卷九十六。

③ 《旧唐书》卷六,《则天皇后本纪》。

④ 《新唐书》卷七十六,《则天武皇后传》;《新唐书》卷一百一十七,《刘祎之传》;《新唐书》卷二百一,《元万顷传》。

⑤ 《新唐书》卷七十六,《则天武皇后传》;《旧唐书》卷六,《则天皇后本纪》。

儒家思想对武周治国理政的影响广泛。在《全唐文》卷九十五至卷九十八有关女皇发布的治国理政制书及诏令中，大量可见儒家典籍文字及尧、舜、周文王和周武王等先王之道，却少见佛法经文或转轮王之道。① 如天授二年（691年），武则天发布的《置鸿宜鼎稷等州制》就援引《春秋左传》"先王疆理天下"及《尚书》"人惟邦本，本固邦宁"等文字，依据先王疆理天下之道及以人为本理念，打着"率土黔黎，咸得遂性，劳来安堵，人不失业"的理由，拆分合并东西两京附近州关，引导充实神都（洛阳）户口及强化周边守备，② 确保王朝资源向武周统治中心集中。《授狄仁杰内史制》赞美狄仁杰的文字里又有"以谒诚匡主，思致于尧舜"，表明武则天君臣对尧舜的崇敬。《搜访贤良诏》又有推崇武周所谓先祖周文王、武王的文字——"朕闻文武之道，凭经纬而开国"，以及引用《论语》"十室之邑，忠信尚存；三人同行，我师犹在"，借此征求文武贤才。《许姚元之解职制》更从儒家角度强调"忠为令德，孝乃天经，义著君亲，道存爱敬"，赞扬姚崇忠孝义道兼具。《诸王男等加封邑制》《加嗣陈王延晖实封制》等，亦强调相关王公子弟自幼受《诗》《礼》熏陶，践行名教。③

中宗即位前，也受儒家教育。大儒祝钦明曾在东宫教授他儒术。但中宗不像他的兄长李弘、李贤那样钻研圣王之道，更不能振兴儒学。相反，他复辟后先后任用著名道士叶静能、史崇恩等为国子祭酒，并与韦皇后及公主等广建寺庙、大佛，动辄耗费千万、百万钱。在此大环境下，身为大儒的祝钦明任国子祭酒时，也要故作丑态献媚取悦中宗。时人哀叹此举令"《五经》扫地"，祝钦明也被称为无操守的腐儒

---

① 当时的大臣虽然也有在奏疏中引用佛法经文者，但多是借此规劝女皇停止滥建寺庙、佛像，避免劳民伤财。参见《旧唐书》卷一百一，《张廷珪传》。
② 《唐大诏令集》卷九十九，《置鸿宜鼎稷等州制》。
③ 武则天：《授狄仁杰内史制》，载《全唐文》卷九十五；武则天：《搜访贤良诏》，载《全唐文》卷九十六。其他制书可参见《全唐文》卷九十五至卷九十六。

代表或打着儒家名号的奸佞。① 受母亲武则天影响，中宗亦道佛并重，复辟后又尊老子为玄元皇帝，不仅封道士为高官，也赐给胡僧慧范等人郡公或县公爵位。② 他还恢复武则天时期中断的贡举人兼修《老子》的传统。③

但儒家思想同样在中宗时期发挥重要作用。神龙元年（705 年），中宗复辟后，韦皇后干政，犹如武则天第二。神龙政变五功臣之一的桓彦范为此上表，引用《周易》和《尚书》文字，告诫中宗不可让韦皇后出外朝干预国政。由此可见桓彦范对儒家经典的接受程度。同年，针对中宗任用道士叶静能为国子祭酒、违背登基时"政令皆依贞观故事"的承诺，左拾遗李邕也引用孔子在《论语》中评价《诗经》思想要旨的文字，重申"思无邪"，建议中宗效法圣王尧舜修身治国，不要像秦始皇、汉武帝和梁武帝那样访神仙或拜神佛，更不要对道士尊崇有加。④

神龙二年（706 年），默啜进犯灵州，在鸣沙大败唐朝灵武军大总管沙吒忠义，随即侵犯原州、会州等地，抢掠陇右牧马万余匹。中宗苦于默啜之患，要求内外朝官员建言献策，商议应对突厥之患，由此开启了一场政策大讨论。右补阙卢俌上呈的《平突厥疏》最为有名，被大篇幅载于《旧唐书》。卢俌年少时即仰慕文儒。在奏疏中，他以周宣王中兴名臣方叔征夷狄被《诗经》歌颂等为例，强调"万里折冲，在于择将"。而关于将帅标准，他又引用《春秋左传》中晋文公以"悦《礼》《乐》而敦《诗》《书》"的郤縠为元帅等故事，强调将帅的关键素质不在逞一夫之勇，而在智慧谋略。他还引用《诗经》中《采薇》《杕杜》等篇典故，建议朝廷募民徙边，保家卫国。他建议采用古代对夷狄"来则惩而御之，去则备而守之"的法则，处理对外问

---

① 《资治通鉴》卷第二百八，"唐中宗神龙元年"条、"唐中宗神龙二年"条；《资治通鉴》卷第二百九，"唐中宗景龙二年"条、"唐中宗景龙三年"条、"唐睿宗景云元年"条；《新唐书》卷一百九，《祝钦明传》。

② 《资治通鉴》卷第二百八，"唐中宗神龙元年"条、"唐中宗神龙二年"条。

③ 《旧唐书》卷二十四，《礼仪志四》。

④ 《资治通鉴》卷第二百八，"唐中宗神龙元年"条。

题要立足保境安民，与民休息，教民守御反击，避免穷兵黩武。他援引《诗经》"惠此中国，以绥四方"诗句，强调朝廷应秉持"理内以及外，绥近以来远"原则，爱养百姓、安抚四方，等待府库充实、士卒训练有素，再考虑反击之事。中宗对其建言非常欣赏。①

当然，儒学受推崇程度的确不如往昔。尤其是武则天称制后的20余年，多用武氏诸王及驸马都尉担任成均祭酒，并常以不学无术的人充任博士、助教，儒士反而不得其门而入。又因开告密之门而破格录用告密者及推行试官制度，所以不少人不学儒家经典即可入仕。受此影响，学生们不再潜心儒学，学校近乎荒废。武周圣历二年（699年），凤阁舍人（中书舍人）韦嗣立为此上疏指出，当时社会渐轻儒学，先王之道不再被弘扬。他援引《礼记》"化人成俗，必由学乎"指出，国家设太学、庠序，令王公子弟、卿大夫士之子及国家俊才受教，学《礼》《乐》《诗》《书》等经典，故而教化有成，修成德行。所谓"自天子以至于庶人，未有不须学而成者也"。但自永淳以来（高宗去世后）20余年，国学废散，儒学之官受轻视，贵门寒族均不修儒术，入仕者少经术之士、多庸琐之才，遂使政纲大坏、百姓骚动，王朝不得安宁。他建议女皇大兴学校，尊尚儒师，并令王公以下子弟皆入国学研习儒典，不让他们以其他途径入仕，以此储备理政良才。但武则天未采纳其建议。②

收缩性战略时期：弘我王化，在乎儒术③

睿宗自谓"素不澹泊"，个性恬淡，钟情道家，修身理政皆希达到

---

① 《旧唐书》卷一百九十四上，《突厥列传上》；《资治通鉴》卷第二百八，"唐中宗景龙元年"条。
② 《资治通鉴》卷第二百三，"则天皇后垂拱二年"条；《资治通鉴》卷第二百五，"则天皇后长寿元年"条；《资治通鉴》卷第二百六，"则天皇后圣历二年"条；《旧唐书》卷八十八，《韦嗣立传》。
③ 《旧唐书》卷二十四，《礼仪志四》。

无为的最高境界。《旧唐书》亦称其"恭俭退让",因此在武则天临朝称制及改朝换代的凶险年代,能免于杀身之祸。景云二年(611年),他曾像黄帝问道广成子那样,与天台山道士司马承祯对话论道。睿宗首先请教阴阳数术。但司马承祯回答说,"道者,损之又损,以至于无为",作为奉道之人,他遵循"损之又损"原则以期达到"无为"境界,不给自己徒增负担而研究阴阳术数。睿宗又问,无为是修身最高境界,那么治国理政最高境界又是什么?司马承祯答曰,国家如身体,治国同样要顺应事物发展的自然规律,做到心无所私,天下就会大治。睿宗对此深表赞同,感叹广成子之言也不会超过司马承祯。睿宗对道教和佛教的推崇也显而易见,甚至有过度表现。如为给过世的母亲武则天增冥福,睿宗让两个女儿西城公主(金仙公主)和隆昌公主(玉真公主)做女道士,并为她们在长安城西大造道观,耗费钱财100多万缗。① 他也推行佛道并重,认为二者均在救人化俗,因此每逢法事集会,佛教僧尼和道教弟子应不分先后。他在位期间,天下滥度僧尼及道士、女道士的现象依旧严重。②

玄宗大力弘扬儒学,被誉为"好文之君"。③ 在皇太子时,李隆基就两度释奠于太学。④ 玄宗平时学习更是以大儒为顾问。他曾在制书中称,自己处理政务之暇,常喜阅览史籍,从中寻找治国灵感。开元三年(715年),他苦于读书时有惑无人可问,要宰相们推荐耆儒以供请教。宰相卢怀慎推荐"好古嗜学"、德高望重的太常卿马怀素、右散骑常侍褚无量轮流入宫侍读。玄宗本着尊奉儒师之道,每次都令他们乘轿进宫,有时还让他们在宫中乘马而行。为表示尊师重道,玄宗还亲自迎送二人,待以师傅之礼。《旧唐书》赞叹,马怀素、褚无量好古嗜学、博识多闻,遇到玄宗这样的"好文之君"加以师傅殊礼、获享

---

① 《旧唐书》卷七,《睿宗本纪》;《资治通鉴》卷第二百一十,"唐睿宗景云元年"条、"唐睿宗景云二年"条。
② 《旧唐书》卷七,《睿宗本纪》。
③ 《资治通鉴》卷第二百一十一,"唐玄宗开元三年"条。
④ 《旧唐书》卷七,《睿宗本纪》。

"儒者之荣",真可谓是少见的因缘际会。① 更重要的是,玄宗通过与儒臣交流,不断增进对史书及儒典理解,进而丰富完善治国理政之道。开元十年(722年),玄宗居然亲自训注《孝经》并颁行天下。②

玄宗的诸位皇子亦受儒学熏陶。开元六年(718年),鉴于太子李嗣谦及郯王李嗣直(玄宗长子,后被肃宗追封为奉天皇帝)等五位皇子有的快满十岁而未系统接受儒家教育,褚无量抄写《论语》《孝经》各五本呈给玄宗。玄宗知其良苦用心,于是挑选国子博士郄恒通、郭谦光和左拾遗潘元祚等人为太子及郯王以下侍读。开元七年(719年),玄宗又令太子及其他皇子赴国子监行齿胄礼,请褚无量登座讲经,百官前往观听。随后,太子到孔庙拜谒先圣。③ 开元二十七年(739年),玄宗追谥孔子为文宣王,让孔子受祭祀时穿王者之服,南向而坐,从而历史上第一次将孔子封号升至王者,以示尊崇儒术。与此同时,颜回、闵损、冉耕等孔门十哲及曾参、颛孙师等67人亦被追封为公、侯或伯。④ 在追谥诏书中,玄宗指出,"弘我王化,在乎儒术",孔子最能阐发儒家圣王之道,"立天下之大本,成天下之大经",启迪教化一代又一代人,促成政教良善,风俗淳美。他强调,自己治国理政"既行其教",就应旌表其德,隆重加以追谥。⑤

开元年间(713—741年)的臣僚亦纷纷劝导玄宗推崇儒学,践行尧舜圣王之道。开元二年(714年),礼部侍郎张廷珪、酸枣尉袁楚客等人就上疏劝导年轻的玄宗怀敬畏之心,节制欲望,推崇儒术,劝免农事,亲近端士,远离声色犬马,外不求边功,内轻徭薄赋。尤其是张廷珪假托当时关中大旱饥荒,指出这是上天担心少年天子血气方刚,自满于雄图之志,轻视尧舜圣王之道,向往秦皇汉武之功,因此警示

---

① 《旧唐书》卷八,《玄宗本纪上》;《资治通鉴》卷第二百一十一,"唐玄宗开元三年"条。
② 《旧唐书》卷八,《玄宗本纪上》。
③ 《旧唐书》卷一百二,《褚无量传》;《旧唐书》卷一百七,《玄宗诸子列传》;《新唐书》卷八十二,《十一宗诸子列传》。
④ 《资治通鉴》卷第二百一十四,"唐玄宗开元二十七年"条。
⑤ 《旧唐书》卷二十四,《礼仪志四》。

他日慎一日，如《尚书》所言"虽休勿休"，避免自傲自满。他建议玄宗如《六韬》所言"削心约志"，敦行素朴之道，不沉迷奢侈享乐，不谋武功于远域，而应休息士马百姓，远离奇伎淫巧、和璧隋珠，如老子所言"不见可欲，使心不乱"。如此，天下可太平无事。① 此前一年，晋陵尉杨相如也上疏劝玄宗吸取隋炀帝恃强纵欲而亡、唐太宗敬慎抑欲而昌的历史启示，效法太宗治国。② 杨相如对隋亡唐兴的规律总结深刻，堪称"杨相如定律"，即统治者无论身处何种战略形势下，治国理政必然是"纵欲而亡，抑欲而昌"。张廷珪、杨相如等人的建言，在当时非常有代表性，与开元年间的大战略轨迹极其吻合，也非常符合开元第一贤相姚崇治国理政的思路，对王朝重回收缩性战略起到重要推动作用。③

姚崇虽然成年时才折节读书，但颇为好学，读书有成，下笔能成章。在担任宰相期间，他辅助玄宗治国理政更能灵活运用儒家思想。如在开元四年（716年）大规模灭蝗过程中，他引用《毛诗》"秉彼蟊贼，以付炎火"等文字驳斥"泥文不知变"、反对灭蝗的一众庸儒官员。《全唐文》也收录其撰写的《先师冉伯牛赞》，显示他对儒家思想及孔子师徒的尊崇。④ 先天二年（713年），在最能体现开元年间（713—741年）大战略取向的那场对话中，姚崇即提出《十事要说》，包括希望改变武则天垂拱以来（685年以来）以严刑峻法对待臣民的方式，施行仁恕之政；吸取与吐蕃青海之战中唐军覆没教训，不求边功；杜绝租赋外的地方贡献；虚怀若谷，接纳群臣犯颜直谏；不劳民

---

① 《资治通鉴》卷第二百一十一，"唐玄宗开元二年"条；《新唐书》卷一百一十八，《张廷珪传》；《旧唐书》卷一百一，《张廷珪传》。

② 《资治通鉴》卷第二百一十，"唐玄宗开元元年"条。

③ 当然，我们在这个过程中也看到老子和兵家的思想印迹。《旧唐书》所载的张廷珪奏疏文字，在思想宗旨和行文逻辑上都与《六韬·文韬·盈虚》篇姜太公讲述尧帝治国的内容相近。这也再次证明，无论是老子、孔子或兵家的大战略，都有本质上的一大共性，那就是战略手段的应用必须坚持王道政治的方向（主孰有道）。这种共性也汇聚起古代中国大战略价值的共性。

④ 《新唐书》卷一百二十四，《姚崇传》；姚崇：《先师冉伯牛赞》，载《全唐文》卷二百六。

伤财、营建道观佛寺等。这些战略纲领其实皆是儒家治国精神的精义。①

开元年间的名相张说对玄宗兴盛儒学贡献很大。欧阳修等在《新唐书》中评价说，张说于玄宗最为有德，尤其是"开元文物彬彬"多赖其力。张说担任宰相时，多引天下名士辅佐玄宗，推行文治教化。玄宗尊崇儒术，开馆置士，遵奉太宗之政，张说之倡导功不可没。开元十一年（723年），玄宗设丽正书院（后改为集贤殿书院），征召秘书监徐坚、太常博士贺知章等文士修书或任侍讲，并给予他们优厚待遇。中书舍人陆坚认为，这些人徒费钱财，于国无益，不如全部罢去。张说驳其见识短浅，指出自古帝王功成之后，于天下无事时就会骄奢自满，广建宫室，沉迷声色。当今天子崇儒向道，不仅亲自讲经，而且礼遇文儒，努力将典籍中的圣王之道发扬光大，于国益处无穷。相比起来，设丽正书院及供给学士所费钱财实在微不足道。玄宗听闻此事后，推崇张悦而鄙视陆坚。② 由此也可看出，崇儒向道对于王朝治理的重大意义。

儒家思想也体现在玄宗治国理政的细节乃至生活中。如开元十六年（728年），玄宗亲自在宫苑种植小麦。小麦成熟后，太子李瑛及各位皇子在玄宗带领下一同收麦。玄宗自谓之所以这么做，不仅是因为要用这些小麦祭祀宗庙，也是要皇子们体会稼穑艰难，懂得农事的重要性。他还将麦子分赐侍臣，并引用《春秋左传》"无麦禾"（农业歉收）的文字指出，农业收成为古之所重，此前令使者巡察各地田亩，但报上来的情况常有不实，因此他亲自种麦以了解实情，借此告诫大臣更加重视并改进农业工作。③ 此外，开元十七年（729年），有关部门建议将每年录取明经、进士科的人数限制在百人以内。而当时胥吏出身官员每年有2000多人。国子祭酒杨玚为此上疏指出，如果采纳该

---

① 《新唐书》卷一百二十四，《姚崇传》；姚崇：《十事要说》，载《全唐文》卷二百六。
② 《新唐书》卷一百二十五，《张说传》。
③ 《新唐书》卷八十二，《十一宗诸子列传》。

建议，那么以明经、进士入仕者将不及胥史出身官员的十分之一。这意味着，用功钻研儒术者反不如小吏仕途宽阔，结果必然是"儒风浸坠，廉耻日衰"。他建议，如果是简政需要，则各色人都应裁减，而不可独减明经、进士科名额。玄宗非常赞同他的意见，有关部门的提议未能施行。①

玄宗君臣对刑罚的态度，也与武则天不同。姚崇《十事要说》第一条就是希望玄宗改变武则天垂拱以来以严刑峻法对待臣民的方式，施行仁恕之政。开元元年（713年），晋陵尉杨相如亦上疏指出，法律条文贵在简要而能禁奸恶，刑罚贵在轻缓而坚定执行。现在朝廷正打算推崇至德，大布新政，就应放小抓大。去除碎密烦苛之法，不察小过，就能避免对臣下过度苛扰。不漏惩大罪者，就能禁止大奸大恶。如此，法令简要却难触犯，宽缓却足以制止奸邪。玄宗对此甚为赞赏，其推行宽政、用法公正亦呼应了上述主张。②

玄宗君臣对道教和佛教皆取务实理性态度。姚崇对玄宗所提《十事要说》亦有不劳民伤财、营建道观佛寺事。开元二年（714年），鉴于中宗以来僧尼泛滥及众多富户强丁伪装出家以逃避徭役的做法，姚崇又奏言甄别淘汰之。其核心论点是"佛不在外，求之于心"。他认为，佛图澄、鸠摩罗什受尊崇，不能挽救石赵和姚秦灭亡。北齐文襄帝和南梁武帝也难因崇佛而免遭祸。只要苍生安乐，即是佛身（功德），何必滥度奸人出家。玄宗对他的建议深以为然，于是命甄别天下僧尼，淘汰伪出家者1.2万多人。③ 同时，鉴于孝敬父母乃天地之义，玄宗又引用《诗经》"哀哀父母，生我劬劳"诗句，敕令道士、女冠及僧人和比丘尼敬拜父母，使"行教而不废于礼"。开元二十一年（733年），又下敕书强调此令，尤其重申僧人与比丘尼要拜父母。④ 姚

---

① 《资治通鉴》卷第二百一十三，"唐玄宗开元十七年"条。
② 《资治通鉴》卷第二百一十，"唐玄宗开元元年"条。
③ 《新唐书》卷一百二十四，《姚崇传》；《资治通鉴》卷第二百一十一，"唐玄宗开元二年"条。
④ 《令僧尼道士女冠拜父母敕》及《僧尼拜父母敕》，载《唐大诏令集》卷一百一十三。

崇对佛教的理性认识更为深刻，这还体现在《遗令诫子孙文》里。他在这份遗嘱里强调，佛教本以清净慈悲为本，愚者却以写经造像求福报。他指出，当年北周多除佛法而修兵威，北齐广置僧徒而凭佛力，结果齐亡周兴。这证明所谓修福报何其荒谬。他又指出，梁武帝、北魏胡太后皆以奉佛闻名却亡国破家，本朝中宗及太平公主、武氏和韦氏集团等皆度人造寺，也难免被杀。他更指出，"释迦之本法，为苍生之大弊"，要子孙不要效法愚昧之徒搞迷信。①

玄宗对道教虽然也很推崇，但在开元年间（713—741年）总体上是理性的。根据《新唐书》《历代崇道记》等记载，玄宗还亲注《老子道德经》，于开元二十一年（733年）诏令士庶家中各藏其书，贡举时又加试《老子》。开元二十九年（741年），设立崇玄学，令生徒专攻《老子》《庄子》《文子》《列子》等道家经典，并如明经入仕一样参加道举。② 玄宗推崇老子，并吸收其清静无为的思想，在内外政策上皆与民休息。但老子、道家不等于道教。玄宗避免让道教卷入政治。开元六年（718年），河南参军郑铣、硃阳丞郭仙舟投匦献诗，其文理推崇道家法度，但不切实际，无益时政。于是玄宗免去二人官职，度他们为道士。③

需指出的是，玄宗不仅亲注《孝经》和《道德经》，且在开元二十三年（735年）亲注《金刚经》（《金刚般若波罗蜜经》）并颁行天下。④ 这不代表他皈依佛门，而是为安抚佛教信徒。正如他在《金刚经》注序中所言，他亲注该经，是"顺乎来请"，即顺应佛教僧人请求，而非主动为之。⑤ 有学者也强调，玄宗亲注三经，实有儒道佛先后

---

① 《旧唐书》卷九十六，《姚崇传》；《资治通鉴》卷第二百一十二，"唐玄宗开元九年"条。
② 《新唐书》卷四十四，《选举志上》；杜光庭：《历代崇道记》，载《全唐文》卷九百三十三；《旧唐书》卷八，《玄宗本纪上》。关于李隆基注《道德经》成书年代，可参见柳存仁：《和风堂文集》（上册），上海：上海古籍出版社，1991年版，第475页。
③ 《资治通鉴》卷第二百一十二，"唐玄宗开元六年"条。
④ 《册府元龟》卷五十一，《帝王部·崇释氏》。
⑤ 李隆基：《金刚般若波罗蜜经（御注并序）》，载中国佛教协会、中国佛教图书文物馆编：《房山石经:隋唐刻经》（第三册），北京：华夏出版社，2000年版，第333页。

次序及主动被动之别，虽彰显三教并重及合一，但不意味着他成为佛教徒，而更多是出于稳固统治的考量。①

在对外交往中，也可看到玄宗对儒家推崇及以之发挥对外感召作用。中宗时期，蕃王及可汗子孙愿来大唐入学者，即可至国子学读书。② 开元十六年（728 年），新罗就向大唐求问儒家经教。开元二十五年（737 年），新罗王金兴光卒，玄宗派遣左赞善大夫邢璹摄鸿胪少卿前往吊祭，并册立金兴光之子金承庆为新王。邢璹出发前，玄宗特意叮嘱说，"新罗号为君子之国，颇知书记，有类中华"，要他发扬精通儒术及讲论特长，到新罗后"阐扬经典，使知大国儒教之盛"。③

---

① 参见徐新源：《唐玄宗注〈金刚经〉与唐朝三教合一政策的形成》，载《唐都学刊》，2021 年第 2 期，第 25 页；柳存仁：《和风堂文集》（上册），上海：上海古籍出版社，1991 年版，第 474—476 页。
② 《新唐书》卷四十四，《选举志上》。
③ 《旧唐书》卷一百九十九上，《新罗传》。

本编小结　五个王朝的大战略思想取向总论

在不同的战略环境下,要应对内外威胁,实现天下大治乃至开创新的盛世,选择正确的大战略方向至关重要,而万变不离其宗的是良政善治,是建设理想国家、推动历史进步的格局与胸怀。

秦以奉法而国强,以迷信诈力、缺乏建设理想国家的胸怀而败亡。秦朝崛起于礼崩乐坏的春秋战国时代,在实现大一统之前,长期面临残酷复杂的生存环境。在大争之世,彻底而一以贯之的变法革新,使秦朝脱颖而出。但面对新形势,其顽固坚持申韩之术、商君之法,"务胜不休",不能在治国之道上及时改弦更张,反而嘲笑儒家推崇的圣王之道,继续推崇诈力、鄙弃仁义,最终迷失战略方向,走向历史的死胡同。

自汉高祖至汉景帝三代人,西汉王朝吸取秦朝"独尊法术"而两世即亡的教训,实行内外休息不扰、无为而治的方略。在王朝意识形态上,则以黄老思想为主导。儒家也渗透进王朝决策,但处在辅助地位。法家则成为被批判对象,其信徒亦遭贬斥。这是在大一统背景下对大战略方向的历史性调适,更是对战国以来崇尚威势强权思维的拨乱反正,完成了本应由秦朝承担的历史使命。它以安集百姓、羁縻外部势力为方式,对外推行和亲、通使等政策,用兵谨慎,战略取向以收缩性、和解性为内核。

汉武帝即位之后，深入思考大战略与时俱进问题，复兴儒家主张的圣王之道。自春秋战国以后，近500多年间儒学政治上受压抑、儒者从政不得志的状况大大改观，儒学迈入大一统王朝的意识形态舞台中央。大量儒生进入朝堂，甚至位列三公，以儒学经义理政施教，对王朝大战略产生深刻影响。黄老学说开始退出历史舞台，汉朝开始开拓进取，大规模举兵反击匈奴，但能吸取秦亡教训，用兵目标有所节制。当然，需要指出的是，兵家对西汉王朝决策的影响也在显现。然而，自元封二年（前109年）起，武帝时期的大战略行为轨迹走向激进性，治国理政有滑向秦朝道路模式的趋势。武帝的战略专注力为政治虚荣和非理性因素干扰，成为其在位后期理政水平滑坡的一大原因。

自征和四年（前89年）起，年近古稀的汉武帝深刻反省即位以来的"狂悖"所为，及时转回收缩性战略模式。儒家学说在王朝意识形态体系中的主导地位继续加固，政治精英修身、治国、平天下愈发推崇儒术。汉武帝去世后，辅政的霍光在20年里很好延续了他的战略转轨思路，着力推进休养生息、富民养民的方针，减少内外诸事。在一系列战略决策中，儒家信徒坚守王道大义，张扬《诗》《书》《礼》《乐》《易》和《春秋》等六经精神，致力天下治平。汉宣帝虽称汉家制度"本以霸王道杂之"，对儒家秉持实用主义态度，特别是在位中后期，"不甚从儒术"，但这也导致其在位后期治国理政水平的后退。此外，在诸多涉及对外战略重大决策的过程中，宣帝重视儒家箴言，重内轻外，并且根据儒家思想，确立以仁义和恩德应对匈奴乱局的长远谋略。

汉光武帝以"柔道"理天下而著称。从这一方略确定的历史过程，可见儒家学说在王朝意识形态体系中的主导地位，也能看出黄老学说乃至兵家的深刻影响。他留心《尚书·洪范》之法，修文偃武，奉行"柔克之政"，以柔治内，对外亦基于"柔弱胜刚强"原则，强调"舍远谋近""务广德"，力行逸政德政，避免"舍近谋远""务广地"。汉明帝"继体守文"，在治国方针上继承父亲衣钵，不仅崇尚儒学，而且精通儒经,进一步提升了儒学在王朝意识形态中的地位。

汉明帝在位末年及章帝时期,东汉的大战略愈发积极有为。两代帝王皆雅好儒术,继体守文,坚持圣王之道,将夏商周三代以后的"风化之美"推至历史新高度。但这一时期,北匈奴持续侵扰,东汉王朝被迫思考新的对策,发挥《司马法》"以战止战,虽战可也"精神,提出"以战去战,盛王之道"思路,遂效法汉武帝伐匈奴故事,以战去战,消除边患。"汉家宰相,无不精通一经",在这一时期体现得尤为明显,更显示儒家对王朝战略决策的影响。

窦太后临朝及汉和帝亲政时期,儒家虽然受到推崇,但对圣王之道的践行程度不一,导致其战略结果的迥异。和帝亲政前的四年里,窦太后临朝听政,窦氏兄弟擅权专横。窦家对儒学虽颇存敬畏,但实践中却违背儒家先内后外原则,不顾一众儒臣激烈反对,背离"以德胜人者昌,以力胜人者亡"教训,无视百姓之苦,劳师远征,滑向激进性战略轨道。① 和帝亲政后,力行圣王之道,停止对北匈奴深入穷追,重点经略西域,使东汉大战略回归积极性轨道。这一时期,《司马法》等兵家也在对王朝战略取向发挥影响。

隋文帝即位后,面对魏晋南北朝的大动乱、大破坏造成的制度和精神大崩溃大裂变,在收拾山河同时,收拾礼乐典章和世道人心。平陈后,文帝偃武修文,持续以儒家治国教民,并使儒业成为文武精英修身治学的必修课。儒家以德为先等理念被应用到王朝的战略决策中,儒家学说在王朝意识形态中的地位得到恢复。

隋炀帝善于矫饰,空有建学之名,而无弘道之实。他好大喜功、暴虐无道,但发布的诏书却看不出相关迹象,言必称仁义道德、节用爱民,满纸儒家经典词句。在内对方面,炀帝与他标榜效法的古代圣王的治国之道的轨迹南辕北辙,"口诵尧、舜之言而身为桀、纣之

---

① 需指出的是,窦太后决策北伐时,受到儒臣激烈反对。这正如梁启超先生所言,几千年来最具有反抗精神的学派乃是儒家。东汉为儒学最盛时代,最令当时昏庸帝王头疼者也恰是儒家大师。参见梁启超:《儒家哲学》,长沙:岳麓书社,2010年版,第11页。

行",隋朝的大战略也因此出现思想与行动的失调。

唐高祖和太宗初期,儒家思想在王朝意识形态领域的地位得到提升,并被运用到治国理政中。唐高祖"平乱责武臣,守成责儒臣",兴化崇儒。唐太宗日昃玩百篇,临灯披《五典》,自称所好"唯尧舜周孔之道",强调尧舜周孔之道须臾不可缺失,批判商鞅、韩非子等法家人物,将商韩刑法定义为清平时代的"秕政"。还需看到,《老子》蕴含的大战略思想也对太宗战略运筹也发挥了重要启迪作用。

自贞观三年(629年)年末起,儒家思想对大战略决策的影响愈发突出,进一步助推了贞观之治。唐太宗君臣以儒家思想作为处理政务的遵循,特别是在确立与民休息的治国方针及在讨论君道、政体、刑法、征伐和安边等具体问题时,也多依据儒家经典,言必称尧舜及禹汤文武之道,布德施惠,把儒家心目中的理想国变成了现实。当然,太宗对先祖老子及其无为而治的思想也怀有敬意,曾强调贞观以来国运昌隆、天下安定,是由于他奉行老子顺应自然、无为而治的治国方针。

唐高宗"薄于儒术,尤重文史",武则天崇佛,但儒家地位难以撼动。儒学在当时受推崇程度的确不如往昔,但儒家思想仍深刻影响王朝大战略。儒家经典仍是高宗心中储君专习的教材。高宗时代的文臣武将依旧深受儒家思想的影响。武则天兼涉文史,虽将佛教置于儒家之上,但深知儒术对其治国理政的意义。她国号为周,更尊奉儒家推崇的周文王和周武王为先祖,在她有关治国理政的制书及诏令中,大量可见儒家典籍文字及尧、舜、周文王和周武王等先王之道。中宗即位前,也曾受儒家经典教育。

唐玄宗开元时期(713—741年),儒教复兴,儒家思想更深入治国理政的细节。唐睿宗钟情道家,修身和理政以无为为最高境界。玄宗大力弘扬儒学,被誉为"好文之君"。他处理政务之暇,常喜欢阅览史籍,通过与儒臣交流,不断增进对史书及儒典的理解,丰富自己的治国理政之道。开元年间的臣僚亦劝导玄宗推崇儒学,辅助玄宗践行尧舜圣王之道,不谋武功于远域,休息士马百姓,验证了"纵欲而亡,

本编小结　五个王朝的大战略思想取向总论　　　　　　　　　　　　　319

抑欲而昌"的定律。大唐"儒教之盛"的对外感召力也得到彰显。

　　综上，法家、道家、儒家都曾作为王朝的治国指导思想而存在，而以儒家占据治国之道殿堂中央时间最久、地位最高。兵家在不同时期亦对战略决策产生了影响。秦朝的败亡使法家声名狼藉，其推崇诈力的思维此后无法进入王朝治国之道的殿堂。道家在西汉初期占据主导地位，至东汉及唐朝等时代的不同时期，虽地位不再处于主导，但其无为而治、与民休息的治理主张仍能不同程度受到推崇并对国家战略发挥关键影响。自汉武帝"罢黜百家，独尊儒术"以来，儒家推崇的圣王之道全面渗入王朝治国理政的各角落，深刻影响自西汉以至隋唐的内外战略决策。明智的王朝决策者遵循尧舜禹汤文武之道，坚持以民为本，以内部安定繁荣为首要关切，以百姓疾苦为第一考虑，致力德政善治，抚内安外，以文德怀远。儒家在此后的历史长河中也基本占据着意识形态的主流地位。这与前一编有关王朝的大战略行为"以收缩性战略与进取性战略占比最多、而以收缩性战略为主导"的特征一致，表明五个王朝的大战略思想取向与其战略行为基本吻合，证明儒家推崇的圣王之道占思想主流的趋势下，王朝的大战略行为也体现出和平温和而又富于进取的精神特征，充满了战略弹性和活力。当然，需要注意的是，在战略行为中表现出激进性特征的隋炀帝等时代，战略思想取向却宣示的是儒家圣王之道。

　　既然王朝大战略取向与其相应时期的行为一致，就可以开启第三步检验，探究这些朝代战略思想取向的文化本源，分析后者的大战略导向是否一致。这些文化本源产生于国家早期历史或"轴心时代"。本编涉及的战略文本中得出的文化本源主要指向儒家、道家、法家以及兵家。① 因此，下一步重点对这四个思想流派的大战略导向进行分析比较。

---

① 亦如叶自成教授指出,最能代表中国战略文化并起主导作用的,是春秋战国时期老子、孔子、商子与管子四大学派。参见叶自成:《从华夏体系历史看美国国际关系理论范式的西方特色》,载《世界经济与政治》,2012年第2期,第19—20页。事实上,商子(商鞅)本身即为法家代表人物;而管子的思想相当庞杂,包含法家、儒家等各派观点,尤其有很强的法家色彩。

第三编
中国文化本源的大战略导向

　　作为中国古代文化本源的儒家、道家、兵家体现出统一或共通的战略价值观，推崇善政良治、和平与道义，排斥强权威势。特别是儒家提供的大战略蓝图，深刻触及治国理政的各个方面，推动相关王朝成为受仰慕的世界一流强国，也因此长期成为中国古代相关王朝的主流意识形态。法家推崇霸道，执迷"大争之世"及"争于力"，极易堕入战略灾难深渊，非"致化之通轨"。秦朝仅历二世而土崩瓦解，更使其声名狼藉而难入后世王朝的战略思想殿堂。

　　总之，中国古代战略文化以儒家为主流，道家和兵家为辅助，形成内涵多元丰富而又有统一指归的思想大熔炉。这使其充满弹性韧性，亦使大一统王朝动静张弛合宜，迸发出强大战略活力和创造力，更为人类大战略实践寻求具有进步性、理想性且经世致用的理念指引。

老子思想的大战略导向：太上，不知有之

老子的思想主要体现在《老子》一书中。关于《老子》及老子其人，学术界一直存在争议。1973年马王堆黄老帛书及1993年湖北荆门郭店楚墓出土的竹简本《老子》，确定《老子》大约成书于战国中期。关于老子其人，自汉初就有老聃、老莱子、太史儋三种版本。笔者认为老子即老聃，姓李名耳字伯阳，与孔子同时代而长于孔子，并曾为孔子老师。在中国古代学者眼中，《老子》是部难被准确定义学派归属的书。① 班固认为《老子》所代表的"道家者流"出于史官，记录"成败存亡祸福古今之道"，深知"秉要执本，清虚以自守，卑弱以自持"等"君人南面之术"。② 苏辙、王夫之等则认为《老子》是兵书，③ 宋儒如二程、朱熹等则以为《老子》是"阴谋权诈之书"。④ 这些都从侧面表明，老子思想包罗万象，囊括了政治、军事等诸多领域。当然，对黄老之术深有钻研和体悟的西汉丞相陈平则认为，阴谋诡计

---

① 关于各家对老子其人其书的意见，可参见胡道静编：《十家论老》，上海：上海人民出版社，2006年版。
② 参见《汉书》卷三十，《艺文志》。
③ 李泽厚：《中国古代思想史论》，天津：天津社会科学院出版社，2003年版，第70页。
④ 陈鼓应：《老子的素朴思想及其入世的方式》，载胡道静编：《十家论老》，上海：上海人民出版社，2006年版，第429—430页。

乃"道家之所禁"。①

《老子》一书，结构和文体类似杂记，其编排缺乏系统性、逻辑性；字句精炼，文义断续，易生歧义；其论证有时又很简要，直指结论，理解起来较为困难；又因先秦古籍多为竹简，容易在流传中发生错简和被后人增删、修改，更增加了理解难度。② 但老子的思想，以"道论"和"德论"两部分组成，大多从对道的阐发而延伸到人生观、政治观的规定，整体的思想逻辑其实是简洁易辨的。因此，仔细梳理，老子思想的大战略导向是清晰可见的。

老子的道

道是《老子》最核心的概念，后世信奉老子思想的人之所以被称为道家，即是因为这个关系。道被认为是宇宙本原，是老子人生论和政治论展开的依据。

道是宇宙的本原。如《老子》第一章所说："道可道，非常道；名可名，非常名。无，名天地之始；有，名万物之母……此两者，同出而异名，同谓之玄。玄之又玄，众妙之门。"第四章说："道冲，而用之或不盈。渊兮，似万物之宗。湛兮，似或存，吾不知其谁之子，象帝之先。"第六章说："谷神不死，是谓玄牝。玄牝之门，是谓天地根。"以及第四十、四十一章说："天下万物生于有，有生于无。""道生一、一生二，二生三，三生万物。"

---

① 《史记》卷五十六，《陈丞相世家》；《汉书》卷四十，《陈平传》。
② 张玉良：《老子译解》，北京：中国社会科学出版社，2008年版，第259页。张玉良的《老子译解》以王弼注本为基础，参考1973年马王堆汉墓出土的帛书以及其他注本加以修订而成。其每章之后，且能分列出多位《老子》研究大家对《老子》该章的解释和理解，甚为难得。本文所引《老子》原文多出自该书及陈鼓应：《老子今注今译》，北京：商务印书馆，2008年版；王弼注，楼宇烈校：《老子道德经注》，北京：中华书局，2011年版；马恒君：《老子正宗》，北京：华夏出版社，2007年版；蔡尚思主编：《诸子百家精华》（上），长沙：湖南教育出版社，1992年版；任继愈：《老子新译》，上海：上海古籍出版社，1978年版。

道不仅生成万物，而且是万物运动的发展动力："道生之，德畜之，物形之，势成之……故道生之，德畜之，长之育之，成之熟之，养之覆之。生而不有，为而不恃，长而不宰。"① 道生成万物以后，就内隐、分化到了万物之中，而成为万物的本性和内在推动力。万物依照得之于道的本性而自由发展、变化，此即"德畜之"。德是道之用，是道之分，是"一物所得之于道而成其体者"。② 道与德构成万物发生、发展的依据，而道又为德之本。因此，道更为重要。

可以说，"道"组成了老子哲学的宇宙论的基本内容。而老子哲学系统的发展，则是由宇宙论延伸到人生论和政治论。③ 老子的这个形而上的道广施于人生与政治、战略及其他各领域，"人法地，地法天，天法道，道法自然"，道其实正是其人生论和政治论（德论）展开的依据。

道既然如此重要，那么，它本身是什么样的，拥有什么特征呢？

（一）道冲、道渊、道湛

在《老子》一书中，纯粹涉及道论（论及道的属性与特质）的主要有第一、四、六、十四、二十一、二十五、三十四、四十、四十一、四十二、五十一等篇章。第一章通常被认为是《老子》道论的总纲。但笔者以为，对理解道论而言，第四章和二十五章更重要。从这两章切入，可以提纲挈领，把握住道的核心内容与特质。

第四章总结了道的三种主要特质，即道冲、道渊和道湛。"道冲"是说，道"空虚""常无"，是一种虚空若无、不可感知、不可捉摸的东西。它视之不见、听之不闻、搏之不得，寂兮寥兮，恍兮惚兮。然而，它又"用之或不盈"，生成、畜养万物却永不穷竭。它"名天地

---

① 《老子第五十一章》。
② 张岱年语，转引自张玉良：《老子译解》，北京：中国社会科学出版社，2008年版，第214页。
③ 陈鼓应：《老子哲学系统的形成》，载胡道静编：《十家论老》，上海：上海人民出版社，2006年版，第375—376页。

之始"，以几近于无的精细微小形式作为构成宇宙万物的基本物质。"道渊"是说，道深奥难测，而为万物本原。它先于天地万物而存在，是天地万物之始；又"象帝之先"，先于所谓"上帝神人"的存在，连老子也"不知其谁之子"，不知道它由何而来，不知道有更早于它的物体存在。"道湛"是说，道虽然如水之清澈无物，但又真实存在，是"无状之状，无物之象"。它"迎之不见其身，随之不见其后"，① 其迹几近于无，却又"其中有精，其精甚真，其中有信"，② 是真实存在的，而非虚空。

以第四章为总纲，我们可以把其他涉及道论的章节看作是该章的注解或发挥，抓住道的主要特征。同时，参考第二十五章，则对于道的特质，即能有更深入理解。第二十五章说"有物混成，先天地生"，是指道先于天地万物而生，是对"道渊"的诠释。"寂兮寥兮"，道不可捉摸、感知，则可以视为对"道冲"的阐述。它"道湛，似或存"，独立存在，周行而不殆，是宇宙万物的本原和运动动力。它本是不可道、不可名的，但又必须表述它，于是就强行命名为"道"。"道"不过是一个勉强的称号，它亦可以用"大"来表述，"故强字之曰大"。③ 在《老子》一书中，道的称谓其实还有很多，如"一""朴""无""小"等，均是为了指代包含有"冲""渊""湛"特征的宇宙本原。

（二）道之玄德与道法自然

道"渊"与"湛"的特质意味着，道生养万物，是天地之始、万物之母，并且是万物变化发展的原动力。道之功劳如此之大，但它又拥有"冲"的特征，不可感知、捉摸，寂寥空虚如同不存在一样。这

---

① 《老子第十四章》。
② 《老子第二十一章》。
③ 《老子第二十五章》。

正构成了道的伟大品质——"生而不有,为而不恃,长而不宰"① 的玄德。

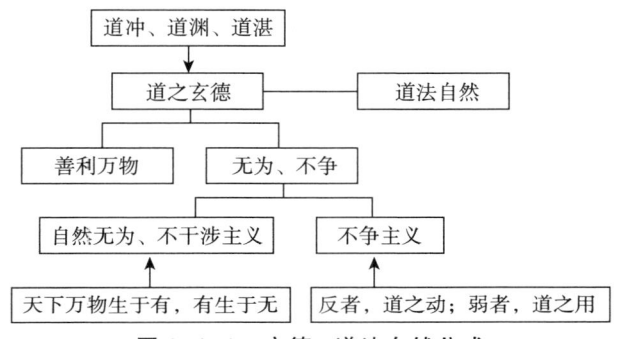

图 3.1.1　玄德 = 道法自然公式

资料来源:作者根据《老子》整理而成。

道的这种"善利万物而不争"的玄德,亦即老子所说的天地人所应效法的"道法自然"。道法自然,是说道的运行规律是"自然"。所谓自然,即自然而然,本身如此。道法自然,要求"辅万物之自然而不敢为",② 令万物各按其本性发展,而不妄加干涉骚扰,不加主宰。小结之,玄德意味着道拥有两种伟大的品质,即①善利万物(道渊、道湛);②不争、不有、不恃、不宰等(道冲)。此亦即道法自然,而天地人皆应该效法之。

仔细剖析,道法自然意味着,道虽善利万物,但其方式实质是以①"德畜之","常无为而无不为",③ 以不干涉及放任主义,任物顺性发展。所谓物性各异,而道不弃物,道不弃人。②不争、不有、不恃、不宰,即指道常无欲,故可名小,它无欲、无私,常能以清静、无私寡欲,处下、抱柔守雌而自处。

---

① 《老子第五十一章》。关于玄德,亦可以参见《老子第二章》《老子第三十四章》等。
② 《老子第六十四章》。
③ 《老子第三十七章》。

如图3.1.1所示，这种玄德=道法自然的公式，又可根据《老子》第四十章而加以佐证。《老子》第四十章说："天下万物生于有，有生于无。"，意味着天地万物的根本在于几近于零的无。回顾老子所说的"大曰逝，逝曰远，远曰反"，[①] 可以看出，道周流不息，贯穿于天地万物，但终究要归根复命，"归于朴"，归于无。万物之运动终究要归根反本，而这一本正是"无"，因此人类之法道，亦应该"无为"也。而该章所言之"反者，道之动"，则是说万事万物相反相成，总是在向着对立的一面运动转换，即事物可由小到大，由弱到强，由下到上，由贱到贵；又可由大到小，由强到弱，由上到下，由贵到贱。因此，立身处世、修身治国，如果要保持长久，则需要持柔弱之道，抛弃常人希望的表面的"强""大""贵""上"，践行"柔弱胜刚强"的理念。在现实中，奉行贵柔守雌、不争处下、无私寡欲等不争主义原则。

"反者，道之动；弱者，道之用。天下万物生于有，有生于无"再次意味着，自然无为与不争主义作为道的两大玄德，是天地人所应当秉奉的道理。自然无为与不争主义（以及不争主义之分原则）的阐述在《老子》一书中的篇幅，可参见表3.1.1。

表3.1.1 《老子》中有关"自然无为"和"不争主义"的章节

玄德之用	章节
自然无为	第二、三、十一、十七、十八、十九、二十、二十三、二十七、二十九、三十二、三十五、三十七、三十八、四十三、四十八、四十九、五十七、五十八、六十、六十五章

[①] 《老子第二十五章》。

续表

玄德之用		章节
不争主义	清静	第五、十、十六、二十、二十六、四十五、四十七、五十九、七十一、七十二、七十四章
	无私寡欲	第七、十二、十三、十九、四十四、四十六、五十、五十三、五十五、五十六、五十九、六十七、七十二、七十五、七十七、七十九、八十、八十一章
	不争处下	第八、二十二、二十四、六十六、六十七、六十八、六十九章
	贵柔守雌	第二十八、三十、三十一、三十六、三十九、五十二、六十一、六十三、六十四、六十六、六十七、七十三、七十六、七十八章

资料来源：作者根据《老子》整理而成。

老子的道之于政治

老子说："天下有始，以为其母。既得其母，以知其子。既知其子，复守其母，没身不殆。"① 这是说，道是万物运动的发展动力和天地人所应当效法的准则。了解了道的运动规律，在现实中也应该以之为指导。对于统治者，老子寄希望于他们能够实践道，发挥道在现实政治中的无穷功用，从而利己利国利民，给统治者自身、国家和普罗大众带来长久的福利。所谓："善建者不拔，善抱者不脱，子孙以祭祀不辍。修之于身，其德乃真；修之于家，其德乃余；修之于乡，其德乃长；修之于邦，其德乃丰；修之于天下，其德乃善。"② "道常无名，朴。虽小，天下莫能臣，侯王若能守之，天下将自宾。"③ 即是说，遵

---

① 《老子第五十二章》。
② 《老子第五十四章》。
③ 《老子第三十二章》。

循道可以使一国社稷长久，引来四方归附。

既然"侯王"（实际的统治者）应当守道，那么，其行为准则是什么呢？上文已述，道具有"冲、渊、湛"的特征，拥有伟大的玄德。它法自然，而以"反者"为道之动，"弱者"为道之用，在具体原则中奉行自然无为的放任主义和清静、不争处下、抱雌守弱的不争主义。具体到实际政治中，这些原则便体现为大战略内涵的国内、外两个层面。

（一）国内政治中的运用

在老子看来，国家的治理方式从高到低有四个层次："太上，不知有之；其次，亲而誉之；其次，畏之；其次，侮之。"①

行无为之政，以放任主义，任民众自由生计、自由发展，以至于民众无法感知统治者的存在，而以为一切不过是他们自然而然所致。这种为政境界，即"太上，不知有之"，是老子所认为的最高等级的国家治理方式。这种治理方式要求为政者能"为天下浑其心""以百姓心为心"，② 不妄逞一己之巧智和私欲，"无狎其所居，无厌其所生"，③ 而令民众自由发展，达到"我无为而民自化，我好静而民自正，我无事而民自富，我无欲而民自朴"④ 的效果。而其他的治国方式，如行仁义而令百姓赞誉、行严刑峻法而令百姓畏惧、行压迫而令百姓造反等，都是等而下之了。

老子认为，为政者体道治国，当"损之又损，以至于无为，无为而无不为"。⑤ 如果不能如此，而违背道的原则，妄逞私欲，以苛政扰民，则必将造成如下局面："朝甚除，田甚芜，仓甚虚；服文采，带利

---

① 《老子第十七章》。
② 《老子第四十九章》。
③ 《老子第七十二章》。
④ 《老子第五十七章》。
⑤ 《老子第四十八章》。

剑，厌饮食，财货有余；是谓盗夸。"① "天下多忌讳而民弥贫；人多利器，国家滋昏；人多伎巧，奇物滋起；法令滋彰，盗贼多有。"②

这种局面的警示意义在于，统治者不要以个人的耳目口腹之欲、名利之心，大兴土木，妄夺民时，妄费民力；不要以苛繁的政令、法规，束缚民众手脚，使民动辄得咎；而应该行无为之政、不言之教，以放任主义，令民众自由富足。即如众所周知的老子名言"治大国若烹小鲜"。用现代政治术语而言，即应该奉行"小政府、大社会"的施政方针。

（二）对外政治中的运用

对外政治包括外交与军事两个方面。无可例外，其同样应秉持道之无为与不争主义，尤其是后者为指南。不争主义意味着，处下不争、守柔用雌等原则。

1. 外交原则

在道的玄德中，处下不争是重要内容之一。老子认为"上善若水"，水最能体现这种品质。"上善若水。水善利万物而不争，处众人之所恶，故几于道。""江海之所以能为百谷王者，以其善下之，故能为百谷王。"③ 其意思是说，"水"或"江海"不仅滋养万物，而且甘愿处于"众人之所恶"的天下卑位，而令万物自然流归之，因此"几近于道"。

所以，为政者立身处世亦当效法这种原则，"居善地，心善渊"，像水那样处下不争，深沉无欲。故而，在与邻国交往时，奉行处下不争的精神："大国者下流，天下之牝，天下之交也。牝常以静胜牡，以静为下。故大国以下小国，则取小国；小国以下大国，则取大国。故或下以取，或下而取。大国不过欲兼蓄人，小国不过欲入事人。夫两

---

① 《老子第五十三章》。
② 《老子第五十七章》。
③ 《老子第八章》《老子第六十六章》。

者各得其所欲，大者宜为下。"① 意思是说，大小国相处，彼此都应"以下相取"。大国应谦下不争，如同处于地理位置低端的江海容纳百川一样，以低姿态的雌性沉静精神获得小国的信任和依附。小国基于现实主义考虑，在与大国交往时，更应该恭敬谨慎，在谦卑处下的态度中，得以保全。

2. 对外战争

老子说："吾有三宝，持而保之。一曰慈，二曰俭，三曰不敢为天下先。"② 这是老子对体道者所应当践行原则的一种笼统式概括。③ 所谓"慈"，是说要如道善利万物一样，慈爱民众；所谓"俭"，是说要清静寡欲，不妄行扰民之政，不放纵私欲；所谓"不敢为天下先"，是说要谦卑处下，"后其身""外其身"，无私大公，甘居人后。三宝中，"慈"又是首要之宝。因为惟有能慈爱百姓的为政者，才能进一步拥有"俭"与"不敢为天下先"的美德。因此，体道者尤其要注意奉行"慈"的精神。

战争，在老子看来，通常是统治者为满足私欲、逞强好勇所致。在老子看来，"祸莫大于轻敌，轻敌几丧吾宝"，④ "舍慈且勇"⑤ 的战争，将会偏离三宝，招致大祸。在这里，"轻敌"不是"骄傲轻敌"的意思，而是指"轻易开启战端"，也就是说，统治者不可以为满足私欲、逞强好勇，而任意发动战争。"师之所处，荆棘生焉。大军之后，必有凶年。"任何战争的发生都是大灾难的开始。所以，老子对战争是排斥和厌恶的。他认为，战争或与战争相关的东西皆是"不祥之器"，"物或恶之"，是人类社会中不正常的现象，"非君子之器"，⑥ 为有道

---

① 《老子第六十一章》。
② 《老子第六十七章》。
③ 所谓笼统式概括，是说关于这三种原则的阐释不如清静无为、不争等具体详细，在《老子》一书中，对这三种原则的直接表述也比较简略。
④ 《老子第六十九章》。
⑤ 《老子第六十七章》。
⑥ 《老子第三十一章》。

者所不取。他尤其反对恃大逞强的侵略性战争,认为"强梁者不得其死""以兵强天下者,其事好还",① 好战者是不能长久的。

但老子对反侵略性质的战争并不反对,且在相关篇章里提出过应敌之道。不过,即使对反侵略战争,老子也还是主张"善者果而已","不得已而用之,恬淡为上"。② 老子认为,反侵略战争终究是不得已而为之,即使取胜也不应该欢欣鼓舞,庆祝胜利;而应该胜之不美、不骄、不伐、不矜、不强,③ 以丧礼处之,悲哀莅之,更不应该趁机扩张。这也是老子在"善者果而已"中,为避免"美、骄、伐、矜、强",所以不称反侵略战争的胜利为"胜",而只是称其为"果"。

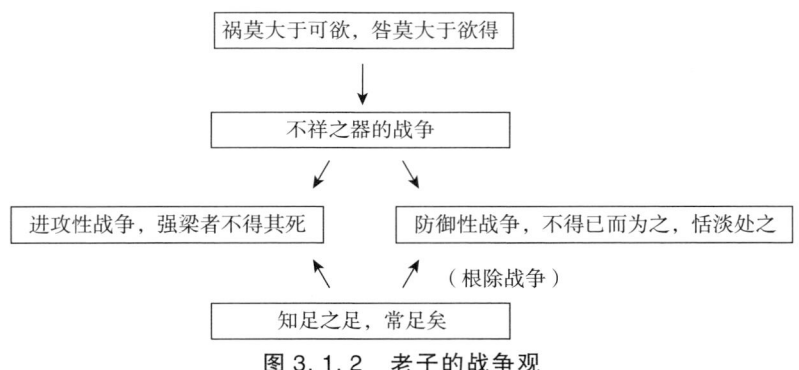

图 3.1.2　老子的战争观

资料来源:作者根据《老子》整理而成。

可见,老子对战争是不赞同的,这与国家交往"以下相取"的主张是一致的。然而,老子于反对战争之外,还能更进一步,为根除战争开出药方。老子说:"天下有道,却走马以粪。天下无道,戎马生于郊。罪莫大于可欲,祸莫大于不知足,咎莫大于欲得。故知足之足,常足矣。"④ 在老子看来,根除战争而达到"天下有道,却走马以粪"的药方在于寡欲知足、为政者的不纵贪欲。虽然这一主张对现实而言,

---

① 《老子第三十章》。
② 《老子第三十一章》。
③ 参见《老子第三十章》。
④ 《老子第四十六章》。

太过理想主义，但作为老子不争主义的逻辑延伸，并非毫无意义。小结之，老子的战争观如图 3.1.2 所示。

至此，老子由道论而至于大战略的推论完成了逻辑链条的衔接，并在现实中具备了可操作性，足以供"侯王守之"了。需要补充的是，笔者要对老子的"小国寡民"思想加以说明。《老子》第八十章说："小国寡民。使有什伯之器而不用……虽有舟舆，无所乘之；虽有甲兵，无所陈之；使民复结绳而用之……邻国相望，鸡犬之声相闻，民至老死不相往来。"这段话通常被理解为体现的是老子追求的"国家小、人口少""国与国之间相互不往来"的理想。这种理解从表面上看并不为错，但笔者更赞同冯友兰等人的理解，认为其所说的并不是社会理想，而是精神境界。① 老子的"小国寡民"主张，也不应以文字表面的含义断之，而应理解为老子用夸张手法描绘的理想社会图景，其中寓含着老子大道自然无为的思想。② 所谓"虽有舟舆，无所乘之；虽有甲兵，无所陈之；使民复结绳而用之"等，是在暗示人们知足无欲，故而无需外出争利或相互杀戮、算计。至于"小国寡民"，则是说即使用老子之道来治理"国小民寡"的国家，也可使民众福利满足，更不用说治理大国了。③ 换言之，以老子之道治理小国和大国都是绰绰有余的。对大战略的运用而言，同样可以这么说。

老子思想的另一个侧面

老子的思想是辩证的。他在阐释自然无为与不争主义的同时，也包含了另外一面，即知雄守雌、知白守黑、知荣守辱的精神。④ 恰是这

---

① 转引自张玉良：《老子译解》，北京：中国社会科学出版社，2008 年版，第 316 页。
② 张玉良：《老子译解》，北京：中国社会科学出版社，2008 年版，第 314 页。
③ 参见张玉良：《老子译解》，北京：中国社会科学出版社，2008 年版，第 314—316 页。
④ 《老子第二十八章》。

个方面，令班固、苏辙、朱熹等人认为它是帝王之术，有权谋的一面。

老子主张无为不争，守柔用雌，讲"弱者，道之用"。然而，老子有时也暗示，无为、不争、用柔、守雌的目的是"无为而无所不为""因其不争，故天下莫能与之争"与"以天下之至柔，驰骋天下之至坚"。《老子》第二十八、四十一、七十二等章提及的"知雄守雌、知白守黑、知荣守辱"以及"进道若退、夷道若纇、上德若谷、大白若辱、建德若偷"等思想，都可能暗示，老子虽然主张守柔用雌，但目的在于实现"刚强"；貌似退道，其实是进道，是以退为进。"守柔用雌"不过是手段，"刚强"才是终极目标。所以，严复先生说，守雌者必知其雄，守墨者必知其白，守辱者必知其荣。否则，雌、墨、辱者，天下之至贱，奚足可贵？他批评说，今（清末民初）之用老子者，"只知有后一句，而不知命脉在前一句也"。① 所谓"曲则全，洼则盈，枉则直"也正是这个道理。

不过，从老子的整个思想体系来看，他在道的体用或大战略导向方面，强调的还是"弱者，道之用"。守柔、守雌、守辱并不只是单纯手段，也是需要长久坚持的德。所谓"化而欲作，吾将镇之以无名之朴"，② 无论强弱，都要以清静无为的措施"镇之"。因为道的理想状态，恰如赤子婴儿，"一个很小的小孩子的生活，就是无为的生活"。③ 推而言之，老子的大战略思想导向不仅要求一个王朝在内外交困时代，通过无为而治，休养生息，实现国力快速上升，而且在王朝成功崛起后，也要继续实行"镇之以无名之朴"的不争主义。因为"反者，道之动"，万事万物相反相成，总是向着对立面运动转换。如果要长盛不衰，就要坚持柔弱之道，抛弃常人希望的表面荣光的"强"与"大"，"刚"与"强"，重根本而轻虚名。

---

① 转引自张玉良：《老子译解》引注，北京：中国社会科学出版社，2008年版，第130页。
② 《老子第三十五章》。
③ 冯友兰：《道家哲学体系的形成和发展》，载胡道静编：《十家论老》，上海：上海人民出版社，2006年版，第101页。

儒家思想的大战略导向：尧舜禹汤文武之道

有关儒家思想的大战略导向，散见于各种儒家经典中，尤其是《大学》《论语》《孟子》等构成后世"四书五经"的基础文本。"五经"指《易经》《尚书》《诗经》《礼记》《春秋》。汉武帝建元五年（前136年）设五经博士，确立了五经的尊贵地位。《大学》出自《礼记》，在南宋光宗绍熙元年（1190年）由朱熹选定，与《大学》《论语》《孟子》并列为"四书"，成为道学即新儒学的基本文典。随后，"四书"与"五经"并列，被称为"四书五经"。① 《孝经》在汉、隋等很多历史时期也大受统治者推崇，因此也需加以考察。孔子称"吾志在《春秋》，行在《孝经》"，孝被视为"德之本也，教之所由生

---

① 管曙光、陈明：《四书五经精华》，天津：天津古籍出版社，2005年版，前言部分。本文参考的儒家经典主要包括国学整理社：《诸子集成》，北京：中华书局，1954年版；蔡尚思主编：《诸子百家精华》（上），长沙：湖南教育出版社，1992年版；王宁：《评析本诸子白话集成》，北京：北京广播学院出版社，1992年版；陈襄民等译注：《五经四书全译》，郑州：中州古籍出版社，2002年版；杨天宇：《礼记译注》（全二册），上海：上海古籍出版社，2004年版；管曙光、陈明主编：《四书五经精华》，天津：天津古籍出版社，2005年版；张居正：《张居正讲解〈大学〉〈中庸〉》，北京：中国华侨出版社，2009年版；张居正：《张居正讲解〈论语〉》，北京：中国华侨出版社，2009年版；张居正：《张居正讲解〈孟子〉》，北京：中国华侨出版社，2009年版；孟子等：《四书五经》，北京：中华书局，2009年版；朱熹：《四书章句集注》，北京：中华书局，2011年版。

也",是天之经、地之义、民之行,自古"明王以孝治天下"。①

"四书五经"及《孝经》在内的经典是儒家施行学说教化的教科书,也是统治者御民治国的精神武器与士子科举做官的必读教材,在中国古代上层建筑领域居于重要地位。② 事实上,正如有些学者指出的,2000多年来,中国读书人多数时期都将儒家经典作为治学、立身、处世的思想知识渊薮。儒家经典所表达的思想与道德准则,渗透到社会各阶层与角落,它的宇宙观、人生观、政治观与历史观,深深烙在了中华民族的精神与民族文化之上。③

儒家的大战略思想散见于"四书五经"以及《孝经》等经典当中。在这些经典中,孔孟有关治国之道的思想阐发,在很大程度上与大战略的概念相当接近。经典中的相关文字承载了他们的政治理想、内外政治目标以及政策主张。当然,相关的大战略思想有时是零散的,但系统梳理,依然可以呈现其逻辑。

求诸己:"三纲八目"与"内圣外王"

"道"是老子思想大战略导向的出发点。那么,儒家思想的大战略导向又是如何展开的呢?作为"四书"之首,《大学》主要记述了"大学之道",即"修身齐家治国平天下"之道。该书由"三纲八目"贯穿,最能体现儒家"内圣外王"的大战略导向。其中,求诸己,也就是个人修身正是儒家政治思想的起点。需指出的是,"内圣外王"一词虽首见于《庄子·天下》,但演变为中国传统哲学各家各派特别是儒家哲学的精神,成为儒家倡导的个人修养境界和"理想社会"追求的

---

① 《孝经·开宗明义章》;《孝经·孝治章》;《孝经·三才章》;《汉书》卷三十,《艺文志》。
② 管曙光、陈明:《四书五经精华》,天津:天津古籍出版社,2005年版,前言部分。
③ 杨天宇:《朴素的歌声:诗经》,上海:上海古籍出版社,1997年版,序言第2页。

统一。① 因此，熊十力先生讲"孔子之道，内圣外王"。②

《大学》开篇宏旨，"大学之道，在明明德，在亲民，在止于至善"，所述的正是该文的"三纲领"（"三纲"）。"三纲"寓意弘扬美德、除旧布新和达到至善，是任何受教者（包括帝王与那些将来参与王朝外交决策的官僚士子）为人为学的重要原则和终极目标，并暗含现实使命。这种使命正是"可以将三纲领归结到一点，或称它为一条纲领的'在明明德'"。③那么如何成就上述原则、目标及现实使命呢？这就引出了"八条目"（"八目"）——"格物""致知""诚意""正心""修身""齐家""治国""平天下"。

> 欲明明德于天下者，先治其国；欲治其国者，先治其家；欲治其家者，先修其身；欲修其身者，先正其心；欲正其心者，先诚其意；欲诚其意者，先致其知；致知在格物。物格而后知至，知至而后意诚，意诚而后心正，心正而后身修，身修而后家齐，家齐而后国治，国治而后天下平。④

通过这一串逻辑链条，作为"三纲"的"明德，亲民，止于至善"的原则或使命具化为了"八目"中的"齐家治国平天下"（外王）。而由上述的《大学》之文也可看出"修身"（内圣）乃是完成这种使命的核心环节。无论"格物""致知""诚意""正心"都是"修身"的需要，只有完成"修身"，才能实现"家齐国治天下平"。"三纲"与"八目"，"内圣"与"外王"由此联系在了一起。

---

① 《庄子·杂篇·天下》；汤一介：《论儒家的境界观》，载《北京社会科学》，1987年第4期，第46—49页；冯友兰：《新原道：中国哲学之精神》，北京：生活·读书·新知三联书店，2007年版，绪论第4—5页；梁启超：《儒家哲学》，长沙：岳麓书社，2010年版，第9页。
② 熊十力：《读经示要》，长沙：岳麓书社，2013年版，第354页。
③ 冯友兰著，赵复三译：《中国哲学简史》，北京：新世界出版社，2004年版，第190页。此处引用时对冯友兰先生的原话稍有压缩。
④ 《大学》。

《中庸》对"内圣外王"有更深一步阐释。"中庸之为德也,其至矣乎!"① 在孔子看来,中庸是最高的道德准则。所谓"中庸",就是恰到好处,譬如射箭,正中靶心,而不是打中五环,取十环与一环之间的中间值,不是搞滑头、和稀泥;是言行不偏不倚,无过之而又无不及。中庸之道,存诸己身,是根植于人本心的仁义礼智或孝慈敬信仁,类似两宋道学家所称"存天理,灭人欲"中的"天理"概念。它"费而隐",广大无边而又精微难见,无所不在、平庸易行,潜藏于每个人的本心,只是"性相近也,习相远也",② 被人类后天欲望给弥蔽了。因此,中庸之道核心亦在修身,尤其在发明本心,光大"天理",消除"人欲"之蔽,由五伦为起点,修孝忠友敬悌之道,成仁义礼智信,得成明德,而后向外(心外或现实)推移,齐家治国平天下,乃至"与天地参,赞育万物"。中庸之道,因此与《大学》之内圣外王,之明德、亲民、止于至善是呼应的。孟子亦指出,天下之本在国,国之本在家,家之本在身;又说反求诸己,身正而天下归之。③ 孔子亦说,其身正,不令而行;其不正,虽令不从;又说,苟正其身矣,于从政乎何有?不能正其身,如正人何?④ 只有统治者身正,才能正人、治国理政。

"自天子以至于庶民,壹是皆以修身为本",⑤ 这种以"修身"为中心的个人为学、为人的大学(中庸)原则在扩延至国家政治(为政)层次时,其对内、对外的方面同样需达到"明德,亲民,止于至善"的目标。因为在逻辑上说,"庶民"为人为学要以"修身"为本,"天子"为人为学也要如此,所以在处理内政外务时,天子和那些未来成为决策精英的"庶民"把为人为学的理念转化为政治理念,并采取"修身"(内圣)的国家延伸方式——"慎德"或"修文德"(外王)便不难理解了。"外王"所指对象不仅是处于王朝外的力量或群体,更

---

① 《论语·雍也》。
② 《论语·阳货》。
③ 《孟子·离娄上》。
④ 《论语·子路》。
⑤ 《大学》。

指修习大学的"天子""庶民"的身体之外,即包括王朝民众在内的天下苍生。那么,在具体政策上,"外王"有关内外方面的战略主张又是什么呢?

外王:"尧舜禹汤文武之道"与"九经"

儒家最推崇尧舜禹汤文武之道(甚而更早的黄帝、帝喾与颛顼),多部经典都大篇幅颂扬这些帝王及其治国之道。可以说,尧舜禹汤文武之道,构成儒家主张的政治理想。以《孟子》为例,孟子道性善,言必称尧舜,① 以及三代政治等古代圣王之道,具体态度如表 3.2.1 所示。上自尧舜,中至大禹、商汤,下至周文王、武王乃至周公时代,都是孟子赞赏的理想时代。

表 3.2.1 《孟子》对尧舜禹汤文武之道的态度

推崇的帝王或圣人之治	代表性语句
尧舜(之道)	孟子道性善,言必称尧舜《孟子·滕文公上》; 我非尧舜之道,不敢以陈于王前《孟子·公孙丑下》; 尧舜之道,不以仁政,不能平治天下《孟子·离娄上》。
禹	禹思天下有溺者,由己溺之也《孟子·离娄下》。
商汤	"汤始征,自葛载",十一征而无敌于天下。东面而征,西夷怨;南面而征,北狄怨,曰:"奚为后我?"民之望之,若大旱之望雨也《孟子·滕文公下》。
周文王(之政)	师文王,大国五年,小国七年,必为政于天下矣《孟子·离娄上》; 诸侯有行文王之政者,七年之内,必为政于天下矣《孟子·离娄上》。

---

① 《孟子·滕文公上》。

续表

推崇的帝王 或圣人之治	代表性语句
周武王	武王亦一怒而安天下之民《孟子·梁惠王下》。
周公	周公兼夷狄，驱猛兽，而百姓宁《孟子·滕文公下》。

资料来源：作者根据《孟子》整理而成。

孔子亦仰慕尧舜禹汤文武之道。他曾叹息大道之行、天下大同的时代（涵盖五帝时代，含尧舜）与小康社会的"三代之英"（禹、汤、文、武、成王、周公）时代，他都没赶上，但"有志焉"，很想梦回这些时代。① 他称赞尧之伟大可与天比，恩德巍巍，百姓亲而誉之，却不知如何称赞他。他又说，"舜有臣五人而天下治"。② 在天下大同时代："大道之行也，天下为公。选贤与能，讲信修睦。人不独亲其亲，不独子其子，使老有所终，壮有所用，幼有所长，矜寡孤独废疾者皆有所养。男有分，女有归。货恶其弃于地也，不必藏于己；力恶其不出于身也，不必为己。是故谋闭而不兴，盗窃乱贼而不作，故外户而不闭。"这个时代是大同社会，天下为民众共有、领导者由民众公推、财富为社会同享，人人讲究信爱文明，没有利益争夺、阴谋算计和战火纷争，世间充满大爱。这是孔子最艳羡的理想时代。

至于"三代之英"时代，孔子认为，其时："大道既隐，天下为家。各亲其亲，各子其子，货力为己。"这个时代是私利社会时代，不及五帝之时。天下由君主世袭，财富为个人私有，利益争夺、阴谋算计与战争纷纷出现，人们注重小爱、变得自私。然而，英明的统治者借由礼义、武备和教化，确保国家安定、社会有序、百姓富足及五伦和谐，"足谓小康"。③ 禹"菲饮食，而致孝乎鬼神；恶衣服，而致美

---

① 《礼记·礼运》。
② 《论语·泰伯》。
③ 《礼记·礼运》。

乎黻冕；卑宫室，而尽力乎沟洫"，其德行无可挑剔。① 而周代之德，"可谓至德也已矣"。因此，五帝与"三代之英"时代，虽然一为大同、一为小康，一为公天下、一为私天下，在政治等级上有差别（正如孔子赞美舜帝韶乐是"尽美尽善"，而仅仅赞美武王之乐是"尽美矣，未尽善也"那样），② 但孔子对二者都表达了向往之意，因为"三代之英"与五帝一样，皆爱百姓而忧海内，③ 天下太平。尧舜与禹汤文武之道的本质都是行仁政、修文德。所谓尧舜之道，不以仁政，不能平治天下。所以，禹汤文武之道与尧舜之道一脉相承，这也是孔子不仅"祖述尧舜"，且"宪章文武"的原因。《尚书》也记录了尧舜至夏商周三代君臣的治国理念与事迹，④ 赞叹之意同样跃然纸上。

尧舜禹汤文武之道，关键在以"仁政"平治天下。在孟子看来，施行仁政，大国用五年时间，小国用七年时间，必能统有天下。仁政纲领至少有九个方面，即《中庸》所谓"凡为天下国家有九经"。⑤ 这"九经"或九方面的政治纲要涉及大战略的内外方面，其运行逻辑同样是"取诸己"，由内而外、由近及远，包括修身、尊贤、亲亲、敬大臣、体群臣、子庶民、来百工、柔远人、怀诸侯。⑥ 其中，天下国家之本在自身，修身则道立，故而"修身为九经之首"。⑦ "尊贤，亲亲，敬大臣，体群臣"，才能聪明不惑，齐家治国，与诸父昆弟、臣子士子和谐为政。"子庶民"，是指像对待赤子一般对待庶民，轻徭薄赋；招徕百工，令农商相助益，民众才能安居乐业，社会经济才能发展，国家才可以财用充足。送往迎来，嘉善而矜不能，大度宽容地善待"远

---

① 《论语·泰伯》。
② 《论语·八佾》。
③ 《大戴礼记·用兵》。
④ 或许如司马迁所说，五帝中前三帝的事迹太过久远，而不能切实流传，所以《尚书》"独载尧以来"，参见《史记》卷一，《五帝本纪》。
⑤ 《中庸》。
⑥ "柔远人，怀诸侯"既可以视为对内，亦可视为对外。因为在"普天之下，莫非王土"逻辑下，"远人、诸侯"即使客观上不属中原王朝管辖，也可在主观上被视作"王土"。
⑦ 张居正：《张居正讲解〈大学〉〈中庸〉》，北京：中国华侨出版社，2009年版，第110—111页。

人",则可以令四方向心归附。兴灭继绝,"继绝世,举废国,治乱扶危,朝聘以时,厚往而薄来",则可以怀抚诸侯藩国,令天下敬畏顺服。

(一) 对内政治中的应用

孔子认为,治理千乘之国,需敬事而信,节用爱人,使民以时,时刻为民众着想,不影响他们生产生活。① 更积极地说,统治者需"为政以德",用道德的力量引导、礼教的魅力教化百姓,而非以政令刑罚压制他们,"道之以德,齐之以礼"。②

首先,"为政以德",行仁政,则天下之民归之如流水。具体来说,为政者要施行开明政策,为各类职业、阶层民众生活富足提供条件和保障。《礼记》讲,"古者公田籍而不税,市廛不税,关讥而不征,林麓川泽以时入而不禁",③ 意思是古代农户帮助耕种公田,私田就不必再缴税;租用公家商铺,就无须另缴税;水陆关口只稽查违禁,不征收关税;在规定时间进入山林川泽砍伐和渔猎,就不加以禁止。孟子亦发挥说:"尊贤使能,俊杰在位,则天下之士皆悦而愿立于其朝矣。市廛而不征,法而不廛,则天下之商皆悦,而愿藏于其市矣。关讥而不征,则天下之旅皆悦,而愿出于其路矣。耕者,助而不税,则天下之农皆悦,而愿耕于其野矣。"④ 意思是说,通过尊重贤能、轻徭薄赋、开放山林川泽与市场等政策,使天下贤士、商贾、农夫、猎者、渔民、樵夫等各类职业民众,皆能尽其才、得其欲。孟子又讲,老而无妻曰鳏,老而无夫曰寡,老而无子曰独,幼而无父曰孤。"此四者也,天下之穷民而无告者。文王发仁施政,必先斯四者。"⑤ 这段话反映的孟子理想是,各类职业的民众不仅可以施展才能,贫苦无依的民

---

① 《论语·学而》。
② 《论语·为政》。
③ 《礼记·王制》。
④ 《孟子·公孙丑上》。
⑤ 《孟子·梁惠王下》。

众也应有生活保障。一言以蔽之,要使老有所终,壮有所用,幼有所长,鳏寡孤独废疾者有所养。

其次,富而后教。在使百姓产业"仰足以事父母,俯足以畜妻子,乐岁终身饱,凶年免于死亡"后,还要"谨庠序之教,申之以孝悌之义",这样百姓才能知礼明义。① 冉有曾问孔子,民众富裕后,为政者该做什么,孔子回答说,要"教之"。② 孟子还强调,有恒产而后有恒心之民。先富而后教,解决民生问题后,政府才更能够提升民众精神与文化水平。③

最后,这些政策会使"天下仕者皆欲立于王之朝,耕者皆欲耕于王之野,商贾皆欲藏于王之市,行旅皆欲出于王之涂,天下之欲疾其君者皆欲赴愬于王",④ 因而"四海之内,皆举首而望之,欲以为君",⑤ 奉行此道的为政者就可以无敌于天下。可以说,以德治国,行王道仁政,轻徭薄赋,宽省刑罚,"安民、养民、保民、教民、来民",令民众有恒产,知礼义,外部民众向化归附,正是儒家思想大战略导向的对内政治的主要内涵。

(二) 对外政治中的应用

对外政治涉及对外交往与军事原则,同样充满文德的色彩。

1. 对外交往原则

对外交往方面,涉及中原王朝的世界地位及大小国交往之道。《尚书·旅獒》讲"明王慎德,四夷咸宾,无有远迩,毕献方物",意指明君通过慎德,吸引四夷来朝,颇能代表孔孟对中国"国际"形象与地位的设想,即中国处于"四夷咸宾,无有远迩,毕献方物"的中心

---

① 《孟子·梁惠王上》。
② 《论语·子路》。
③ 儒家还重视教育机构设置,即家有塾,党有庠,术有序,国有学。关于儒家对夏商周三代庠序学校、辟雍泮宫及人伦教育的论述,可参见《孟子·滕文公上》《礼记·王制》等。
④ 《孟子·梁惠王上》。
⑤ 《孟子·滕文公下》。

位置，或即孔子所谓的"北辰居其所而众星拱之"，① 中国"声教讫于四海"。②

儒家虽欲使中国"声教讫于四海"，但不意味着靠征服强加于人。相反，儒家主张以"内圣外王"（修德）方式，成为周边政治体仿效对象，进而吸引他们归服。孔子说"君子之德风，小人之德草，草上之风，必偃""远人不服，则修文德以来之"，③ 也就是说，重视修德或成就良治善政，就能使四夷顺化归服。④《易经·观卦》也说"大观在上，顺而巽，中正以观天下……圣人以神道设教，而天下服矣"。所谓"大观在上""神道设教，而天下服矣"的意思亦是说具备伟大的德行，就可以垂拱而使四方归服，表达了与"慎德"或"修文德"相同的理念。《中庸》则一言以蔽之："是故君子笃恭而天下平。"《诗经》中，通过宣扬周文王之德来倡导"慎德"或"修文德"思想的诗句更是比比皆是。《诗经·周颂·我将》和《诗经·大雅·文王》就分别有"仪式刑文王之德，日靖四方""仪刑文王，万邦作孚"诗句；《诗经·大雅·大明》也有"惟此文王，小心翼翼，昭事上帝，聿怀多福，厥德不回，以受方国"诗句，宣扬的正是文王的德行及善政使四方安定、万邦归服。《孝经》也引用《诗经》"有觉德行，四国顺之"，来强调孝道作为德行之于吸引四方归附的重要性。⑤《孟子》更提出："以德行仁者王，王不待大，汤以七十里，文王以百里"，因为"以德服人者，中心悦而诚服也"，所以四夷会因德而争相归服，就如"七十子之服孔子也……自西向东，自南向北，无思不服"，⑥ 且会出现"南面而征北狄怨，东面而征西夷怨，曰：'奚为后我'"的

---

① 《论语·为政》。
② 《尚书·禹贡》。
③ 《论语·季氏》。
④ 孔子也经常作这种延伸，在《论语·子路》中，他就对樊迟说："居处恭，执事敬，与人忠。虽之夷狄，不可弃也。"
⑤ 《孝经·孝治章》。
⑥ 《孟子·公孙丑上》。

盛景。①

《尚书》则记载帝舜大敷文德、舞干羽而有苗格的事实，以及商汤征葛伯之时"东征西夷怨""南征北狄怨"的例子，以古代圣王的实践成功案例，为儒家论证文德来远的方略提供依据。② 例如《尚书·大禹谟》记载舜帝派大禹征伐不道妄为的有苗，在有苗顽抗而不克时，伯益献策说："惟德动天，无远弗届。满招损，谦受益。"又说"至诚感神，矧兹有苗"，建议禹退而恭修文德，不仅能感动天地，更能感动有苗。于是舜帝（令已通过禅位而登基的大禹）"诞敷文德，舞干羽于两阶"，通过大修文德，退而完善治国理政，有苗部落很快就受感召归服了。这个故事生动阐释了"慎德"或"修文德"的现实魅力。

《礼记·王制》又讲："中国戎夷五方之民，皆有性也，不可推移。"意思是说中原与夷蛮戎狄的习俗和生活方式不同，但不强迫他们改变。"东方曰夷，被发文身，有不火食者矣。南方曰蛮，雕题交趾，有不火食者矣。西方曰戎，被发衣皮，有不粒食者矣。北方曰狄，衣羽毛穴居，有不粒食者矣。"这些文字描述戎夷四方之民相对原始的状况，但无轻蔑之意，紧跟这段话的文字可证明这一点："中国夷蛮戎狄皆有安居、和味、宜服、利用、备器。五方之民，言语不通，嗜欲不同，达其志，通其欲，东方曰寄，南方曰象，西方曰狄鞮，北方曰译。"意思是说，中国戎夷五方之民安居乐业，各有衣服、住用、语言等方面的喜好，除了为"达志，通欲"，促进中国与四方之民交流而设译官外，不必强求四方之民改变习俗——"修其教不易其俗，齐其政不异其宜"。可见，在儒家构想中，中国对戎夷四方之民不抱歧视、隔绝和回避态度，而应实施平等友好和开放交流的政策，各美其美。

---

① 《孟子·滕文公下》。
② 参见《尚书·大禹谟》《尚书·益稷》《尚书·仲虺之诰》。

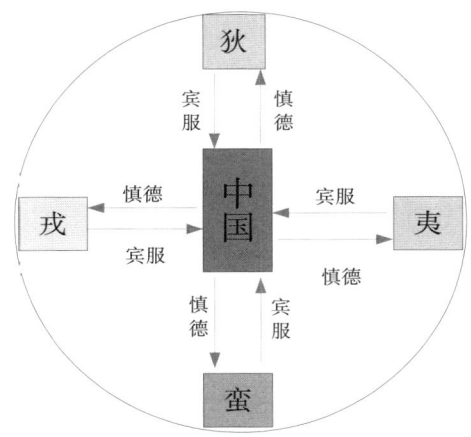

图 3.2.1 儒家理念中对外交往轮廓

资料来源：作者根据相关文献整理而成。

总之，从前面内容中，可以得到儒家构筑的对外思想理念轮廓图，如图 3.2.1 所示。在这幅图中，"中国戎夷五方之民"处于相同平面圆上，但"中国"位于众星拱月的位置，然而它使自己处于中心的途径依赖的是"慎德"或"修文德"，通过德治仁政使"夷蛮戎狄四方之民"向化宾服。

与促成四方之民归服的路径一致，在大小国关系中，儒家也主张修德行仁。在回答齐宣王"交邻国有道乎"的提问时，孟子说，只有仁者能以大国侍奉小国，因此成汤侍奉葛伯、文王侍奉昆夷；只有智者能以小国奉大国，故而周太王公亶父侍奉獯鬻、勾践侍奉夫差。以大国奉小国，是安于天理；以小国奉大国，是敬畏天理。"乐天者保天下，畏天者保其国。"① 以大事小和以小事大都是理所应当的。但从前后文看，孟子的本意是强调国家间（尤其是大国对小国）关系中仁义的重要性。虽然孟子也强调小国对大国的有效政策是表示畏惧，从而维持国家生存,② 但落脚点在于强调国家无论大小，皆可以通过修德来

---

① 《孟子·梁惠王下》。
② 阎学通、徐进：《中国先秦国家间政治思想选读》，上海：复旦大学出版社，2008 年版，第 138—139 页。

实现长治久安、和平相处,而非以实力决定彼此关系,更不主张以争斗方式互动。因为,孟子提到的这四位君主面对外敌时,无论自身强大与否,均选择了退而修德的政策。所以,国家之间以仁义相处,才是孟子的本意。

2. 对外战争

卫灵公曾问战阵之事于孔子。孔子回答说:"俎豆之事,则尝闻之矣;军旅之事,未之学也。"① 这个经常被后世儒家信徒引用的典故,明确表达了儒家对武力与战争的反对。

在孟子心目中,仁义(或道义)是至高无上、无所不能的。凭借道德实行仁政的国家无往不胜,它可以因源自内心深处的德义驱动而实行仁政(以德行仁),获得远近各方民众的认同归附,从而取得天下。而打着仁义的旗号但实际靠实力征服他国的霸权国则无法取得他国的真心信服,因而不可能真正取得天下:"以力假仁者霸,霸必有大国;以德行仁者王,王不待大。汤以七十里,文王以百里。以力服人者,非心服也,力不赡也;以德服人者,中心悦而诚服也,如七十子之服孔子也。《诗》云:'自西自东,自南自北,无思不服。'此之谓也。"② 在孟子看来,武力的作用与道德相比几乎无关紧要,因为以德行仁者王,王不待大,实行仁政,国土面积不大的国家也可能获得王权。③ 只要拥有仁德并施行之,便可天下无敌,远近悦服。在孟子看来,王霸的区别不仅在于对"德"与"力"的青睐,更重要的是王者行为的动机亦需源自德义,惟此才能被称为"以德行仁",否则就只是以"德"为遮羞布和欺世盗名,终究会原形毕露,也无法将德政贯彻到底,做不到真正弘道。

孟子又认为,天时不如地利,地利不如人和。"域民不以封疆之

---

① 《论语·卫灵公》。
② 《孟子·公孙丑上》;阎学通、徐进:《中国先秦国家间政治思想选读》,上海:复旦大学出版社,2008年版,第142—143页。
③ 参见阎学通、徐进:《中国先秦国家间政治思想选读》,上海:复旦大学出版社,2008年版,第142—143页。

界，固国不以山溪之险，威天下不以兵革之利。得道者多助，失道者寡助。"① 在孟子看来，以德行仁政赢取天下人之心，才是最重要的。天时之利，险阻和城池之固，皆不如道德之固；有形的"兵革之利"，不及无形的道德魅力。因此，君主们应该努力修德，行仁政，而不应该迷信武力，"国君好仁，天下无敌焉。"② 对声称善于作战的人，君主应视之为罪恶。③ 那些"争地以战，杀人盈野；争城以战，杀人盈城"的做法，无异于"率土地而食人肉，罪不容于死"，放任土地吃人，罪行不容宽恕。④ 可以说，孔孟均贬斥武力和战争在对外政治中的作用，反对迷信武力和军事征服。总之，内圣外王，以文德为先的思想，同样延续到了儒家对战争的态度中。

儒家思想的另一面及其经世致用

儒家主张内圣外王、修文德，在大战略导向的目标与手段方面，都有明显的理想色彩与和平、收缩性特征。然而，进一步分析，还可以发现儒家大战略导向的另一个侧面。这个侧面不构成儒家大战略思想导向的主流，但可能使它在现实中被用作工具，成为打着仁义旗号的统治者推行霸道政治的借口和掩护。

儒家虽然贬斥武力和战争在对外政治中的作用发挥，尤其反对军事扩张与征服行为，但不完全排斥圣人发动的"禁残止暴"的正义战争。孔子认为，"古之戎兵"，所来久矣，自人类诞生就有战争，战争是人类本能。战争正义与否取决于其目的，利民就是正义的，害民就是不道的。发动利民的战争是可以的；害民的战争，不仅是不可取的，

---

① 《孟子·公孙丑下》。
② 《孟子·尽心下》。
③ 《孟子·尽心下》。
④ 《孟子·离娄上》。

还会使国家灭亡。① 鲁哀公曾问孔子："用兵者，其由不祥乎？"孔子回答说，未必。他称，"以禁残止暴于天下"的圣人（如尧舜禹汤文武）之用兵，就不是"不祥"的。战争在圣人的手中，会成为消除祸乱的工具，圣人为民除害，会被后世怀念和称道。但贪残者的用兵（如蚩尤、夏桀、商纣），则是"不祥"的。② 可以说，孔子反对的是暴君的害民战争，赞扬圣人替天行道的军事行动。

在这方面，孟子举了商汤伐葛伯、武王征攸国的故事。③ 依照《孟子·滕文公下》，与商汤为邻的葛伯放纵无道，不祭先祖。汤使人问之，葛伯说，他不祭祀是因为没有祭祀用的牲畜。于是，汤派人给他送去牛羊。但葛伯反而吃了这些牛羊，"又不以祀"。汤再使人问之，葛伯说，没有祭祀用的谷物。汤叫自己的民众去替他耕种，并派人给他们送饭。但葛伯反而拦截送饭人，甚至将一名送饭和肉的孩子"杀而夺之"。为给这个孩子复仇，汤始征，从葛国始。十一征而无敌于天下。"东面而征西夷怨，南面而征北狄怨，曰：奚为后我？"被解救国家的百姓，期盼商汤军队，如同大旱望云雨。商汤军队秋毫无犯，到达该国后，该国"归市者弗止，芸者不变"，民众不仅不怕，反而因为这支仁义之师"诛其君，吊其民，如时雨降"而大悦。与此类似，周武王征攸国，救其民于水火，也受到上自攸国大臣"实玄黄于匪"、下到攸国百姓"箪食壶浆"的欢迎。

但必须强调的是，以武力来禁暴止乱、推行仁义，只是孔孟在特定情况下谈及的，商汤伐葛伯、武王征攸国也是孟子为证明"苟行王政，四海之内皆举首而望之"而举的例子。事实上，以武力来禁暴止乱、推行仁义，是有严格附加条件的。如在涉及"劝齐伐燕"时，孟子就说，燕虽可伐，但只有为天吏者可伐之，而齐不够格。④ 再如，

---

① 参见阎学通、徐进：《中国先秦国家间政治思想选读》，上海：复旦大学出版社，2008年版，第235页。
② 参见《大戴礼记·用兵》。
③ 参见《孟子·滕文公下》。
④ 《孟子·公孙丑下》。

《诗经》中涉及的攻打外夷的行动——"薄伐玁狁,至于太原"①"戎狄是膺,荆舒是惩"②,也是因为玁狁、戎狄或荆舒等入侵在先,所以中原王朝才不得已反击。总之,以文德为先、反对战争的和平主义在儒家思想中的主导位置,并不因这一微弱的现实主义方面而受到动摇。相反,对于武力的使用,必须以仁义道德为导引,而非随意使用,更不能成为某些统治者推行霸道政治的遮羞布。

儒家本质上是经世致用的,其思想不是高高在上、迂腐无用和脱离实际的,在古代治国理政中更不只是象征性的道德摆设,而是要实现其设想的理想国家。司马光认为,自古圣人均兼具经纬天地、戡定祸乱的文武之才。儒家推崇的黄帝、尧、舜、禹、汤、周文王和周武王以及伊尹、周公也都有征伐之功。孔子虽无征伐之功,但曾在夹谷之会时斩莱夷而挫败齐人劫持鲁定公的阴谋,又在堕三都时派人击退费邑人对国都的围攻。《礼记》中也记载孔子说过"我战则克",冉有则对季康子说自己的军事才能"学之于孔子"。因此,司马光认为,孔子并非只有经纬天地的文治之才,亦具有戡定祸乱的非凡能力。③

其经世致用的一面不可被曲解。如开元年间,秘书省正字于休烈认为,《毛诗》《春秋》《礼记》等典籍若赐给大唐寇仇,会使之懂得用兵权谋,在战争中更加狡诈,这无异于"借寇兵而资盗粮",于大唐不利。他认为,精通《毛诗》,会懂得武夫有师干之试(军演);熟知《礼记》,会懂得根据月令调动兵马;精通《春秋》,则会明白用兵需诡诈。对此看法,当时的宰相(侍中兼吏部尚书)裴光庭等人曾加以驳斥。裴光庭指出,于休烈只知书中有权略变诈的内容,却不知更重要的忠信礼义皆从书中而来。夷狄学《毛诗》《春秋》《礼记》等书,正是大唐声教对其熏陶的好机会,中原政令教化可因此流布四方,进

---

① 《诗经·小雅·六月》。
② 《诗经·鲁颂·閟宫》。
③ 《资治通鉴》卷第二百一十三,"唐玄宗开元十九年"条;《史记》卷四十七,《孔子世家》。

而实现车书文轨天下大同的局面。① 换言之，忠信礼义等才是儒家思想的根本。武力或权略在儒家经典虽有记载，但必须以忠信礼义为指引和遵循，而非归于诡诈，否则就是舍本逐末、偏离根本，就是把经"念歪了"。其结果就会如司马光所说的，有勇无义者或犯上作乱，或沦为强盗，因此必须"先礼义而后勇力"。②

总之，儒家提供的大战略蓝图，体现了中国作为古代世界一流大国在价值观或制度体系上的贡献。它为人类进步提供了高尚而具有感召力、经世致用的理想指引，推动相关王朝成为被外部世界仰慕而非单纯畏惧的一流强国。这从另一方面也反映了儒家思想的重要意义。春秋战国时代，仁德道义的理想追求曾被视为迂阔无用。即如两宋之际的经学家胡安国所言，人之所以为人，中国之所以为中国，信义而已矣。一失则为夷狄，再失则为禽兽，禽兽相逼，人将相食。自春秋末世，至于六国之秦，变诈并兴，倾危成俗，河决鱼烂，不可壅而收之，皆失信弃义之明验也。③ 在战乱纷争、仁德道义被唾弃的时代，儒家坚持并赋予人们对美好理想的期盼，因此可以在后世站在诸子百家的最高地位，超越单纯工具性的农家、兵家、法家、阴谋家、纵横家、阴阳家等学派。如果没有儒家确立或想要恢复的仁义理想，则会沦为"丛林法则"、强权政治的奴隶，中原王朝作为世界一流大国的地位也就很难被认同。

---

① 裴光庭:《金城公主请赐书籍议》，载《全唐文》卷二百九十九;《资治通鉴》卷第二百一十三，"唐玄宗开元十九年"条;《旧唐书》卷一百九十六上，《吐蕃列传上》。
② 《资治通鉴》卷第二百一十三，"唐玄宗开元十九年"条。
③ 转引自邱浚(丘濬)著，林冠群、周济夫校点:《大学衍义补》，北京:京华出版社，1999年版，第1356页。

法家思想的大战略导向：霸王者，人主之大利也

《汉书》称，法家出于"理官"（司法官），讲究信赏必罚，一视同仁。这是其长处所在。然而，若刻薄寡恩者执法，"则无教化，去仁爱，专任刑法而欲以致治"，极易"残害至亲，伤恩薄厚。"① 商鞅、慎到、申不害、韩非子等人是法家代表。商鞅重法，慎到重势，申不害重术，各自侧重一个方面。尤其是商鞅与申不害，或"徒术而无法"，或"徒法而无术"，可谓"皆未尽善也"。② 只有韩非子提出"以法为主"，法、术、势结合的理论，被视为法家思想集大成者。但商鞅的治国之道在秦国实践最久并取得成功，《商君书》亦留存至今。因此，对法家思想大战略导向的梳理，重点以《韩非子》为据，辅以对《商君书》的剖析。

---

① 《汉书》卷三十，《艺文志》。
② 《韩非子·定法》。

人性好利恶害的弱点与宿命

韩非子认为，凡治天下，必因人情。人情者，有好恶，故赏罚可用；赏罚可用，则禁令可立而治道具矣。① 在韩非子思想中，把握甚至利用人性的特点，顺势而为，乃是治国理政的起点。这差不多是所有法家人物的观点，如商鞅也说："人生而有好恶，故民可治也。"②

在韩非子看来，人是自私自利、好利恶害的，人的行为动因就是追求利益，躲避危害。③ "夫安利者就之，危害者去之，此人之情也。"④ 好利恶害，人之所有也。喜利畏罪，人莫不然。⑤ 既然趋利避害是人类本性，安全有利的就去追求，危险有害的就躲避，人们也就无不喜爱利禄而厌恶遭受刑罚。⑥ 也因此，利之所在民归之，名之所彰士死之，⑦ 名利皆为人之所爱。

人类的一切行为，都可以放到冷酷无情的利益角度解释，而非德行与情感的角度看待。王良爱马、越王勾践爱人，是为了"战与驰"。医生吮人伤口、含人之血，不是由于与病人是骨肉之亲，而是利之所在。推延至其他行业："舆人成舆，则欲人之富贵；匠人成棺，则欲人之夭死也。非舆人仁而匠人贼也，人不贵，则舆不售；人不死，则棺不买。情非憎人也，利在人之死也。"也就是说，造车的舆人希望人们富贵，制棺材的匠人希望别人早死，并非是他们品德一优一劣，而是出于售卖产品的利益考量。同理，对君主身边的人而言，后妃、夫人、太子之党一旦形成，就希望君主死掉。君主不死，他们的权势不重。

---

① 《韩非子·八经》。
② 《商君书·错法》。
③ 参见孙学峰、杨子潇：《韩非子的国家间政治思想》，载《国际政治科学》，2008 年第 2 期，第 84—85 页。
④ 《韩非子·奸劫弑臣》。
⑤ 《韩非子·难二》。
⑥ 《韩非子·制分》。
⑦ 《韩非子·外储说左上》。

这不是因为他们在情感上恨君主，而是"利在君之死也"。① 更甚者，父母产男则相互庆贺，产女则杀之。同为父母所生，生男孩受贺，生女儿被杀，是因为父母"虑其后便，计之长利也"，最亲的骨肉之情也难逃利益的残酷算计。② 可以说，上至君主、诸侯，中至后妃、太子之党，下至医者、舆人、棺材匠乃至父母子女，所有阶层与血缘关系中的人无不是依照趋利避害的功利逻辑立身处世。

换言之，人为利益而生而动，并设法避免外部祸害的威胁。对不同阶层的人而言，实际利害又各不相同。"霸王者，人主之大利也。……富贵者，人臣之长利也。"③ 君主的最大利益在于成就霸王之业，同时确保自身安全与王位不受有野心的妻儿、大臣的威胁。臣子（包括后宫妃子、太子）的最大利益，在于追求和保持富贵，直至取君主而代之，同时避免失宠、失势、失位。一般百姓，最高利益是荣华富贵，最低利益是生计兴旺、老有所养，避免困穷无依。既然人性好利恶害，那么指望以仁义感化、相爱相敬的方式治理国家，是不可行的。因为父母对骨肉尚且算计得失，没有骨肉关系的人就更谈不上"相爱之道"了，君主更不可以仁爱思维处理与后宫、外朝关系，不能轻信他人，更不可大权旁落。④ 所谓尧舜先王仁义之道，完全不符合人的本性，是不能奉为治国之道的。

大战略理想：大争之世的霸王之道

韩非子对尧舜禹汤文武之道总体表现出否定、嘲笑与批判态度。他认为，此道渺茫迂阔，不符合人性特征，也不符合时代要求。他承

---

① 《韩非子·备内》。
② 《韩非子·六反》。
③ 《韩非子·六反》；《韩非子·备内》。
④ 《韩非子·备内》；《韩非子·六反》。

认，尧舜是明主圣人，并称："尧无胶漆之约于当世而道行，舜无置锥之地于后世而德结。能立道于往古而重德于万世者之谓明主。"① 然而，他们的出现是千年一遇，而非常态，天下不能"废势背法"而等待其出现。因此，不可倚靠尧舜禹汤文武之道，更何况其产生于古代，于时代发展而言，早已过时："古人亟于德，中世逐于智，当今争于力。"② 如果"今有构木钻燧于夏后氏之世者，必为鲧、禹笑矣；有决渎于殷、周之世者，必为汤、武笑矣"，同理，今有赞美尧舜汤武禹之道者，必为新圣所笑。他还指出，从人性而言，"民者固服于势，寡能怀于义"，民众屈服于权势而很少受仁义感召，因此孔子周游天下，"海内说其仁、美其义而为服役者七十人"；鲁哀公作为不高明的君主，"南面君国，境内之民莫敢不臣"。在韩非子看来，作为天下圣人的孔子犹如孤家寡人，反不如作为昏君的鲁哀公得势。③

韩非子不仅认为实行渺茫迂阔的先王之道，如同削足适履、守株待兔，④ 而且抨击尧舜等先王罪孽深重，称他们"曲父弑君"。他认为，天下人都认为尧舜之道正确而加以效法，因此"有弑君，有曲于父"，即弑君叛父的事发生。"尧、舜、汤、武或反群臣之义，乱后世之教者也。尧为人君而君其臣，舜为人臣而臣其君，汤、武为人臣而弑其主、刑其尸。"⑤ 在他看来，尧、舜、汤、武等人都是违反君臣道义、扰乱教令的人。尧本是君主，却把臣推尊为君；舜本是臣，却把君主贬为臣；商汤、周武王皆弑杀君主，罪莫大焉。

对尧、禹等人身为天子，节俭自养以奉天下乃至禅让君位的行为，韩非子认为，这不过是贫穷时代的产物，没什么好赞扬的。"尧之王天下也，茅茨不剪，采椽不斫；粝粢之食，藜藿之羹；冬日麑裘，夏日葛衣；虽监门之服养，不亏于此矣。禹之王天下也，身执耒臿以为民

---

① 《韩非子·安危》。
② 《韩非子·八说》。
③ 《韩非子·五蠹》。
④ 参见《韩非子·外储说左上》；《韩非子·五蠹》。
⑤ 《韩非子·忠孝》。

先，股无胈，胫不生毛，虽臣虏之劳，不苦于此矣。"① 其意思是，尧住茅草房，吃粗粮，喝野菜汤，冬披鹿皮衣，夏穿麻布衣，生活跟看门人差不多。禹拿锹锄带领人们干活，累得大腿消瘦，小腿汗毛都磨光了，辛苦如奴隶。因此，古代把天子之位让给别人，不过是逃避过看门人、奴隶的辛苦生活而已。这些语言似曾相识，在前文所述秦二世与右丞相冯去疾、左丞相李斯、将军冯劫等有关秦始皇大战略方针存续的争论中，所引用的正是《韩非子》的这段语言。法家思想对秦朝大战略的影响可见一斑。

韩非子还认为，上古传颂的先王的仁义道德，动听但不真实，不能用来治国，只能视作游戏。他举现实例子说，韩、赵、魏追求仁义而衰弱混乱；秦国不追求仁义却安定强盛："夫慕仁义而弱乱者，三晋也；不慕而治强者，秦也。"②

既然对尧舜禹汤文武之道嗤之以鼻，那韩非子推崇的又是什么人物，追求的又是何种大战略理想呢？"汤得伊尹，以百里之地立为天子；桓公得管仲，立为五霸主，九合诸侯，一匡天下；孝公得商君，地以广，兵以强。故有忠臣者，外无敌国之患，内无乱臣之忧，长安于天下，而名垂后世。"在韩非子看来，商汤、齐桓公、秦孝公及伊尹、管仲、商鞅等君主或大臣才是值得推崇的人物。这类君主是王、强、霸之人，有统一天下之实；这类大臣则"明于霸王之术，察于治强之数"，又不受世俗仁义说教的约束，"处位治国，则有尊主广地之实"。③ 可以说，这类君臣不受迂腐的仁义政治的蛊惑，而能够有国家军事强大、实力拓展或统一天下的现实功绩。商汤在这里，也一变为法家推崇的君主。

事实上，韩非子在著作开篇《初见秦》，④ 即初见秦王的奏章中，

---

① 《韩非子·五蠹》。
② 《韩非子·外储说左上》。
③ 《韩非子·奸劫弑臣》。
④ 《韩非子·初见秦》虽是《韩非子》首篇，但学界多认为不一定是韩非子所作。但笔者认为，作为后来者的补充，这篇文章是体现了法家思想的。

就希望秦王谋求王霸大业。韩非子指出，秦国领土截长补短，方圆数千里，军队有数百万之众，同时法令严明，地形有利，为天下独有。凭借这些条件，轻而易举就可占有天下。但秦国却四次"当霸而不霸"，错失成就霸业、统一天下的机会。因此，他自荐法家思想，"言所以破天下之从，举赵，亡韩，臣荆、魏，亲齐、燕"，希望秦王采纳，其目标就是要使秦国"以成霸王之名，朝四邻诸侯之道。"①

韩非子提倡的霸王之道，与商鞅当年给秦孝公讲述的霸道一样。秦孝公将修秦穆公之业，下令求贤，商鞅以霸道游说孝公，讲述强国之术，而孝公大悦。② 商鞅所讲的霸道或强国之术，正是为满足秦孝公富国强兵的意图；而奉行商鞅强国之术的现实结果是"国治而兵强，地广而主尊"。③ 韩非子还说，"万乘之主，有能服术行法以为亡征之君风雨者，其兼天下不难矣。"④ 也就是说，大国君主运用好法与术，就可以如暴风骤雨那样摧毁已有灭亡征兆的他国国君，进而统一天下。可以说，奉行霸王之道，追求霸王之业、统一天下，正是韩非子大战略思想的终极目标。那么，这种与尧舜之道截然相反的霸王之道，具体施行起来，应是怎样的呢？

（一）对内之政治

以趋利避害的人性论为立足点，韩非子认为，"以妻之近与子之亲而犹不可信，则其余无可信者矣"，⑤ 骨肉至亲都不可靠，其他人或关系就更不可靠了，遑论仁义感化。因此，只有顺应和利用人性好利恶害的特性，在引导人们追求最大利益、减少和避免灾祸的同时，促成国家长治久安与王霸之业。

具体而言，就是要运用好"法、术、势"等政治工具。"术"主

---

① 《韩非子·初见秦》。
② 《史记》卷六十八，《商君列传》。
③ 《韩非子·奸劫弑臣》。
④ 《韩非子·亡征》。
⑤ 《韩非子·备内》。

要涉及驾驭群臣;"法"涉及方方面面的人物与事务。"国无常强,无常弱。奉法者强,则国强;奉法者弱,则国弱"①。"势"代表权力、地位与威势,涉及"法"(尤其是刑罚禁令)的执行。因此,在大战略的对内政治上,"法"最重要,"势"不可或缺,"术"不可等闲视之。

"夫圣人治国,不恃人之为吾善也,而用其不得为非也",在韩非子看来,治国者不能靠人类自觉为善,而要立足于防止人们为非作歹。因为自觉为善者"境内不什数",对多数不自觉为善者须"不务德而务法",追求法治而非德治。②"圣人之治也,审于法禁,法禁明著,则官治;必于赏罚,赏罚不阿,则民用。民用官治则国富,国富则兵强,而霸王之业成矣。霸王者,人主之大利也。人主挟大利以听治,故其任官者当能,其赏罚无私。使士民明焉,尽力致死,则功伐可立而爵禄可致,爵禄致而富贵之业成矣。富贵者,人臣之大利也。人臣挟大利以从事,故其行危至死,其力尽而不望。"③ 也就是说,通过制定与彰明法律禁令,以及坚决准确实行赏罚,民众就会听从号令,政府事务就会得到妥善处理,国家就会富强;国家富强,兵力就强盛。最后,就能完成统一天下的大业。

更进一步说,君主怀着私利(成就王霸大业,而非基于道德标准)的动机行事,用利益、荣誉诱导臣子百姓,在任用官员、实行赏罚的时候,要让士民明白,满足君主或国家利益,就是在实现他们自身最大利益,"尽力致死,则功伐可立而爵禄可致,爵禄致而富贵之业成矣"。因为,富贵是臣子百姓最大的利益,臣子百姓怀着追逐富贵的目标行事,就会奋不顾身。在满足臣子利益同时,治国者还要利用人性避害特点,利用威势(而不是道德或臣民善意),实现严刑峻法,杜绝他们走邪路。"严家无悍虏,而慈母有败子",威严和权势能够禁暴,

---

① 《韩非子·有度》。
② 《韩非子·显学》。
③ 《韩非子·六反》。

而道德不足以制乱，即"威势之可以禁暴，而德厚之不足以止乱也"。①"严刑重罚者，民之所恶也，而国之所以治也；哀怜百姓轻刑罚者，民之所喜，而国之所以危也。"②

也就是说，圣人治理国家，不依赖臣民为国为君的善意，因为靠臣民舍弃自己利益而为国君尽忠，这样的人很少，"害身而利国，臣弗为也"。③因此，哀怜百姓的德治方式不可行，只有"正明法，陈严刑"，严刑重罚才能达到治理国家目的。严刑重罚，是百姓厌恶畏惧的，但又是治国良方；怜惜百姓而减轻刑罚，是百姓喜欢的，却会使国家陷入危险。采取严刑重罚，"陈其所畏以禁其邪，设其所恶以防其奸"，④迫使多数人不得不遵守国君的政策，不敢采取奸邪、暴乱行动，国家才会得到治理。

在利用威势、实现严刑峻法问题上，韩非子是积极鼓吹的。他指出，明君治国，要重罚罪犯，用法令威势约束民众，使之停止作恶，而不是靠养成民众自身廉洁的品德。他使用暗喻指出，母亲爱护子女要倍于父亲，然而父亲对子女的严厉要十倍于母亲；官吏对民众没有爱心，然而对民众发号施令，严厉要万倍于父亲。结果是，母亲对子女厚爱，子女却多败坏；父亲常用体罚，子女却多良善；官吏用刑威严，民众却服从。所以，韩非子得出结论说，君主更要增加"威严之势"。⑤

同理，如果没有马鞭子的威力、马嚼子的禁束，善于驾车的造父也不能驯服马匹；没有规矩墨线，巧匠王尔也不能画好方圆；没有威严的权势、赏罚的法令，贤明如尧舜者，也不能治理好国家。当代君主"皆轻释重罚严诛，行爱惠，而欲霸王之功，亦不可几也"，轻易放弃重罚严刑，却想建立霸王之业，是不可能的。在战争中，更要依赖

---

① 《韩非子·显学》。
② 《韩非子·奸劫弑臣》。
③ 《韩非子·饰邪》。
④ 《韩非子·奸劫弑臣》。
⑤ 《韩非子·六反》。

和利用士兵好利恶害的本性。赏赐多，士兵才不惧敌人；刑罚重，士兵才不敢逃跑。为君主义无反顾地牺牲自己，几百人中挑不出一个，然而"喜利畏罪"却无人不是这样。① 重赏重罚，才能驱动士兵拼命作战。

总之，基于人性好利恶害的本性，明赏以劝之，严刑以威之，"厚其爵禄以尽贤能，重其刑罚以禁奸邪"，② 才是成就霸王功业的正道。所谓贤明的君主，"明赏设利以劝之，使民以功赏而不以仁义赐；严刑重罚以禁之，使民以罪诛而不以爱惠免。是以无功者不望，而有罪者不幸矣"。这样一来，就可以致霸王之功了。③ 然而，在赏罚两方面作用上，韩非子似更青睐后者："刑胜而民静，赏繁而奸生。故治民者，刑胜，治之首也；赏繁，乱之本也。"④

那么，奖赏利禄与严刑重罚所引导或限制的民众行动具体又是什么呢？从《诡使》《八说》《五蠹》《显学》《饬令》《心度》等章中可以找到答案，即：奖励耕战之士，抑制打击"不务本作而好末事"的私斗者，⑤ 空谈私学、工商业者等"五蠹"与所谓的高士、勇夫等异类，以农战为立国之本。或者用商鞅的话来说："凡人主之所以劝民者，官爵也。国之所以兴者，农战也。"⑥

"霸王者，人主之大利也。"王霸之业是韩非子设定的大战略理想，是君主的最大利益。要实现这一点，就要使民众的行为与这一利益紧密关联。"君上之于民也，有难则用其死，安平则尽其力。"⑦ 也就是说，在利益方面，君主对民众，在危难时要他们死力作战，和平安定时要他们尽力农耕。因为"明主者通于富强，则可以得欲矣"，⑧ 要实

---

① 《韩非子·难二》。
② 《韩非子·六反》。
③ 《韩非子·奸劫弑臣》。
④ 《韩非子·心度》。
⑤ 《韩非子·八说》。
⑥ 《商君书·农战》。
⑦ 《韩非子·六反》。
⑧ 《韩非子·八说》。

现霸王之业，就需富国强兵。"能越力于地者富，能起力于敌者强，强不塞者王。"① 只有充分发展农耕生产和军事权力，才会富国强兵，"困仓廪之所以实者，耕农之本务也。名之所以成，城池之所以广者，战士也。"②

既然农战为立国之本，就需要"以刑治、赏战、厚禄"，授给为国勇敢作战的兵士与辛勤耕种的农民官爵俸禄。这样一来，从事农耕的民众有余粮，就可换取官爵，从而激发农民积极性，农业就能更快发展。国家根据战功授予兵士官爵、良田和豪宅，就可鼓励他们勇敢作战、不怕牺牲。这样，国家必然实力雄厚，军事力量强大。"而天下莫之能侵也。兵出必取，取必能有之。"③

反之，如果放任工商业发展，使从事纺织（綦组）、刺绣（锦绣）、雕刻（刻画）之类末业的人富裕，同时听信仁义论者（如儒墨之徒）的话，向富人征收财物赈济穷人，那么，民众就不会努力耕作。如果对英勇杀敌者不奖赏，而奖赏美女（女妹）、无功大臣、亲信、卜筮、侠客等人，兵士在战时就不会奋勇杀敌。"所养者非所用，所用者非所养"，④ 就会造成"民不外务当敌斩首，内不急力田疾作"的局面，⑤ 国家就会危险了。

既然"富国以农，距敌恃卒"，国家就要打击无助于农、战二事的"五蠹"（以儒家为代表的私学、纵横家、游侠、逃避兵役的患御者、工商业者），以及所谓高士、贤人、忠士、烈士、勇夫、长者、师徒，有思、圣、大人等不服从法令、不能耕作打仗的异类，⑥ "禁其欲，灭其迹"，⑦ 做到"无书简之文，以法为教；无先王之语，以吏为师；无

---

① 《韩非子·心度》。
② 《韩非子·诡使》。
③ 《韩非子·饬令》。
④ 《韩非子·饬令》；《韩非子·显学》；《韩非子·诡使》。
⑤ 《韩非子·奸劫弑臣》。
⑥ 商鞅亦有类似的所谓"六虱"（曰礼、乐；曰《诗》《书》；曰修善，曰孝悌；曰诚信，曰贞廉；曰仁、义；曰非兵，曰羞战之论的六种人），参见《商君书·靳令》。
⑦ 《韩非子·诡使》。

私剑之捍，以斩首为勇"，最终使境内之民，"其言谈者必轨于法，动作者归之于功，为勇者尽之于军"。惟有这样，才能令耕战之民各尽所能，"无事则国富，有事则兵强"，拥有称王资本，建立"超五帝侔三王"功业。①

（二）对外之政治

与对内政治一样，对外政治的出发点同样是人性。韩非子认为，古代人口少、资源多，所以："丈夫不耕，草木之实足食也；妇人不织，禽兽之皮足衣也。不事力而养足，人民少而财有余，故民不争。"但随着人类繁衍生息，"今人有五子不为多，子又有五子，大父未死而有二十五孙"，人口越来越多，资源总量不变，于是资源紧张，"人民众而货财寡，事力劳而供养薄，故民争"，② 最终导致"古人亟于德，中世逐于智，当今争于力"的局面。③ 换言之，人类之间的暴力争夺源自人类自私本性，而物质资源的供不应求则是现实诱因。④ 国家间关系则是等级关系，完全以"力"之大小排序，而文德政治及合纵连横之类的外交或联盟政策是末节。

1. 对外交往原则

韩非子认为，无地无民，"尧、舜不能以王，三代不能以强"。⑤ 王霸之业皆建立在由法律治国（奖励耕战）而获得的实力（民众和土地）基础上，而非建立在仁义基础上。在他看来，依靠自身实力与威势的强大才是最重要的，而依靠盟友的国家是具备"亡征"（灭亡征兆）的国家："简法禁而务谋虑，荒封内而恃交援者，可亡也。"即使盟友再强也不可靠，更不可依靠强大的盟友怠慢或轻侮邻国："恃交援

---

① 《韩非子·五蠹》。
② 参见《韩非子·五蠹》。
③ 《韩非子·八说》。
④ 阎学通：《先秦国家间政治思想的异同及其启示》，载《中国社会科学》，2009 年第 3 期，第 92—93 页。
⑤ 《韩非子·饰邪》。

而简近邻,怙强大之救而侮所迫之国者,可亡也。"①

对国家间相处之道,他的看法也是基于实力平衡。所谓"外交"艺术并不存在,国家间交往只能以实力论,"弱国无外交",国家间秩序只能是等级秩序:"国小而不处卑,力少而不畏强,无礼而侮大邻,贪愎而拙交者,可亡也。"小国、弱国就应处下位,不懂这一点而狂妄自大,同样是国家的"亡征"。②

他认为,那些谈论"外交"的游说之士,或主张合纵,或鼓吹连横,夸大"外交"作用,声称"外事,大可以王,小可以安",其实是怀有私利之徒。采取合纵,就会为联盟间的信任与义务而援救小国,非但可能得不到好处,反而会与大国为敌。援救小国也未必能保全之,而进攻大国一旦失误,军队就会吃败仗,本国城池就会被攻破,最终受制于大国。结果,"救小为从,未见其利,而亡地败军矣。"③ 因此,无论因合纵援救小国,还是采取连横策略侍奉强国,都只会使国家利益受损,不仅会陷入"外交"困境,还会使内部建设混乱,导致主卑国削甚至国破君亡。但那些搞连横合纵的游说之徒,却只会得利,"封土厚禄""私家富矣"。④ 所以,听信纵横家花言巧语、迷信纵横捭阖的国家是危险的。纵横家声称的"大可以王,小可以安",只能通过一国内部强大实现,而不能通过"外交"取得:"夫王者,能攻人者也;而安,则不可攻也。强,则能攻人者也;治,则不可攻也。治强不可责于外,内政之有也。今不行法术于内,而事智于外,则不至于治强矣。"⑤ 也就是说,内因最重要,实力强大,推行法治,才是国家安全与强盛的根本,在对外事务上靠纵横家的小聪明乃是下策。"长袖善舞,多钱善贾",只有国家强大安定,才有资格谈谋略运筹;弱乱之国

---

① 《韩非子·亡征》。
② 参见《韩非子·亡征》。
③ 《韩非子·五蠹》。
④ 参见《韩非子·五蠹》;《韩非子·忠孝》。
⑤ 《韩非子·五蠹》。

根本没资格谈论计谋，所谓"治强易为谋，弱乱难为计。"①

2. 对外战争

在韩非子看来，"夫战者，万乘之存亡也"，战争关乎国家存亡，尤其是斩草除根、彻底歼灭式的战争，更是消除祸患、寻求霸王大业的重要工具："削迹无遗根，无与祸邻，祸乃不存。"倘若可以在战争中彻底决胜，则"一举而霸王之名可成也，四邻诸侯可朝也"。② 正如一些学者指出的，韩非子强调战争是检验国家实力、实现国家利益目标的手段，国家必须充分重视战争的意义，善于赢得战争。③

而儒家主张的在国家间推行文德、仁义的政策，并不能达到王霸目的。韩非子不否认儒家所说的周文王"地方百里，行仁义而怀西戎，遂王天下"以及舜"修教三年，执干戚舞，有苗乃服"的事实。然而，他又指出，"徐偃王处汉东，地方五百里，行仁义，割地而朝者三十有六国。荆文王恐其害己也，举兵伐徐，遂灭之"等例子指出，世异则事异，"上古竞于道德，中世逐于智谋，当今争于气力"，④ 仁义只能用于古代，而不适用于各国"所欲者土地"的战国时代了。他认为，孔、墨等博习辩智之徒，曾、史等修孝寡欲之辈，均不从事耕战，不能给国家带来农耕生产和战攻事业上的收益，反而会让民众懒于耕战。他们与其他所谓贤士的"不可以为耕战之士"，堪称于国无用之人。摺筿干戚以及各类礼乐制度，也均比不上实打实的刀枪弩箭、强军备战。在"多事之时""大争之世"，仁义道德是犹如"上古手推车"一般的过时政治工具。⑤

因此，推行文德并非令他国臣服而王霸天下的根本，明君只能依靠赤裸裸的强权，尤其是战争政策："故敌国之君王虽说吾义，吾弗入

---

① 《韩非子·忠孝》；《韩非子·五蠹》。
② 《韩非子·初见秦》。
③ 孙学峰、杨子潇：《韩非子的国家间政治思想》，载《国际政治科学》，2008年第2期，第96页。
④ 参见《韩非子·五蠹》。
⑤ 《韩非子·八说》。

贡而臣；关内之侯虽非吾行，吾必使执禽而朝。是故力多则人朝，力寡则朝于人，故明君务力。"① 商鞅也指出："国贫而务战，毒生于敌，无六虱，必强；国富而不战，偷生于内，有六虱，必弱。" 在他看来，国家穷就必须兴兵作战，这样，有害的事就会发生在敌国，本国就不会有礼乐、《诗》《书》、修善孝悌、诚信贞廉、仁义、非兵羞战等"六虱"之害，就会变得强大。相反，国家富足而不作战，苟且偷安的事就会发生，国家就会存在"六虱"之害而被削弱。② 或者说，治国者只能依靠法度、赏罚，"言先王之仁义，无益于治；明吾法度，必吾赏罚者，亦国之脂泽粉黛也"，彰明法度、推行赏罚犹如国家之粉黛。③

法家思想的另一面

以上展现的，是以韩非子为代表的法家思想的权力政治特征。然而，韩非子思想中，也有谨慎的一面，不过相比其崇拜威势的主体思想，很容易被湮没。

韩非子认为："徭役多则民苦，民苦则权势起，权势起则复除重，复除重则贵人富。苦民以富贵人，起势以藉人臣，非天下长利也。" 徭役繁重会给臣下收买民心制造机会，最终威胁君主，因此，"徭役少则民安"。④ 尽管"徭役少"的出发点是维持君王的权势，但法家思想客观上是有注重百姓利益的方面。

不仅如此，韩非子对君王欲望过大也有警告。"好宫室台榭陂池，事车服器玩，好罢露百姓，煎靡货财者，可亡也"；"饕贪而无厌，近

---

① 《韩非子·显学》。
② 参见《商君书·靳令》。
③ 《韩非子·显学》。
④ 《韩非子·备内》。

利而好得者,可亡也";"很刚而不和,愎谏而好胜,不顾社稷而轻为自信者,可亡也";"主多怒而好用兵,简本教而轻战攻者,可亡也"。① 也就是说,君王极度贪心,嗜好宫殿楼阁、车马玩物,追求财利百姓,令民众困苦不堪,以及凶狠暴戾又拒绝劝谏、刚愎自用,并且穷兵黩武,轻易发动战争,这些行为都是国家可能灭亡的征兆,即"亡征"。以这些来预判秦二世乃至秦始皇时期的秦朝命运,可以说非常贴切。

然而,法家整体思想的背景或假设是人性"好利恶害",国家面临的是"大争之世""当今争于力"的险恶的国家间关系,且以王霸天下或消灭他国、统一天下为目标,因此,就不可能足够关注仁义道德、百姓生死。韩非子思想中的这一谨慎因素所起到的警示作用微乎其微,很容易被忽略。

总之,利益乃是社会内部和国家间政治的驱动力。② 在此前提下,法家讲究功利,看重实力,排斥仁义文德,实现严刑峻法,以农战为本的政策,对"大争之世"下一个国家强大富足,作用是很大的。但是当统一天下的目标实现后,险恶的国家间关系与激烈的内部争夺的理论设定,以及在此基础上的农战为本的政策就会出现问题。如何设定新的统治目标与新的治国手段,也会随之成为新课题。然而,法家并未深入考虑该课题的解决方案,或者说,其提供的方案依然是旧的权力政治方案,因为人性"好利恶害"的理论前提不变。按照法家的人性"好利恶害"逻辑,仁政在当时是过时无用的,未来更是如此,统一后的王朝因而很难走向休养生息,因为更严重的"亡征"是"见大利而不趋,闻祸端而不备,浅薄于争守之事,而务以仁义自饰者",即不懂战阵之事而倾心于俎豆之事、仁义之举,是缺乏居安思危的短

---

① 《韩非子·亡征》。
② 叶自成:《春秋战国时期的中国外交思想》,香港:香港社会科学出版社,2003年版,第333页。

视。① 这样一来,韩非子提供的谨慎警告更难发挥作用。相反,它会使王朝向着"好利恶害"前提的内外政治继续延伸,无止境地寻求威势与权力,② 正如商鞅指出的"国富而不战,偷生于内,有六虱,必弱","国富而不战"反而会成为罪过。

---

① 《韩非子·亡征》。
② 《商君书·靳令》。

《武经七书》的大战略导向：主孰有道

《孙子》《吴子》《司马法》《尉缭子》《六韬》《三略》和《唐太宗李卫公问对》等七部兵书，汇聚了中国古代兵家的思想精华。"今古兵法尽于七经"，①《武经七书》于兵家的意义犹如"四书五经"于儒家的意义，是研究中国战略文化不可或缺的关键文本。这七部著作成书时间上自先秦、下迄唐代，既呈现了兵家代表人物对战争原理与艺术的思考，也糅合了道、儒、法等学说精髓，揭示了大战略的基本规律与一般准则。它们指导了中国古代战略精英对国家战略的思考与运筹，在中国大战略史上留下了深深烙印。北宋神宗元丰三年（1080年），七部兵书正式被官方汇编，后定名为《武经七书》，成为两宋、明、清等王朝选拔培养军事人才的重要参考。②

《武经七书》中的各书早已蜚声海内外，特别是《孙子兵法》

---

① 李贽：《孙子参同》梅国祯序，载《中国兵书集成》编委会：《中国兵书集成》（第12册），北京：解放军出版社，沈阳：辽沈书社，1990年版，第524页。据统计，至清朝灭亡前，中国历代兵书总计4221种（含近代译书297种），参见刘申宁：《中国兵书总目》，北京：国防大学出版社，1990年版，凡例第1—2页。加拿大学者江忆恩根据该书相关数据推算，明亡前的兵书中，对《武经七书》的解读版本占了15.5%。参见江忆恩著，朱中博、郭树勇译：《文化现实主义：中国历史上的战略文化与大战略》，北京：人民出版社，2015年版，第49页。

② 关于《武经七书》中七书的排列次序变动及历史地位，参见王显臣、许保林：《中国古代兵书杂谈》，北京：战士出版社，1983年版，第116、120—121页。

(《孙子》)等著作自东晋及南北朝起就流传至朝鲜半岛、日本,自18世纪起渐次流传至欧美等世界各地,① 不仅应用于传统军事谋划与作战,而且运用到政治、经济、社会乃至核武器时代的国际战略运筹等方面,在实践中取得"相当理想的成绩"。② 当代中国军事学界、古籍学界对《武经七书》亦很重视,已产生大量注译成果,并对其军事思想进行了重点研究。③

《武经七书》虽重视治军用兵之道,但亦以大量笔墨探讨国家盛衰治乱之理,彰显兵家探寻和平与安全、发展和繁荣之道的多维视野。它们各具特色,"不可互相替代",④ 彼此贯通、相互补益,共同承载了中华优秀传统战略文化的精神,构成一套完整严谨的大战略思想体系。七部兵书均重视强弱转换的辩证法,强调文武本末关系,认为大战略的最高境界是清静守微,完美的大战略取决于"主孰有道",是

---

① 关于《孙子》《吴子》等兵书在东亚及全球的流传及影响,参见王淇铭:《理解中国:〈孙子兵法〉域外传播的理路与进路》,载《军事历史》,2022年第3期,第101—103页;阎盛国:《〈孙子兵法〉最早传入朝鲜考论》,载《复旦学报(社会科学版)》,2022年第2期,第67—73页;阎盛国:《朝鲜王朝孙子兵学传播的文献版本及影响》,载《史学月刊》,2020年第12期,第110—117页;于汝波:《孙子兵法研究史》,北京:军事科学出版社,2001年版。《武经七书》的完整英文合译本,是由美国汉学家苏炀悟(Ralph D. Sawyer)于1993年首次完成的,参见 Ralph D. Sawyer, trans. *The Seven Military Classics of Ancient China*, Westview Press, 1993。

② 刘寅直解:《武经七书直解》,长沙:岳麓书社1992年版,郭化若序,第5页;中华战略学会编:《战略精萃:重温战争战略名著辑要》,台北:中华战略学会,1997年版,第61页。战国时期,大商人白圭就说,"吾治生产,犹伊尹、吕尚之谋,孙吴用兵,商鞅行法是也",参见《史记》卷一百二十九,《货殖列传》。

③ 1964年,叶剑英元帅就指示南京军事学院注译《武经七书》。1985年《武经七书注译》出版,成为新中国首次出版的白话文注译本。参见中国军事史编写组:《武经七书注译》,北京:解放军出版社,1986年版。中国台湾地区对《武经七书》亦很重视,1966年起由蒋纬国支持而多次影印明代儒学大师王阳明手批《武经七书》本,参见中华战略学会影印:《阳明先生手批武经七书》,台北:中华战略学会印制,1988年第三版。从更早时段看,如郭化若将军指出的,自北宋朝廷颁行《武经七书》以来,对其校勘注解的版本蜂起,"历代不衰",有讲义、直解、开宗、汇解等名色,超数十种,而优秀者为宋代施子美的《施氏七书讲义》、明代刘寅的《武经七书直解》和清代朱墉的《武经七书汇解》,参见刘寅直解:《武经七书直解》,长沙:岳麓书社,1992年版,郭化若序第4页。根据笔者梳理,自改革开放以来,国内对《武经七书》的译注本也至少有10种左右。本文所引《武经七书》文字时,主要参考比对了上述版本,部分内容参考了《群书治要》。

④ 关于七书的兵学理论特色,参见黄朴民:《黄朴民解读吴子·司马法》,长沙:岳麓书社,2010年版,第182页。

"兵胜于朝廷",是"不治而治""不战而胜"。以下,本章从大战略的境界分类、内部治理的一般方略与准则、对外政治的原则与要求等三个方面,来梳理七部兵书的大战略思想逻辑。

大战略的境界分类

"善用兵者,修道而保法,故能为胜败之政"。① 七部兵书都很重视大战略的境界高低等级问题。《三略》《六韬》《尉缭子》和《司马法》等书对大战略着墨尤多,大多将其分为几种不同的境界,且相关境界分类法带有很强的同质性或相通性。

在这方面,最具代表的是《三略》。它从高到低排列了四种可称道的治国理政境界。最高境界是无言之治、不治之治,即不发布任何政令,无言而教化四海,结果是百姓不知有为政者存在,不知天下大治是谁的功劳。此即"无言而化流四海,故天下无所归功",是三皇的治理境界。在这个境界里,不存在战争问题。

第二种境界是有言之治、顺治之治,顺天应时而以有限的政令教化四海,百姓虽知为政者存在,但不知天下何以大治;为政者群体亦以天下大治为自觉,不计得失和自我炫耀。此即"体天则地,有言有令,而天下太平;君臣让功,四海化行,百姓不知其所以然"。这是五帝的治理境界。在这个境界里,也无战争问题。

第三种境界是有道之治、礼法之治,以道德礼法指导各阶层言行,并设军队防范不虞之患;政治社会秩序稳定,天下无战乱,为政者受人尊敬。此即:"制人以道,降心服志,设矩备衰,四海会同,王职不废。虽有甲兵之备,而无斗战之患。"这是禹、汤、周文王及周武王等王者治国之道。在这个境界里,天下安定,但需有武备,防战争之患。

---

① 《孙子·军形》。

第四种境界是有权之治、信赏之治，面对"乱世""衰世"，要恢复秩序、解救危亡，需讲求权变，以信赏等精神和物质因素吸纳贤才，以恩义"揽英雄之心"，此即所谓"制士以权，结士以信，使士以赏"，是霸者"御世之道"。在这个境界里，存在包括军事斗争在内的全方位博弈，但目的是恢复和平与安全，为新一轮天下大治准备条件。①

异曲同工的是，《六韬》也划分了四种境界，即"太上因之，其次化之"，再次是大失之政，最次是亡国之政。所谓"太上因之"，指最高境界是"圣人务静之"。圣人清静无为，任民众自由安居乐业、自我富足进步，虽天下大治而百姓不知有为政者存在或不知天下何以大治，即"政之所施，莫知其化"。所谓"其次化之"，即贤明君主，以正己正人的规范和公平正义的政教治理国家，并受民众拥戴，这是第二种治理境界。所谓"大失之政"，即愚蠢的君主不行正道，与民争利，法令滋彰，压迫民众，造成社会长期失序，"愚人不能正，故与人争；上劳则刑繁，刑繁则民忧，民忧则流亡"。② 所谓"亡国之政"，即像商纣那样的君主放纵欲望，官吏奸邪残暴，百姓惶惧不安，国家秩序大乱，而执政者对此毫无察觉。③

《司马法》也划分了先王圣德之治（顺天道地利设官治国，海外来服、无战事）、贤王正德之治（制礼乐法度，设甲兵讨不义）、王霸治诸侯之道（六种恩威并用的方式、九类禁令）等三种可称道的境界。④《尉缭子》也划分了三种可称道的境界，即"太上神化，其次因物，其下在于无夺民时，无损民财"，⑤ 其含义与上述兵书所论大同小异。

《吴子》《孙子》《唐太宗李卫公问对》也有类似分类法。如《吴子》强调文德武备兼修，并从治国治军角度指出五种境界或结果："天下战国，

---

① 以上引文，参见《三略·中略》。
② 《六韬·武韬·文启》。
③ 《六韬·武韬·发启》。
④ 《司马法·仁本》。
⑤ 《尉缭子·治本》。

五胜者祸，四胜者弊，三胜者霸，二胜者王，一胜者帝。"①《孙子》也讲"上兵伐谋，其次伐交，其次伐兵，其下攻城"。②《唐太宗李卫公问对》中，唐太宗则讲"不战而屈人之兵者上也，百战百胜者中也，深沟高垒以自守者下也"，李靖则分出"道"（聪明睿智神武而不杀）、"天地"（察天时地利而常胜）、"将法"（任贤将良才、用坚利甲兵）三等境界。③

综述之，七部兵书多认为，大战略的最高境界是清静守微，是刚柔强弱兼济。换言之，境界越高，越凸显无为自然的意义；实力越强，越要洞悉柔弱胜刚强的道理，重视强弱转换的辩证法。正如《六韬》所言"大智不智，大谋不谋，大勇不勇，大利不利"，也如"太强必折，太张必缺"。④亦如《三略》引古兵书《军谶》"柔能制刚，弱能制强"的话说："柔者，德也；刚者，贼也。"指出："莫不贪强，鲜能守微，若能守微，乃保其生。"⑤《孙子》亦指出，善战者，在于"胜于易胜者也"，因此"无智名，无勇功"。⑥由此可见道家思想对各部兵书的深刻影响。

在指出大战略的不同境界后，七部兵书从更具体的内部政治和对外政治层面，进一步指出了治国之道的原理、路径与方法。

内部治理的一般方略与准则

"文事先于武备"，治国乃治兵之本。⑦大战略起自国内治理。最

---

① 《吴子·图国》。
② 《孙子·谋攻》。
③ 《唐太宗李卫公问对》卷下。
④ 《六韬·武韬·发启》；《六韬·武韬·三疑》。
⑤ 《三略·上略》。
⑥ 《孙子·军形》。
⑦ 参见朱墉：《武经七书汇解》，载《中国兵书集成》编委会：《中国兵书集成》（第43册），北京：解放军出版社，沈阳：辽沈书社，1992年版，第1318页；中国军事史编写组：《武经七书注译》，北京：解放军出版社，1986年版，第263页。

重要的大战略胜利,是没有战争的胜利,是国内治理的胜利,是最高领导人治国方略的胜利。它树立了战略胜利的形势,是最根本的胜利。这可以说是《武经七书》各书的共识。正如《尉缭子》所言:"富治者,车不发轫,甲不出橐,而威制天下。故曰,兵胜于朝廷。不暴甲而胜者,主胜也。"① 从大战略角度看,这也是对孙子"五事七计"之中"主孰有道?"的合理注解。② 内部治理的方略,要求推崇道义、任贤爱民、富国足民和实现公平正义,指涉价值观、政治、经济、社会等多个方面。

第一,突出政治道义的战略价值。各书均强调道德或仁义礼信等政治道义规范,重视其引领、感召与教化作用。《吴子》强调,图国家者,必先教百姓而亲万民,要绥之以道、理之以义、动之以礼、抚之以仁,并认为修此四德则兴、废之则衰。③《六韬》指出,"仁之所在,天下归之……德之所在,天下归之……义之所在,天下赴之……道之所在,天下归之"。仁、德、义、道,对实现"天下归心"具有重大意义。④《司马法》开宗明义讲"古者以仁为本,以义治之之谓正",并将"仁、信、直、义"等置于国家大治的突出位置。⑤《三略》则说,道、德、仁、义、礼,"五者一体也"。⑥ 总之,道德仁义礼等,攸关政治道义高低,是国家兴衰治乱的第一课题,为政者必须高度重视并加以遵循和实践。

第二,任贤爱民是治国理政的关键抓手。《三略》精辟指出:"治国安家,得人也。亡国破家,失人也。"认为治国之道在"恃贤与民"。贤者,指的是军事、政治等各领域人才,是"英雄",是国之干

---

① 《尉缭子·兵谈》。
② 《孙子·始计》;《孙子·谋攻》。"五事七计"是庙算时的基本衡量要素。所谓"五事",即道、天、第、将、法;"七计",即"主孰有道?将孰有能?天地孰得?法令孰行?兵众孰强?士卒孰练?赏罚孰明?"参见《孙子·始计》。
③ 《吴子·图国》。
④ 《六韬·文韬·文师》。
⑤ 《司马法·仁本》;《司马法·定爵》。
⑥ 《三略·下略》。

城；民者，指普罗大众，是国之根本。得到并用好二者，就抓住了施政的要领，这就是所谓"英雄者，国之干；庶民者，国之本。得其干，收其本，则政行而无怨。""信贤如腹心，使民如四肢，则策无遗。"进一步说，任贤需礼贤下士、赏禄有功、信如腹心，"务揽英雄之心"；爱民，要养民惠民，务耕桑、薄赋敛、罕徭役，让民众休养生息、安居乐业，此即所谓："兴师之国，务先隆恩。攻取之国，务先养民。"这不是说任贤爱民是为扩张，而是说爱贤养民才能使国家战胜强敌入侵——"以寡胜众者，恩也。以弱胜强者，民也。"① 其他六书也多有类似论述，如《吴子》指出，陈必定、守必固、战必胜之道，在于使贤者居上，使民众安田宅、亲有司，使百姓认为本国君主优于邻国君主。②《六韬》则指出，为国大务，爱民而已。而爱民之道，在于对民众如父母之爱子、兄之爱弟，坚持"利而勿害、成而不败、生而勿杀、与而勿夺、乐而勿苦、喜而勿怒"六原则，在政策上做到民不失务、农不失时、省刑罚、薄赋敛、俭宫室台榭、吏清不苛扰等六方面。③

第三，国富民足是长治久安的基础。《六韬》指出，"人君必从事于富，不富无以为仁"。④ 要富国安民，就要握住大农、大工、大商这"三宝"，掌握并打通经济运行的三大命脉，使谷足、器足、货足，"三宝完，则国安"。⑤《尉缭子》则称，"国贫者能富之，地不任者任之，四时不应者应之。故夫土广而任，则其国不得无富"，主张大力开垦土地，发展生产，消除贫困，促进城乡繁荣，实现"兵……胜于土功，胜于市井"。⑥《孙子》更强调"地生度，度生量，量生数，数生称，称生胜"，指出以经济为基础的综合实力，是衡量敌我胜败之形的

---

① 《三略·上略》。
② 《吴子·图国》。
③ 《六韬·文韬·国务》。
④ 《六韬·文韬·守土》。
⑤ 《六韬·文韬·六守》。
⑥ 这里的文字是《群书治要》中《尉缭子·兵谈》的内容。与《武经七书》之中的相关文字稍有不同。

重要参数。善胜者，就是要事先造成"以镒称铢"或"决积水于千仞之溪"那样的压倒性综合实力优势，而未必靠战场上的较量。① 《三略》亦强调社会富足的意义，指出"四民用虚，国乃无储。四民用足，国乃安乐"，它更引《军谶》话指出"用兵之要，必先察敌情"，而考察敌国之情要首先看其仓库粮食物资多少、民众是否面有菜色，若粮食储备不足、民有菜色，则证明该国"国虚民贫"，其国必衰乱。②

第四，公平正义的程度体现治国理政的水平。这尤其表现在法律公平和分配正义两个方面。法律公平上，既要赏罚分明，也要减省刑罚。《吴子》指出，赏信刑察，发必得时。③ 《六韬》认为，法律公正也是爱民的必然之义，要坚持"生而勿杀"原则，就不能"无罪而罚"；要平心正节，以法度禁邪伪，做到有功必赏、有罪必罚。④ 《尉缭子》主张维护法律公正，杜绝"千金不死，百金不刑"的关说或特权问题，反对制造冤案和大肆牵连，指出若大规模"关联良民"，则会造成农离田业、贾离肆宅、士大夫离官府等国家秩序的混乱，严重削弱国家力量，导致国家危亡。⑤ 至治之境界是官无事治、上无庆赏、民无狱讼。⑥ 《孙子》在"五事七计"里则列入"法令孰行？""赏罚孰明？"两大内容，⑦ 视之为攸关国家存亡的要素。分配正义上，《三略》指出，"使人均平，不失其所，道之化也"。⑧ 也就是说，分配正义是落实"道"的体现，是优秀治国理政水平的表现。《尉缭子》进一步指出，要藏富于民，普惠百姓，因为历史的规律是"王国富民，霸国富士，仅存之国富大夫，亡国富仓府"，⑨ 分配正义水平越高，治国理

---

① 《孙子·军形》。
② 《三略·下略》；《三略·上略》。
③ 《吴子·料敌》。
④ 《六韬·文韬·国务》；《六韬·文韬·盈虚》。
⑤ 《尉缭子·将理》。
⑥ 《尉缭子·原官》。
⑦ 《孙子·始计》。
⑧ 《三略·下略》。
⑨ 《尉缭子·战威》。

政水平就越高。社会救助也是公平正义的体现,《六韬》指出,要"存善天下鳏、寡、孤、独,赈赡祸亡之家",① 积极做好救弱扶困。

对外政治的原则与要求

对外政治包括对外关系与军事两个方面。《武经七书》均拒绝迷信实力,反对强权霸凌,倡导"务广德",对包括军事暴力在内的综合实力的无节制使用后果,有着非常清醒的战略认识,充满了战略警惕,因而进行了严格的规范性限制,也因此精辟地论述了政治目的与军事手段的关系。

(一) 对外关系

《武经七书》主要从如下几个方面,论述了运筹对外关系所应注意的原则。

第一,对外关系在战略上要服从于内部治理、要节制力量的使用。"数胜得天下者稀,以亡国者众。"②《武经七书》多反对扩张侵略、恃强凌弱,主张重内轻外,将大战略重心置于国家内部,坚持"释远谋近"的核心原则。《三略》指出,"释近谋远者,劳而无功;释远谋近者,逸而有终",专心修明国内政治会使国治民安,汲汲于对外扩张则会劳民伤财、残害百姓,给国家带来持久性灾难。因此,着眼国家长远发展,指出"务广地者荒,务广德者强"的深刻经验教训。③《吴子》也指出,有扈氏之君恃众好勇,最终丧其社稷,④ 因此不可迷信强权政治。

---

① 《六韬·文韬·盈虚》。
② 《吴子·图国》。
③ 《三略·下略》。
④ 《吴子·图国》。

第二，国内政治对外部关系有显著的外溢影响。内政修明会产生强大的外部影响力、感召力乃至威慑力。《司马法》指出，圣德之治，可以使"海外来服"。①《吴子》指出，"料敌"时"有不占而避之者六"：一是土地广大，人民富众；二是上爱其下，惠施流布；三是赏信刑察，发必得时；四是陈功居列，任贤使能；五是师徒之众，兵甲之精；六是四邻之助，大国之援。当一方具备这些方面（前四个方面皆指向内部治理）的优势时，另一方要知难而退，坚决"避之勿疑"。②反之，若一国内政荒废，别国就会乘弊而起。如《三略》指出，若内部治理不善，导致国虚民贫，就会"上下不亲"，招来外敌进攻，最终国家在内忧外患下崩溃。③

第三，运筹对外关系是战略较量的必由路径之一。《孙子》指出，"上兵伐谋，其次伐交"。④伐交在战略博弈中占据着重要地位，是不战而屈人之兵、以全争天下的次佳理想方式。对外关系运筹得宜，即可避免野战、攻城，为国家节约大量战略资源，以低成本、低风险方式赢得国家安全。它要求知己知彼，事先掌握他方战略意图，否则无法运筹对外关系、对接彼此战略，即"不知诸侯之谋者，不能豫交"；⑤更要求在地缘政治的枢纽地带纵横捭阖，"衢地"惟有"合交"才能"得天下之众"，获各方协助支持，⑥构建起统一战线。而在《吴子》看来，"四邻之助，大国之援"是使敌人不敢进犯的六大因素之一。⑦《六韬》则指出，"得大国之与，邻国之助"是以弱御强的必要战略选择，要以经济纽带、政治交往的方式厚结大国、邻国，⑧总之，要把朋友搞得多多的、把敌人搞得少少的。《司马法》则指出，大小国

---

① 《司马法·仁本》。
② 《吴子·料敌》。
③ 《三略·上略》。
④ 《孙子·谋攻》。
⑤ 《孙子·军争》。
⑥ 《孙子·九地》；《孙子·九变》。
⑦ 《吴子·料敌》。
⑧ 《六韬·豹韬·少众》。

相处之道是大国亲近小国、小国尊重大国,"比小事大",就能彼此和谐相处。①

第四,对外提供公共产品有内外两重积极意义。一是帮助提升对外影响力,塑造有利的国际战略环境;二是反哺国内治理,促进国家昌盛,促成大战略胜利。《司马法》指出,"同患同利以合诸侯",② 也就是说,面对挑战要同舟共济、面对机遇要互利共享,才能赢得各方拥护。《三略》则指出,"夫能扶天下之危者,则据天下之安;能除天下之忧者,则享天下之乐;能救天下之祸者,则得天下之福",广施恩泽、引领破解各方共同面临的重大难题,可以赋予一国强大感召力,吸引天下精英来归——泽及于民,则贤人归之;泽及昆虫,则圣人归之,③ 而圣贤精英是国家昌盛的依赖对象。《六韬》多次强调,"利天下者,天下启之;害天下者,天下闭之"。④ 指出"同天下之利者则得天下,擅天下之利者则失天下",强调贡献机遇、共享利益,反对独霸独占独享。还指出"与人同病相救,同情相成,同恶相助,同好相趋",就可做到仁、德、义、道,进而获得天下归心,获得大战略胜利,不战而实现"无甲兵而胜,无冲机而攻,无沟堑而守"。⑤

(二) 对战争的态度

主要涉及对战争的好恶、武备的意义、战争与政治的关系等方面。

第一,战争是高成本高风险的战略工具,"用兵之害"巨大。《尉缭子》多次指出,兵者乃凶器、战争乃逆德、将帅乃死官;⑥《六韬》指出,圣王"号兵为凶器",⑦"兵者,国之大器,存亡之道";⑧《唐

---

① 《司马法·仁本》。
② 《司马法·仁本》。
③ 《三略·下略》。
④ 《六韬·武韬·顺启》;《六韬·武韬·发启》。
⑤ 《六韬·武韬·发启》;《六韬·文韬·文师》;《六韬·武韬·顺启》。
⑥ 《尉缭子·武议》;《尉缭子·兵令上》。
⑦ 《六韬·文韬·兵道》。
⑧ 这是《群书治要》里的文字,且在"武韬"而非"龙韬"之中。《武经七书》中的文字为"兵者,国之大事,存亡之道",参见《六韬·龙韬·论将》。

太宗李卫公问对》中，唐太宗也说"凶器无甚于兵者";①《三略》更指出，兵者乃不祥之器，"天道恶之"，因此四部兵书都强调对其"不得已而用之"。②《孙子》则明确指出，兵者攸关国运，是国之大事、死生之地、存亡之道；战争动辄兴师十万，出征千里，日费千金，公私内外骚动，消耗巨量政治、经济、社会资源，因此为政者必先"尽知用兵之害"，避免野战、攻城，"攻城之法，为不得已"。③《武经七书》并不推崇百战百胜，认为"数胜得天下者稀，以亡国者众"，④也就是说"国虽大，好战必亡"。⑤ 真正善用兵者，是屈人之兵而非战也，是以全争于天下，⑥ 是"全胜不斗，大兵无创"。⑦ 轻易使用战争这一"凶器"，是违反天道，会付出惨重现实代价，因此"君子者常畏惧而不敢失道"。⑧ 更警告说，"兵贵速，不贵久""夫兵久而国利者，未之有也"。⑨

第二，武备是对外战略斗争的必要手段，"忘战必危"。"夫安国家之道，先戒为宝。"⑩ 天下太平时不能忽略武备，天下无序时更不能放弃武备。《三略》引《军谶》之语指出，纯柔纯弱，其国必削。⑪《司马法》则说"天下虽安，忘战必危""文与武左右也"，⑫ 为政者不可偏废文武。《唐太宗李卫公问对》更是认为，"有国有家者，曷尝不讲乎攻守之道也？"⑬ 因此，各书皆重视蒐狩等军事操演，强调和平时期

---

① 《唐太宗李卫公问对》卷下。
② 《尉缭子·武议》;《六韬·文韬·兵道》;《三略·下略》;《唐太宗李卫公问对》卷中。
③ 《孙子·始计》;《孙子·作战》;《孙子·用间》;《孙子·谋攻》。
④ 《吴子·图国》。
⑤ 《司马法·仁本》。
⑥ 《孙子·谋攻》。
⑦ 《六韬·武韬·发启》。
⑧ 《三略·下略》。
⑨ 《孙子·作战》。
⑩ 《吴子·料敌》。
⑪ 《三略·上略》。
⑫ 《司马法·仁本》;《司马法·天子之义》。
⑬ 《唐太宗李卫公问对》卷下。

居安思危、不忘武备。与此同时，世乱之时更需重视防务。《三略》称，其为"衰世"所作。所谓"衰世"即"世乱则叛逆生，王泽竭则盟誓相诛伐，德同势敌，无以相倾"，① 也就是说，无政府状态下，"丛林法则"、强权政治横行，地缘政治形势险恶，各方势均力敌且争斗不休。面对此种战略环境，《六韬》强调"兵势不行，敌国乃强"。②《尉缭子》称，武所以犯强敌，力攻守也。③《吴子》则指出，昔承桑氏之君，一味修德而废武，导致国家遭入侵灭亡。因此，贤明的君主既要内修文德，还要外治武备。面对来犯之敌，必须敢于斗争，坚决回击。④《司马法》更提出"灭厉之道"，即针对凶暴之敌的压迫和霸凌，必须"临之以强"，对其形成强大军事反威慑。⑤ 七部兵书还基于兵家本身所长，系统论述了治军御将统兵之法以及战争进程中的虚实之形、奇正之变、攻守之道、用间之法、阵法及各类作战形态等军事斗争的方方面面，涉及战争谋略学、战争地理学、战争心理学、战争经济学等多领域，形成了对外军事斗争的理论体系。

第三，战争要服从于政治道义，"虽有兵端，而本于道德"。⑥ 战争与政治的关系，历来是战略家重视的议题。《武经七书》对战争的历史起源与发展、政治与军事的从属本末关系等问题进行了深刻思考与剖析。从战争的历史起源看，《唐太宗李卫公问对》指出，兵法乃本于王制。⑦《司马法》强调："古者，以仁为本，以义治之之谓正。正不获意则权。权出于战，不出于中人……以战去战，虽战可也。"⑧ 也就是说，仁义是政治的根本，而战争是政治的继续。当一般的政治手段

---

① 《三略·中略》。
② 《六韬·文韬·上贤》。
③ 《尉缭子·兵令上》。
④ 《吴子·图国》。
⑤ 《司马法·定爵》。
⑥ 参见朱墉：《武经七书汇解》，载《中国兵书集成》编委会：《中国兵书集成》（第43册），北京：解放军出版社，沈阳：辽沈书社，1990年版，第1318页。
⑦ 《唐太宗李卫公问对》卷上。
⑧ 《司马法·仁本》。

无法奏效,特别是遇到内外"暴乱"而无法推行仁义时,就需迫不得已进行变通,借军事力量戡乱止战。但这不是为军力的使用寻找借口,而是说军力的使用要严格服务并从属于政治道义。对此,《尉缭子》精辟指出,战者乃逆德、争者为事之末,又说:"兵者,以武为植,以文为种。武为表,文为里。"① 即政治是根本、目标和内在本质,军事是枝节、手段和外在现象,军事要服从于政治、手段要从属于目标。但需注意的是,军事所服务的政治是善政良治,是以道义为根本宗旨的政治——"故王者伐暴乱,本仁义焉",② "圣王之用兵,非乐之也,将以诛暴讨乱也"。③ 如果武力的使用,只是为争霸立威或恃强侵弱、争名夺利、报仇泄愤,那就是强兵、刚兵、暴兵、逆兵等不义之师,是暴乱政治的继续,是动荡祸乱之源,只会令各方陷入无休止的安全困境——"战国则以立威,抗敌相图,而不能废兵也"。④ 一言以蔽之,战争是政治的继续,⑤ 但不能是任何政治的继续,而应是善政良治的继续。战争作为"矢",要射向道义这个"的",而不是其他的"的",否则就会迷失方向,引发灾难性后果。为政者必须牢记仁义的使命,不可舍本逐末、舍里就表。这就是《武经七书》对政治与战争的从属本末关系的核心看法。

总体上看,七部兵书均无一例外重视强弱转换的辩证法,强调文武本末关系,认为大战略的最高境界是清静守微、刚柔强弱兼济。可以说,完美的大战略取决于"主孰有道",是"兵胜于朝廷",是"全胜不斗,大兵无创",是"不治而治""不战而胜"的大战略。《唐太宗李卫公问对》中,李靖认为大战略或兵法的"道""天地""将法"三等境界虽有差别、高低之分,但对其掌握和运用则是"由下以及中,

---

① 《尉缭子·兵令上》。
② 《尉缭子·兵令上》。
③ 《三略·下略》。
④ 《吴子·图国》;《尉缭子·兵令上》。
⑤ 卡尔·冯·克劳塞维茨著,綦甲福、阮慧山译:《战争论》,上海:上海文化出版社,2022年版,第29—31页。

由中以及上"的循序渐进的过程。① 同理，除了"失政"及亡国之政等不值得称道的治国等级外，要实现可称道的大战略的不同境界，为政者也要渐次而至。也就是说，在治国理政的内外各个方面，哪一国的为政者表现得越好，能达到的大战略境界级别就越高。反之，则越低。

通过对《武经七书》各部兵书的解读，可以发现其蕴含着完整而严谨的大战略思想体系，彰显兵家超越兵学之上的多维视野。数千年的中国史证明，七部兵书对古代中国的大战略行为产生了深远影响。中国古代王朝的大战略史，也验证了《武经七书》总结的治乱兴衰律，体现了其战略思想的科学性。

被误解的兵家：诡道

司马迁论撰写《孙子吴起列传》的意旨时曾指出："非信廉仁勇不能传兵论剑，与道同符，内可以治身，外可以应变，君子比德焉。"② 也就是说，兵法的学习和应用必须以道德仁义等为旨归。这类似《孙子》所说，非仁义不能使间。也正如唐太宗所说，"兵法乃本于王制"。纵观人类史，非仁义不能用兵，否则就会成暴兵、逆兵、阴谋权诈之兵，成祸乱之源，引发地区乃至世界性的地缘政治灾难。

近现代著名军事学家蒋百里曾指出，《孙子》开宗明义讲"兵者，国之大事"，且"道、天、地、将、法"等"五事"以"道"为首，这深合圣人治兵之旨。也就是说，理解兵家要旨要从"兵者，国之大事"入手，国之大事是不可能以诡道行之的。③ "兵者，诡道也"或

---

① 《唐太宗李卫公问对》卷下。
② 《史记》卷一百三十，《太史公自序》。
③ 蒋百里：《国防论》（第六篇），上海大公报代办部1940年版，转引自司马琪主编：《十家论孙》，上海：上海人民出版社，第22页。

"兵以诈立"等词语，是特定语境的表述，是讲用兵之术，而非讲用兵之道或治国方略问题，不能据此认为兵法是奸诈之学、用兵者乃诡诈之徒。只片面或简单以字面含义拿放大镜看"兵以诈立"，就会在大战略方向上迷失，走向旁门左道。

"夫道之说至微至深"，① 如岳飞所言："运用之妙，存乎一心。"② "兵者，诡道也"或"兵以诈立"，更多指遵循微妙深奥的战争规律，在战略战术上保持高度灵活性、变化性、微妙性、莫测性乃至突然性，是指善于斗争的智慧和艺术，即用兵如神、出其不意、因形用权、因敌制变——如《孙子》所言："微乎微乎，至于无形；神乎神乎，至于无声。""兵无常势，水无常形。能因敌变化而取胜者，谓之神。""以迂为直、以患为利。""难知如阴，动如雷震。"③ 又如《尉缭子》所说"治兵者，若秘于地，若邃于天，生于无。"④ 在面对残酷的军事斗争时，它强调善用斗争技巧与策略，借谋略、智慧取胜，而非单纯使用匹夫之勇或斗勇斗狠。《唐太宗李卫公问对》记载中，唐太宗与李靖也曾几度讨论"兵者，诡道也"的含义。在李靖看来，所谓诡道其实是战争心理学，即通过宗庙斋戒、阴阳术数及所谓四兽之阵、四音之象等方式，假借神怪天地之威、之意志，鼓舞兵众士气，消除军中疑惧，统一上下意志。⑤

---

① 《唐太宗李卫公问对》卷下。
② 《宋史》卷三百六十五，《岳飞列传》。
③ 《孙子·虚实》；《孙子·军争》。
④ 《尉缭子·兵谈》。
⑤ 参见《唐太宗李卫公问对》卷中和卷下。

本编小结　各思想流派的大战略导向总论

本研究的第三步是分析文化本源的大战略导向。由于强盛王朝决策者的大战略取向在文化本源方面指向了儒家、道家、法家和兵家，分析这四个流派的大战略导向就尤为重要。

儒家在理想上推崇的是尧舜禹汤文武（及更早的三皇和所有五帝）等古代圣王之道。它以"内圣外王"为纲领，以"三纲八目"为体现，以修身作枢纽，自内向外延伸。具体到大战略方面，要求决策者遵循尧舜禹汤文武之道，施行"九经"。对内，"为政以德"，以仁心行仁政，轻徭薄赋，宽省刑罚，修持礼教，"安民、养民、富民、保民、教民"。对外，修行仁义，文德为先，谨慎保持并不断完善统治者自身的德行以及推升治国理政的境界，使"四方之民"仰慕中原文明而如风吹草偃一样归附，而不必迷信和妄言战争。由于君主修身和国家"修文德"是实现内部治理和对外目标的根本，儒家的大战略思想导向表现出明显的自内而外色彩，意味着其不会偏好激进性战略。

老子的道具有"冲、渊、湛"三种特征，拥有伟大的玄德。它法自然，要求奉行自然无为与不争主义的原则。涉及大战略层面，对内，统治者应该行无为之政，令民众自由富足；对外，处下不争，同时奉行"慈"的精神，不轻启战端。老子尤其强调"弱者，道之用"。他主张的守柔、守雌、守辱，并非单纯的战略手段，而是需要长久坚持的德。所谓"化而欲作，吾将镇之以无名之朴"，国家无论强弱大小，都要以清静无为的措施"镇之"。老子还认为，"反者，道之动"，万事万物相反相成，总是向着对立面运动转换。如果要长久不衰，就需始终坚持柔弱之道。总之，由于要求在大战略内外方面奉行自然无为与不争主义原则，老子的大战略思想导向客观上也表现出内重于外的色彩，尤其偏好收缩性战略，反对激进性战略。有意思的是，儒家推崇的尧舜禹汤文武之道，依照老子来看，只不过是百姓"亲而誉之"的治国理政境界，与"太上，不知有之"的境界相比尚有提升空间。

纵使如此，儒家与老子都具有明显的理想主义和进步主义色彩，在本质上显示了以人为本取向，推崇善政良治（无论有为或无为），反对威势霸道，对内主张休养百姓，反对统治者无限伸张欲望，鄙弃迷信武力及随意使用武力的行为。他们都青睐以和平、收缩性战略为主的方式，来实现国家长治久安的根本目标，同时不失积极进取的大智慧与思想和行动张力，在战略取向方面蕴含明显的共通性。

法家推崇霸道，嘲笑尧舜禹汤文武等古代圣王之道，以冷酷无情的利益为观察滤镜和行动指南，鄙弃仁义道德和情感关系，讲究以实力说话，以实现王霸之业为目标，强调"奉法者强则国强，奉法者弱则国弱"，对内不惜以严刑峻法驾驭臣民，对外青睐从自身强大的实力出发打交道，鄙弃依赖强者或庇护弱者的联盟路径。它执迷"大争之世"及"争于力"，以"力"之大小为国家间关系排序，视文德政治和合纵连横之类的"外交"为上古过时的政治及末节。由于以王霸大业为"大利"，在缺乏节制时，很容易表现出激进性战略色彩，持续拓展权势而掉入战略灾难的深渊。

兵家对大一统王朝的大战略实践也发挥了不可忽视的影响。特别是其深刻认识到"文事先于武备"、治国乃治兵之本的原理，认为最重要的大战略胜利是没有战争的胜利、是国内治理的胜利、是最高领导人治国方略的胜利。完美的大战略取决于"主孰有道"，是"兵胜于朝廷",是"全胜不斗,大兵无创",是"不治而治""不战而胜"的大战略。它拒绝迷信实力,反对强权霸凌,对包括军事暴力在内的综合实力的无节制使用后果有着清醒认识,充满战略警惕,彰显兵家超越兵学之上的多维视野,体现出追求崇高境界的中国战略文化精神,也凸显兵家与道家、儒家战略取向的共通性。或者说,兵家的大战略论述在很多方面本就融入了道家和儒家的思想精髓。

还需指出的是,老子的思想是辩证的。他在阐释自然无为与不争主义的同时,也包含另一面,即知雄守雌、知白守黑、知荣守辱的精神。① 不过,可能恰是这个方面,令后世学者认为它是帝王之术,有阴谋权诈的一面。但实际上,老子不仅要求一个王朝在弱势时无为而治、休养生息,而且在羽翼丰满、成功崛起后,也继续"镇之以无名之朴"。王朝崛起时的大战略史表明,老子的大战略思想得广泛认同应用,尤其在内外交困时代产生积极效果。但战略史也表明,当某些王朝越来越强大时,"镇之以无名之朴"的方案就难以满足王朝积极进取的时代需要。

儒家主张内圣外王,修文德,但不反对所有战争。他们认为,仁义圣王为救民于水火的武力行动,是正义的。但这只是孔孟特定情况下谈及的,是有严格附加条件的。但儒家思想中的这部分因素,使它偶尔被统治者利用。隋炀帝等时代正是利用这一点,打着王道大旗,将自己扮为替天行道的圣王,推行霸道政治。

韩非子是法家思想的集大成者。他的思想中,也有谨慎面。但相比其崇拜威势与实力的主体思想而言,很容易被冲淡忽略。法家整体思想的背景或假设是人性"好利恶害",国家面临的是"当今争于气力"的险恶环境,且以王霸天下为目标,因此不可能足够关注仁义道德和百姓生死。相反,它会使国家不断地寻求威势与权力,② 从而走上

---

① 《老子第二十八章》。
② 就像商鞅所说的:"国贫而务战,毒生于敌,无六虱,必强;国富而不战,偷生于内,有六虱,必弱。"参见《商君书·靳令》。

激进性战略之路。

通过上述分析可以发现，作为中国古代文化本源的儒家、道家、兵家体现出统一或共通的战略价值观，推崇善政良治，鄙弃迷信武力及随意使用武力。特别是儒家提供的大战略蓝图，更体现了中国作为古代世界一流大国在价值观或制度体系上的贡献，为人类进步提供了高尚而具有感召力的理想指引，深刻渗透到军事、法律、对外交往、经济、社会、教育、文化等治国理政的各个方面，推动相关王朝成为受外部世界仰慕的一流强国。也因此，儒家自汉武帝时期确立"独尊"地位后，长期成为中国古代王朝的主流意识形态，指导了它们的大战略实践和决策取向。"自士大夫以至台舆皂隶普遍崇敬的，还是儒家信仰最深。"① 而自秦朝灭亡后，至西汉武帝时期，"作为学派的法家已经不存在"。② 法律的儒家化，更意味着所谓"外儒内法"的说法值得商榷。

换言之，中国古代战略文化是统一的多元结合体，以儒家为主流、道家和兵家为辅助，在本质上形成一座思想的大熔炉。即儒家为主导，确立理想和行动圭臬，同时兼收并蓄，以其他学派为补充，避免因自我封闭的思想体系而陷入僵化。它从根本上崇尚和平与道义，排斥强权威势，警惕并限制暴力的使用，追求脱离于弱肉强食的"丛林法则"的高级趣味，为人类大战略实践探索具有进步性、理想性并且经世致用的理念指引，体现中华文明的格局与胸怀。它内涵多元丰富而又有统一旨归，使得它面对复杂多变的大战略形势时，能自由转换，在理论与实践上充满弹性韧性，更使大一统王朝迸发出强大战略活力和创造力。中国古代的战略精英也因此能够从博大精深的大战略思想宝库中不断汲取智慧，创造性推进大战略实践。

西方文明或文化是一个由巴比伦、波斯和希伯来（犹太）文明、基督教、古希腊-罗马文化等多元文化因子构成的文明或文化模式。在

---

① 梁启超：《儒家哲学》，长沙：岳麓书社，2010年版，第8页。
② 桓宽著，乔清举注：《盐铁论：注释本》，北京：华夏出版社，2000年版，前言第3页。

一开始，这些文化因子是对立甚至"不相容"的，它们在漫长碰撞和互动过程中充满冲突和内在张力。然而，从 11 世纪后期竟然奇迹般融合，甚至一度达到古希腊哲人赫拉克利特意义的和谐——"和谐是对立物之间张力的结果"。① 这种多元和谐又充满张力的文化模式，在中国古代战略文化中表现得更加明显。儒家与道家、兵家在精神本质上本就没有那么严重的对立和"不相容"，它们的融合及达到和谐也就更加顺畅自然，并且在实际中形成以儒家思想为统摄的总态势。

---

① 参见张旅平：《多元文化模式与文化张力：西方社会的创造性源泉》，北京：社会科学文献出版社，2014 年版，导论第 1—2 页。

结语：道心惟微

如何驾驭权力巨兽，是人类大战略实践永恒的课题。本书从王朝的大战略行为、决策者的战略思想取向、文化本源的大战略导向等三大方面入手，依次考察秦、西汉、东汉、隋、唐五个大一统王朝崛起及强盛时期的大战略史，进而研判中国传统战略文化的特性。总起来说，这些王朝在崛起及强盛时期的大战略行为和决策取向都存在总体一致性，以收缩、和解性战略为主但不乏积极进取精神，以儒家思想为主导而以道家、兵家为辅助，崇尚和平，反对强权霸道。

纵观五个大一统王朝在崛起及强盛时期的战略行为与战略取向，还可以发现，时间越往后，儒家对王朝统治精英的影响越深刻，自汉武帝以后在各王朝意识形态领域的地位越难以撼动。法家在秦朝有过实践并被推到极致，结果宣告破产。老子为代表的道家则在汉武帝亲政以前占据西汉的意识形态主导地位，并在其他王朝建立之初被以不同方式践行。兵家也对王朝的大战略决策产生影响，虽不能占据意识形态殿堂中心，却也有一席之地。总之，儒家的意识形态及其对王朝的大战略影响是压倒性的，其他学派则扮演了辅助角色。并且，在长期的历史中，由于思想的交汇和实践的需要，儒家吸取了其他思想流派的有益成分，使自己与时俱进，在新的时空背景下持续焕发新活力，指导新王朝取得新成就。其他学派也借鉴儒家思想，使自身更具合法性，得以影响王朝战略决策，延续思想生命力。可以说，儒家是中国古代战略文化的根、本，其他学派是枝、叶。这是中国古代战略文化图景的主要色调分布。

为何儒家能够大浪淘沙、脱颖而出，在意识形态及战略文化领域长期占据主导，并且对王朝大战略行为产生方向性、关键性影响？这是因为其推崇圣王之道，确立了崇高的仁义道德或王道政治理想，树立了更加具有吸引力和感召力的信念，推崇正义公理而非强权霸道，摆脱了东汉宋意所谓的"简贱礼义，无有上下，强者为雄，弱即屈服"的"草原法则"或权力政治的"丛林法则"，[1] 从而能够穿越时空，吸引并指引中国历代的政治精英驾驭权力巨兽，抵抗强权政治诱惑，开辟大战略新境界。中国历史也证明，推崇并切实践行圣王之道的王朝，往往可以在战略领域实现文明自律和文明进步。奉行强权霸道的王朝，则很快被强权怪兽反噬，走向土崩瓦解或崩溃边缘，成为后世决策者批判和引以为戒的对象。

文化是行为的先导，通过指引、规范和矫正行为，产生实际影响。本研究还发现，大一统王朝的决策者知行合一，在绝大多数时期把握并践行了中国传统战略文化设定的大战略理想。这种大战略理想不是乌托邦，而是奋斗目标，对多数时期王朝与外部的良性互动都产生了较大影响。

在本书撰写过程中，有个问题始终萦绕笔者心头，即战略文化对决策者的战略选择或战略行为的影响是怎样的？是决定性的，限定性的，抑或仅是可有可无的？早期的战略文化研究中，有不少学者避免得出战略文化与战略行为脱节的结论，或者说不愿正视这种可能。因为承认这种可能，文化的解释力就会被削弱甚至失去价值。[2] 中国古代

---

[1] 《后汉书》卷四十一，《宋意传》。

[2] Alastair Iain Johnston, *Cultural Realism: Strategic Culture and Grand Strategy in Chinese History*, Princeton: Princeton University Press, 1995, pp. 5-15.

案例表明,在战略行为中表现出激进性特征的隋炀帝等时代,宣扬的战略取向却是收缩、和解性的,打着圣王之道旗号,可谓"口宣尧舜,身行桀纣"。① 也就是说,出现了战略取向(或战略语言)与战略行为短期脱节的情况。这表明,在某些时候,战略文化可能是决策者用来粉饰战略行为的工具,借此为战略行为披上道德正义或法律合法外衣,争取内外认同,分化瓦解敌人。② 西方国际关系学者汉斯·摩根索(Hans Morgenthau)也认为,政治舞台上的演员情不自禁地要"做戏",他们戴上意识形态面具,隐藏政治行动的真实面目。他们甚至有自欺倾向,热衷从伦理和法律原则出发来谈论自己的政策。但实际上,这些原则不过是装点门面的虚妄之辞。这似乎是可以理解的,因为要团结人民并调动全国的能量和资源来支持政府的政策,国家的代言人就必须诉诸正义之类的道德原则,而不能诉诸权力欲望。③

但如果以为文化仅仅是"遮羞布",是掩盖决策者权力政治欲望的工具,那就太偏激了。事实上,如果一国决策者舍弃意识形态,舍弃普遍的伦理与道德原则,而赤裸裸宣讲权力的话,他会发现自己的处境极为不利,且这种不利可能是决定性的。因为直言权力的做法可能使他众叛亲离,失去国内外民众的支持,并耗费更多资源与代价来达到目标。④ 仅就这一点来说,决策者即使基于自身合法性与成本—收益考虑,也需承认意识形态或其他文化原则的重要性,而不能我行我素。他们同样会自觉不自觉地认同和遵循前人构建的文化原则,并潜移默化被这些原则塑造支配。

孟子称,孔子成《春秋》,而乱臣贼子惧。⑤ 司马迁亦曰,春秋之

---

① 袁刚:《隋炀帝传》,北京:人民出版社,2016年版,第357页。
② 此处得到北京大学国际关系学院牛军教授的点拨。
③ 参见汉斯·摩根索著,徐昕、郝望、李保平译:《国家间政治:权力斗争与和平》(第七版),北京:北京大学出版社,2006年版,第123—126页。
④ 汉斯·摩根索著,徐昕、郝望、李保平译:《国家间政治:权力斗争与和平》(第七版),北京:北京大学出版社,2006年版,第124—125页。
⑤ 《孟子·滕文公下》。

义行，则天下乱臣贼子惧焉。① 大一统王朝的案例也表明，虽然存在隋炀帝等将战略文化作为工具的例子，但这类例子有限，且未逃过历史在当时和后世的批判教训。或者说，战略文化通过现实教训和事后批判的方式，对背离正道的战略行为拨乱反正，不仅令叛道者付出惨重的现实代价，且难逃后世在道德和文化上的批判。战略文化也借此实现自我调适，持续维护圣王之道的政治正确。各朝的君臣亦因此注重汲取前朝经验教训，规避历史错误，强化战略修养，沿着正确大战略方向前进，即魏征所谓"见诫而惧，择善而从"。②

那么，战略文化对战略行为的规范性影响到底是怎样施加的？魏征在《群书治要》序言中说："窃惟载籍之兴，其来尚矣。左史右史记事记言，皆所以昭德塞违，劝善惩恶。故作而可纪，薰风扬乎百代；动而不法，炯戒垂乎千祀。"也就是说，其规范方式是通过"昭德塞违，劝善惩恶"，对历代决策者产生引导，让他们"莫不懔乎御朽，自强不息，朝乾夕惕"。③ 总之，中国古代战略文化洞悉霸权主义与强权政治的危害、鄙陋与短视，因而推崇圣王之道，设定了具有理想情怀的战略哲学境界，借此扬善抑恶，脱离和超越权力政治的桎梏，为人类探索世界政治的理想，以此体现文化之于人类行为的教化意义。

"上士闻道，勤而行之；中士闻道，若存若亡；下士闻道，大笑之。不笑不足以为道。"④ 不懂得治国之道"大体"的人，会嘲笑"道"。唐太宗在贞观四年（630年）曾说，当年有人劝他耀兵振武、慑服四夷，特别是封德彝认为帝道、王道行不通，但魏征劝他行帝道、王道，结果三四年间天下大治，四夷朝贡络绎不绝。⑤ 正是由于太宗君臣在战略取向上取法乎上，才开创了近乎王道政治的贞观之治。贞观

---

① 《史记》卷四十七，《孔子世家》。
② 《贞观政要·慎终》。
③ 《群书治要》学习小组编：《群书治要译注》，北京：中国书店，2012年版，序言第17页。
④ 《老子第四十一章》。
⑤ 《贞观政要·政体》；《贞观政要·诚信》；《资治通鉴》卷第一百九十三，"唐太宗贞观四年"条。

之治因此成为后世王朝治国理政的样板，唐太宗成为后世最高统治者的榜样。①

马克斯·韦伯（Max Weber）在《以政治为业》中说，政治就是追求权力分配或对权力分配施加影响，"对政治而言，决定性的手段是暴力"，对政治为业者而言就是"与魔鬼的势力为伍"，因为这种势力潜伏在任何暴力中。②既然政治很多时候是与魔鬼的势力为伍，儒家推崇的圣王之道的落地就绝非轻而易举。它试图让政治变得清明温暖良善，让为政者展现高尚美德，克制人性欲望，知行合一，善始善终地施行文德仁政，提防权力及其运转过程中的暴力之恶。恰如《尚书·大禹谟》所言："人心惟危，道心惟微，惟精惟一，允执厥中。"从这个意义上说，这也是中国传统战略文化的心学或战略美学。换言之，中国古代战略文化蕴含强大的战略自制规范，要求决策者克制人性之恶或现实主义政治的权欲诱惑，约束动物性乃至兽性的伸张，发挥主观能动性，积极改造客观世界。正如唐玄宗时晋陵尉杨相如揭示的那样，隋炀帝"纵欲而亡"，唐太宗"抑欲而昌"。③在世界政治中也一样，克服人性弱点，光大人性优点（明德），才能达到各方和平发展、繁荣进步的理想世界（止于至善）。

---

① 胡如雷：《李世民传》，北京：中华书局，1984年版，第252页。
② 马克斯·韦伯：《以政治为业》，载马克斯·韦伯著，韩水法编：《韦伯文集》（下），北京：中国广播电视出版社，1999年版，第408、456、462页。
③ 《资治通鉴》卷第二百一十，"唐玄宗开元元年"条。

主要参考古文献

1. 孙武.十一家注孙子[M].曹操,梁孟氏,李筌,等,注.上海:上海古籍出版社,1978.
2. 孟子,曾子,公孙丑,等.四书五经[M].北京:中华书局,2009.
3. 荀子.荀子[M].方达,评注.北京:商务印书馆,2016.
4. 商鞅.商君书[M].章诗同,注.上海:上海人民出版社,1974.
5. 韩非.韩非子新校注[M].陈奇猷,校.上海:上海古籍出版社,2000.
6. 陆贾.新语校注[M].王利器,注.北京:中华书局,1986.
7. 贾谊.新书校注[M].阎振益,钟夏,注.北京:中华书局,2000.
8. 司马迁.史记[M].第2版.北京:中华书局,1982.
9. 司马迁.史记[M].北京:新世界出版社,2007.
10. 钟雷.白话史记[M].哈尔滨:哈尔滨出版社,2005.
11. 胡自逢,龙宇纯,罗宗涛,等.白话史记[M].北京:中国友谊出版社,1994.
12. 刘安.淮南子译注[M].陈广忠,译注.上海:上海古籍出版社,2016.
13. 孔安国.尚书正义[M].孔颖达,正义.黄怀信,整理.上海:上海古籍出版社,2007.
14. 桓宽.盐铁论:注释本[M].乔清举,注.北京:华夏出版社,2000.
15. 马非百.盐铁论简注[M].北京:中华书局,1984.
16. 班固.汉书[M].北京:中华书局,2000.

17. 班固. 汉书:图文本[M]. 李润英,点校,配图. 长沙:岳麓书社,2009.
18. 班固. 文白对照汉书[M]. 张传玺,等,译. 西安:三秦出版社,2003.
19. 王弼. 老子道德经注[M]. 楼宇烈,校. 北京:中华书局,2011.
20. 范晔. 后汉书[M]. 北京:中华书局,2007.
21. 范晔. 后汉书[M]. 北京:中华书局,2000.
22. 陈寿. 三国志[M]. 裴松之,注. 北京:中华书局,2000.
23. 魏收. 魏书[M]. 北京:中华书局,2000.
24. 房玄龄,褚遂良,许敬宗,等. 晋书[M]. 北京:中华书局,2000.
25. 令狐德棻,岑文本,崔仁师,等. 周书[M]. 北京:中华书局,2000.
26. 魏征,长孙无忌,等. 隋书[M]. 北京:中华书局,2000.
27. 李延寿. 北史[M]. 北京:中华书局,2000.
28. 《群书治要》学习小组. 群书治要译注[M]. 北京:中国书店,2012.
29. 吕效祖,赵保玉. 群书治要考译[M]. 北京:团结出版社,2011.
30. 吴兢. 贞观政要译注[M]. 裴汝诚,王义耀,郭子建,等,译注. 上海:上海古籍出版社,2007.
31. 王方庆,翟思忠. 魏郑公谏录[M]//《隋唐文明》编纂委员会. 隋唐文明:第42卷. 苏州:古吴轩出版社 2005.
32. 李隆基. 大唐六典[M]. 李林甫,注. 影印版. 西安:三秦出版社,1991.
33. 李隆基. 孝经注疏[M]. 邢昺,疏. 金良年,整理. 上海:上海古籍出版社,2009.
34. 杜佑. 通典:全5册[M]. 北京:中华书局,1982.
35. 刘昫,赵莹,张昭远,等. 旧唐书[M]. 北京:中华书局,1975.
36. 王钦若,杨亿,孙奭,等. 册府元龟[M]. 影印版. 北京:中华书局,1960.
37. 欧阳修,宋祁. 新唐书[M]. 北京:中华书局,1997.
38. 宋敏求. 唐大诏令集[M]. 北京:中华书局,2008.
39. 司马光. 资治通鉴[M]. 胡三省,音注. 北京:中华书局,1956.
40. 司马光. 资治通鉴[M]. 沈志华,译. 张宏儒,主编. 北京:中华书局,2009.
41. 朱熹. 四书章句集注[M]. 北京:中华书局,2011.
42. 张居正. 张居正讲解《大学》、《中庸》[M]. 北京:中国华侨出版社,2009.
43. 张居正. 张居正讲解《论语》[M]. 北京:中国华侨出版社,2009.
44. 张居正. 张居正讲解《孟子》[M]. 北京:中国华侨出版社,2009.

45. 刘寅. 武经七书直解[M]. 长沙:岳麓出版社,1992.

46. 佚名. 全唐文[M]. 北京:中华书局,1983.

47. 赵翼. 廿二史劄记校证[M]. 王树民,校证. 北京:中华书局,2013.

48. 朱墉. 武经七书汇解[M]//《中国兵书集成》编委会. 中国兵书集成:第43册. 北京:解放军出版社,1992.

49. 许嘉璐. 二十四史全译[M]. 上海:汉语大词典出版社,2004.

50. 缪文远,罗永莲,缪伟. 战国策[M]. 北京:中华书局,2015.

51. 蔡尚思. 诸子百家精华:上[M]. 长沙:湖南教育出版社,1992.

52. 陈鼓应. 老子注译及评介[M]. 北京:中华书局,1984.

53. 陈鼓应. 庄子今注今译[M]. 北京:商务印书馆,2004.

54. 陈襄民,刘太祥,葛培岭,等. 五经四书全译[M]. 郑州:中州古籍出版社,2000.

55. 管曙光,陈明. 四书五经精华本[M]. 天津:天津古籍出版社,2004.

56. 国学整理社. 诸子集成[M]. 北京:中华书局,1954.

57. 马恒君. 老子正宗[M]. 北京:华夏出版社,2007.

58. 钱玄. 周礼[M]. 长沙:岳麓书社,2001.

59. 任继愈. 老子新译[M]. 上海:上海古籍出版社,1978.

60. 石磊. 商君书译注[M]. 哈尔滨:黑龙江人民出版社,2002.

61. 《韩非子》校注组. 韩非子校注[M]. 南京:江苏人民出版社,1982.

62. 王宁. 评析本诸子白话集成[M]. 北京:北京广播学院出版社,1992.

63. 杨天宇. 礼记译注:全2册[M]. 上海:上海古籍出版社,2004.

64. 张玉良. 老子译解[M]. 北京:中国社会科学出版社,2008.

65. 黄怀信. 大戴礼记译注[M]. 上海:上海古籍出版社,2019.

66. 李民,王健. 尚书译注[M]. 上海:上海古籍出版社,2012.

67. 王国轩,王秀梅. 孔子家语[M]. 北京:中华书局,2009.

68. 中国军事史编写组. 武经七书注译[M]. 北京:解放军出版社,1986.

69. 方向东. 新书[M]. 北京:中华书局,2012.

70. 岳纯之. 唐律疏议[M]. 上海:上海古籍出版社,2013.

后　记

　　本书致力于对大一统王朝的战略文化与战略史进行发掘研究。这是我长期的梦想。实现这个梦想，要求研读大量的古代典籍，厘清无数的历史细节。然而，中华典籍浩如烟海，大一统王朝的历史更是波澜壮阔、荡气回肠。书稿立足于我的博士毕业论文，于2014年扩充而成初稿，但一直难令自己完全满意。为此，我设法投入更多精力和资源，力求深度勾勒盛世王朝的大战略图景，探寻有关其战略得失的深层逻辑和关键细节，以期达到荀子所谓"善学者尽其理，善行者究其难"的标准。在此期间，虽曾几度面临财力困穷和精力分散之苦，但一想起"穷和尚与富和尚"的故事，觉得即使衣衫破烂，也应怀抱"道阻且长，行则将至"决心，于是又顿感欣悦无比、充满力量。"少年易老学难成"，十余年日月穿梭，如白驹过隙，所幸终于完成书稿，虽不敢说臻于至善，但总算不至于辜负光阴，见到"穷和尚"也不至于羞愧了。

　　书稿的完成，离不开师友和亲人的关心鼓励。我要感谢北京大学国际关系学院的各位老师。感谢我的博士生导师张清敏教授。近20年来，他给予我关怀与帮助，不仅在传道授业解惑，也包括面对艰难时如何乐观向上。我还要向叶自成教授、牛军教授、贾庆国教授、王逸

后 记

舟教授、李扬帆教授、王栋教授和钱雪梅副教授深致谢忱。他们的教诲点拨使本书具备了基本的学理力量，避免了诸多漏误。

上海外国语大学的钱皓教授、汪宁教授、武心波教授、胡礼忠教授、马骏副教授、熊文驰副研究员、王前博士等老师，北京大学的王锁劳教授、郭洁副教授、项佐涛副教授、庄俊举主任，中国人民大学的宋伟教授，北京联合大学的李振广院长，社科院中国历史研究院的王键研究员，多年来一直给予我无私鼓励，让我内心充满温暖。清华大学的陈琪教授、孙学峰教授、漆海霞副教授，社科院世界经济与政治研究所的李少军研究员、徐进研究员，广东外语外贸大学的周方银教授，外交学院的熊志勇教授和当代中国研究所的刘国新研究员，在本书的早期写作过程中也给予了特别帮助。我对他们心怀敬意和感激。

陈须隆教授是我职业生涯的第一导师。多年来，他始终给予我这个徒弟悉心教导和无私关怀。在我人生道路的关键路口，他多次当头棒喝，将我从痛苦茫然的精神泥淖中唤醒并牵拽而出。对于本书写作，他更是屡次督促和指点。同济大学政治与国际关系学院院长门洪华教授、上海外国语大学国际关系与公共事务学院院长郭树勇教授，十余年来总以奖掖后学的精神待我，令我心怀感激和感动。中共中央党校（国家行政学院）的于军教授亦常常对我不吝微笑勉励，关怀备至。我的学术进步，离不开他们指点迷津。

我还要诚挚感谢我所有的领导和同事。感谢陈波院长、徐步大使、戚振宏大使、苏格大使、曲星大使、詹永新大使、安惠侯大使、阮宗泽总领事、杨易总领事、刘卿副院长、于江总领事、苟海波副院长、任红岩副院长、刘飞涛副院长、王晶晖副书记、刘友法总领事、董漫远研究员、荣鹰研究员、赵鸣文研究员、赵青海研究员、王友明研究员、滕建群研究员、沈雅梅所长、沈中明老师、扈大威研究员、时永明老师、李自国研究员、金玲研究员、魏永升处长、宋均营所长、韩璐研究员、唐奇芳博士、李青燕副研究员、杨晨曦博士、张薇薇副所长、李晓玉主任、程敏主任、吴晓丹主任、蓝建学所长、马丽主任、杨杰处长、李照军处长、库雅君老师、何梅老师、牛惠民老师、谭源老师、陈晓爽老师、孙立昕老师、贾秀东参赞、李敏捷馆长、王瑞彬研究员、魏民研究员、刘韦玮主任、王嘉处长、罗程处长、王震宇老师、曹群博士、项昊宇特聘研究员，以及张腾军博士、宁团辉博士、景晓玉副处长、吴金淮副处长、郭金月博士、宋庆副处长、步少华博士、徐龙第副研究员、李静副主任、贾丁副处长、王嘉珮副主任、贺熙琳副处长、杨子力副处长、姜志达研究员、龚婷博士、袁莎副所长、宁胜男博士、李子昕副主任、张伟鹏博士、张玉环副主任、杨丽梅副处长以及中国国际问题研究院其他所有同事。感谢他们在工作和生活中给予的关照与包容。恕我不能一一点出他们每个人的名字。

我还要由衷感谢外交学院前院长徐坚研究员。他治学严谨，反对空谈，始终以经世致用的精神做大学问、真研究，对世事和历史问题见解深刻。十余年来，他耳提面命，言传身教，让我领悟了治学的真义和魅力。感谢苏晓晖副研究员、马向兵老师，她们曾在我人生最艰困时刻雪中送炭，予我家人般关爱。

特别感谢陈玉荣研究员和当代世界出版社的刘娟娟主任。她们在关键时刻仗义相助，使本书能够有机会及早面世。我对她们心怀感恩。感谢当代世界出版社姜松秀、杨啸杰，以及其他老师卓越的编审工作。我还要感谢社科院俄罗斯东欧中亚研究所徐刚研究员及其夫人梁嘉真女士、中国人民大学国际关系学院朱晓琦副教授、浙江大学公共管理学院周云亨副教授以及好友牛长振博士、王日华师兄。他们在我最需要帮助的时候，总是第一时间伸出援手，从无犹豫。

最后，我要感谢亲爱的家人。感谢含辛茹苦养育我的父亲和母亲，感谢自小忍让我的姐姐，感谢始终珍爱我的妻子，感谢给我幸福美好的孩子们。感谢全力托举我们的叔岳母和姑姑、姨姨。我所有的成长进步，都是以他们的辛苦为铺垫。我深志这一点！

当然，由于笔者水平所限，本书难免有不足乃至谬误。期待方家批评指正。一切文责由笔者自负。

朱中博
2025年春于北京市台基厂头条3号